전과목

단원평가 총정리

4-1

미래를 준비하는
모든 어린이들의
소중한 꿈과 함께 합니다.

전과목 단원평가 총정리 구성과 특징

단원 평가

1 개념 확인

국어 1회 1. 생각과 느낌을 나누어요~2. 내용을 간추려요

1. 생각과 느낌을 나누어요

✧ 친구들과 생각이나 느낌을 나누면 좋은 점
• 서로 생각이나 느낌이 비슷하기도 하지만 다른 점도 있다는 것을 알게 되었습니다.
• 이야기를 더 잘 이해할 수 있었습니다.

✧ 의견과 까닭
• 의견: 어떤 일이나 대상에 대한 생각입니다.
• 까닭: 그런 생각을 하게 된 원인이나 근거입니다.

✧ 이야기의 전개 요소에 따라 내용을 간추리면 좋은 점

◎ 생각이나 느낌이 서로 다른 까닭 말하기
① 같은 것을 보고도 상황에 따라 다르게 생각할 수 있기 때문입니다.
② 같은 것을 보지만 느낀 점이 다를 수 있기 때문입니다.
예 「꽃씨」에 대한 생각이나 느낌 말하기

◎ 시를 읽고 생각이나 느낌 나누기
① 무엇을 표현하려고 했는지를 생각하며 시를 읽어 봅니다.
② 시 속 인물이 어떤 생각을 했는지 친구들과 이야기해 봅니다.
③ 시에 대한 자신의 생각이나 느낌을 여러 가지 방법으로 표현해 봅니다.
• 오행시 짓기, 몸으로 표현하기, 그림으로 표현하기, 인물이 되어 말하기 등

단원에서 꼭 알아야 할 핵심 개념을 한눈에 볼 수 있도록 정리하여 기본을 튼튼하게 다질 수 있습니다.

단원 평가와 마무리 평가로 학교 시험을 완벽하게 대비하세요.

2 단원 확인 평가

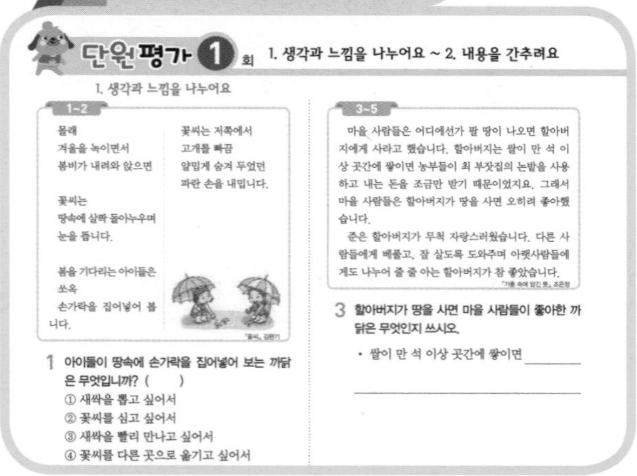
단원평가 1회 1. 생각과 느낌을 나누어요 ~ 2. 내용을 간추려요

1. 생각과 느낌을 나누어요

1~2

1 아이들이 땅속에 손가락을 집어넣어 보는 까닭은 무엇입니까? ( )
① 새싹을 뽑고 싶어서
② 꽃씨를 심고 싶어서
③ 새싹을 빨리 만나고 싶어서
④ 꽃씨를 다른 곳으로 옮기고 싶어서

3~5

3 할아버지가 땅을 사면 마을 사람들이 좋아한 까닭은 무엇인지 쓰시오.
• 쌀이 만 석 이상 곳간에 쌓이면

실제 학교 시험에서 꼭 나오는 문제, 잘 틀리는 문제가 무엇인지 알고 익히면서 단원 평가를 완벽하게 대비합니다.

3 플러스 학습

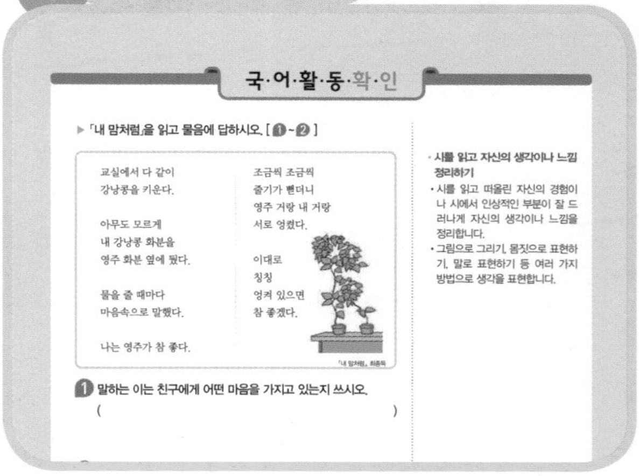
국·어·활·동·확·인

▶ 「내 맘처럼」을 읽고 물음에 답하시오. [1~2]

1 말하는 이는 친구에게 어떤 마음을 가지고 있는지 쓰시오.
( )

- 시를 읽고 자신의 생각이나 느낌 정리하기
• 시를 읽고 떠올린 자신의 경험이나 시에서 인상적인 부분이 잘 드러나게 자신의 생각이나 느낌을 정리합니다.
• 그림으로 그리기, 몸짓으로 표현하기, 말로 표현하기 등 여러 가지 방법으로 생각을 표현합니다.

과목별로 다양한 보충·심화 문제를 풀어 시험에 대한 자신감을 높이고 실력을 끌어올립니다.

*국어–국어 활동 확인 / 수학, 과학–탐구 서술형 평가 / 사회–서술형 평가

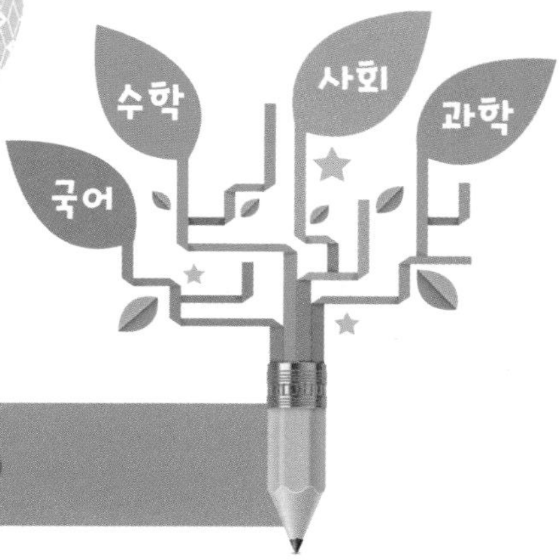

마무리 평가

부록

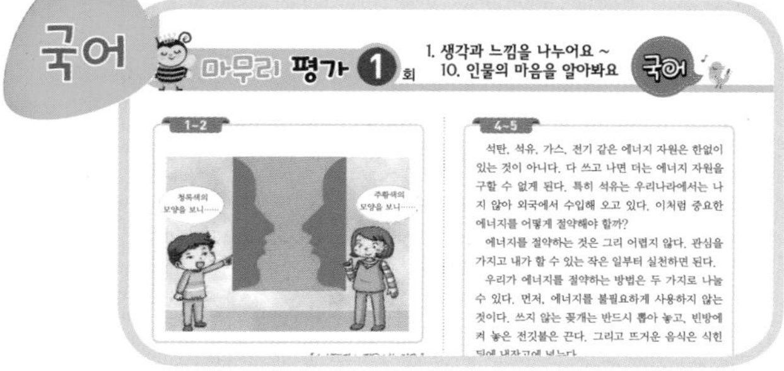
국어

마무리 평가 1회 1. 생각과 느낌을 나누어요 ~ 10. 인물의 마음을 알아봐요

1~2

4~5

석탄, 석유, 가스, 전기 같은 에너지 자원은 한없이 있는 것이 아니다. 다 쓰고 나면 더는 에너지 자원을 구할 수 없게 된다. 특히 석유는 우리나라에서는 나지 않아 외국에서 수입해 오고 있다. 이처럼 중요한 에너지를 어떻게 절약해야 할까?

에너지를 절약하는 것은 그리 어렵지 않다. 관심을 가지고 내가 할 수 있는 작은 일부터 실천하면 된다.

우리가 에너지를 절약하는 방법은 두 가지로 나눌 수 있다. 먼저, 에너지를 불필요하게 사용하지 않는 것이다. 쓰지 않는 플러그는 반드시 뽑아 놓고, 빈방에 켜 놓은 전깃불은 끈다. 그리고 뜨거운 음식은 식힌 뒤에 냉장고에 넣는다.

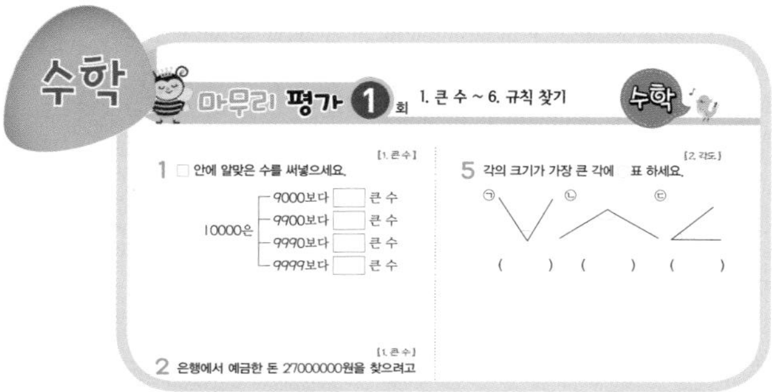
수학

마무리 평가 1회 1. 큰 수 ~ 6. 규칙 찾기

1 □ 안에 알맞은 수를 써넣으세요. [1. 큰 수]

10000은 9000보다 □ 큰 수, 9900보다 □ 큰 수, 9990보다 □ 큰 수, 9999보다 □ 큰 수

5 각의 크기가 가장 큰 각에 표 하세요. [2. 각도]

㉠ ㉡ ㉢ ( ) ( ) ( )

2 은행에서 예금한 돈 27000000원을 찾으려고 [1. 큰 수]

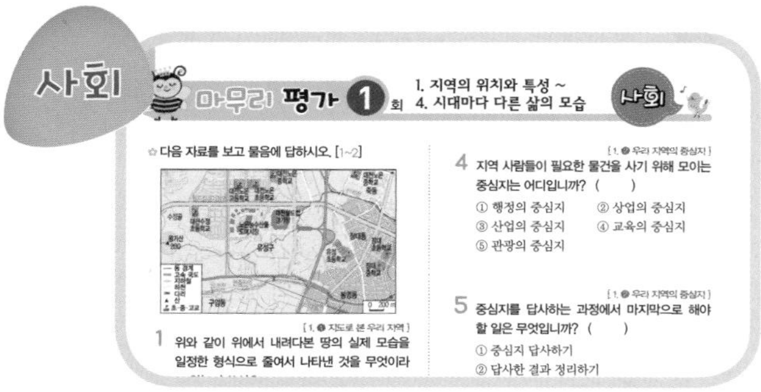
사회

마무리 평가 1회 1. 지역의 위치와 특성 ~ 4. 시대마다 다른 삶의 모습

다음 자료를 보고 물음에 답하시오. [1~2]

1 위와 같이 위에서 내려다본 땅의 실제 모습을 일정한 형식으로 줄여서 나타낸 것을 무엇이라

4 지역 사람들이 필요한 물건을 사기 위해 모이는 중심지는 어디입니까? ( )
① 행정의 중심지 ② 상업의 중심지 ③ 산업의 중심지 ④ 교육의 중심지 ⑤ 관광의 중심지

5 중심지를 답사하는 과정에서 마지막으로 해야 할 일은 무엇입니까? ( )
① 중심지 답사하기
② 답사한 결과 정리하기

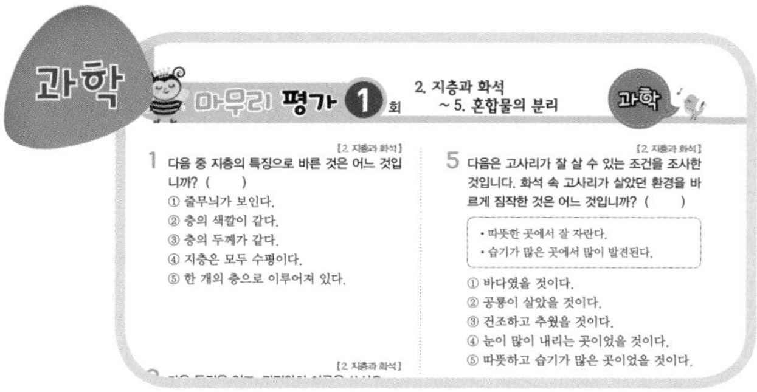
과학

마무리 평가 1회 2. 지층과 화석 ~ 5. 혼합물의 분리

1 다음 중 지층의 특징으로 바른 것은 어느 것입니까? ( ) [2. 지층과 화석]
① 줄무늬가 보인다.
② 층의 색깔이 같다.
③ 층의 두께가 같다.
④ 지층은 모두 수평이다.
⑤ 한 개의 층으로 이루어져 있다.

5 다음은 고사리가 잘 살 수 있는 조건을 조사한 것입니다. 화석 속 고사리가 살았던 환경을 바르게 짐작한 것은 어느 것입니까? ( ) [2. 지층과 화석]
• 따뜻한 곳에서 잘 자란다.
• 습기가 많은 곳에서 많이 발견된다.
① 바다였을 것이다.
② 공룡이 살았을 것이다.
③ 건조하고 추웠을 것이다.
④ 눈이 많이 내리는 곳이었을 것이다.
⑤ 따뜻하고 습기가 많은 곳이었을 것이다.

총4회(320 문항)의 마무리 평가를 통해 다양한 유형의 문제를 풀고 익히면 어떠한 시험에도 철저하게 대비할 수 있습니다.

교과서 종합평가

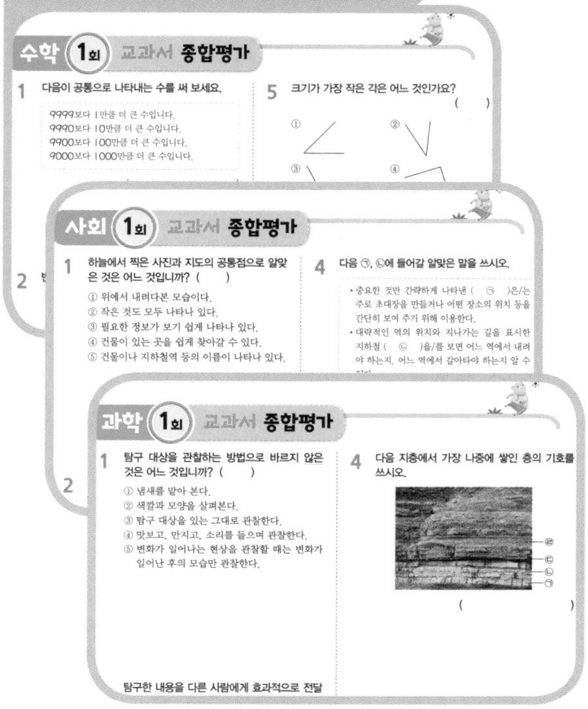
수학 1회 교과서 종합평가

1 다음이 공통으로 나타내는 수를 써 보세요.
9999보다 1만큼 더 큰 수입니다.
9990보다 10만큼 더 큰 수입니다.
9900보다 100만큼 더 큰 수입니다.
9000보다 1000만큼 더 큰 수입니다.

5 크기가 가장 작은 각은 어느 것인가요? ( )

사회 1회 교과서 종합평가

1 하늘에서 찍은 사진과 지도의 공통점으로 알맞은 것은 어느 것입니까? ( )
① 위에서 내려다본 모습이다.
② 작은 것도 모두 나타나 있다.
③ 필요한 정보가 보기 쉽게 나타나 있다.
④ 건물이 있는 곳을 쉽게 찾아갈 수 있다.
⑤ 건물이나 지하철역 등의 이름이 나타나 있다.

4 다음 ㉠, ㉡에 들어갈 알맞은 말을 쓰시오.

과학 1회 교과서 종합평가

1 탐구 대상을 관찰하는 방법으로 바르지 않은 것은 어느 것입니까? ( )
① 냄새를 맡아 본다.
② 색깔과 모양을 살펴본다.
③ 탐구 대상을 있는 그대로 관찰한다.
④ 맛보고, 만지고, 소리를 들으며 관찰한다.
⑤ 변화가 일어나는 현상을 관찰할 때는 변화가 일어난 후의 모습만 관찰한다.

4 다음 지층에서 가장 나중에 쌓인 층의 기호를 쓰시오.

권말 부록: 검정 교과서를 완벽 분석하여 문제를 출제하였습니다.

정답과 풀이

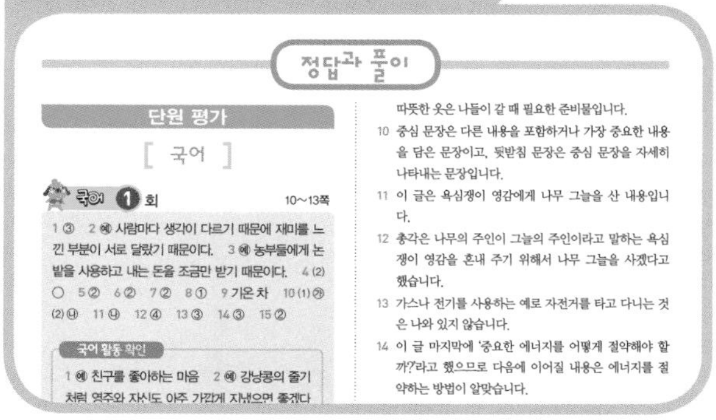
정답과 풀이

단원 평가

[국어]

국어 1회 10~13쪽

국어 활동 확인

별책 부록: 스스로 틀린 문제를 점검하고, '다시 한 번 확인해요!'를 통해 핵심 개념을 더욱 자세하게 기억할 수 있습니다.

전과목 총정리 단원평가

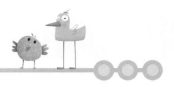

차례 4-1

단원 평가

국어

1회 ······ 8
2회 ······ 14
3회 ······ 20
4회 ······ 26
5회 ······ 32

수학

1회 ······ 40
2회 ······ 46
3회 ······ 52
4회 ······ 58
5회 ······ 64
6회 ······ 70

사회

1회 ······ 78
2회 ······ 84
3회 ······ 90

과학

1회 ······ 98
2회 ······ 104
3회 ······ 110
4회 ······ 116
5회 ······ 122

마무리 평가

1회

국어 ………………………… 129
수학 ………………………… 133
사회 ………………………… 136
과학 ………………………… 139

2회

국어 ………………………… 142
수학 ………………………… 146
사회 ………………………… 149
과학 ………………………… 152

3회

국어 ………………………… 155
수학 ………………………… 159
사회 ………………………… 162
과학 ………………………… 165

4회

국어 ………………………… 168
수학 ………………………… 172
사회 ………………………… 175
과학 ………………………… 178

출제 예상 문제 분석 국어

단원명	주요 출제 내용	출제 빈도	공부한 날
1. 생각과 느낌을 나누어요	• 생각이나 느낌이 서로 다른 까닭 말하기 • 시를 읽고 생각이나 느낌 나누기 • 이야기를 읽고 생각이나 느낌 나누기 • 일어난 일에 대한 의견 말하기	★★★ ★★★★ ★★★★★ ★★★★★	월 일
2. 내용을 간추려요	• 들은 내용 간추리기 • 이야기의 흐름에 따라 내용 간추리기 • 글의 전개에 따라 내용 간추리기	★★★★ ★★★★★ ★★★★	월 일
3. 느낌을 살려 말해요	• 상황에 알맞은 표정, 몸짓, 말투의 효과 알기, 적절한 표정, 몸짓, 말투를 사용해 말하기 • 듣는 사람을 고려해 상황에 맞게 말하기	★★★★★ ★★★★	월 일
4. 일에 대한 의견	• 사실과 의견의 차이점 알기 • 글을 읽고 사실과 의견 구별하기 • 사실에 대한 의견 말하기, 쓰기	★★★★ ★★★★ ★★★★★	월 일
5. 내가 만든 이야기	• 사건의 흐름을 파악하며 이야기 읽기 • 이야기의 흐름 이해하기, 이야기를 읽고 이어질 내용 상상해 쓰기	★★★★ ★★★★★	월 일

단원명	주요 출제 내용	출제 빈도	공부한 날
6. 회의를 해요	• 회의 절차와 참여자 역할 익히기 • 회의 주제에 맞게 말할 내용 준비하기 • 절차와 규칙을 지키며 회의하기	★★★★★ ★★★★ ★★★★★	월 일
7. 사전은 내 친구	• 낱말의 뜻 짐작하기 • 사전에서 뜻을 찾아 낱말 사이의 관계 알기 • 여러 가지 사전에서 낱말의 뜻 찾기	★★★★★ ★★★★ ★★★★	월 일
8. 이런 제안 어때요	• 제안하는 글에 대해 알기 • 문장의 짜임에 대해 알기 • 제안하는 글을 쓰는 방법 알기 • 제안하는 글을 쓰고 발표하기	★★★★ ★★★★ ★★★★★ ★★★	월 일
9. 자랑스러운 한글	• 한글을 만든 과정 이해하기 • 한글의 특성 이해하기 • 한글을 소중히 여기는 마음 지니기	★★★★ ★★★★ ★★★★	월 일
10. 인물의 마음을 알아봐요	• 인물의 마음을 짐작하며 만화 읽기 • 만화를 읽고 인물의 마음 표현하기 • 재미있었던 일을 만화로 표현하기	★★★★★ ★★★★ ★★★★	월 일

1. 생각과 느낌을 나누어요

✤ 친구들과 생각이나 느낌을 나누면 좋은 점
- 서로 생각이나 느낌이 비슷하기도 하지만 다른 점도 있다는 것을 알게 되었습니다.
- 이야기를 더 잘 이해할 수 있었습니다.

✤ 의견과 까닭
- 의견: 어떤 일이나 대상에 대한 생각입니다.
- 까닭: 그런 생각을 하게 된 원인이나 근거입니다.

✤ 이야기의 전개 요소에 따라 내용을 간추리면 좋은 점
- 전체 이야기보다 짧아서 듣는 사람이 빨리 이해할 수 있습니다.
- 중요한 내용이 무엇인지 쉽게 알 수 있습니다.

✤ 주장하는 글의 전개 방식
- 문제점을 파악합니다.
- 해결 방안, 실천 방법을 제안합니다.

생각이나 느낌이 서로 다른 까닭 말하기
① 같은 것을 보고도 상황에 따라 다르게 생각할 수 있기 때문입니다.
② 같은 것을 보지만 느낀 점이 다를 수 있기 때문입니다.
예「꽃씨」에 대한 생각이나 느낌 말하기

봄비가 내려와
앉는다고 하니까 비가
사람같이 느껴져.
난 봄비가 내려와
앉는다고 해서 새를
떠올렸어.

시를 읽고 생각이나 느낌 나누기
① 무엇을 표현하려고 했는지를 생각하며 시를 읽어 봅니다.
② 시 속 인물이 어떤 생각을 했는지 친구들과 이야기해 봅니다.
③ 시에 대한 자신의 생각이나 느낌을 여러 가지 방법으로 표현해 봅니다.
- 오행시❶ 짓기, 몸으로 표현하기, 그림으로 표현하기, 인물이 되어 말하기 등

이야기를 읽고 생각이나 느낌 나누기
① 인물의 마음을 생각하며 이야기를 읽어 봅니다.
② 인물의 말이나 행동에 대한 자신의 생각이나 느낌을 정리해 봅니다.

일어난 일에 대한 의견 말하기
① 인물의 마음을 생각하며 이야기를 읽어 봅니다.
② 이야기를 읽고 일어난 일에 대한 인물의 마음을 정리해 봅니다.
③ 이야기에 나오는 인물의 말이나 행동에 대한 자신의 생각을 말해 봅니다.
└ 일어난 일에 대한 자신의 의견을 분명하게 말하려면 먼저 일어난 일과 그 까닭을 생각해 보고 결과도 알아봅니다.

이야기를 읽고 의견 나누기
① 자신이 잘할 수 있는 일이 무엇인지를 생각하며 이야기를 읽어 봅니다.
② 일어난 일에 대해 자신의 의견을 정리해 봅니다.
예「가끔씩 비 오는 날」을 읽고 일어난 일에 대해 의견 정리하기

주인아저씨를 처음 만났을 때	주인아저씨가 어떤 사람인지 궁금해하는 것은 당연한 것 같아. 함께 지낼 사람을 처음 만나면 누구나 궁금해하잖아.

③ 이야기에서 일어난 일에 대해 의견을 나누고, 그 내용을 정리해 봅니다.

낱말 풀이
❶ **오행시** 다섯 행으로 이루어진 시.
❷ **나열** 죽 벌여 놓음. 또는 죽 벌여 있음.
❸ **대조** 둘 이상인 대상의 내용을 맞대어 같고 다름을 검토함.

2. 내용을 간추려요

들은 내용 간추리기

① 듣는 목적을 생각합니다.

② 아는 내용이나 경험을 떠올립니다.

③ 들은 내용을 어떻게 할지 생각합니다. → 들으면서 간추려 쓸 때에는 중요한 내용만 골라서 짧게 써야 합니다.

㈎ 자료를 읽거나 듣고 난 뒤에 정리하는 방법

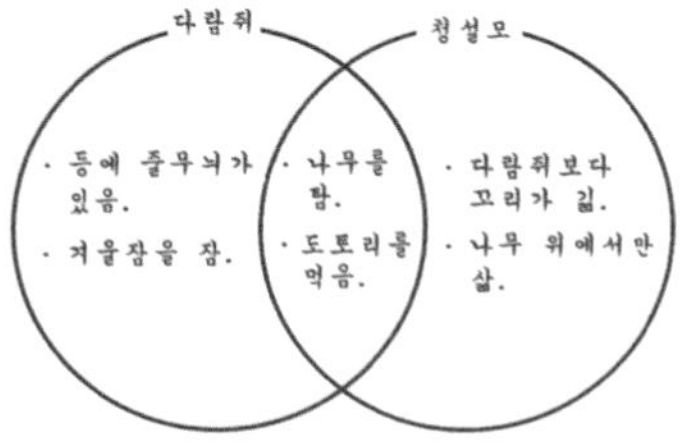

▲ 도형을 그려 정리하기

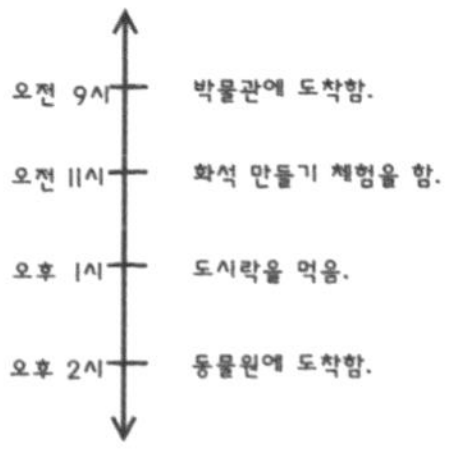

▲ 수직선에 내용 정리하기

글의 내용을 간추리는 방법 알기

① 각 문단의 중심 문장과 뒷받침 문장을 구별하여 표시해 봅니다.

② 각 문단의 중심 내용을 연결해 글의 내용을 간추려 써 봅니다.

문단의 중심 문장 찾기	문단을 구별할 수 있어야 한다. 문단에서 가장 중요한 문장을 찾아야 한다. 중요한 문장은 문단의 앞이나 뒤에 나온다.
문장을 이어 주는 말 찾기	여러 가지를 ❷나열하는 말, 비교나 ❸대조를 하는 말, 원인과 결과를 이어 주는 말 등을 적절하게 사용해야 한다.
글의 내용 간추리기	원래의 글보다 단순해져야 한다. 새로운 글을 쓴다는 생각으로 표현 방법을 궁리해야 한다.

이야기의 흐름에 따라 내용 간추리기

① 이야기를 읽고 중요한 사건을 정리해 봅니다.

② 이야기의 흐름에 따라 이야기의 내용을 간추려 써 봅니다.
→ 이야기에서 사건이 일어난 시간의 흐름에 따라 내용을 정리합니다. 이야기에서 사건이 일어난 장소의 변화에 따라 내용을 정리합니다.

글의 전개에 따라 내용 간추리기

① 먼저, 의견을 내세운 글이라는 점을 생각해야 합니다.

② 글의 내용이 어떻게 전개되는지 살펴봐야 합니다.

③ 문단의 중심 문장이나 내용을 찾아봐야 합니다.

바로바로 체크

1 생각이나 느낌이 서로 다른 까닭은 같은 것을 보고도 상황에 따라 다르게 ☐☐할 수 있기 때문입니다.

2 '의견'과 '까닭' 가운데 어떤 일이나 대상에 대한 생각은 무엇인지 쓰시오.

(　　　　　　)

3 이야기의 흐름에 따라 내용을 간추릴 때에는 중요한 ☐☐을 정리해 봅니다.

4 글의 내용을 간추리는 방법으로 알맞은 것에 ○표를 하시오.

(1) 글의 전개에 따라 내용을 정리해 간추린다. (　　)

(2) 뒷받침 문장을 연결해 글 전체의 내용을 간추린다. (　　)

정답

1. 생각　2. 의견　3. 사건
4. (1) ○

단원평가 1회 1. 생각과 느낌을 나누어요 ~ 2. 내용을 간추려요

1. 생각과 느낌을 나누어요

1~2

몰래
겨울을 녹이면서
봄비가 내려와 앉으면

꽃씨는
땅속에 살짝 돌아누우며
눈을 뜹니다.

봄을 기다리는 아이들은
쏘옥
손가락을 집어넣어 봅니다.

꽃씨는 저쪽에서
고개를 빼끔
얄밉게 숨겨 두었던
파란 손을 내밉니다.

「꽃씨」, 김완기

1 아이들이 땅속에 손가락을 집어넣어 보는 까닭은 무엇입니까? (　　)

① 새싹을 뽑고 싶어서
② 꽃씨를 심고 싶어서
③ 새싹을 빨리 만나고 싶어서
④ 꽃씨를 다른 곳으로 옮기고 싶어서
⑤ 땅속에 누가 살고 있는지 알고 싶어서

서술형

2 다음과 같이 이 시에 대한 생각이나 느낌이 서로 다른 까닭은 무엇인지 쓰시오.

봄비가 내려와 앉는다고 하니까 비가 사람같이 느껴져.
난 봄비가 내려와 앉는다고 해서 새를 떠올렸어.

____

____

3~5

마을 사람들은 어디에선가 팔 땅이 나오면 할아버지에게 사라고 했습니다. 할아버지는 쌀이 만 석 이상 곳간에 쌓이면 농부들이 최 부잣집의 논밭을 사용하고 내는 돈을 조금만 받기 때문이었지요. 그래서 마을 사람들은 할아버지가 땅을 사면 오히려 좋아했습니다.

준은 할아버지가 무척 자랑스러웠습니다. 다른 사람들에게 베풀고, 잘 살도록 도와주며 아랫사람들에게도 나누어 줄 줄 아는 할아버지가 참 좋았습니다.

「가훈 속에 담긴 뜻」, 조은정

3 할아버지가 땅을 사면 마을 사람들이 좋아한 까닭은 무엇인지 쓰시오.

• 쌀이 만 석 이상 곳간에 쌓이면 ______________

____

4 할아버지에 대한 준의 생각으로 알맞은 것에 ○표를 하시오.

(1) 나는 할아버지처럼 안 살 거야. (　　)
(2) 나도 꼭 할아버지처럼 되어야지. (　　)

중요

5 이 글에서 알 수 있는 할아버지의 성격은 어떠합니까? (　　)

① 자신의 이익만을 꾀한다.
② 다른 사람에게 베풀 줄 안다.
③ 돈을 가장 중요하게 생각한다.
④ 남을 골리기 좋아하고 고집이 세다.
⑤ 재산에 대한 욕심으로 가득 차 있다.

6~7

"내가 잃어버린 구슬 네가 집었지?"
"언제 네 구슬을 내가 집었어?"
"그럼 보여 주지 못할 게 뭐야?"

그제는 기동이도 하는 수 없나 봅니다. "자아." 하고 조끼 주머니에서 구슬을 꺼내 보입니다. 하나를 꺼냅니다. 둘을 꺼냅니다. 셋, 다섯도 넘습니다. 모두 똑같은 모양, 똑같은 빛깔입니다. 노마가 잃어버린, 모두 똑같은 그런 파란 유리구슬입니다.

어쩌면 그중에 노마가 잃어버린 구슬이 섞여 있을 성싶습니다. 그래서 노마는,

"너, 이 구슬 다 어디서 났니?"
"어디서 나긴 어디서 나. 다섯 개는 가게서 사고 한 개는 영이가 준 건데, 뭐."
"거짓부렁. 영이가 널 구슬을 왜 줘?"
"그럼 영이한테 가서 물어봐."

그래서 노마와 기동이는 영이를 찾아가기로 했습니다. 담 모퉁이를 돌아서 골목 밖으로 나갔습니다. 그리고 조그만 도랑 앞엘 왔습니다.

그런데 그 도랑물 속에 무엇이 햇빛에 번쩍하는 것이 있습니다. 유리구슬 같습니다. 정말 유리구슬입니다. 바로 노마가 잃어버린 그 구슬입니다.

「의심」, 현덕

6 노마가 잃어버린 구슬은 어디에 있었습니까? (　　)

① 영이네 집　② 도랑물 속
③ 노마의 가방 속　④ 노마네 담 아래
⑤ 기동이의 조끼 주머니

잘 틀려요

7 노마가 기동이에게 자신의 구슬을 가지고 있는지 캐물을 때 어떤 마음이 들었겠습니까? (　　)

① 영이가 얄미운 마음
② 기동이를 의심하는 마음
③ 기동이에게 미안한 마음
④ 기동이를 안타까워하는 마음
⑤ 영이와 기동이에게 질투 나는 마음

8~9

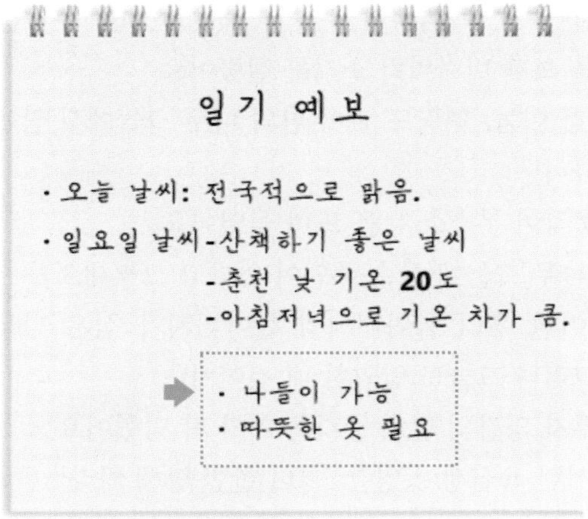
일기 예보
• 오늘 날씨: 전국적으로 맑음.
• 일요일 날씨-산책하기 좋은 날씨
-춘천 낮 기온 20도
-아침저녁으로 기온 차가 큼.
• 나들이 가능
• 따뜻한 옷 필요

8 글쓴이는 무엇을 하기 위해 일기 예보를 듣고 썼겠습니까? (　　)

① 일요일에 춘천으로 나들이 가기 위해서
② 작년 이맘때의 경험을 떠올리기 위해서
③ 내일 학교에 입고 갈 옷을 고르기 위해서
④ 여러 나라의 오늘 날씨를 기록하기 위해서
⑤ 오늘 서울의 정확한 낮 기온을 알기 위해서

9 일요일에 춘천으로 나들이할 때 따뜻한 옷이 필요한 까닭은 무엇인지 쓰시오.

• 아침저녁으로 (　　　　)가 크기 때문이다.

10 다음 두 문장을 중심 문장과 뒷받침 문장으로 나누어 기호를 쓰시오.

> ㉮ 동물들이 소리를 내는 방식은 다양합니다.
> ㉯ 성대를 이용하여 소리를 내는 동물도 있고 다른 부위를 이용하는 동물도 있습니다.

(1) 중심 문장: (　　　　)
(2) 뒷받침 문장: (　　　　)

11~12

얼마 뒤, 욕심쟁이 부자가 깨어났어요. 부자는 총각을 보자 버럭버럭 소리를 질렀어요.

"너 이놈, 허락도 없이 남의 나무 그늘에서 잠을 자다니!"

총각이 부스스 눈을 뜨며 물었어요.

"나무 그늘에 무슨 주인이 있다고 그러세요?"

"이건 우리 할아버지의 할아버지가 심은 나무야. 그러니 그늘도 당연히 내 것이지!"

부자 영감의 말에 총각은 기가 딱 막혔어요.

'이런 욕심쟁이 영감, 어디 한번 당해 봐라!'

총각은 욕심쟁이 부자를 혼내 주기로 했어요.

"영감님, 저한테 이 나무 그늘을 파는 건 어때요?"

부자는 귀가 솔깃했어요.

'아니, 이런 멍청한 녀석을 봤나?'

부자는 억지로 웃음을 참으며 말했어요.

"흠, 자네가 원한다면 할 수 없지. 대신 나중에 무르자고 하면 절대로 안 되네!"

부자는 못 이기는 척 나무 그늘을 팔았답니다.

「나무 그늘을 산 총각」, 권규헌

11 이 글에서 중요한 사건은 무엇인지 알맞은 것의 기호를 쓰시오.

㉮ 그늘이 사라지자 총각이 집으로 돌아감.
㉯ 총각이 욕심쟁이 영감에게 나무 그늘을 삼.
㉰ 총각이 동네 사람들을 그늘로 부르자 욕심쟁이 영감이 마을을 떠남.

(　　　　　　)

중요

12 총각이 나무 그늘을 산 까닭은 무엇입니까? (　　)

① 욕심쟁이 영감의 말에 속아서
② 욕심쟁이 영감을 돕고 싶어서
③ 나무 그늘로 돈을 벌기 위해서
④ 욕심쟁이 영감을 혼내 주기 위해서
⑤ 욕심쟁이 영감의 나무 그늘이 탐이 나서

13~15

우리는 생활을 편하고 넉넉하게 하려고 많은 에너지 자원을 사용하고 있다. 음식을 만들거나 집을 따뜻하게 하거나 불을 밝히려고 가스나 전기를 쓴다. 또 자동차를 타고 다니려면 석유가 필요하며 공장에서 생활에 필요한 물건을 만들 때에도 전기를 사용한다.

석탄, 석유, 가스, 전기 같은 에너지 자원은 한없이 있는 것이 아니다. 다 쓰고 나면 더는 에너지 자원을 구할 수 없게 된다. 특히 석유는 우리나라에서는 나지 않아 외국에서 수입해 오고 있다. 이처럼 중요한 에너지를 어떻게 절약해야 할까?

13 가스나 전기를 사용하는 예로 알맞지 않은 것은 무엇입니까? (　　)

① 불을 밝힌다.
② 음식을 만든다.
③ 자전거를 탄다.
④ 집을 따뜻하게 한다.
⑤ 공장에서 물건을 만든다.

14 이 글 다음에 이어질 내용으로 알맞은 것은 무엇입니까? (　　)

① 에너지의 뜻
② 에너지 사용의 예
③ 에너지 절약 방법
④ 에너지를 만든 사람
⑤ 에너지를 만드는 방법

잘 틀려요

15 이와 같은 글의 내용을 간추리는 방법에 대한 설명입니다. 빈칸에 들어갈 말은 무엇입니까? (　　)

글의 □□에 따라 내용을 정리해 간추린다.

① 사건
② 전개
③ 배경
④ 장소
⑤ 인물

국·어·활·동·확·인

1 「옛날과 오늘날의 우비」의 각 문단에서 중심 문장을 찾아 써 보시오.

❶ 비가 올 때 사용하는 도구에는 어떤 것이 있을까? 옛날 사람들은 비가 올 때면 삿갓이나 도롱이를 사용했다. 삿갓은 대오리나 갈대로 거칠게 엮어 만든 모자이다. 반면 도롱이는 짚이나 띠 같은 풀을 두껍게 엮어 만든 망토이다. 삿갓과 도롱이를 함께 쓰면 비를 맞지 않고 양손을 자유롭게 움직일 수 있다. 그래서 농부들은 삿갓과 도롱이를 많이 활용했다.
❷ 오늘날 사람들은 천이나 비닐로 만든 가벼운 우산을 쓴다. 처음에 우산은 갈색이나 검은색 비단에 쇠살을 붙인 모습이었다. 그런데 비단에 쇠살을 붙인 우산은 비에 젖으면 무거웠다. 그래서 비에 잘 젖지 않는 천과 가벼운 소재로 우산을 만들었다. 요즘에는 자동식 우산이나 접이식 우산도 있다.

문단	중심 문장
(1) ❶	
(2) ❷	

▲ 삿갓

▲ 도롱이

2 글의 내용을 간추리는 방법입니다. (　　) 안에 들어갈 알맞은 말을 [보기]에서 찾아 쓰시오.

보기

문장　　중심　　문단

각 ((1)　　　)의 내용을 파악한다.

⇩

문단의 내용을 대표하는 ((2)　　　)을 찾는다.

⇩

각 문단의 ((3)　　　) 내용을 바탕으로 하여
글 전체의 내용을 간추린다.

글의 내용을 간추리는 방법
- 글의 종류에 따라 다르게 전개되는 내용을 덩어리로 바꾸어 봅니다.
- 문단의 중심 문장 또는 중심 내용을 찾습니다.
- 내용 전개에 따른 분류를 활용해 자연스럽게 연결해서 전체 글의 내용을 간추립니다.

3. 느낌을 살려 말해요 ~ 4. 일에 대한 의견

✣ 상황에 알맞은 표정, 몸짓, 말투로 말하기
- 상황에 알맞은 표정, 몸짓, 말투를 씁니다.
- 표정, 몸짓, 말투를 사용할 때 듣는 사람을 배려해야 합니다.

✣ 글을 쓸 때 고려할 점
- 읽는 사람의 나이를 고려해야 합니다.
- 내용을 잘 알고 있는지 살펴봐야 합니다.
- 읽는 사람의 처지를 생각해 보고 써야 합니다.
- 기분이 상하지 않도록 예의를 지켜야 합니다.

✣ 사실에 대한 의견을 정리할 때 생각할 점
- 누구와 함께 있었나?
- 언제 어디에서 있었던 일인가?
- 무엇을 했나?
- 어떻게 했나?
- 왜 했나?
- 어떤 생각을 했나?

낱말 풀이

❶ **상황** 일이 되어 가는 과정이나 형편.

❷ **고려** 생각하고 헤아려 봄.

❸ **기사** 신문이나 잡지 따위에서, 어떠한 사실을 알리는 글.

❹ **편집** 일정한 방침 아래 여러 가지 재료를 모아 신문, 잡지, 책 따위를 만드는 일.

3. 느낌을 살려 말해요

상황[❶]에 알맞은 표정, 몸짓, 말투의 효과 알기
① 자신의 생각을 분명하게 전달할 수 있습니다.
② 느낌을 잘 표현할 수 있습니다. → 상황에 알맞은 표정, 몸짓, 말투를 씁니다.
③ 듣는 사람이 잘 알아들을 수 있습니다. → 표정, 몸짓, 말투를 사용할 때 듣는 사람을 배려해야 합니다.

예 장면	표정
	굳은 표정이다.

→ 밝게 웃어야 합니다.

적절한 표정, 몸짓, 말투를 사용해 말하기
① 듣는 사람에게 맞아야 합니다.
② 표정, 몸짓, 말투가 서로 어울려야 합니다.
③ 사용하려는 목적을 생각해야 합니다. → 겪은 일을 설명할 때는 자신 있는 표정을 짓습니다.

듣는 사람을 고려[❷]해 상황에 맞게 말하기
① 듣는 사람과 듣는 상황을 고려합니다.
- 동생에게는 이해하기 쉬운 말로 합니다.
- 친구에게는 친구가 관심을 보이는 내용을 흥미롭게 말해 줍니다.
- 여러 사람 앞에서는 높임말을 사용합니다.

② 내용을 말할 때 알맞은 표정, 몸짓, 말투를 사용합니다.

읽는 사람을 고려해 생각 쓰기
① 어떤 생각이 들었는지 떠올려 봅니다.
② 글을 쓴다면 누구에게 어떻게 쓰면 좋을지 생각해 봅니다.
③ 읽는 사람을 정해 생각을 써 봅니다.
→ 읽는 사람이 되어 궁금한 점이 무엇일지 떠올려 쓸 내용을 정해 봅니다.

자신이 겪은 일을 실감 나게 말하기
① 자신이 겪은 일 가운데에서 재미있었던 일을 떠올려 봅니다.
② 재미있었던 일 가운데에서 한 가지를 정해 친구들과 이야기해 봅니다.
→ 누구와, 언제, 어디에서, 무엇을

4. 일에 대한 의견

사실과 의견의 차이점 알기

사실	• 현재에 있는 일이다. • 실제로 있었던 일이다.
의견	대상이나 일에 대한 생각이다.

글을 읽고 사실과 의견 구별하기

① 사실과 의견을 생각하며 글을 읽어 봅니다.

② 글을 읽고 사실과 의견을 구별하고, 그렇게 구별한 까닭을 말해 봅니다.

• 「독도를 다녀와서」를 읽고 사실과 의견을 구별하기

[사실] 지난 방학 때 나는 가족과 함께 독도를 다녀왔다. 평소에 독도에 관심이 많아 독도에 대한 책도 읽고 사진도 여러 장 찾아보았다. 그런데 마침 아버지께서 독도를 다녀오자고 하셨다. [의견] 책이나 인터넷에서만 보던 독도를 직접 가 보는 것이 좋겠다고 생각했다.

• 윗부분은 실제로 겪은 일을 나타낸 것이어서 사실이고, 아랫부분은 그 일에 대한 생각을 나타낸 것이어서 의견입니다.

사실에 대한 의견 말하기

① 글을 읽고 사실과 의견을 구별해 봅니다.

② 글을 읽고 자신이 안 사실과 그것에 대한 의견을 써 봅니다.

• 같은 사실에 대해서도 사람에 따라 경험, 생각, 배경지식 등이 달라서 의견이 다를 수 있습니다.

사실에 대한 의견 쓰기

① 쓸 내용을 사실과 의견으로 나누어 정리해 봅니다.

② 사실과 의견이 잘 드러나게 글을 써 봅니다.

• 의견은 어떤 사실이나 대상을 보고 드는 생각을 말합니다. 의견은 사람마다 다를 수 있습니다.

우리 학급의 일을 의견이 드러나게 쓰기

① 학급 신문에 기사로 쓸 만한 일을 찾아봅니다.

② 학급 신문의 기사로 쓸 내용과 기사를 쓸 사람을 정해 봅니다.

③ 정한 기사 내용을 조사해 학급 신문 기사를 써 봅니다.

④ 친구들이 쓴 기사를 모아 학급 신문을 편집해 봅니다.

⑤ 학급 신문에서 기사를 읽고 기억에 남는 기사와 그에 대한 자신의 의견을 써 봅니다.

• 어떤 일이 있었는지 사실을 정확하게 조사해야 합니다. 선생님, 친구, 부모님이 한 말도 쓰면 좋습니다.

바로바로 체크

1 적절한 표정, 몸짓, 말투를 사용해 말할 때에는 □□, 몸짓, 말투가 서로 어울려야 합니다.

2 읽는 사람을 고려해 생각 쓰기 방법입니다. 빈칸에 들어갈 말은 무엇인지 쓰시오.

> 글을 쓴다면 ______ 에게 어떻게 쓰면 좋을지 생각해 본다.

( )

3 대상이나 일에 대한 생각을 무엇이라고 하는지 쓰시오.

( )

4 우리 학급의 일을 의견이 드러나게 쓸 때에는 정한 기사 내용을 □□해 학급 신문 기사를 씁니다.

정답

1. 표정 2. 누구 3. 의견 4. 조사

3. 느낌을 살려 말해요

1~2

네가 기다리던 지현이가 왔다.
네? 벌써요?
이제 나갈 시간이야. 준비하렴.
네? 벌써요?
가
나

1 그림 가에서 여자아이는 어떤 표정을 짓고 있습니까? (　　)

① 기뻐하는 표정　② 슬퍼하는 표정
③ 속상해하는 표정　④ 긴장해 굳은 표정
⑤ 무서워서 겁에 질린 표정

중요

2 그림 나의 여자아이는 어떤 상황에서 지은 표정이겠습니까? (　　)

① 기뻐서 마음이 설레는 상황
② 꾸중을 듣고 뉘우치는 상황
③ 칭찬을 받고 힘이 나는 상황
④ 잘 안 들려서 어리둥절해하는 상황
⑤ 내키지 않은 일을 억지로 해야 하는 상황

서술형

3 다음 그림에서 말하는 사람의 몸짓은 어떠한지 쓰시오.

제가 다녀온 박물관에 대해 말씀드리겠습니다.

4~5

가 돈이 없어도 전혀 불편하지 않았던 시절이 있었어요. 우르르 몰려다니며 짐승을 사냥해서 먹거나 나무 열매와 식물을 채집해서 먹으며 동굴에서 잠을 자던 원시 시대지요. 인류는 그런 생활을 무려 수만 년이나 해 왔답니다. 당연히 돈 같은 게 필요 없었지요.

나 쌀을 가져온 농부가 어부의 고등어와 맞바꾸려면 어부 역시 쌀을 원해야 하잖아요? 그런데 어부가 원하는 것이 사냥꾼의 곰 가죽이라면 이 거래는 이루어질 수 없겠지요. 또 운 좋게 그런 상대방을 만나도 교환이 늘 순조롭지만은 않았어요.

"어부야, 고등어 한 마리랑 쌀 한 봉지랑 바꾸자."

"두 봉지는 줘야지."

그래서 인류는 물건의 가격을 매길 수 있는 제삼의 물건을 생각해 냈어요. 바로 돈이었지요.

「돈은 왜 만들었을까?」, 김성호

4 원시 시대에 돈이 필요 없었던 까닭은 무엇입니까? (　　)

① 농사를 지었기 때문에
② 돈보다 쌀이 귀했기 때문에
③ 동굴에 보석이 많았기 때문에
④ 물품을 무료로 나누어 줬기 때문에
⑤ 사냥이나 채집을 하며 생활했기 때문에

중요

5 다음 내용을 소개할 때 듣는 사람은 누구입니까? (　　)

> 사람들이 돈을 만든 까닭을 알고 있니? 물건과 물건을 바꾸어 쓰던 사람들이 불편해서 물건의 가격을 매길 수 있는 돈을 만들어 낸 거야.

① 동생　② 할머니
③ 선생님　④ 부모님
⑤ 여러 사람

6~7

보봉은 독일에 있는 생태 마을로, 태양 에너지, 녹색 교통, 주민 자치 등 환경 정책이 두루 잘 실현되고 있는 곳입니다. 보봉은 1992년까지 군대가 있던 곳이었습니다. 군대가 철수하고 난 뒤 마을 사람들은 이 지역을 어떻게 활용할지에 대해 고민하게 되었습니다. 여러 가지 활용 방안을 놓고 회의를 한 결과, 주민들은 이곳을 생태 마을로 만들기로 합의하였습니다. 마을 사람들은 이곳을 어떻게 생태 마을로 만들까 고민했습니다. 오랫동안 토론한 끝에 다음과 같은 실천 조항들을 만들었습니다.

"태양광을 우리 마을의 주 에너지원으로 합시다."
"자동차 사용을 줄이고 물을 아낄 수 있는 곳으로 만듭시다."
"콘크리트를 쓰지 않는 곳으로 만듭시다."
이런 노력으로 보봉은 생태 마을이 되었습니다.

「생태 마을 보봉」, 김영숙

6 보봉을 생태 마을로 가꾸려고 주민들은 어떤 것들을 실천하기로 했습니까? (,)

① 군대를 철수시킨다.
② 자동차 사용을 줄인다.
③ 물을 많이 쓰는 곳으로 만든다.
④ 콘크리트를 쓰는 곳으로 만든다.
⑤ 태양광을 마을의 주 에너지원으로 한다.

잘 틀려요

7 이 글을 읽고 떠올린 생각으로 알맞은 것의 기호를 쓰시오.

㉮ 독일의 군대가 얼마나 큰지 궁금하다.
㉯ 천연기념물에는 무엇이 있는지 알고 싶다.
㉰ 마을을 바꾸는 데에는 주민의 실천이 중요한 것 같다.

( )

8~9

㉠정우와 함께 박물관 현장 체험학습을 다녀왔다. ㉡박물관에는 우리 조상의 생활 모습을 담은 그림들이 전시되어 있었다. ㉢그림에 나타난 조상의 생활 모습은 오늘날과는 많이 다르다는 생각이 들었다.

8 현장 체험학습을 다녀온 곳은 어디입니까? ( )

① 민속촌
② 과학관
③ 도서관
④ 박물관
⑤ 미술관

중요

9 ㉠~㉢의 문장 가운데에서 의견을 나타낸 것의 기호를 쓰시오.

( )

10 사실을 나타낸 문장은 어느 것입니까? ( )

① 호랑이는 동물이다.
② 여행을 하면 즐겁다.
③ 운동을 열심히 하자.
④ 물을 아껴 쓰면 좋겠다.
⑤ 친구들과 사이좋게 지내야 한다.

서술형

11 사실은 어떤 내용을 담고 있는지 쓰시오.

____

____

12~13

우리는 울릉도에 가서 다시 독도로 가는 배를 탔다. 배는 항구를 떠나 독도로 향했다. 우리는 바다를 바라보며 독도에 대한 이야기를 나누었다. 한참을 지나 드디어 독도에 도착했다. 배에서 내려 독도에 발을 내딛는 순간 이상하게 가슴이 떨렸다. 수많은 괭이갈매기가 우리를 반겨 주었다.

독도에는 괭이갈매기뿐만 아니라 슴새, 바다제비 같은 새도 산다고 한다. 또 멧도요, 물수리, 노랑지빠귀 들은 독도를 휴식처로 삼아 철마다 머물다 간다고 한다. 책에서만 보던 슴새나 바다제비를 직접 보니 신기하기만 했다.

독도는 화산섬이라서 식물이 잘 자라기 힘든 곳이다. 이러한 자연 환경에서도 번행초, 괭이밥, 쇠비름 같은 풀이 잘 자란다고 한다.

독도에서 동해를 바라보니 가슴이 탁 트이는 것 같았다. 우리나라 동쪽 끝 섬인 독도를 아끼고 독도에 관심을 가져야겠다고 생각했다. 아름답고 생명력 넘치는 독도가 우리 땅이라는 것이 아주 자랑스러웠다.

12 사실과 의견을 구별해 다음 표에 쓰시오.

글	사실/의견
(1) 우리는 울릉도에 가서 다시 독도로 가는 배를 탔다.	
(2) 독도에서 동해를 바라보니 가슴이 탁 트이는 것 같았다.	

중요

13 글쓴이가 독도에 가서 생각한 것을 두 가지 고르시오. (　　,　　)

① 독도에서 살고 싶다.
② 독도를 소개하는 글을 써야겠다.
③ 독도가 우리 땅이라는 것이 자랑스러웠다.
④ 독도를 아끼고 독도에 관심을 가져야겠다.
⑤ 독도에 여러 가지 식물을 많이 심어야겠다.

14~15

수박 줄기 위로는 예쁜 나비 두 마리가 아름답게 날갯짓을 하고 있어요. 붉은 나비와 호랑나비인데, 모두 사실적으로 묘사되어 있군요. 나비의 색깔이 서로 대비를 이루어 인상적입니다.

이제 아래쪽으로 시선을 옮겨 수박을 자세히 들여다보죠. 수박의 껍질이 요즘 보는 수박과 다르지요? 조선 시대 사람들이 먹었던 수박은 아마도 표면이 이러했던 모양입니다. 같은 땅에서 나온 수박인데도 시대가 흐르면서 그 모습이 바뀌었다는 사실이 참 흥미롭습니다.

당시의 사람들은 수박이 아이를 많이 낳는 것을 상징하고 나비는 화목과 사랑을 상징한다고 생각했습니다. 그렇다면 이 그림 속의 수박과 나비는 아이를 많이 낳아 서로 행복하게 잘 살아가길 바라는 마음을 담고 있는 것으로 생각할 수 있겠지요.

「묵직한 수박 위로 나비가 훨훨!」, 이광표

14 그림에서 수박과 나비는 무엇을 상징하는지 쓰시오.

(1) 수박: (　　　　　　　　)
(2) 나비: (　　　　　　　　)

잘 틀려요

15 이 글을 읽고 알게 된 사실을 말한 것으로 알맞은 것은 무엇입니까? (　　)

① 옛날 사람들은 나비를 좋아했다.
② 옛날 사람들은 수박 껍질도 먹었다.
③ 조선 시대에는 아이를 많이 낳았다.
④ 조선 시대와 지금의 수박 껍질이 다르다.
⑤ 조선 시대에는 붉은 나비와 호랑나비가 없었다.

1 듣는 사람을 고려해 바르게 말하는 그림을 골라 기호를 쓰시오.

가

나

다

(　　　　　　　　　　)

2 사진을 보고 의견을 떠올리는 방법과 그에 알맞은 내용을 찾아 선으로 이으시오.

(1)	사실이 무엇인지 생각한다. •	• ㉮	사람들이 쓰레기를 마구 버려서 모래밭이 지저분해졌어.
(2)	사실에 대한 감정이나 기분을 떠올린다. •	• ㉯	자기 쓰레기는 자기가 치워야 해.
(3)	문제를 해결할 수 있는 방법을 떠올린다. •	• ㉰	쓰레기가 흩어져 있는 지저분한 모래밭을 보니 기분이 나빴어.

▪ 듣는 사람을 고려해 상황에 맞게 말하기

- 바른 표정, 몸짓, 말투로 예의를 지켜 말합니다.
- 듣는 사람의 사정이나 마음을 생각하며 말해야 합니다.

▪ 사실과 의견

- 사실은 실제로 있었던 일을 말합니다.
- 의견은 어떤 사실이나 대상을 보고 드는 생각을 말합니다.
- 의견은 사람마다 다를 수 있습니다.

5. 내가 만든 이야기

그림의 차례를 정해 이야기 꾸미기
① 그림을 보고 인물의 말이나 행동을 상상해 봅니다.
② 이야기를 꾸며 친구들 앞에서 발표해 봅니다.

사건의 흐름을 파악하며 이야기 읽기
① 이야기에 나타난 인물, 장소, 배경을 찾습니다.
② 이야기에서 일어난 중요한 일을 찾습니다.
예 「까마귀와 감나무」에서 동생에게 일어난 일

장소	일어난 일
옛날 어느 마을	감나무가 있는 집 한 채만 받았다.
동생의 집	까마귀가 감을 다 먹어 버렸다.
금으로 가득한 산	금을 가져와 부자가 되었다.

③ 일이 일어난 차례를 살핍니다.

이야기의 흐름 이해하기
① 일어난 일을 정리해 봅니다.
- 일이 일어난 차례대로 정리합니다.

② 이야기의 흐름에 따라 일어난 일을 정리해 봅니다.
- 처음, 가운데, 끝으로 이야기의 흐름을 정리합니다.

③ 이야기의 주제를 알아봅니다.
- 주제를 찾을 때에는 제목, 인물의 말이나 행동, 일어난 일 따위를 살펴봅니다.

이야기를 읽고 이어질 내용 상상해 쓰기
① 이야기를 읽고 일어난 일을 정리해 봅니다.
② 이야기의 흐름에 맞게 이어질 내용을 상상해 봅니다.
③ 상상한 내용을 글로 써 봅니다.
- 이야기의 흐름이 자연스러운지 살펴봐야 합니다. 이야기 앞부분에 나온 내용과도 어울려야 합니다.

자신이 상상한 이야기를 친구들에게 들려주기
① 사진을 보고 떠오르는 생각을 말해 봅니다.
② 어떤 일이 일어날지 상상해 글이나 그림으로 꾸며 봅니다.
③ 자신이 상상한 이야기를 꾸며 써 봅니다.
④ 친구들 앞에서 꾸민 이야기를 발표해 봅니다.

이야기를 꾸며 친구들 앞에서 발표하기
- 그림의 차례를 정하고 왜 그렇게 정했는지 말해 봅니다.
- 정한 그림의 차례에 따라 이야기를 꾸며 봅니다.
- 꾸민 이야기를 친구들 앞에서 발표해 봅니다.

주제가 드러난 부분 찾기
- 이야기에서 나타내려고 하는 생각을 찾아봅니다.
- 찾은 부분에 대한 자신의 생각이나 느낌을 이야기해 봅니다.
- 이야기에 등장한 주인공에게 해 주고 싶은 말을 이야기해 봅니다.

회의가 필요한 까닭
- 문제를 해결하는 좋은 방법을 찾을 수 있습니다.
- 같이 해야 할 일을 결정할 수 있습니다.
- 여러 사람의 의견을 들을 수 있습니다.

회의 주제 정하기
- 친구들이 공통으로 관심을 보일 만한 것으로 정해야 합니다.

낱말 풀이

❶ **선정** 여럿 가운데서 어떤 것을 뽑아 정함.

❷ **다수결** 회의에서 많은 사람의 의견에 따라 안건의 가부를 결정하는 일.

6. 회의를 해요

회의에 대해 알아보기

▲ 가족회의

▲ 전교 학생회 회의

▲ 마을 회의

회의 절차와 참여자 역할 익히기

① 회의 절차를 정리해 봅니다.

개회	회의 시작을 알린다.
주제 선정	회의 주제를 정한다.
주제 토의	❶ 선정한 주제에 맞는 의견을 제시한다.
표결	찬성과 반대 의견을 헤아려 ❷ 다수결로 결정한다.
결과 발표	결정한 의견을 발표한다.
폐회	회의 마침을 알린다.

② 참여자의 역할을 정리해 봅니다.

사회자	• 회의 절차를 안내한다. • 말할 기회를 골고루 준다.
회의 참여자	• 의견을 발표한다. • 다른 사람의 의견을 주의 깊게 듣는다.
기록자	• 회의 날짜, 시간, 장소를 기록한다. → 회의 내용을 기록한다.

회의 주제에 맞게 말할 내용 준비하기

① 회의 주제를 정하는 방법을 알아봅니다. → 우리가 해결할 수 있는 문제인지 생각합니다.

② 회의 주제에 맞게 의견을 말하는 방법을 알아봅니다.

- 주제를 실천할 수 있는 여러 가지 의견을 떠올립니다.
- 의견을 뒷받침할 수 있는 근거를 찾아봅니다. → 근거가 적절한 의견을 선택합니다.
- 의견이 여러 사람에게 의미 있는 것인지 따져 봅니다.

절차와 규칙을 지키며 회의하기

사회자	• 말할 기회를 골고루 준다.
회의 참여자	• 친구가 의견을 말할 때 끼어들지 않는다. • 다른 사람의 의견을 존중한다. • 사회자 허락을 얻고 말한다.
기록자	• 중요한 내용을 요약해서 기록한다.

바로바로 체크

1 사건의 흐름을 파악하며 이야기를 읽을 때에는 이야기에 나타난 인물, ☐☐, 배경을 찾습니다.

2 이야기의 흐름에 따라 일어난 일을 정리하려고 합니다. 빈 곳에 알맞은 말을 써넣으시오.

처음
⇩
(　　　　　)
⇩
끝

3 회의 절차를 정리해 쓰시오.

개회 ⇨ ((1)　　　　) ⇨ 주제 토의 ⇨ ((2)　　　　) ⇨ 결과 발표 ⇨ 폐회

4 회의 주제에 맞게 의견을 말하는 방법으로 알맞은 것에 ○표를 하시오.

(1) 의견을 뒷받침할 수 있는 근거를 찾아본다. (　　)

(2) 의견이 자신에게 의미 있는 것인지만 따져 본다. (　　)

정답

1. 장소 2. 가운데 3. (1) 주제 선정 (2) 표결 4. (1) ○

5. 내가 만든 이야기

1~2

욕심이 생긴 형은 동생에게 감나무를 빌려 달라고 사정하였습니다. 동생은 형에게 감나무를 빌려주었습니다. 가을이 되자 또 까마귀들이 날아와 감을 먹었습니다. 형도 동생과 같이 말하였습니다. 그리고 형은 아주 큰 자루를 만들었습니다. 까마귀 우두머리는 형도 그 산으로 데려다주었습니다. 형은 무척 기뻤습니다. 자기가 동생보다 더 큰 부자가 될 것이라고 생각했습니다. 형은 큰 자루에 금을 꾹꾹 채워 넣고, 그것도 모자라 옷 속에도, 입 속에도, 그리고 귓구멍 속에도 가득 채워 넣었습니다. 까마귀가 말하였습니다.

"다 담았어요? 그러면 제 등에 오르세요. 제가 당신 집까지 데려다줄게요."

까마귀가 날아올랐습니다. 그런데 금자루가 너무 무거워 형은 까마귀 등에서 떨어지고 말았습니다. 까마귀는 형을 금 산 위에 놓아두고 혼자 날아갔습니다.

「까마귀와 감나무」, 김기태 엮음

1 형의 성격은 어떠합니까? (　　　)

① 마음이 넓다.
② 욕심이 많다.
③ 마음씨가 곱다.
④ 예의가 바르다.
⑤ 남을 먼저 생각한다.

잘 틀려요

2 형에게 일어난 일은 무엇입니까? (　　　)

① 산에서 금을 가져와 부자가 되었다.
② 동생의 모든 재산을 자신이 차지했다.
③ 감 때문에 동생보다 더 큰 부자가 되었다.
④ 동생의 까마귀를 빌려 타고 금 산을 찾아갔다.
⑤ 무거운 금 자루 때문에 까마귀 등에서 떨어졌다.

3~4

수현이는 마라톤이라는 말에 덜컥 걱정이 되었습니다.

'끝까지 못 뛸 게 뻔한데……. 친구들에게 놀림을 당하면 어쩌지?'

그러자 꼭 완주하고 싶다는 마음이 들었습니다.

그날 이후, 수현이는 날마다 공원에 가서 달리기 연습을 했습니다.

드디어 마라톤 대회가 열리는 날입니다.

화창한 날씨는 수현이의 마음을 설레게 했습니다.

「아름다운 꼴찌」, 이철환

3 수현이가 마라톤 대회에 대해 생각한 것을 두 가지 고르시오. (　　　,　　　)

① 꼭 완주하고 싶다.
② 마라톤 대회를 포기하고 싶다.
③ 마라톤 대회가 빨리 열렸으면 좋겠다.
④ 일 등을 해서 친구에게 자랑을 하고 싶다.
⑤ 끝까지 못 뛰어서 친구들에게 놀림을 당할까 봐 걱정된다.

서술형

4 마라톤 대회를 준비하는 수현이의 모습에 대한 자신의 생각이나 느낌을 쓰시오.

____

____

5 이야기에서 주제를 찾을 때에 살펴볼 점이 아닌 것은 무엇입니까? (　　　)

① 제목　② 일어난 일
③ 인물의 말　④ 글 쓴 장소
⑤ 인물의 행동

6~7

꽃담이가 빙긋 웃으며 말했어요.

"그건 너무 간단한 일이야. 아마 너는 엄마가 없는 모양이구나."

초록 고양이가 따졌어요.

"나도 엄마 있어! 진짜야!"

"알았어. 믿어 줄게."

꽃담이가 항아리들이 놓여 있는 곳으로 갔어요. 초록 고양이가 비아냥거렸어요.

"흥! 못 찾기만 해 봐라. 엄마를 영영 안 돌려줄 테야."

꽃담이는 킁킁 냄새를 맡았어요.

"바로 이 항아리야!"

그 항아리에서 고소하고 달콤하고 향긋한 냄새가 났거든요. 바로 엄마 냄새였지요.

꽃담이가 너무 쉽게 찾으니까 초록 고양이가 심통이 났나 봐요.

"쳇! 좋아. 엄마를 데려가!"

그 말을 하고 초록 고양이는 뿅 사라졌어요.

「초록 고양이」, 위기철

6 꽃담이는 엄마를 어떻게 찾았을 수 있었습니까? (　　)

① 항아리를 깨뜨렸다.
② 항아리를 두드려 봤다.
③ 엄마 냄새가 나는 항아리를 찾았다.
④ 모든 항아리의 뚜껑을 열어 보았다.
⑤ "엄마!"하고 큰 소리로 불러서 찾았다.

7 초록 고양이가 심통이 난 까닭은 무엇입니까? (　　)

① 꽃담이가 자기보다 더 예뻐서
② 꽃담이가 초록 고양이를 놀려서
③ 꽃담이와 노는 것이 재미없어서
④ 꽃담이가 엄마를 너무 쉽게 찾아서
⑤ 꽃담이가 초록 고양이의 엄마를 데려가서

잘 틀려요

6. 회의를 해요

8 회의가 필요한 까닭으로 알맞지 <u>않은</u> 것은 어느 것입니까? (　　)

① 여러 사람의 의견을 들을 수 있다.
② 같이 해야 할 일을 결정할 수 있다.
③ 자신의 의견을 빠르게 전달할 수 있다.
④ 여러 사람에게 말할 기회를 줄 수 있다.
⑤ 문제를 해결하는 좋은 방법을 찾을 수 있다.

9~10

사회자: 이번 주 학급 회의 주제를 무엇으로 정하면 좋을지 말씀해 주십시오.

김영이 친구가 의견을 발표해 주십시오.

회의 참여자 1: 요즘 교실이 많이 지저분합니다. 그래서 "깨끗한 교실을 만들자."를 주제로 제안합니다.

사회자: 박지희 친구도 의견을 발표해 주십시오.

회의 참여자 2: 지난주에 복도에서 뛰다가 다친 친구를 봤습니다. 저는 "학교생활을 안전하게 하자."를 주제로 제안합니다.

사회자: 이제 어떤 주제로 할지 표결을 하겠습니다. 참석자의 반이 넘는 수가 찬성하는 것으로 주제를 정하겠습니다.

9 회의 절차 가운데에서 어디에 해당합니까? (　　)

① 개회　② 폐회
③ 주제 선정　④ 주제 토의
⑤ 결과 발표

10 친구들이 발표한 의견을 한 가지 더 쓰시오.

• 깨끗한 교실을 만들자.
• ______________________

단원평가 3회

11~12

11 회의 주제는 어떻게 정해야 합니까? (　　　)

① 재미있는 문제를 찾는다.
② 이미 해결된 문제점을 찾는다.
③ 전체가 관심을 보일 만한 것을 찾는다.
④ 우리가 해결할 수 없는 문제를 찾는다.
⑤ 실천할 수 없는 해결 방법이 있는 것을 찾는다.

중요

12 회의 주제로 정할 수 있는 의견은 무엇입니까? (　　　)

① 아침에 일찍 일어나자.
② 밤에 과자를 먹지 말자.
③ 학급 문고 정리를 잘하자.
④ 점심밥을 맛있는 것만 먹자.
⑤ 점심밥을 5분 동안 빨리 먹자.

13~15

❶ **사회자:** "친구들과 사이좋게 지냅시다."라는 주제에 맞게 의견을 발표해 주시기 바랍니다.
회의 참여자 1: " (갑자기 벌떡 일어나며) 친구들끼리 고운 말을 썼으면 좋겠습니다.
사회자: (당황하며) 사회자 허락을 얻고 말씀해 주시기 바랍니다.

❷ **회의 참여자 2:** 친구들끼리 서로 별명을 부르지…….
회의 참여자 3: (중간에 말을 가로채며) 별명을 부르는 것은 서로 가깝기 때문입니다. 저는 함께 어울려 노는 것이…….
회의 참여자 2: 제 의견을 끝까지 들어 주시기 바랍니다.

13 장면 ❶에서 나타난 문제점은 무엇입니까? (　　　)

① 다른 사람의 의견을 무시했다.
② 사회자 허락을 얻지 않고 말했다.
③ 친구가 의견을 말할 때 끼어들었다.
④ 다른 사람이 말할 때 시끄럽게 떠들었다.
⑤ 회의 주제와 어울리지 않는 의견을 말했다.

중요

14 장면 ❷의 회의 참여자 3이 회의를 할 때 지켜야 할 규칙은 무엇입니까? (　　　)

① 회의 절차를 안내한다.
② 주제에 대한 의견을 발표한다.
③ 알맞은 크기의 목소리로 말한다.
④ 중요한 내용을 요약해서 기록한다.
⑤ 친구가 의견을 말할 때 끼어들지 않는다.

15 회의를 할 때 말할 기회를 골고루 주는 역할을 쓰시오.

(　　　　　　　　)

국·어·활·동·확·인

▶ 회의 내용을 읽고 물음에 답하시오. [1 ~ 2]

주제 토의	**사회자**: 우리가 어떤 일을 하면 친구들과 친하게 지낼 수 있을지 발표해 주십시오. 김용일 친구가 의견을 발표해 주십시오. **회의 참여자 2**: 노래를 하나 정해 우리 모두가 한마음으로 기악 합주를 하면 좋겠습니다. **사회자**: 기악 합주를 하면 시끄러워 다른 학급에 방해가 됩니다. 다른 더 좋은 의견을 말씀해 주십시오. 허윤성 친구가 의견을 발표해 주십시오. **회의 참여자 3**: 그러면 우리 반 친구 모두가 '○○산 둘레 길 탐방하기'에 참여하면 좋겠습니다. 함께 걷고, 이야기도 하고, 음식도 나누어 먹으면 다시 친해질 수 있을 것 같습니다. **사회자**: 좋은 의견입니다. 또 다른 의견이 있습니까? ……
㉠	**사회자**: 그러면 지금까지 나온 의견 가운데에서 실천 내용을 정해도 되겠습니까? **회의 참여자**들: 네, 좋습니다. **사회자**: 그럼 먼저, '○○산 둘레 길 탐방하기'를 실천 내용으로 정하는 것에 찬성하시는 분은 손을 들어 주십시오. (잠시 뒤) 25명 가운데에서 18명이 찬성했습니다. …… **회의 참여자 4**: 사회자님, 이제 생각이 났는데 실천 내용을 하나 제안하겠습니다. **사회자**: 표결까지 끝났으므로 더 이상 의견은 받지 않겠습니다. 정한 내용을 말씀드리겠습니다.

1 ㉠ 안에 들어갈 회의 절차는 무엇인지 쓰시오.

( )

2 사회자와 회의 참여자가 잘못한 점은 무엇인지 쓰시오.

(1) 사회자	
(2) 회의 참여자	

▪ 회의를 할 때 지켜야 할 규칙

- 회의는 사회자, 회의 참여자, 기록자로 이루어집니다.
- 사회자는 회의 절차를 안내하고, 회의 참여자에게 발언권을 줄 수 있습니다.
- 회의 참여자는 주제에서 벗어나지 않는 의견을 말하고, 다른 사람의 의견을 주의 깊게 들어야 하며, 자신의 의견만 옳다고 주장해서는 안 됩니다.
- 기록자는 회의의 구체적인 상황을 알 수 있도록 기록합니다.

▪ 회의 절차

개회 ➡ 주제 선정 ➡ 주제 토의 ➡ 표결 ➡ 결과 발표 ➡ 폐회

7. 사전은 내 친구

낱말의 뜻 짐작하기

① 앞뒤 문장이나 낱말을 살펴봅니다.
② 비슷하거나 반대되는 뜻의 낱말을 넣어 봅니다.
③ 낱말이 사용된 상황을 떠올려 봅니다.
낱말이 상황에 따라 형태가 바뀔 때에는 형태가 바뀌지 않는 부분에 '–다'를 붙여 기본형을 만듭니다.

사전에서 뜻을 찾아 낱말 사이의 관계 알기

① 뜻이 반대인 낱말
예 낮다 ↔ 높다
② 포함하는 낱말과 포함되는 낱말
예 움직이다 – 날다, 뛰다, 헤엄치다

여러 가지 사전에서 낱말의 뜻 찾기

① 스마트폰[1]으로 인터넷 사전을 이용할 수 있습니다.
② 컴퓨터에 있는 사전을 이용할 수 있습니다.
③ 도서관에 가서 국어사전을 빌려 와 이용할 수 있습니다.

낱말의 뜻을 사전에서 찾으며 글 읽기

① 글을 읽고 낱말의 뜻을 알아봅니다.
- 기준에 따라 낱말을 분류해 봅니다. → 뜻을 정확히 모르는 낱말, 처음 보는 낱말 등
- 정리한 낱말의 뜻을 짐작해 보고, 여러 가지 사전에서 뜻을 알아봅니다.

② 찾은 낱말로 문장을 만들어 봅니다. → 묻고 답하기 놀이를 하며 내용을 확인해 봅니다.

나만의 낱말 사전 만들기

① 우리 주변에 있는 여러 가지 사전을 찾아봅니다.
② 자신이 만들고 싶은 사전을 생각해 봅니다.
③ 나만의 낱말 사전을 어떻게 만들기 계획을 세워 봅니다.

만들고 싶은 사전 정하기 ⇨ 사전에 실을 낱말 정하기 ⇨ 사전에 실을 낱말의 차례 정하기 ⇨ 낱말의 뜻 찾아 쓰기

④ 여러 가지 방법으로 나만의 낱말 사전을 만들어 봅니다.

낱말의 뜻을 짐작하는 여러 가지 방법
- 낱말을 쪼개어 뜻을 짐작해 봅니다.
- 모양이 비슷한 다른 낱말의 뜻으로 뜻을 유추해 봅니다.
- 다른 낱말을 넣어 뜻이 통하는지 살펴봅니다.

글을 읽을 때 국어사전을 이용해 글을 읽으면 좋은 점
- 낱말의 뜻을 알 수 있습니다.
- 글의 내용을 더 잘 이해할 수 있습니다.

제안하는 글을 쓰면 좋은 점
- 문제 상황과 해결 방법을 알릴 수 있습니다.
- 더 좋은 쪽으로 일을 해결할 수 있습니다.

제안하는 글의 특징이 잘 드러났는지 확인하기
- 문제 상황을 뚜렷하게 제시했나?
- 제안하는 내용이 잘 드러났나?
- 제안하는 까닭이 잘 드러났나?

낱말 풀이

❶ **스마트폰** 휴대 전화에 여러 컴퓨터 지원 기능을 추가한 지능형 단말기.
❷ **제안** 안이나 의견으로 내놓음. 또는 그 안이나 의견.

8. 이런 제안 어때요

② 제안하는 글에 대해 알기

① 문제 상황, 제안하는 내용, 제안하는 까닭이 드러나 있습니다.

② 제안하는 글을 쓸 때에는 "~합시다.", "~하면 좋겠습니다.", "~하면 어떨까요?" 같은 표현을 사용합니다.

문장의 짜임에 대해 알기

① 문장은 '누가+어찌하다', '누가+어떠하다', '무엇이+어찌하다', '무엇이+어떠하다'와 같은 짜임으로 나눌 수 있습니다.

② 문장을 '(누가/무엇이)+(어찌하다/어떠하다)'로 나누어 봅니다.

제안하는 글을 쓰는 방법 알기

① 제안하는 글을 쓰는 과정

- 문제 상황 확인하기 ⇨ 제안하는 내용 정하기 ⇨ 제안하는 까닭 파악하기 ⇨ 제안하는 글 쓰기

② 제안하는 글을 쓸 때 생각할 점

- 제안하는 글을 읽을 사람이 누구인지 생각해야 합니다.
- 내가 하는 제안을 사람들이 실천할 수 있는지 생각해야 합니다.

③ 제안하는 글을 쓸 때 주의할 점

- 어떤 문제 상황인지 파악하고 자세히 씁니다.
- 문제를 해결하기 위한 자신의 의견을 제안합니다.
- 제안에 알맞은 까닭을 씁니다. → 왜 그런 제안을 했는지, 제안한 내용대로 했을 때 무엇이 더 나아지는지를 씁니다.
- 제안하는 내용이 잘 드러나게 알맞은 제목을 붙입니다.
  → 제목을 미리 정해 놓고 쓸 내용을 정리할 수도 있고, 쓸 내용을 정리하고 난 뒤에 제목을 붙일 수도 있습니다.

제안하는 글을 쓰고 발표하기

① 어떤 제안을 하면 좋을지 생각해 봅니다.

② 제안하는 글을 쓸 때 필요한 내용을 떠올려 봅니다.

③ 제안하는 글을 어디에 어떻게 써 붙일지 생각해 봅니다.

- 누구에게 제안하는 내용인지 생각합니다.
- 읽을 사람이 잘 볼 수 있는 곳을 고릅니다.
- 자신이 강조하고 싶은 내용이 잘 전달되도록 만듭니다.

④ 정리한 내용을 생각하며 제안하는 글을 써 봅니다.

⑤ 쓴 내용을 친구들 앞에서 발표하고, 제안하는 글의 특징이 잘 드러났는지 확인해 봅니다.

바로바로 체크

1 '높다'와 '낮다'는 뜻이 □□인 낱말입니다.

2 나만의 낱말 사전을 만들려고 합니다. 빈 곳에 알맞은 말을 써넣으시오.

만들고 싶은 사전 정하기
⇩
사전에 실을 낱말 정하기
⇩
( )
⇩
낱말의 뜻 찾아 쓰기

3 제안하는 글을 쓸 때 생각할 점으로 알맞은 것에 ○표를 하시오.

(1) 읽을 사람이 누구인가? ( )

(2) 내가 좋아하는 내용인가? ( )

4 제안하는 글을 쓸 때에는 □□하는 내용이 잘 드러나게 알맞은 제목을 붙입니다.

정답

1. 반대 2. 사전에 실을 낱말의 차례 정하기 3. (1) ○ 4. 제안

7. 사전은 내 친구

1~3

나는 한지 공예를 좋아합니다. 한지를 작은 모양으로 잘라서 색깔을 맞추어 붙여 아름다운 그릇을 만듭니다. 내가 만든 작품을 보고 있으면 기분이 좋습니다.

1 파란색으로 쓰인 낱말의 기본형을 바르게 나타낸 것은 어느 것입니까? (　　　)

① 작은 – 작음
② 붙여 – 붙임
③ 붙여 – 붙다
④ 보고 – 보다
⑤ 좋아합니다 – 좋다

잘 틀려요

2 파란색으로 쓰인 낱말을 국어사전에 실리는 차례대로 쓰시오.

• 보고 ⇨ (　　　　　) ⇨ (　　　　　) ⇨ (　　　　　)

3 '붙여'를 국어사전에서 찾은 뜻으로 알맞은 것의 기호를 쓰시오.

㉮ 맞닿아 떨어지지 않게 하다.
㉯ 눈으로 대상의 존재나 형태적 특징을 알다.
㉰ 어떤 일이나 사물 등에 대하여 좋은 느낌을 가지다.

(　　　　　　　)

4~5

가 종이는 정보를 전달하는 매체로, 물건을 포장하는 재료로, 기타 여러 가지 용도로 쓰입니다. 종이가 가볍고, 값싸고, 비교적 질기고, 위생적이기 때문입니다. 이와 같이 종이는 많은 장점이 있어 생활에 많이 활용되고 있습니다. 그래서 종이는 다양한 종류와 품질을 가진 것으로 개발되고 발전되었습니다. 앞으로도 우리는 계속 종이를 새롭게 만들어 사용할 것입니다.

나 더욱 놀라운 것은, 전자 신호를 이용해 ㉠원격으로 스스로 인쇄를 하고, 지면의 인쇄 내용을 완전히 바꿀 수 있는 '전자 종이'가 등장했다는 것입니다. 느낌은 종이와 같은데 컴퓨터 모니터처럼 언제든지 새로운 신호를 보내면 완전히 다른 내용으로 인쇄할 수도 있고, 멀리서 무선 신호로 내용을 바꿀 수도 있습니다.

「최첨단 과학, 종이」, 김해보 · 정원선

4 종이의 장점으로 볼 수 없는 것은 어느 것입니까? (　　　)

① 가볍다.
② 값이 싸다.
③ 위생적이다.
④ 비교적 질기다.
⑤ 인쇄 내용을 완전히 바꿀 수 있다.

중요

5 ㉠의 뜻을 바르게 짐작한 친구의 이름을 쓰시오.

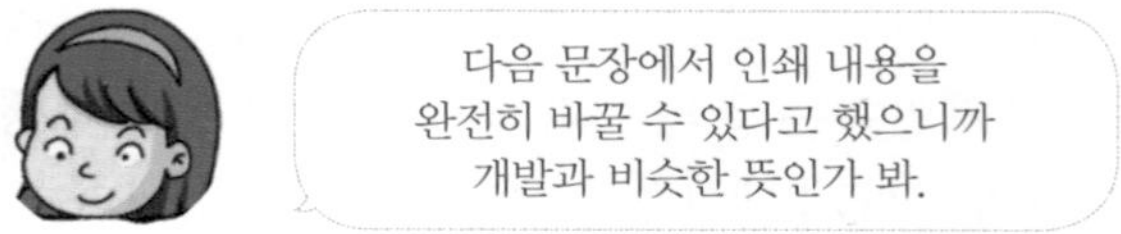
다음 문장에서 인쇄 내용을
완전히 바꿀 수 있다고 했으니까
개발과 비슷한 뜻인가 봐.

하린

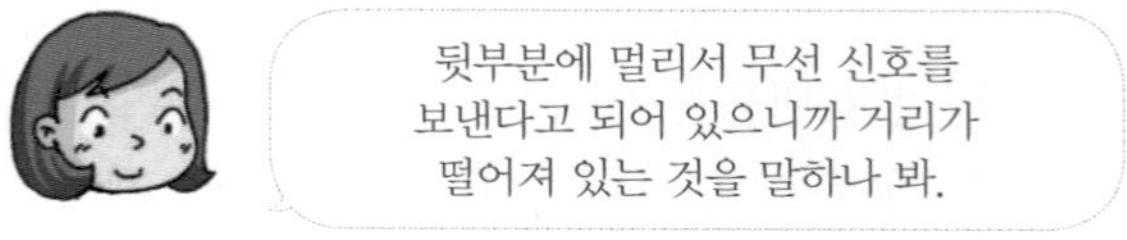
뒷부분에 멀리서 무선 신호를
보낸다고 되어 있으니까 거리가
떨어져 있는 것을 말하나 봐.

민재

(　　　　　　　)

6~7

1997년에 미국의 화성 탐사선 마스 글로벌 서베이어는 화성의 궤도에 진입해 화성 표면의 모습을 상세하게 사진으로 찍어 지구로 보내 주었다. 이 사진에는 높이 솟은 고원 지대도 있고, 길게 뻗은 좁은 협곡도 있었다. 또 태양계 행성 가운데 가장 거대한 화산 지형도 있었다. 같은 해에 마스 패스파인더는 화성 표면에 착륙해 강줄기처럼 보이는 부분에서 화성 암석을 조사했다. 그 결과, 화성에서 강물의 침식과 퇴적 작용이 있었음을 확인했다. 이러한 것은 아주 오래전에 화성 표면에 물이 흘렀다는 증거이다.

6 1997년에 발견한 화성 표면의 모습으로 알맞은 것을 모두 고르시오. (　　,　　,　　)

① 두꺼운 얼음 조각이 있었다.
② 높이 솟은 고원 지대가 있었다.
③ 길게 뻗은 좁은 협곡이 있었다.
④ 가장 거대한 화산 지형이 있었다.
⑤ 가장 오래된 분지 지형이 있었다.

7 오래전에 화성 표면에 물이 흘렀다는 것을 알 수 있는 증거는 무엇인지 찾아 쓰시오.

• 강물의 ((1)　　　　)과 ((2)　　　　) 작용이 있었음을 보여 주는 화성 암석

서술형

8 다음 파란색으로 쓰인 낱말의 뜻을 짐작하여 그 낱말을 넣어 문장을 만들어 쓰시오.

인간은 엄연히 동물에 속하지요. 그것도 새끼를 일정 기간 몸속에서 키워 내보낸 뒤 젖을 먹여 키우는 포유동물이에요.

9~10

지난 주말에 저는 동생과 함께 집 앞 꽃밭에 꽃을 심었습니다. 그런데 오늘 물을 주려고 보니 쓰레기가 꽃 주위에 흩어져 있었습니다. 그 모습을 보니 속이 상했습니다.

꽃밭에 쓰레기를 버리지 않으면 좋겠습니다. 꽃은 쓰레기가 없는 깨끗한 꽃밭에서 건강하게 자랄 수 있습니다. 우리가 노력하면 꽃밭을 더 아름답게 가꿀 수 있습니다.

9 '내'가 속이 상한 까닭은 무엇입니까? (　　)

① 동생과 심하게 다투어서
② 집 앞 꽃밭이 사라져 버려서
③ 꽃밭에 쓰레기가 버려져 있어서
④ 꽃밭에 심어 놓은 꽃이 시들어서
⑤ 꽃밭에 심어 놓은 꽃이 활짝 피지 않아서

중요

10 보기 의 말을 알맞은 곳에 써넣으시오.

보기

제안하는 내용　문제 상황　제안하는 까닭

(1)	지난 주말에 저는 동생과 함께 집 앞 꽃밭에 꽃을 심었습니다. 그런데 오늘 물을 주려고 보니 쓰레기가 꽃 주위에 흩어져 있었습니다. 그 모습을 보니 속이 상했습니다.
(2)	꽃밭에 쓰레기를 버리지 않으면 좋겠습니다.
(3)	꽃은 쓰레기가 없는 깨끗한 꽃밭에서 건강하게 자랄 수 있습니다.

11 다음 문장을 '무엇이+어떠하다'의 짜임으로 나누어 쓰시오.

날씨가 따뜻합니다.

무엇이	어떠하다
(1)	(2)

12~13

12 그림 가를 보고 문장을 바르게 말한 것은 어느 것입니까? (　　)

① 할머니가 과자를 드십니다.
② 할머니가 아이를 쳐다봅니다.
③ 할머니가 바지를 입고 있습니다.
④ 아이가 음료수를 마시고 있습니다.
⑤ 할머니가 지팡이를 짚고 걸어갑니다.

서술형

13 그림 나를 보고 어울리는 문장을 쓰시오.

____

____

14~15

당신의 1리터를 나누어 주세요

물은 사람이 살아가는 데 매우 중요합니다. 우리는 어디에서든지 물을 쉽게 구할 수 있습니다. 그러나 동영상에 나오는 아이는 깨끗한 물을 구하지 못해 어려움을 겪고 있습니다. 많은 아이가 더러운 물을 마셔 생명이 위험할 수 있습니다.

깨끗한 물을 마시지 못하는 아이들을 위해 ______

____

14 밑줄 그은 곳에 들어갈 제안하는 내용과 까닭으로 알맞은 것의 기호를 쓰시오.

㉮ 기부 운동에 참여합시다. 기부 운동에 참여하면 어린이들이 깨끗한 물을 마시고 사용할 수 있습니다.
㉯ 아이들을 모두 우리나라로 데리고 옵시다. 우리나라는 깨끗한 물을 충분히 마시고 사용할 수 있습니다.
㉰ 수요일은 다 먹는 날로 정하면 좋겠습니다. 하루라도 음식물 쓰레기가 줄어드는 효과가 있을 것입니다.

(　　　　　　　)

잘 틀려요

15 이처럼 제안하는 글을 쓰는 방법으로 알맞지 않은 것은 무엇입니까? (　　)

① 제안에 알맞은 까닭을 쓴다.
② 문제를 해결하기 위한 의견을 제안한다.
③ 친근하게 다가가기 위해 반말을 사용한다.
④ 어떤 문제 상황인지 파악하고 자세히 쓴다.
⑤ 제안하는 내용이 잘 드러나게 알맞은 제목을 붙인다.

국·어·활·동·확·인

1 다음 파란색으로 쓰인 낱말의 뜻을 짐작해 보고 그렇게 짐작한 까닭을 쓰시오.

> 어느새 하얗고 노란 곰팡이가 메주를 소복이 덮었어요.

(1) 짐작한 뜻: (   )

(2) 그렇게 짐작한 까닭: ______________________________

____

▶ 다음 광고를 보고 물음에 답하시오. [2 ~ 3]

내가 지식인이 되는 방법
'찾기'가 아니라 '읽기'입니다.
인터넷에서 찾아보면 금방 알 수 있다? 쉽게 얻은 정답은 지식으로 오래 남기 어렵습니다. 내가 지식인이 되는 방법, 인터넷 검색이 아닌 독서입니다.
「내가 지식인이 되는 방법」, 이서영

2 위 광고에서는 어떤 문제를 말했는지 쓰시오.

____

3 광고의 내용에 어울리는 제안하는 말을 쓰시오.

____

▪ 낱말의 뜻 찾기

- 낱말의 뜻이 무엇인지 확인해 봅니다.
- 낱말의 여러 가지 뜻 가운데에서 글의 내용과 어울리는 것을 찾아봅니다.

▪ 메주

메주는 콩을 삶아서 찧은 다음, 덩이를 지어서 띄워 말린 것입니다. 간장, 된장, 고추장 따위를 담그는 원료로 씁니다.

▪ 광고에서 그림의 의미

- 광고 속 그림에서 화살표는 컴퓨터의 마우스로 클릭하는 것을 나타냅니다.
- 손 모양은 책장을 넘기는 것을 뜻합니다.

9. 자랑스러운 한글 ~ 10. 인물의 마음을 알아봐요

9. 자랑스러운 한글

문자가 필요한 까닭 알기

① 문자를 발명하기 전에는 그림으로 정보를 기록했습니다.
② 문자를 쓰거나 읽을 수 없다면 무척 불편할 것입니다.
③ 문자로 생각을 표현하면 더 자세히 나타낼 수 있습니다.

한글을 만든 과정 이해하기

우리말을 적을 문자가 필요하다고 생각했다. ⇨ 말소리를 연구한 책을 구해 읽으며 문자를 연구했다. ⇨ 세종은 눈이 나빠져도 문자를 계속 연구했다. ⇨ 억울한 일을 당하는 사람이 줄었다.

• 글을 몰라 억울한 일을 당하는 사람이 많았고, 글을 배울 여유가 없었습니다.

한글의 특성 이해하기

① 한글은 그 제자 원리가 독창적❶이고 과학적인 문자입니다.
② 한글은 적은 수의 문자로 많은 소리를 적을 수 있는 음소 문자입니다.
③ 한글은 쉽고 빨리 배울 수 있는 문자입니다.
④ 한글은 컴퓨터, 휴대 전화 등 기계화에 적합한 문자입니다.

한글을 소중히 여기는 마음 지니기

① 한글을 위해 주시경이 한 일을 알아봅니다.
• 주시경이 살아온 삶을 연표로 나타내기
• 연표: 역사적인 사실을 일어난 차례대로 나타낸 표

때	있었던 일
1876년	태어남.
1894년	배재학당에 입학함.
1906년	『대한 국어 문법』이라는 책을 펴냄.

② 한글이 어떤 점에서 우수한지 정리해 봅니다.
③ 우수한 한글을 소중히 여기는 마음을 담아 표어를 만들어 봅니다.
• 표어: 주장, 의견 따위를 간결하게 나타낸 짧은 말

한글을 바르게 사용하기

① 학교 주변에서 볼 수 있는 간판을 살펴봅니다.
• 간판에서 찾은 문자를 분류해 봅니다.
• 어떤 문자를 간판에 쓰면 좋을지 말해 봅니다.
② 한글로 물건 예쁘게 꾸미기 활동을 해 봅니다.
③ 한글을 아끼고 바르게 사용하려면 어떻게 해야 할지 이야기해 봅니다.

✣ 한글의 체계

• 한글의 모음자는 하늘, 땅, 사람의 모양을 본떠 만들었습니다. 이 기본 문자를 합쳐 씁니다.
• 한글의 자음자는 발음 기관을 본떠 만들었습니다. 기본 문자에 획을 더하거나 같은 문자를 하나 더 써서 씁니다.

✣ 발음 기관의 모양

ㄱ	혀뿌리가 목구멍을 막는 모양
ㄴ	혀가 윗잇몸에 닿는 모양
ㅁ	입 모양
ㅅ	이 모양
ㅇ	목구멍의 모양

✣ 인물의 마음 짐작하기

• 눈썹 모양(표정)과 이마의 땀으로 인물의 마음을 짐작❷할 수 있습니다.
• 두 손으로 얼굴을 가린 행동을 보고 인물이 창피해하는 것을 짐작할 수 있습니다.

낱말 풀이

❶ **독창적** 다른 것을 모방함이 없이 새로운 것을 처음으로 만들어 내거나 생각해 내는. 또는 그런 것.
❷ **짐작** 사정이나 형편 따위를 어림잡아 헤아림.

10. 인물의 마음을 알아봐요

표정이나 행동으로 인물의 마음 짐작하기

▲ 날아갈 것 같은 마음

▲ 깜짝 놀라고 무서운 마음

▲ 피곤하고 지친 마음

▲ 수줍고 부끄러운 마음

인물의 마음을 짐작하며 만화 읽기

① 인물의 표정과 행동을 살펴봅니다.

② 말풍선의 내용과 함께 그 모양도 살펴보는 것이 좋습니다.

③ 인물뿐만 아니라 만화의 배경 색이나 배경에 그려진 다양한 효과로도 인물의 마음을 짐작할 수 있습니다. → 만화에 나오는 인물의 마음을 짐작하려면 글뿐만 아니라 배경, 인물의 표정과 행동, 말풍선 모양, 글자 크기 따위를 함께 살펴봐야 합니다.

만화를 읽고 인물의 마음 표현하기

① 표정이나 행동을 조금 과장해서 표현하면 더 실감이 납니다.

② 그 상황에 어울리는 소리를 냅니다.

③ 상황에 어울리는 말투와 몸짓으로 표현해야 합니다.

인물의 마음을 짐작하며 만화 영화 보기

① 인물의 표정과 행동을 살펴보며 만화 영화를 봅니다.

② 장면에 어울리는 표정과 행동을 하며 인물의 마음이 잘 드러나도록 실감 나게 말해 봅니다. → 자신이 맡은 인물의 마음이 잘 나타나도록 인물의 표정, 행동, 말과 말투 등을 실감 나게 표현합니다.

- 표정과 행동을 보면 마음을 짐작하기 쉽습니다.
- 인물의 말투로도 마음을 짐작할 수 있습니다.

재미있었던 일을 만화로 표현하기

① 재미있었던 일을 떠올려 보고 그때의 마음과 기분을 말해 봅니다.

② 재미있었던 일을 떠올려 만화로 나타내 봅니다.

- 이야기의 차례를 정해 봅니다.
- 인물의 마음을 표현하는 방법을 생각하며 재미있었던 일을 만화로 나타내 봅니다. → 말풍선에 적당한 말을 넣고 글자체의 크기나 모양을 바꿀 수 있습니다.

바로바로 체크

1 문자를 쓰거나 읽을 수 없다면 어떠할지 쓰시오.

(　　　　　　　　　　　　)

2 한글은 그 제자 원리가 독창적이고 □□적인 문자입니다.

3 인물의 마음을 짐작할 때에는 인물의 □□과 행동을 살펴봅니다.

4 만화를 읽고 인물의 마음을 표현하는 방법으로 알맞은 것에 ○표를 하시오.

(1) 행동은 과장해서 표현하면 안 된다. (　　)

(2) 상황에 어울리는 말투로 표현한다. (　　)

정답

1. 예 무척 불편할 것이다. 2. 과학 3. 표정 4. (2) ○

9. 자랑스러운 한글

1~2

가 신하들은 세종이 새 문자를 만들고 있는 줄은 꿈에도 생각하지 못했습니다. 세종은 평소에도 워낙 많은 책을 읽는 터라 누구의 의심도 받지 않았습니다.

세종 또한 새 문자를 만드는 일을 철저히 비밀에 부쳤습니다. 신하들 중에는 중국의 문자인 한자를 쓰는 데 자부심을 느끼는 이가 많아 그들이 새 문자를 만들고 있다는 사실을 알았다가는 벌 떼처럼 들고일어날 게 뻔했기 때문입니다.

나 오랜 시간을 묵묵히 연구한 끝에 세종은 '훈민정음' 28자를 완성했습니다.

그 뒤, 훈민정음은 백성들 사이에 퍼져 나갔습니다. 이제는 글을 읽지 못해 억울한 일을 당하는 사람이 줄었습니다. 한자를 배울 기회조차 적었던 여자들도 훈민정음을 익혀 책을 읽거나 편지를 썼습니다. 훈민정음은 그야말로 세종이 백성들에게 준 가장 큰 선물이었습니다.

「훈민정음의 탄생」, 이은서

1 세종이 새로운 문자를 만드는 일을 비밀로 한 까닭은 무엇입니까? ( )

① 신하들이 반대할 것을 염려해서
② 새 문자를 만든 지 얼마 안 되어서
③ 신하들이 이미 문자를 만들고 있어서
④ 곳곳에서 빨리 만들라고 재촉할 것 같아서
⑤ 문자를 만드는 데 필요한 모든 책을 구하지 못해서

2 훈민정음을 익힌 백성의 삶으로 알맞은 것을 두 가지 고르시오. (,)

① 삶이 넉넉해졌다.
② 한자를 쓰는 사람을 무시했다.
③ 한자를 배울 기회를 얻게 되었다.
④ 여자들도 책을 읽거나 편지를 썼다.
⑤ 억울한 일을 당하는 사람이 줄었다.

3~4

오늘날과 같은 정보 통신 시대에 사용하기 좋은 '디지털 문자'로서 탁월하다. 휴대 전화로 문자를 보낼 때에 한글로는 5초면 되는 문장을 중국어나 일본어로는 35초가 걸린다는 연구가 있다. 휴대 전화의 한글 자판은 한글의 자음자와 모음자의 획을 더하는 원리에 기초하여 설계되었다. 그렇기 때문에 누구나 쉽고 빠르게 글자를 입력할 수 있다.

「한글이 위대한 이유」, 박영순

3 한글이 지닌 어떤 특성을 설명하고 있는지 알맞은 것의 기호를 쓰시오.

㉮ 한글은 그 제자 원리가 독창적이다.
㉯ 한글은 적은 수의 문자로 많은 소리를 적을 수 있다.
㉰ 한글은 컴퓨터, 휴대 전화 등 기계화에 적합한 문자이다.

( )

중요

4 휴대 전화로 문자를 보낼 때에 한글이 다른 문자보다 짧은 시간이 드는 까닭은 무엇인지 쓰시오.

• 한글 자판은 한글의 ((1))와 모음자의 ((2))을 더하는 원리에 기초하여 설계되었기 때문이다.

5 오른쪽 빨간색 문자의 형태와 관계있는 발음 기관의 모양은 무엇입니까? ( )

① 입 모양
② 이 모양
③ 혀 모양
④ 목구멍의 모양
⑤ 혀가 닿는 모양

6~7

1906년 주시경은 『대한 국어 문법』이라는 책을 펴냈어요. 이 책에는 한글과 우리말을 바르게 사용하기 위한 규칙인 문법이 실려 있었어요. 그 후로 주시경은 사람들에게 한글을 연구하는 학자로 널리 알려졌어요. 여기저기에서 한글을 가르쳐 달라고 주시경에게 부탁을 해 왔어요. 이 무렵은 다른 나라들이 서로 우리나라를 차지하려고 다투던 시기였어요. 우리나라는 힘이 없었지요. 주시경은 이런 어려운 때일수록 우리글이 힘이 될 거라고 생각하며 한글을 가르쳐 달라는 곳이 있으면 어디든지 달려갔어요. 주시경은 한글을 가르치며 늘 우리글을 아끼고 사랑하는 것이 나라를 사랑하는 길이라는 것을 강조했어요.

"주 보따리 오신다!"

학교에 들어설 때마다 학생들이 주시경을 알아보고 소리쳤어요. 주시경은 늘 두루마기를 차려입고 옆구리에 커다란 보따리를 들고 다녔어요. 그래서 '주 보따리' 라는 별명이 붙었지요.

그 안에는 학생들을 가르칠 책과 여러 자료가 있었어요. 주시경은 우리글을 연구하는 일 못지않게 우리글을 가르치는 일도 중요하다고 생각했어요. 주시경은 한글을 가르치기 위해 보따리를 들고 이곳저곳을 찾아다녔어요.

「주시경」, 이은정

6 주시경이 1906년에 펴낸 책의 이름은 무엇인지 쓰시오.

( )

잘 틀려요

7 주시경이 여러 곳을 찾아다니며 한글을 가르친 까닭은 무엇입니까? ( )

① 책을 더 많이 팔기 위해서
② 여러 곳을 여행하기 위해서
③ 다른 나라에 우수한 한글을 알리기 위해서
④ 어려운 때일수록 우리글이 힘이 될 거라고 생각해서
⑤ 자신이 한글을 연구하는 학자라는 것을 알리기 위해서

8~10

「수업 시간에」, 박현진

8 여자아이의 마음을 짐작할 수 있는 부분으로 알맞지 않은 것은 어느 것입니까? ( )

① 작게 뜬 눈
② 짧은 머리 모양
③ 이마에 그려진 땀방울
④ 머리 위의 물결 모양 그림
⑤ "콩닥"이라고 적힌 말풍선

9 여자아이는 어떤 성격이겠습니까? ( )

① 쾌활한 성격
② 시원시원한 성격
③ 명랑하고 활발한 성격
④ 부끄러움을 많이 타는 성격
⑤ 자기 자신의 이익만을 꾀하는 성격

서술형

10 여자아이와 비슷한 경험을 쓰시오.

11~12

자, 올라타라. 오랜만에 찾아온
손님이니 우리 용궁으로 초대하마!
재밌겠다! 타자, 타!
야!
꽉 잡아라.
괜찮을까?
가자!
우왓!
우아!
청룡열차보다
백 배 빨라!

「두근두근 탐험대」, 김홍모

11 용이 아이들을 초대한 곳은 어디인지 쓰시오.

( )

잘 틀려요

12 장면 ③의 말풍선 내용인 "괜찮을까?"를 실감 나게 표현하는 방법은 무엇입니까? ( )

① 걱정하듯이 말한다.
② 짜증을 내며 툴툴거린다.
③ 발을 구르며 박수를 친다.
④ 입을 벌리며 깜짝 놀라한다.
⑤ 기뻐하며 양팔을 높이 든다.

중요

13 오른쪽 장면에서 알 수 있는 인물의 마음은 무엇입니까? ( )

① 슬프다.
② 겁이 난다.
③ 당황스럽다.
④ 신나고 즐겁다.
⑤ 너무 지루하다.

14~15

절대로 놓으면 안 돼. 알았지?
안 놔.
헉
헉
놓는 순간 우리 엄마 아니
야. 아줌마라고 부를 거야!
알았다고! 앞이나 봐!
헉
헉

「놓지 마」, 홍승우

14 만화 속 아이와 같은 표정을 짓는 상황으로 알맞은 것은 어느 것입니까? ( )

① 상을 받은 친구를 볼 때
② 친구들과 물놀이를 할 때
③ 무서운 놀이 기구를 탈 때
④ 아버지께 꾸중을 들었을 때
⑤ 가족과 맛있는 음식을 먹을 때

서술형

15 아이는 엄마에게 왜 놓지 말라고 했을지 쓰시오.

국·어·활·동·확·인

▶ 다음 만화를 보고 물음에 답하시오. [1 ~ 2]

「미리와 준수의 안전 이야기」, 질병관리본부

1 음식을 먹는 준수의 표정을 보면 어떠한 것 같습니까? (　　　)

① 맛있어하는 것 같다.　　② 귀찮아하는 것 같다.
③ 미안해하는 것 같다.　　④ 두려워하는 것 같다.
⑤ 피곤해하는 것 같다.

2 준수의 표정에서 문제가 생겼음을 짐작할 수 있는 장면의 번호를 쓰시오.

장면 (　　　　　　　　)

3 인물의 마음을 짐작하는 방법으로 옳은 것을 찾아 모두 ○표를 하시오.

(1) 인물이 말하는 의도를 알아본다. (　　　)
(2) 인물의 표정을 살펴본다. (　　　)
(3) 인물이 한 말을 살펴본다. (　　　)

- 인물의 표정

- 만화에서 인물의 마음을 짐작하는 방법

• 인물의 표정이나 동작을 살펴봅니다. 특히 과장되게 표현한 부분을 주의 깊게 살펴봅니다.
• 말풍선의 내용과 함께 그 모양도 살펴보는 것이 좋습니다.
• 인물뿐만 아니라 만화의 배경색이나 배경에 그려진 다양한 효과를 통해서도 인물의 마음을 짐작할 수 있습니다.

출제 예상 문제 분석 수학

단원명	주요 출제 내용	출제 빈도	공부한 날
1. 큰 수	• 1000이 10개인 수 알아보기	★★★★	월 일
	• 다섯 자리 수 알아보기	★★★	
	• 십만, 백만, 천만 알아보기	★★★★★	
	• 억, 조 알아보기	★★★★★	
	• 뛰어 세기	★★★★	
	• 수의 크기 비교하기	★★★★★	
2. 각도	• 각의 크기를 비교하고 재기	★★★	월 일
	• 각 그리기	★★★★	
	• 예각, 둔각 알아보기	★★★★	
	• 각도의 합과 차 알아보기	★★★★★	
	• 삼각형의 세 각의 크기의 합 알아보기	★★★★★	
	• 사각형의 네 각의 크기의 합 알아보기	★★★★★	
3. 곱셈과 나눗셈	• (세 자리 수)×(몇십)의 계산	★★★★	월 일
	• (세 자리 수)×(두 자리 수)의 계산	★★★★★	
	• 몇십으로 나누기	★★★★	
	• 몇십몇으로 나누기	★★★★★	

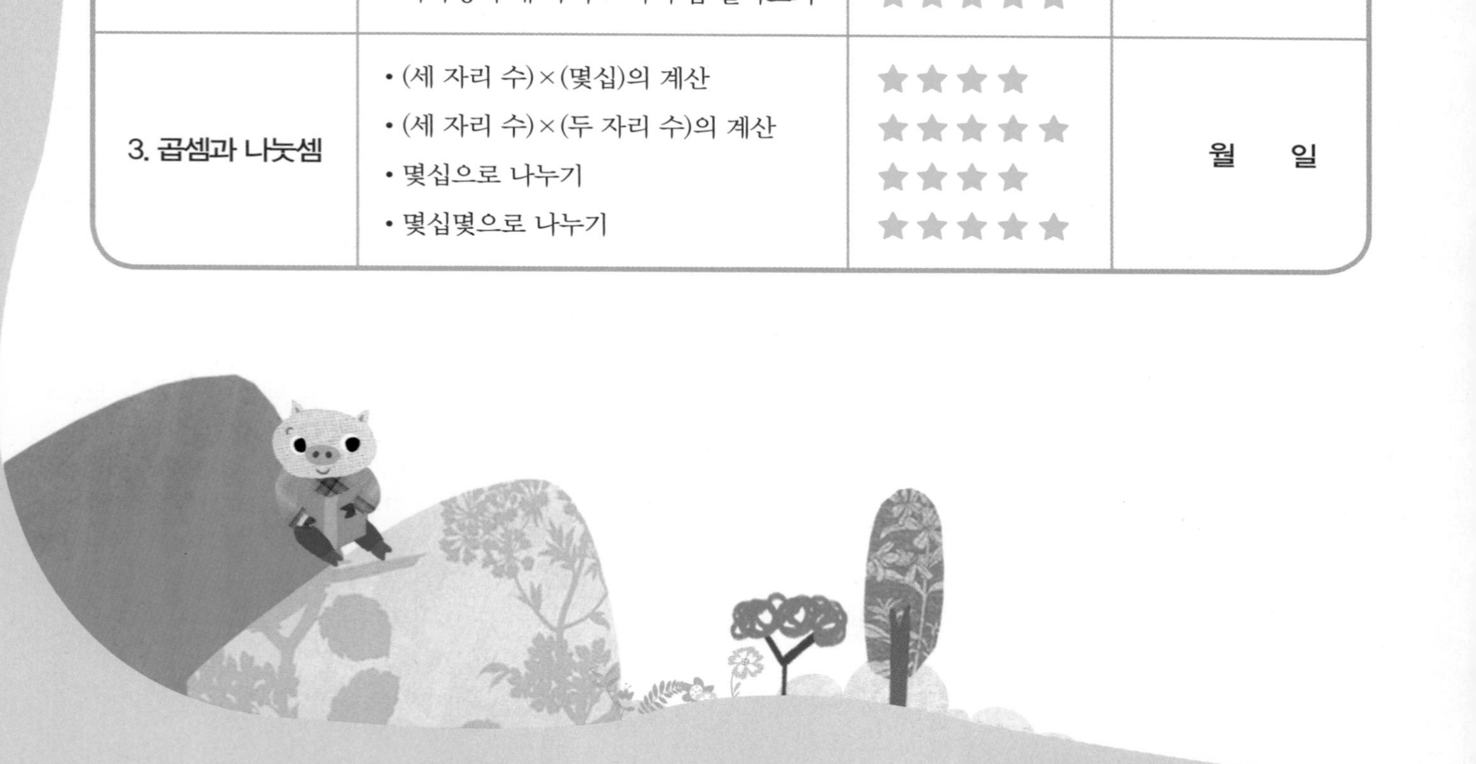

단원명	주요 출제 내용	출제 빈도	공부한 날
4. 평면도형의 이동	• 평면도형 밀기 • 평면도형 뒤집기 • 평면도형 돌리기 • 평면도형 뒤집고 돌리기 • 무늬 꾸미기	★★★★ ★★★★★ ★★★★★ ★★★★★ ★★★★	월 일
5. 막대그래프	• 막대그래프 알아보기 • 막대그래프를 보고 내용 알아보기 • 막대그래프로 나타내기 • 조사한 결과를 표로 정리하고 막대그래프로 나타내기 • 막대그래프를 보고 이야기 만들기	★★★★ ★★★★★ ★★★★★ ★★★★★ ★★★	월 일
6. 규칙 찾기	• 수의 배열에서 규칙 찾기 • 수 배열표에서 규칙에 맞는 수 구하기 • 도형의 배열에서 규칙 찾기 • 계산식에 규칙 찾기 • 주변에서 규칙적인 계산식 찾기	★★★★ ★★★★ ★★★★★ ★★★★ ★★★★	월 일

수학 1회

1. 큰 수

10000을 나타내는 수

다음은 10000을 나타내는 수입니다.

9000보다	1000만큼 더 큰 수
9900보다	100만큼 더 큰 수
9990보다	10만큼 더 큰 수
9999보다	1만큼 더 큰 수

몇만

10000이 ★개인 수를 ★0000 또는 ★만이라고 합니다.

예

쓰기	20000 또는 2만
읽기	이만

다섯 자리 수 쓰고 읽기

만의 자리	천의 자리	백의 자리	십의 자리	일의 자리
▲	●	■	◆	★

쓰기	▲●■◆★ (숫자)
읽기	▲만●천■백◆십★ (한글)

억, 십억, 백억, 천억

억	억이 1개인 수
십억	억이 10개인 수
백억	억이 100개인 수
천억	억이 1000개인 수

조, 십조, 백조, 천조

조	조가 1개인 수
십조	조가 10개인 수
백조	조가 100개인 수
천조	조가 1000개인 수

뛰어 세기

■씩 뛰어 세다가 9가 되면 바로 윗자리 숫자가 1 커지고 그 자리 숫자는 0이 됩니다.

예 18억 – 19억 – 20억

→ 1억씩 뛰어 세다가 19억이 되면 다음에 오는 수는 십억의 자리 숫자는 2가 되고, 억의 자리 숫자는 0이 됩니다.

1000이 10개인 수를 알아볼까요 → 만 알아보기

• 만: 1000이 10개인 수를 말합니다.

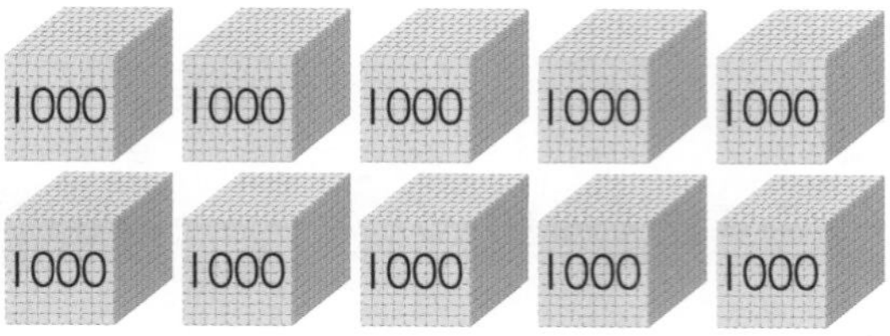

→ 10000

→ 1000이 10개이면 10000과 같습니다.

• 만을 쓰고 읽기: 10000 또는 1만이라고 쓰고, 만 또는 일만이라고 읽습니다.

쓰기	10000 또는 1만
읽기	만 또는 일만

다섯 자리 수를 알아볼까요

• 12345: 10000이 1개, 1000이 2개, 100이 3개, 10이 4개, 1이 5개인 수입니다.

만의 자리	천의 자리	백의 자리	십의 자리	일의 자리
1	2	3	4	5
10000	2000	300	40	5

→ 12345=10000+2000+300+40+5

쓰기	12345
읽기	일만 이천삼백사십오

십만, 백만, 천만을 알아볼까요 → 십만, 백만, 천만 알아보기

		쓰기		읽기
10000이	10개인 수	100000	10만	십만
10000이	100개인 수	1000000	100만	백만
10000이	1000개인 수	10000000	1000만	천만

• 12340000의 각 자리 숫자와 자릿값

1	2	3	4	0	0	0	0
천	백	십	일	천	백	십	일
			만				

→ 12340000=10000000+2000000+300000+40000

억과 조를 알아볼까요 → 억, 조 알아보기

	쓰기		읽기	
1000만이 10개인 수	100000000	1억	억	일억
1000억이 10개인 수	1000000000000	1조	조	일조

• 1234조: 1조가 1234개인 수입니다.

1	2	3	4	0	0	0	0	0	0	0	0	0	0	0	0
천	백	십	일	천	백	십	일	천	백	십	일	천	백	십	일
			조				억				만				

➔ 1234000000000000
=1000000000000000+200000000000000
+30000000000000+4000000000000

쓰기	1234000000000000 또는 1234조
읽기	천이백삼십사조

뛰어 세기를 해 볼까요

• 10000씩 뛰어 세기 → 만의 자리 숫자가 1씩 커집니다.

10000 — 20000 — 30000 — 40000 — 50000

• 10억씩 뛰어 세기 → 십억의 자리 숫자가 1씩 커집니다.

421억 — 431억 — 441억 — 451억 — 461억

• 100조씩 뛰어 세기 → 백조의 자리 숫자가 1씩 커집니다.

2311조 — 2411조 — 2511조 — 2611조 — 2711조

수의 크기를 비교해 볼까요

• 자릿수가 다른 경우: 자릿수가 많은 수가 더 큰 수입니다.

예 123456 (>) 12345
여섯 자리 수 다섯 자리 수

• 자릿수가 같은 경우: 가장 높은 자리 숫자부터 차례대로 비교하여 숫자가 큰 쪽이 더 큰 수입니다.

예 123456 (<) 123567
여섯 자리 수 여섯 자리 수

바로바로 체크

1 □ 안에 알맞은 수를 써넣으세요.

(1) 9900보다 □ 만큼 더 큰 수는 10000입니다.

(2) 1000원짜리 지폐가 10장이면 □원입니다.

2 수를 읽어 보세요.

84060000000

(　　　　　　　　)

3 빈칸에 알맞은 수를 써넣으세요.

3526조 — 3536조 — □ — 3556조

4 두 수의 크기를 비교하여 ○ 안에 > 또는 <를 알맞게 써넣으세요.

(1) 6935 ○ 62885

(2) 24576 ○ 24739

정답

1. (1) 100 (2) 10000
2. 팔백사십억 육천만
3. 3546조 4. (1) < (2) <

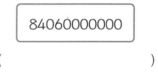

1 규칙에 따라 빈칸에 알맞은 수를 써넣으세요.

(1) 9997 — 9998 — 9999 — ( )

(2) 9700 — 9800 — ( ) — ( )

2 성종이는 4000원을 가지고 있고, 경인이는 5000원을 가지고 있습니다. 두 사람이 가지고 있는 돈에 얼마를 더하면 10000원이 됩니까?

( )

3 다음을 수로 나타내어 보세요.

(1) 오만 육천사백육십구

( )

(2) 만 오백사십

( )

4 지갑에 10000원짜리 지폐 4장, 1000원짜리 지폐 7장, 100원짜리 동전 3개, 10원짜리 동전 9개가 들어 있습니다. 지갑에 들어 있는 돈은 모두 얼마입니까?

( )

5 숫자 9가 나타내는 값이 900인 수를 찾아 읽어 보세요.

㉠ 92473	㉡ 10920
㉢ 30094	㉣ 48329

( )

중요 서술형

6 수 카드를 모두 한 번씩만 사용하여 가장 작은 다섯 자리 수를 만들 때 숫자 5가 나타내는 수는 얼마인지 풀이 과정을 쓰고 답을 구해 보세요.

3 8 0 6 5

( )

7 두 수를 각각 수로 나타내면 0은 모두 몇 개입니까?

㉠ 오천삼만 육백일
㉡ 천구백오십만 칠

( )

8 다음 수에 대해 잘못 설명한 것은 어느 것입니까? (   )

73140086

① 3은 백만의 자리 숫자입니다.
② 십만의 자리 숫자는 1입니다.
③ 만이 7314개, 일이 86개인 수입니다.
④ 칠천삼백십사만 팔십육이라고 읽습니다.
⑤ 숫자 4가 나타내는 수는 400000입니다.

9 □ 안에 알맞은 수를 써넣으세요.

100만이 20개, 10만이 7개, 만이 9개인 수는 □ 입니다.

중요

10 1억에 대한 설명으로 옳지 않은 것은 어느 것입니까? (   )

① 100만이 100개인 수
② 1000만의 10배인 수
③ 9900만보다 10만만큼 더 큰 수
④ 10000이 10000개인 수
⑤ 9000만보다 1000만만큼 더 큰 수

✿ 어느 해의 나라별 인구 수를 나타낸 표입니다. 물음에 답하세요. [11~12]

나라	인구 수
대한민국	51440000명
중국	십삼억 팔천이백칠십일만 명
캐나다	3622만 명

11 대한민국의 인구 수를 읽어 보세요.

(   )

12 중국의 인구 수를 수로 나타내어 보세요.

(   )

13 일조의 자리 숫자가 다른 것을 찾아 기호를 써 보세요.

㉠ 4800672452493
㉡ 6749000000000
㉢ 254조 1684만 9240
㉣ 1427억의 100배인 수

(   )

14 얼마만큼씩 뛰어 세었는지 써 보세요.

76820000 — 77020000 — 77220000 — 77420000

(   )

15 뛰어 세기를 한 것입니다. ㉠에 알맞은 수의 천만의 자리 숫자를 구해 보세요.

2억 1350만 — 2억 6350만 — 3억 1350만 — ㉠

(   )

16 3조 180억에서 10억씩 3번 뛰어 센 수를 쓰고 읽어 보세요.

쓰기 ____________________

읽기 ____________________

서술형

17 어떤 수에서 10만씩 3번 뛰어 세었더니 38273054가 되었습니다. 어떤 수에서 100만씩 2번 뛰어 센 수는 얼마인지 풀이 과정을 쓰고 답을 구해 보세요.

(   )

18 두 수의 크기를 비교하여 ○안에 >, =, <를 알맞게 써넣으세요.

(1) 1072486 ○ 394782

(2) 13억 9000 ○ 1347320682

잘 틀려요

19 가장 큰 수부터 차례대로 기호를 써 보세요.

㉠ 280억 4500만
㉡ 300만의 10000배인 수
㉢ 2500억에서 100억씩 3번 뛰어 센 수

(,   ,   )

잘 틀려요

20 0에서 9까지의 수 중에서 □ 안에 들어갈 수 있는 가장 작은 수를 구해 보세요.

30□474 > 305694

(   )

탐·구·서·술·형·평·가

1 수 카드를 모두 한 번씩만 사용하여 만들 수 있는 여덟 자리 수 중에서 십만의 자리 숫자가 1인 가장 큰 수를 만들려고 합니다. 이 수의 천만의 자리 숫자와 만의 자리 숫자의 합은 얼마인지 풀이 과정을 쓰고 답을 구해 보세요.

4	0	1	9	7	2	6	5

풀이

답

① 십만의 자리 숫자가 1인 가장 큰 여덟 자리 수를 구합니다.
② 천만의 자리 숫자와 만의 자리 숫자를 각각 구합니다.
③ 천만의 자리 숫자와 만의 자리 숫자의 합을 구합니다.

2 어느 해의 나라별 인구를 나타낸 것입니다. 인구가 가장 많은 나라부터 순서대로 이름을 쓰려고 합니다. 풀이 과정을 쓰고 답을 구해 보세요.

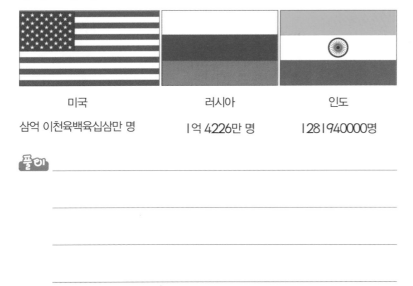

미국	러시아	인도
삼억 이천육백육십삼만 명	1억 4226만 명	1281940000명

풀이

답

① 각 나라별 인구를 수로 나타냅니다.
② ①에서 나타낸 세 수의 크기를 비교합니다.
③ 인구가 가장 많은 나라부터 순서대로 이름을 씁니다.

수학

수학 2회

2. 각도

◇ 1도와 90도

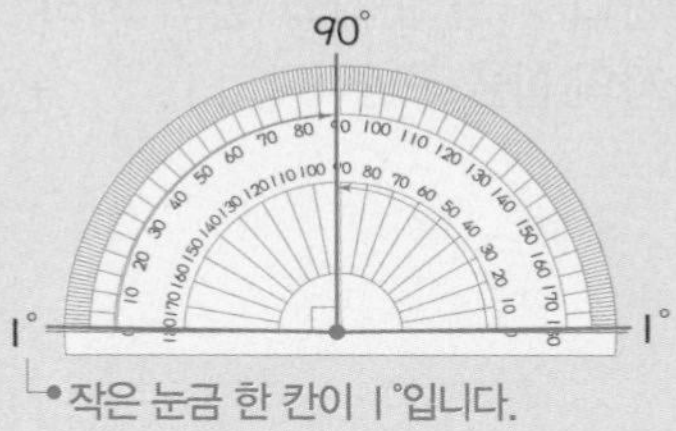

◇ 각도기를 이용하는 방법

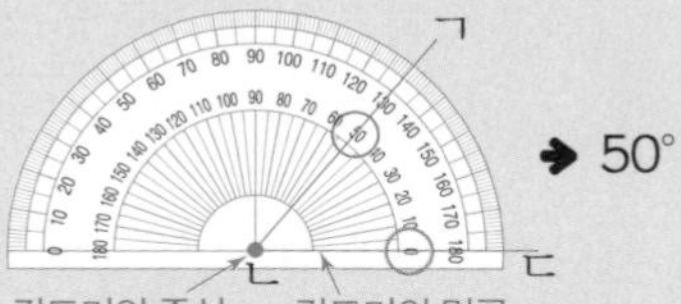

① 각도기의 중심과 각의 꼭짓점을 맞춥니다.
② 각도기의 밑금과 각의 한 변을 맞춥니다.
③ 각도를 읽을 때에는 각도기의 밑금과 각의 한 변이 만난 쪽의 눈금에서 시작하여 각의 나머지 변이 각도기의 눈금과 만나는 부분을 읽어야 합니다.

◇ 각 그리기

각을 그릴 때 꼭짓점을 어디로 정하느냐에 따라 각의 방향이 달라집니다.

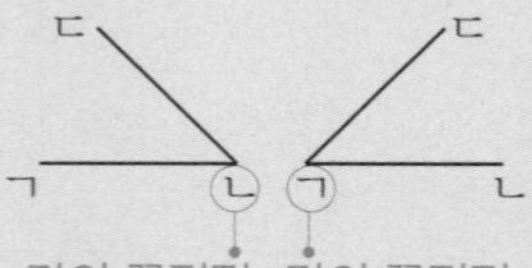

◇ 직각 삼각자의 세 각의 크기의 합

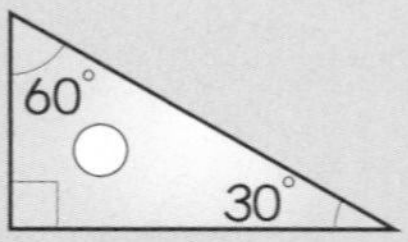

$60° + 90° + 30° = 180°$

어느 각이 더 클까요

- 각의 크기 비교: 두 변이 벌어진 정도가 클수록 큰 각입니다.

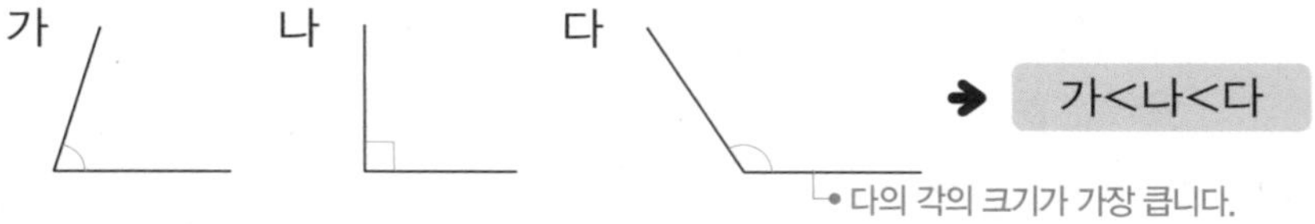

각의 크기는 얼마일까요 → 각의 크기를 각도라고 합니다.

- 도: 각의 크기를 나타내는 단위를 도(°)라고 합니다.
- 1도(1°): 직각을 똑같이 90으로 나눈 것 중 하나를 1도라고 합니다.
- 90°: 직각은 90°입니다.

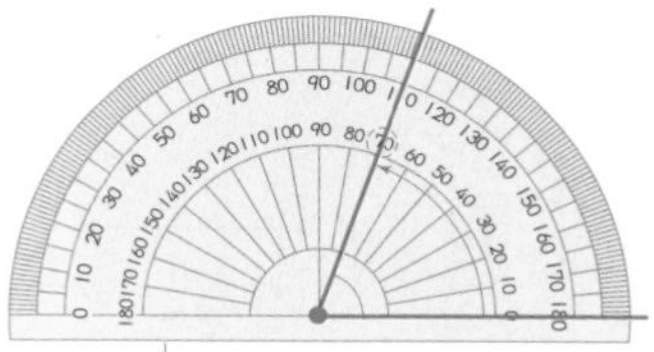

각을 어떻게 그릴까요

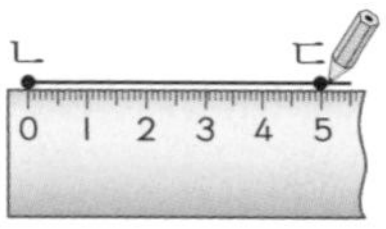 ① 자를 이용하여 각의 한 변 ㄴㄷ을 그립니다.	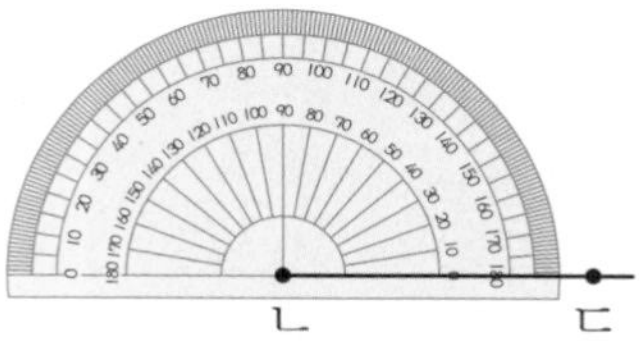 ② 각도기의 중심과 점 ㄴ을 맞추고, 각도기의 밑금과 각의 한 변인 ㄴㄷ을 맞춥니다.
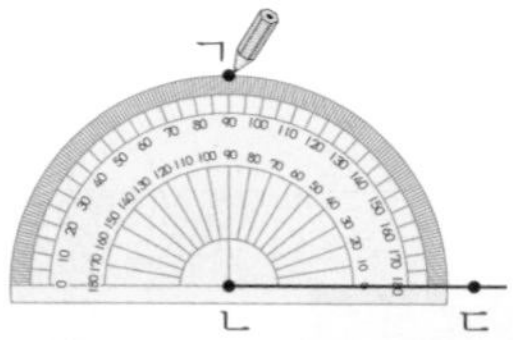 ③ 각도기의 밑금에서 시작하여 각도가 90°가 되는 눈금에 점 ㄱ을 표시합니다.	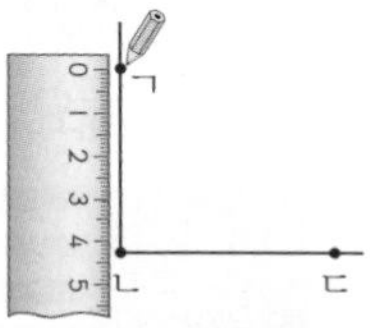 ④ 자를 이용하여 변 ㄱㄴ을 그어 각도가 90°인 각 ㄱㄴㄷ을 완성합니다.

직각보다 작은 각과 직각보다 큰 각을 알아볼까요 → 0° < (예각) < 90° < (둔각) < 180°

예각	둔각
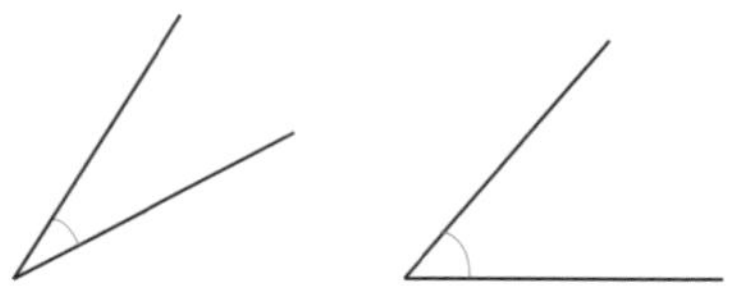	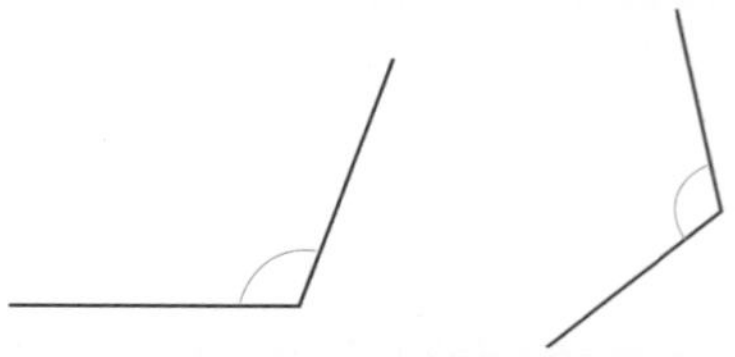
각도가 0°보다 크고 직각보다 작은 각	각도가 직각보다 크고 180°보다 작은 각

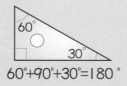

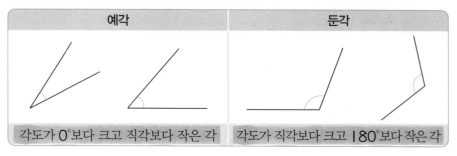

각도가 얼마쯤 될까요

① 각도기를 이용하지 않고 각도를 어림할 때에는 주어진 각도를 어림하기 쉬운 45°, 90°, 180° 등과 비교하여 어림합니다.

② 어림한 각도와 잰 각도의 차이가 작을수록 잘 어림한 것입니다.

각도의 합과 차는 얼마일까요

• 두 각도의 합

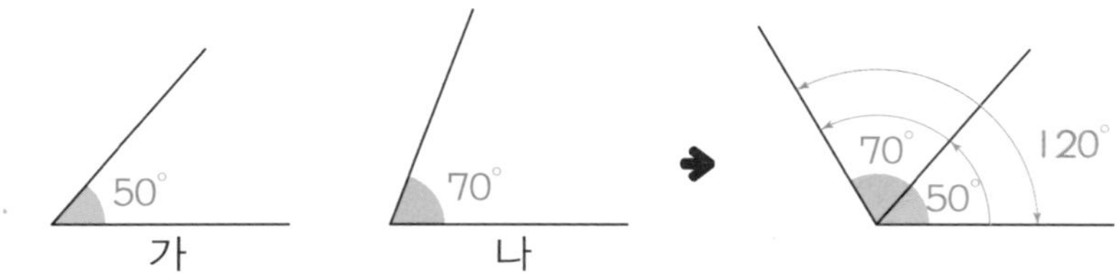

→ 가+나=50°+70°=120°

• 두 각도의 차

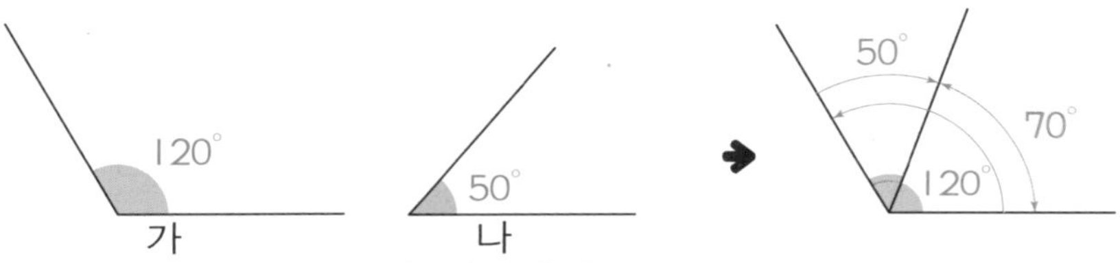

→ 가−나=120°−50°=70°

삼각형의 세 각의 크기의 합은 얼마일까요

• 삼각형의 세 각의 크기의 합: 180°

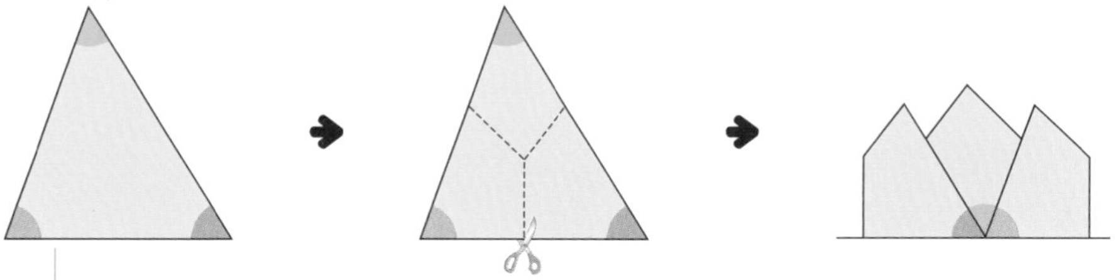

• 삼각형을 세 조각으로 잘라 세 꼭짓점이 한 점에 모이도록 이어 붙이면 180°가 됩니다.

사각형의 네 각의 크기의 합은 얼마일까요

• 사각형의 네 각의 크기의 합: 360°

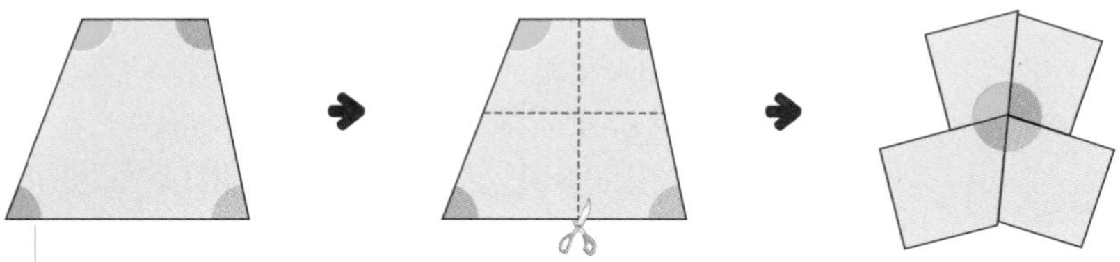

• 사각형을 네 조각으로 잘라 네 꼭짓점이 한 점에 모이도록 이어 붙이면 360°가 됩니다.

바로바로 체크

1 각도기를 이용하여 각도를 재어 보세요.

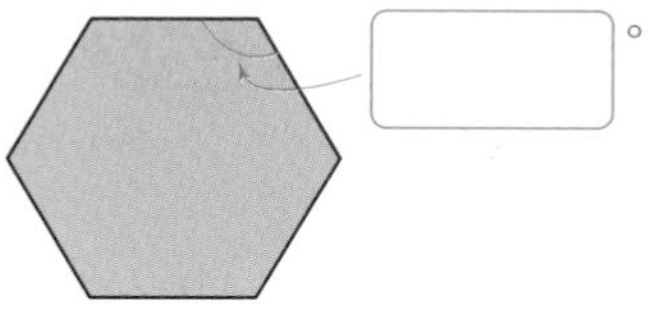

2 시계의 긴바늘과 짧은바늘이 이루는 작은 쪽의 각이 예각, 직각, 둔각 중 어느 것인지 쓰세요.

(　　　　　)

3 각도의 합과 차를 구해 보세요.

(1) 92°+87°=□°

(2) 128°−56°=□°

4 ㉠과 ㉡의 각도의 합을 구해 보세요.

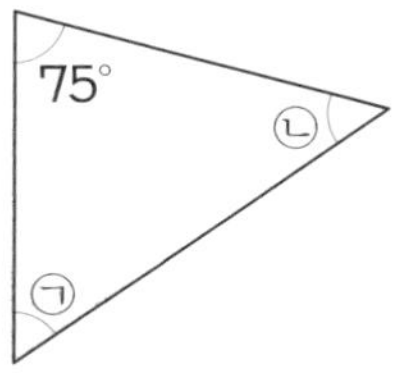

(　　　　　)

정답

1. 120　2. 예각

3. (1) 179　(2) 72

4. 105°

1 두 피자 조각의 각 중에서 더 큰 각을 찾아 기호를 쓰세요.

㉠ ㉡

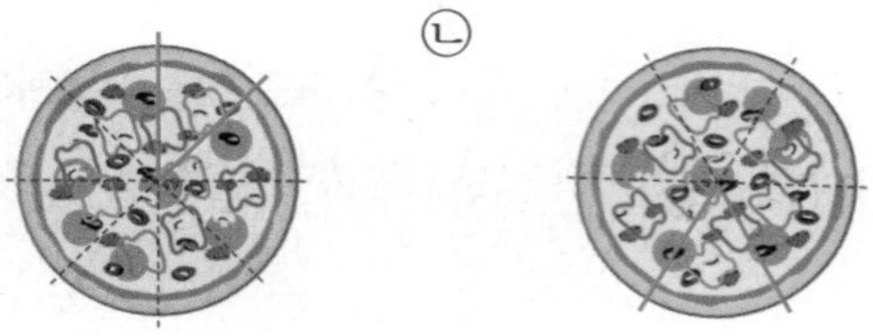

( )

중요

2 각도를 구해 보세요.

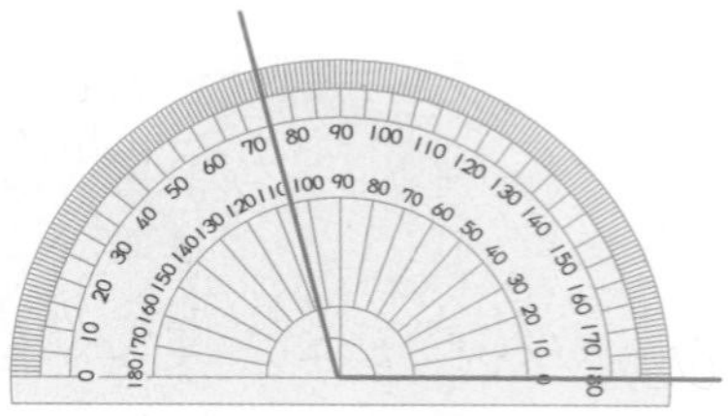

( )

서술형

3 각도기를 이용하여 도형의 각도를 재어 보세요.

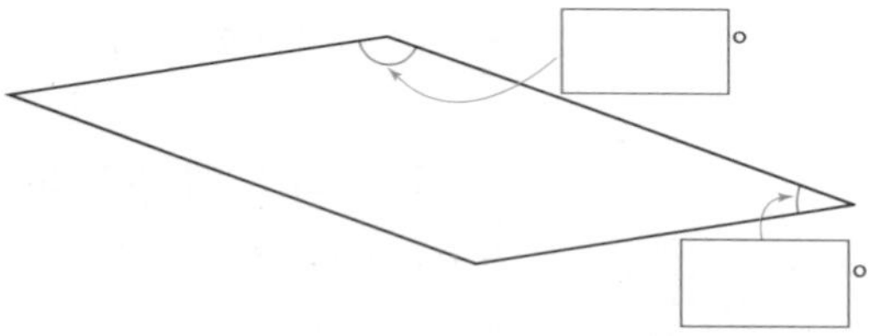

4 각도기를 이용하여 다음과 같이 각도를 재었습니다. 잘못된 점을 써 보세요.

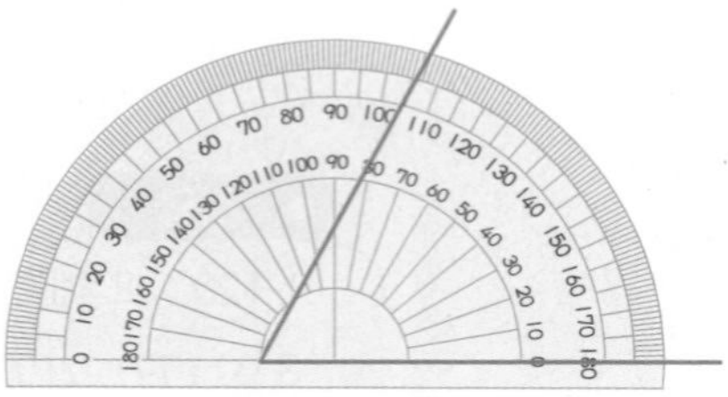

5 점 ㄱ을 각의 꼭짓점으로 하여 주어진 각도의 각을 각도기 위에 그려 보세요.

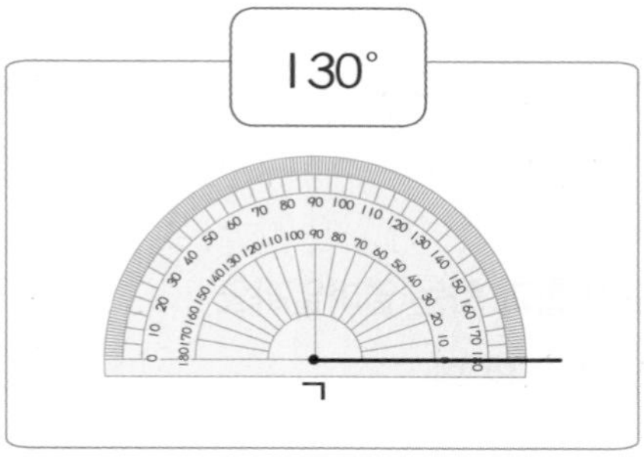

6 보기 와 같이 주어진 각도와 크기가 같은 각을 그리고, 나머지 그림을 창의적으로 완성해 보세요.

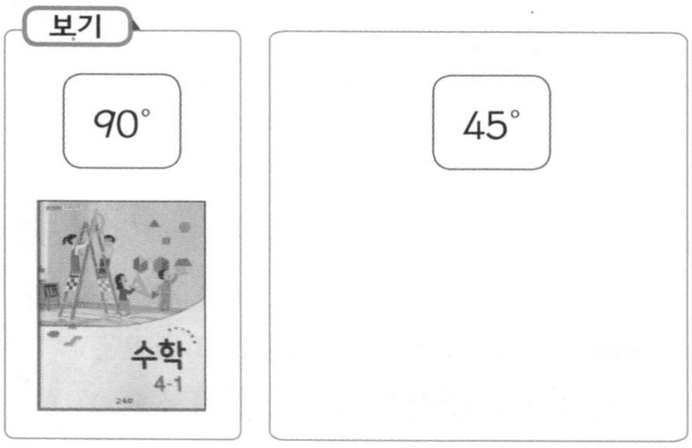

7 관계있는 것끼리 선을 이어 보세요.

(1) 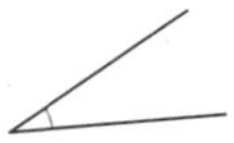 •

(2) 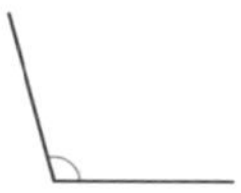 •

(3)  •

(4)  •

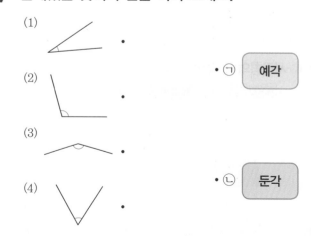

• ㉠ 예각

• ㉡ 둔각

8 점을 이용하여 예각과 둔각을 1개씩 그려 보세요.

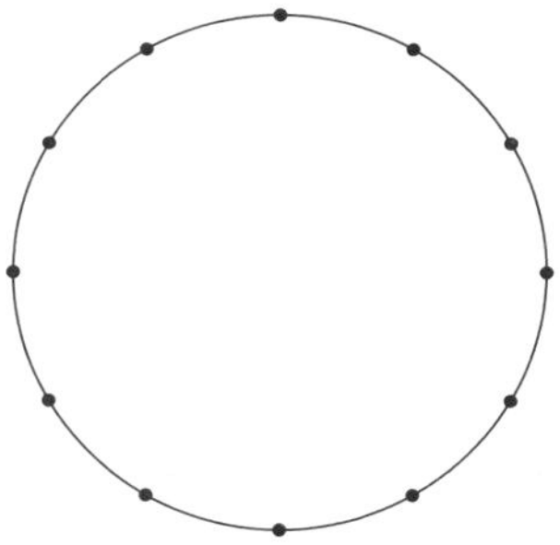

9 시계의 긴바늘과 짧은바늘이 이루는 작은 쪽의 각이 둔각인 시각을 모두 고르세요.

(,)

① 1시 30분 ② 3시
③ 5시 ④ 8시 30분
⑤ 11시

10 다음 각도를 어림한 것입니다. 각도기로 각도를 재어 각도를 가장 잘 어림한 사람은 누구인지 이름을 쓰세요.

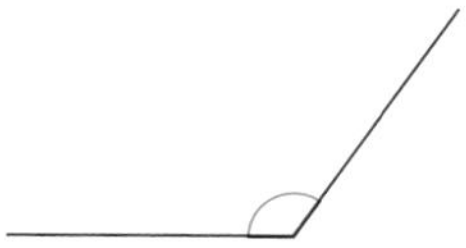

민현	성운	지훈
130°	115°	100°

( )

중요

11 각도를 각각 재어보고 ㉠과 ㉡의 각도의 합은 몇 도인지 구해 보세요.

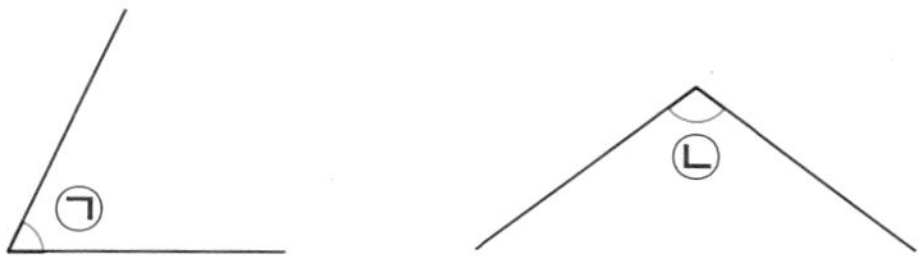

( )

12 계산한 각도가 가장 큰 것은 어느 것입니까?

( )

① 30°+65° ② 180°−15°
③ 85°+95° ④ 245°−90°
⑤ 25°+140°

서술형

13 ㉠과 ㉡ 중 어느 쪽의 각도가 몇 도 더 큰지 풀이 과정을 쓰고 답을 구해 보세요.

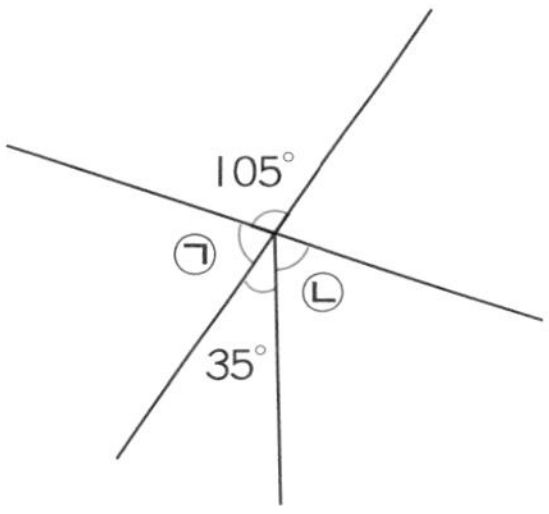

(,)

14 두 각도의 합과 차를 구해 보세요.

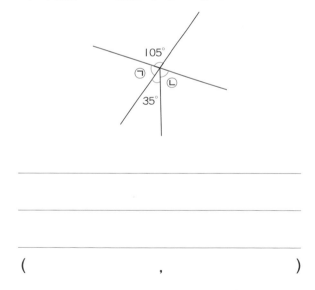

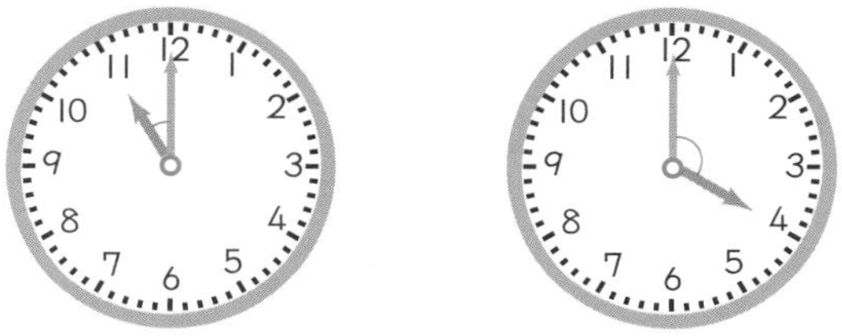

㉠ 합: ( )
㉡ 차: ( )

중요

15 옳게 설명한 것을 모두 고르세요.

(,)

① 90°보다 큰 각을 둔각이라고 합니다.
② 90°보다 작은 각을 예각이라고 합니다.
③ 삼각형의 세 각의 크기의 합은 180°입니다.
④ 사각형의 네 각의 크기의 합은 270°입니다.
⑤ 두 각의 크기가 각각 40°, 60°인 삼각형의 나머지 한 각의 크기는 80°입니다.

16 □ 안에 알맞은 수를 써넣으세요.

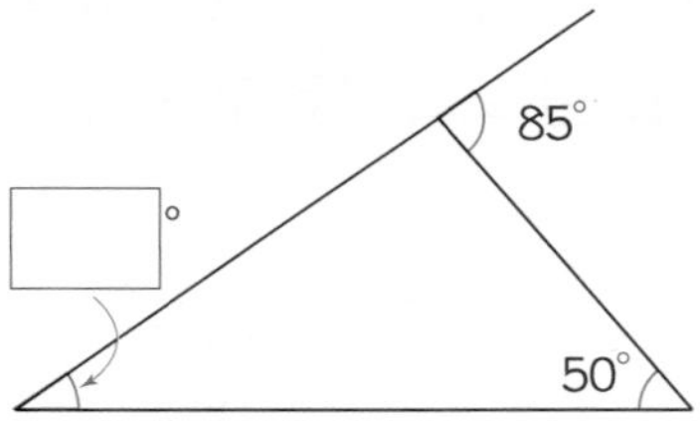

잘 틀려요 서술형

17 ㉠의 각도는 몇 도인지 풀이 과정을 쓰고 답을 구해 보세요.

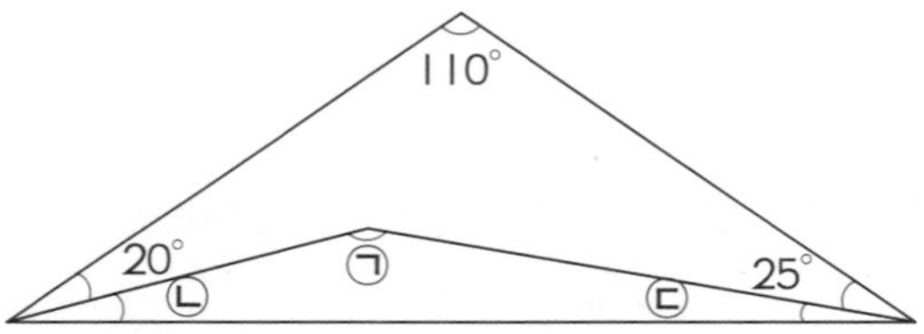

( )

18 사각형에서 세 각의 크기가 다음과 같을 때 나머지 한 각의 크기를 구해 보세요.

65°	35°	120°

( )

19 ㉠과 ㉡ 중 각도가 더 큰 각의 기호를 쓰세요.

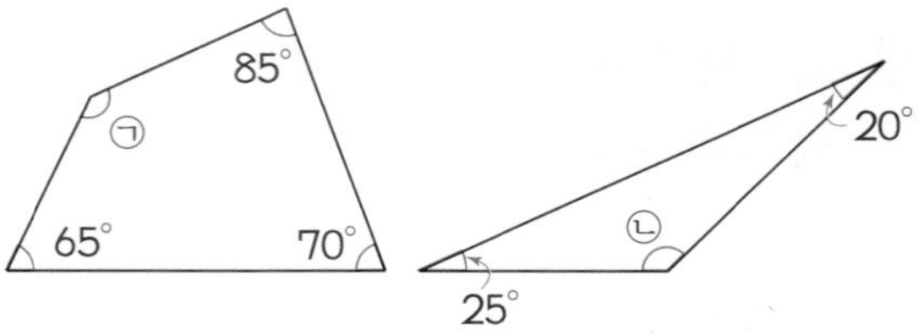

( )

잘 틀려요

20 서로 다른 직각 삼각자 2개를 겹쳐 놓은 것입니다. 각 ㄹㅂㄷ의 크기를 구해 보세요.

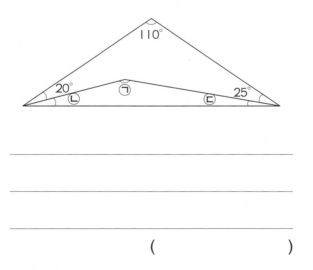

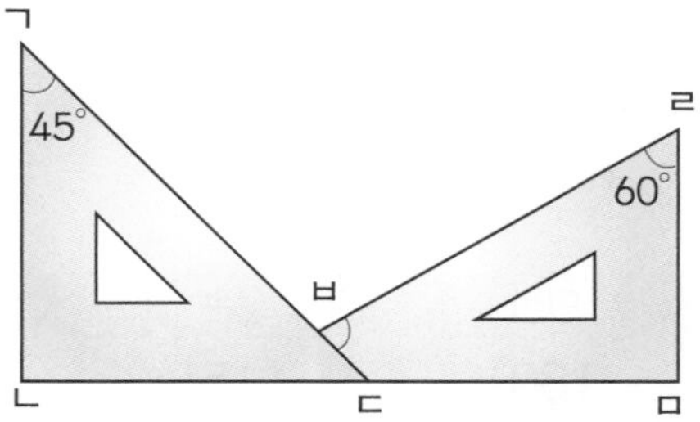

( )

탐·구·서·술·형·평·가

1 ㉡의 각도는 몇 도인지 풀이 과정을 쓰고 답을 구해 보세요.

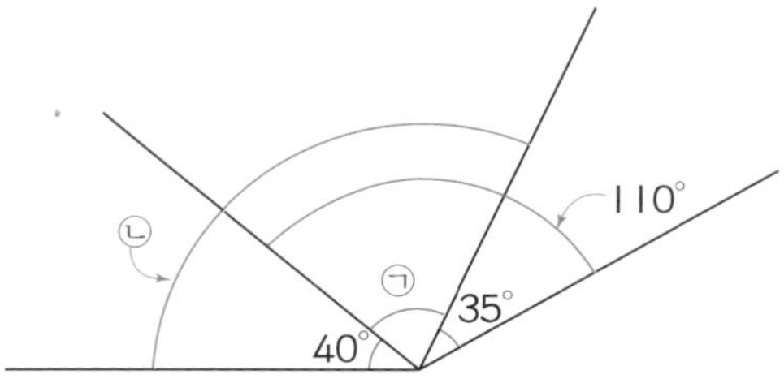

풀이 ______________________________

답 ____________

① ㉠의 각도를 구합니다.
② ㉡의 각도를 구합니다.

2 직사각형 모양의 종이를 다음과 같이 접었습니다. ㉠의 각도는 몇 도인지 풀이 과정을 쓰고 답을 구해 보세요.

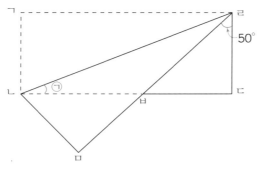

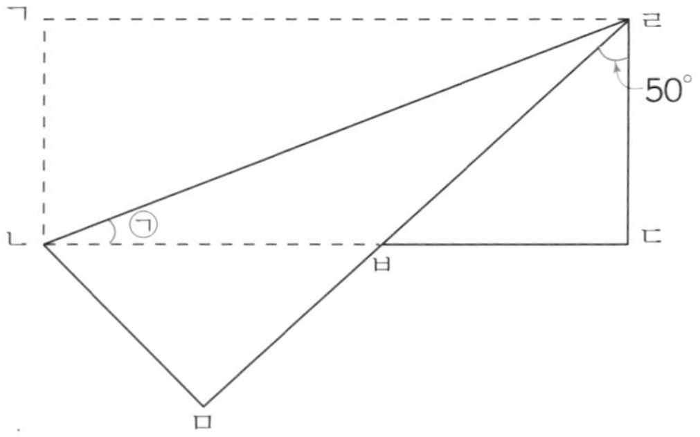

풀이 ______________________________

답 ____________

① 각 ㄱㄹㅁ의 각도를 구합니다.
② 각 ㄱㄹㄴ, 각 ㄴㄹㅁ의 각도를 구합니다.
③ ㉠의 각도를 구합니다.

수학

세 자리 수에 몇십을 곱해 볼까요 → (세 자리 수)×(몇십)

• (세 자리 수)×(몇십) 계산하기

$248 \times 5 = \boxed{1240}$

$248 \times 50 = \boxed{12400}$ ← 10배

┗→ (세 자리 수)×(몇)을 계산하고 10배합니다.
248×5를 계산한 값에 0을 하나 붙입니다.

```
    2 4 8
  ×     5
  1 2 4 0
```

```
    2 4 8
  ×   5 0
1 2 4 0 0
```

10배

세 자리 수에 두 자리 수를 곱해 볼까요 → (세 자리 수)×(두 자리 수)

예) 223×24

```
      2 2 3
  ×     2 4   ← 20+4
      8 9 2   ← 223×4
  4 4 6 0     ← 223×20
  5 3 5 2     ← 892+4460
```

┗→ 계산할 때 편리함을 위해 0의 표시를 생략할 수 있습니다.

곱셈을 이용하여 실생활 문제를 해결해 볼까요

예) 문방구에서 350원짜리 공책을 12권 샀습니다. 공책의 값은 모두 얼마인지 구해 보세요.

식   350×12=4200

답   4200원

몇십으로 나누어 볼까요 → 나누어떨어지는 (세 자리 수)÷(몇십)

예) 150÷30 → (몇백 몇십)÷(몇십)의 계산

$150 \div 30 = 5$

```
        5  → 15÷3=5의 몫과 같습니다.
  30)1 5 0
     1 5 0
           0
```

몫   5

나머지   0

예) 156÷20

식
20×7=140
20×8=160
20×9=180

```
        7
  20)1 5 6
     1 4 0
        1 6
```

몫   7

나머지   16

결과 확인
예) 20×7=140
140+16=156

어림하여 계산하기

예) 197×30을 어림하여 계산하기: 197은 100보다 200에 가까우므로 197×30을 200×30이라 생각하여 약 6000이라고 어림할 수 있습니다.

어림한 몫 수정하기

① 뺄 수 없을 때

```
        8
  17)1 2 6
     1 3 6
```
→ 곱한 값(136)이 나누어지는 수(126)보다 크므로 뺄 수 없습니다.

➡ 몫을 1 작게 해 줍니다.

② 나머지가 나누는 수보다 클 때

```
        8
  17)1 5 6
     1 3 6
        2 0
```
→ 나머지(20)가 나누는 수(17)보다 작아야 하므로 몫을 1 크게 해 줍니다.

➡ 몫을 1 크게 해 줍니다.

나누어지는 수와 나누는 수, 몫과 나머지

나누는 수 ┐   ┌ 몫
$620 \div 26 = 23 \cdots 22$
┗→ 나누어지는 수   └ 나머지

나누어지는 수와 나머지의 관계

나누어지는 수가 1이 작아지면 나머지도 1이 작아집니다.

$620 \div 26 = 23 \cdots 22$
$619 \div 26 = 23 \cdots 21$
$618 \div 26 = 23 \cdots 20$
⋮
$598 \div 26 = 23 \cdots \boxed{0}$

→ 나누어지는 수가 20이 작아졌으므로 나머지도 20이 작아집니다.

몇십몇으로 나누어 볼까요 → 몫이 한 자리 수인 나눗셈

• 나누어떨어지는 (두 자리 수)÷(두 자리 수) 계산하기

예 90÷15

식	나머지
15×4=60	30
15×5=75	15
15×6=90	0

→ $15\overline{)90}$, 몫 6, 90, 0 → 결과 확인 15×6=90

• 나머지가 있는 (세 자리 수)÷(두 자리 수) 계산하기

예 156÷17

식	나머지
17×7=119	37
17×8=136	20
17×9=153	3

→ $17\overline{)156}$, 몫 9, 153, 3 → 결과 확인 예 17×9=153, 153+3=156

세 자리 수를 두 자리 수로 나누어 볼까요(1) → 몫이 두 자리 수이고 나누어떨어지는 나눗셈

예 775÷25

$25\overline{)775}$, 몫 30 + 1

750 ← 25×30

25 ← 775−750

25 ← 25×1

0 ← 25−25

→ $25\overline{)775}$, 31 ← 30+1, 75, 25, 25, 0 → 결과 확인 25×31=775

세 자리 수를 두 자리 수로 나누어 볼까요(2) → 몫이 두 자리 수이고 나머지가 있는 나눗셈

예 685÷27

$27\overline{)685}$, 몫 20 + 5

540 ← 27×20

145 ← 685−540

135 ← 27×5

10 ← 145−135

→ $27\overline{)685}$, 25 ← 20+5, 54, 145, 135, 10 → 결과 확인 예 27×25=675, 675+10=685

바로바로 체크

1 계산해 보세요.

$$\begin{array}{r} 205 \\ \times \quad 74 \\ \hline \end{array}$$

2 몫과 나머지를 구해 보세요.

(1) $40\overline{)295}$

몫 ______

나머지 ______

(2) $39\overline{)578}$

몫 ______

나머지 ______

3 리본 하나를 만드는 데 끈이 38cm 필요합니다. 끈 592cm로 리본을 몇 개 만들 수 있고, 남는 끈의 길이는 몇 cm입니까?

(　　　　,　　　　)

정답

1. 15170
2. (1) 7, 15 (2) 14, 32
3. 15개, 22 cm

단원평가 3회 3. 곱셈과 나눗셈

1 □ 안에 알맞은 수를 써넣으세요.

$120 \times 4 = \square$

$120 \times 40 = \square$

2 빈 곳에 두 수의 곱을 써넣으세요.

372	
60	

3 계산 결과가 다른 것은 어느 것입니까?

(　　　)

① 120×80　② 192×50
③ 240×40　④ 320×30
⑤ 360×20

서술형

4 진영이네 가족 4명은 매일 우유를 180 mL씩 마십니다. 진영이네 가족이 한 달 동안 마시는 우유의 양은 몇 mL인지 풀이 과정을 쓰고 답을 구해 보세요.(단, 한 달은 30일로 계산합니다.)

(　　　　　　　　)

5 계산해 보세요.

(1) 275×38

(2)
$$\begin{array}{r} 406 \\ \times \quad 87 \\ \hline \end{array}$$

6 곱셈을 하고 곱이 큰 것부터 차례대로 ○ 안에 번호를 써넣으세요.

○
$$\begin{array}{r} 435 \\ \times \quad 53 \\ \hline \end{array}$$

○
$$\begin{array}{r} 974 \\ \times \quad 25 \\ \hline \end{array}$$

○
$$\begin{array}{r} 609 \\ \times \quad 38 \\ \hline \end{array}$$

중요

7 잘못 계산한 곳을 찾아 바르게 고쳐 보세요.

$$\begin{array}{r} 273 \\ \times \quad 45 \\ \hline 1365 \\ 1092 \\ \hline 2457 \end{array} \rightarrow \begin{array}{r} 273 \\ \times \quad 45 \\ \hline \end{array}$$

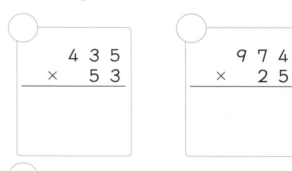

8 지성이는 1년 동안 매일 아침 25분씩 운동을 하였습니다. 1년을 365일로 계산한다면 지성이가 1년 동안 아침에 운동을 한 시간은 모두 몇 분인지 구해 보세요.

식 ______________________

답 ______________________

9 빈칸에 알맞은 수를 써넣고 350÷70의 몫을 구해 보세요.

×70

1	2	3	4	5
70	140	210		

350÷70=□

10 계산을 하고 결과를 확인해 보세요.

$$90\overline{)609}$$ (몫 6)

확인 ______________________

____

중요

11 대휘는 225쪽인 동화책을 매일 30쪽씩 읽으려고 합니다. 30쪽씩 며칠 동안 읽고 마지막 날에는 몇 쪽을 읽어야 합니까?

식 ______________________

답 __________ , __________

12 다음 나눗셈의 몫을 어림할 때 가장 적절한 것에 ○표 하세요.

361÷59

(3 6 30 60)

13 나머지가 더 큰 것의 기호를 써 보세요.

㉠ $16\overline{)78}$

㉡ $25\overline{)130}$

( )

서술형

14 어떤 수를 17로 나누면 몫은 5이고 나머지는 12입니다. 어떤 수를 23으로 나누었을 때의 몫과 나머지의 합은 얼마인지 풀이 과정을 쓰고 답을 구해 보세요.

____

____

____

( )

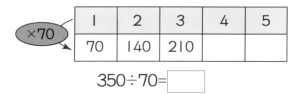

잘 틀려요

15 몫이 두 자리 수인 나눗셈을 모두 고르세요.

(,)

① 315÷35　　② 378÷42
③ 616÷56　　④ 738÷82
⑤ 882÷63

16 우진이는 826÷14를 다음과 같이 계산하였습니다. 다시 계산하지 않고 몫을 바르게 구하는 방법을 완성해 보세요.

```
    57
14)826
   70
   126
    98
    28
```

28은 □(으)로 더 나눌 수 있으므로 826÷14의 몫은 57보다 (커야 , 작아야) 합니다.

17 □ 안에 몫을 쓰고 ○ 안에 나머지를 써넣으세요.

가로 방향: ÷ / 세로 방향: ÷

431	58	□	… ○
36	17	□	… ○
□	□		
⋮	⋮		
○	○		

잘 틀려요

18 나눗셈의 몫이 16일 때 □ 안에 들어갈 수 있는 수 중 가장 큰 수와 가장 작은 수를 구해 보세요.

□÷27

㉠ 가장 큰 수: ( )
㉡ 가장 작은 수: ( )

잘 틀려요

19 ㉠~㉥에 알맞은 수 중에서 가장 큰 수를 찾아 기호를 쓰세요.

```
     ㉠㉡
27)9㉢7
   ㉣1
   1㉤7
   1㉥5
      2
```

( )

20 민현이네 학교 학생 785명이 15명씩 앉을 수 있는 긴 의자에 모두 앉으려고 합니다. 긴 의자는 적어도 몇 개 필요합니까?

( )

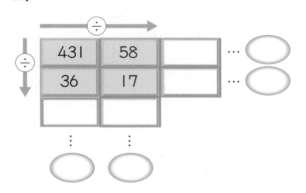

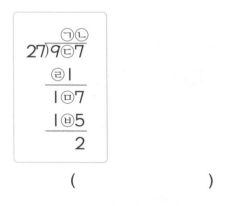

탐·구·서·술·형·평·가

1 사랑 아파트에는 915가구가 살고 있습니다. 이 아파트에 사는 모든 가구들이 전기 절약 운동에 참여하고 있습니다. 이 아파트에서 하루 동안 절약한 전기 요금은 얼마인지 풀이 과정을 쓰고 답을 구해 보세요.

전기 절약 방법	LED 전구로 교체하기	플러그 뽑기
한 가구에서 하루에 절약되는 전기 요금 (원)	72	68

풀이

답

① LED 전구로 교체하기로 하루에 절약되는 전기 요금을 구합니다.
② 플러그 뽑기로 하루에 절약되는 전기 요금을 구합니다.
③ 사랑 아파트에서 하루 동안 절약한 전기 요금을 구합니다.

2 수 카드를 한 번씩만 사용하여 (세 자리 수)÷(두 자리 수)의 나눗셈을 만들 때 몫이 가장 큰 경우와 몫이 가장 작은 경우의 몫의 합은 얼마인지 풀이 과정을 쓰고 답을 구해 보세요.

7	0	4	6	2

풀이

답

① 몫이 가장 큰 경우의 몫을 구합니다.
② 몫이 가장 작은 경우의 몫을 구합니다.
③ ①, ②에서 구한 몫의 합을 구합니다.

수학

수학 4회 4. 평면도형의 이동

✤밀기, 뒤집기, 돌리기 정리

① 밀기: 도형을 어느 방향으로 밀어도 모양과 크기는 변하지 않고 위치만 변합니다.

② 뒤집기

왼쪽이나 오른쪽으로 뒤집기	위쪽이나 아래쪽으로 뒤집기
왼쪽과 오른쪽 모양이 서로 바뀝니다.	위쪽과 아래쪽 모양이 서로 바뀝니다.

③ 돌리기: 어느 방향으로 돌리느냐에 따라 모양이 달라집니다.
└• 화살표 끝이 가리키는 위치가 같으면 도형을 돌렸을 때 생기는 모양이 같습니다.

✤평면도형 돌리기

① 처음 도형을 180°만큼 돌린 도형은 90°만큼 돌린 도형을 다시 90°만큼 돌린 도형과 같습니다.

② 처음 도형을 90°만큼씩 4번 돌리면 처음 도형과 같은 모양이 됩니다.
└• 360°만큼 돌리면 처음 도형과 같아집니다.

평면도형을 밀어 볼까요

• 평면도형 밀기: 도형의 위치가 위쪽, 아래쪽, 왼쪽, 오른쪽으로 이동했지만 모양은 변하지 않습니다.
└• 도형의 위치만 변합니다.

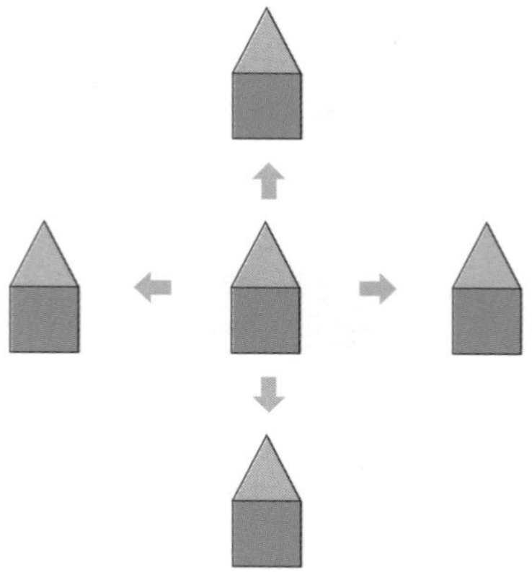

평면도형을 뒤집어 볼까요

• 평면도형 뒤집기

① 도형을 오른쪽(위쪽)으로 뒤집었을 때와 왼쪽(아래쪽)으로 뒤집었을 때의 모양이 서로 같습니다.

② 도형을 오른쪽이나 왼쪽(위쪽이나 아래쪽)으로 뒤집으면, 도형의 오른쪽과 왼쪽(위쪽과 아래쪽)이 서로 바뀝니다.

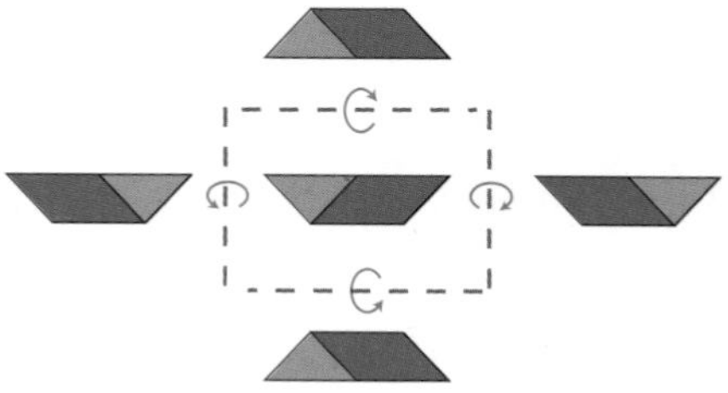

평면도형을 돌려 볼까요

• 도형을 시계 방향으로 돌리기

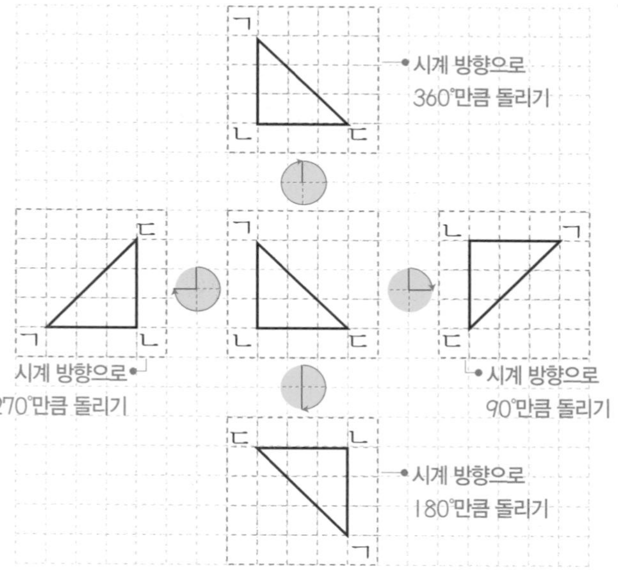

• 도형을 시계 반대 방향으로 돌리기

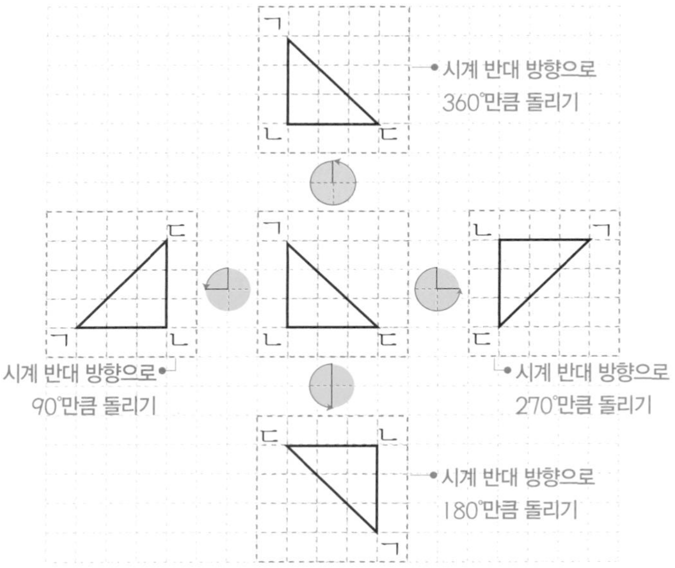

평면도형을 뒤집고 돌려 볼까요

• 도형을 오른쪽으로 뒤집고 시계 방향으로 90°만큼 돌리기

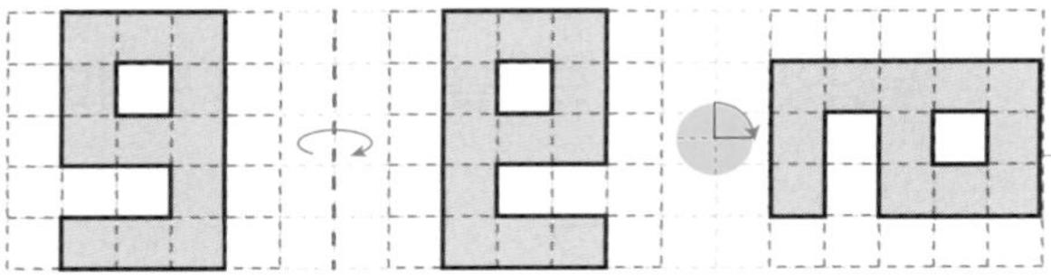

• 도형을 시계 방향으로 90°만큼 돌리고 오른쪽으로 뒤집기

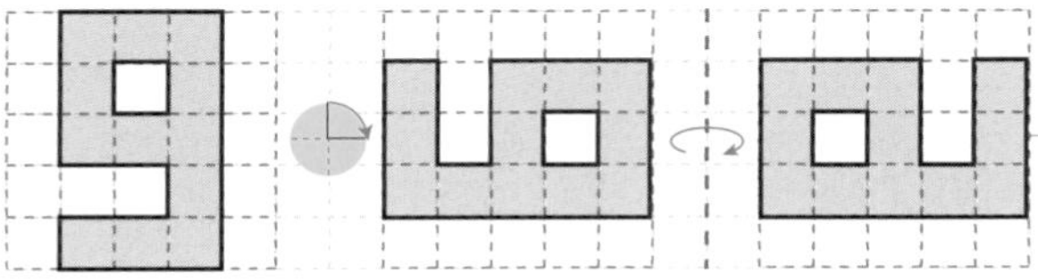

도형을 움직인 방법의 순서가 다르면 모양의 결과가 달라집니다.

무늬를 꾸며 볼까요

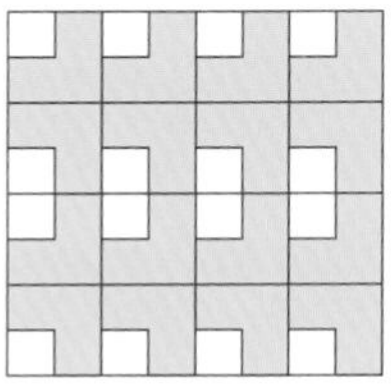

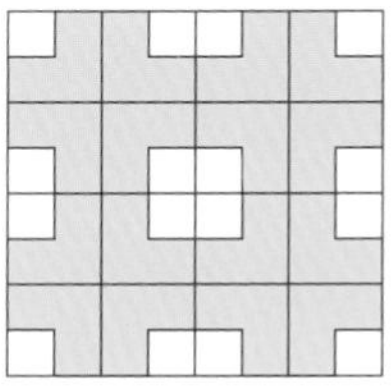

예 모양을 아래쪽으로 뒤집기 하는 것을 반복해서 모양을 만들고 그 모양을 오른쪽으로 밀기 하여 무늬를 만든 것입니다.

예 모양을 시계 방향으로 90°만큼 돌리기 하는 것을 반복해서 모양을 만들고 그 모양을 오른쪽과 아래쪽으로 밀기 하여 무늬를 만든 것입니다.

바로바로 체크

1 주어진 도형을 오른쪽으로 밀었을 때의 도형을 그려 보세요.

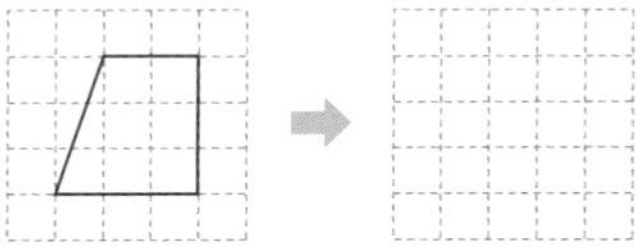

2 주어진 도형을 오른쪽으로 뒤집었을 때의 도형을 그려 보세요.

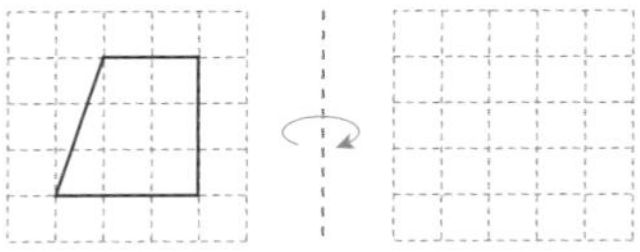

3 주어진 도형을 시계 방향으로 90°만큼 돌렸을 때의 도형을 그려 보세요.

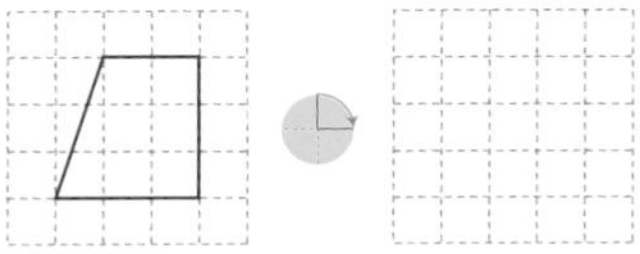

정답

1.

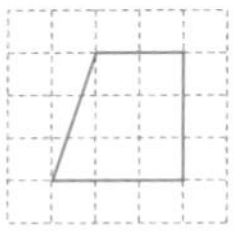

2.

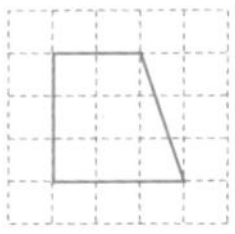

3.

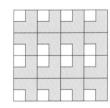

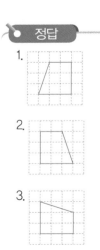

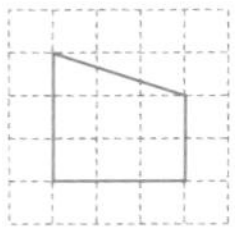

수학

1 보기 의 도형을 위쪽으로 밀었을 때의 도형을 찾아 기호를 쓰세요.

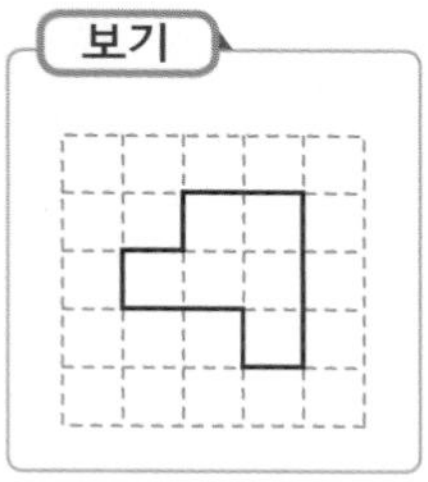

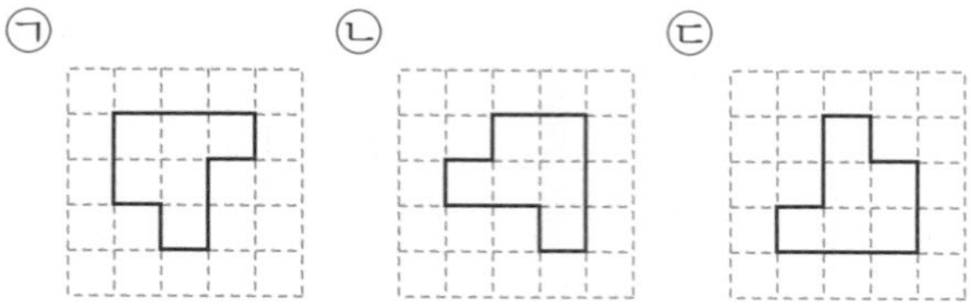

( )

2 도형을 오른쪽으로 3번 민 뒤 아래쪽으로 2번 밀었을 때의 도형을 그려 보세요.

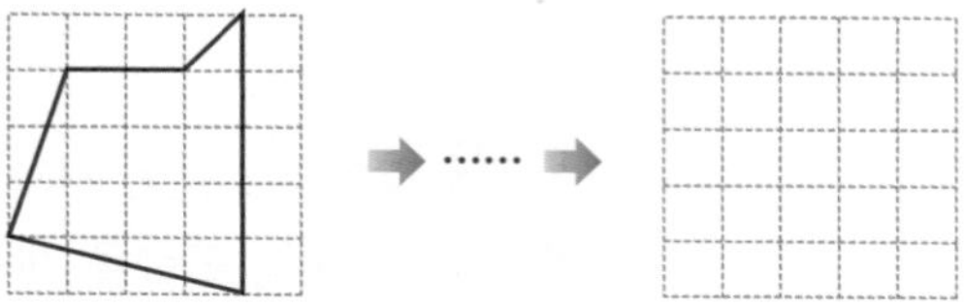

3 ㉡ 도형은 ㉠ 도형을 밀었을 때의 도형입니다. 어떻게 움직인 것인지 알맞은 말에 ○표 하고 □ 안에 알맞은 수를 써넣으세요.

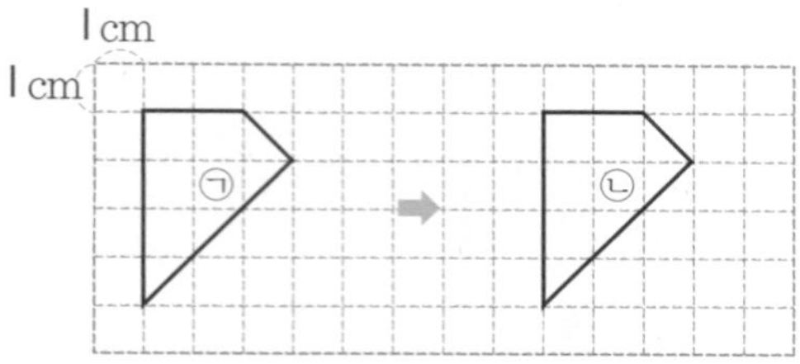

㉡ 도형은 ㉠ 도형을 (오른쪽 , 왼쪽)으로 □cm 밀었을 때의 도형입니다.

4 오른쪽 모양 조각을 한 번 뒤집었을 때 나올 수 있는 모양을 모두 고르세요. (,)

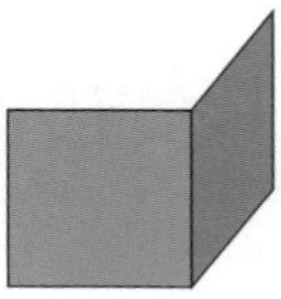

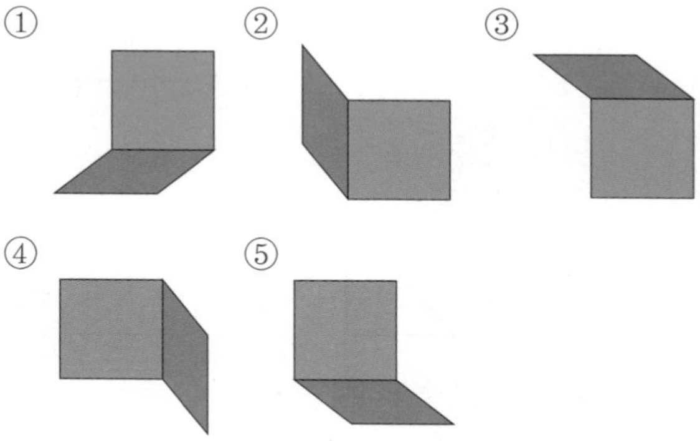

중요

5 도형을 오른쪽으로 뒤집었을 때와 아래쪽으로 뒤집었을 때의 도형을 각각 그려 보세요.

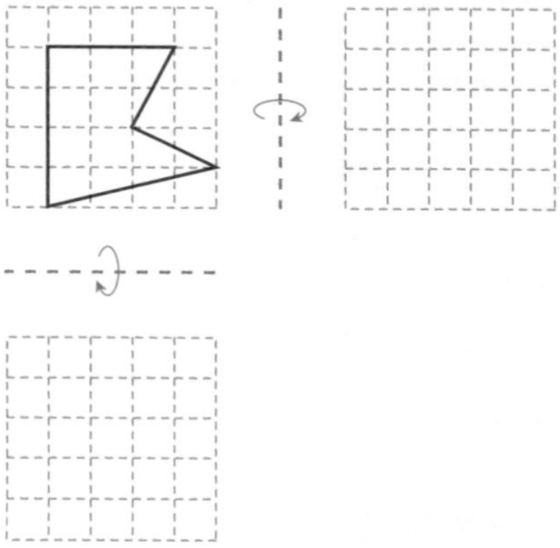

6 위쪽으로 뒤집었을 때의 모양이 처음 모양과 같은 것에 모두 ○표 하세요.

ㄱ ㄷ ㄹ ㅁ ㅂ ㅈ ㅍ ㅎ

7 도형을 뒤집은 방법을 설명해 보세요.

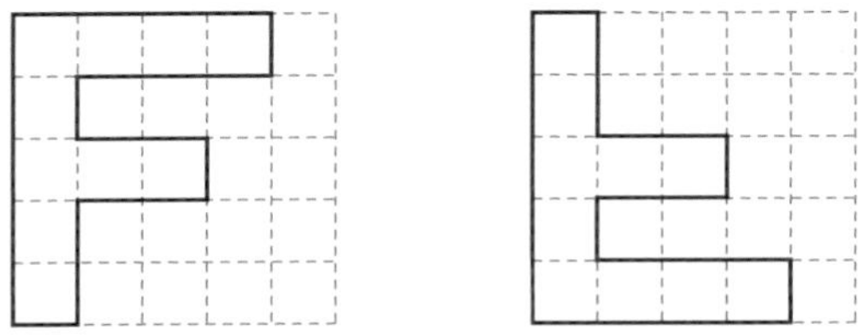

설명 ______________________________

✿ 도형을 보고 물음에 답하세요. [8~9]

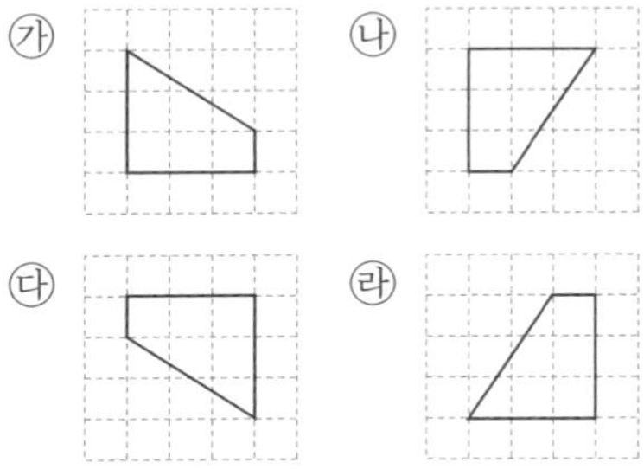

8 □ 안에 알맞은 기호를 써넣으세요.

㉮ 도형을 (회전 표시)와 같이 돌리면 □ 도형이 됩니다.

9 ㉮ 도형을 어떻게 돌리면 ㉰ 도형이 되는지 모두 고르세요. (,   )

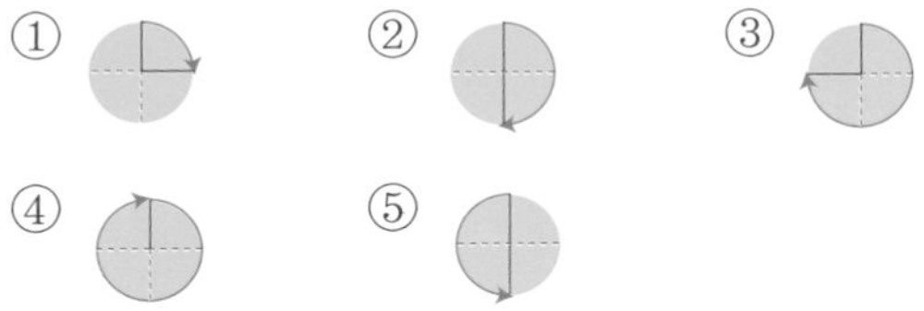

10 도형을 시계 방향으로 90°만큼 돌렸을 때의 모양을 그려 보세요.

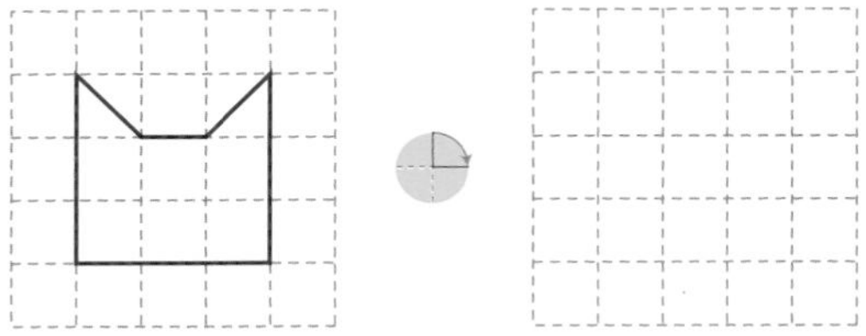

잘 틀려요

11 오른쪽 모양 조각을 여러 방향으로 돌렸을 때 나올 수 없는 모양은 어느 것입니까? (   )

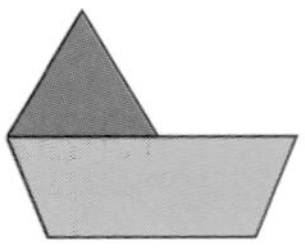

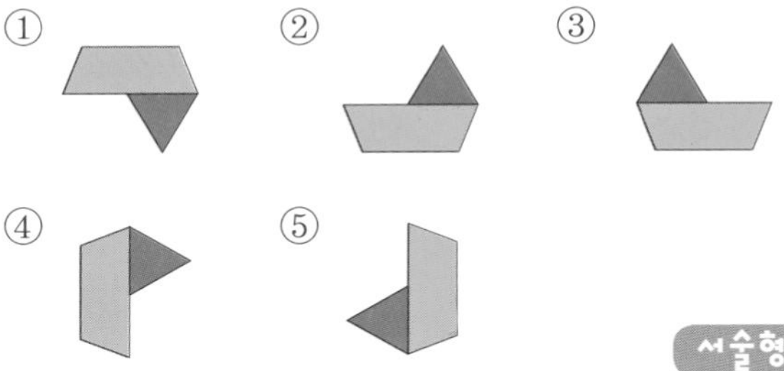

서술형

12 두 수 카드를 시계 방향으로 180°만큼 돌렸을 때 만들어지는 수의 차는 얼마인지 풀이 과정을 쓰고 답을 구해 보세요.

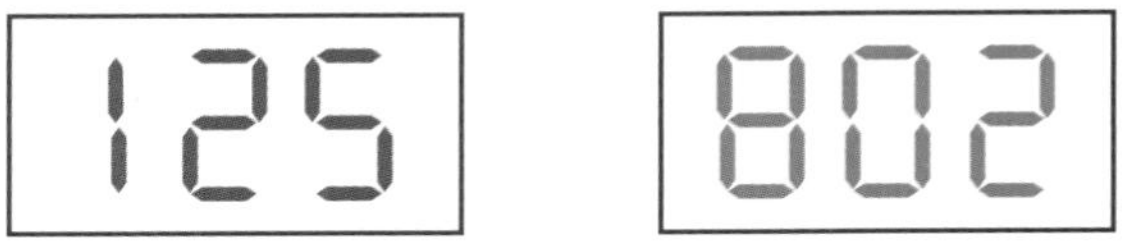

____

____

____

(   )

13 도형을 돌렸을 때 같은 도형이 되는 것끼리 짝지어진 것을 모두 찾아 기호를 쓰세요.

(,   )

중요

14 오른쪽 도형을 위쪽으로 뒤집고 시계 반대 방향으로 90°만큼 돌린 도형을 찾아 ○표 하세요.

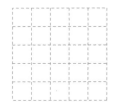

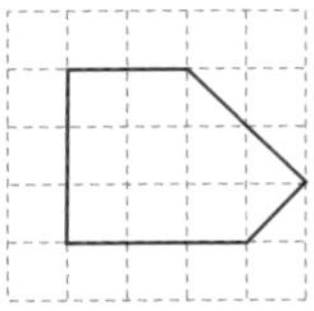

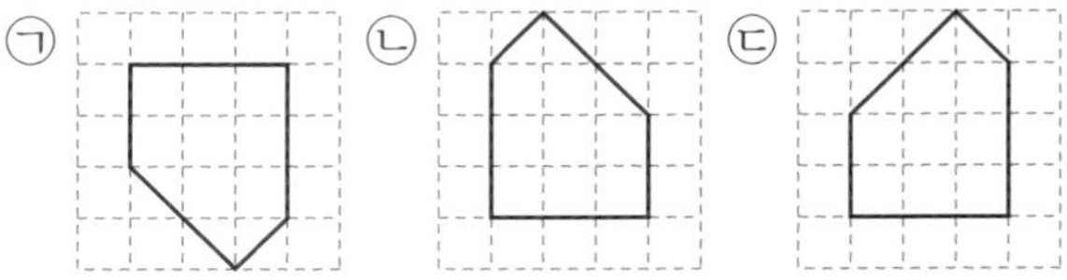

(   ) (   ) (   )

수학

서술형

15 도형을 오른쪽으로 9번 뒤집고 시계 방향으로 90°만큼 5번 돌렸을 때의 도형을 그리려고 합니다. 풀이 과정을 쓰고 답을 그려 보세요.

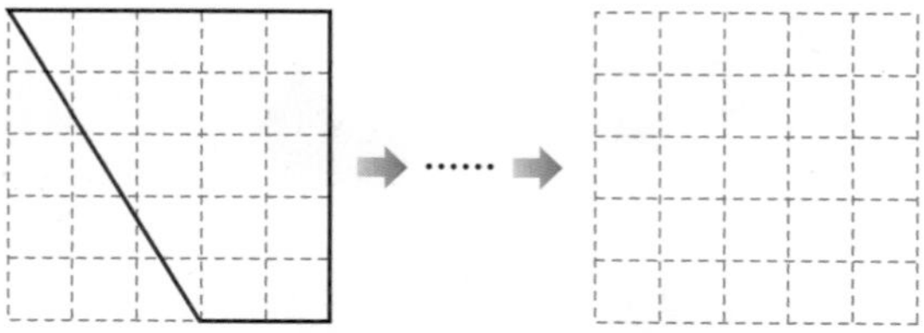

✿ 조각을 움직여 직사각형을 완성하려고 합니다. 물음에 답하세요. [16~17]

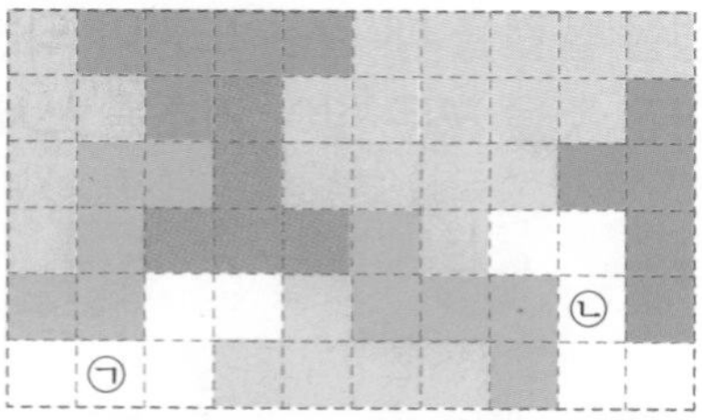

16 ㉠, ㉡에 들어갈 수 있는 조각을 찾아 기호를 써 보세요.

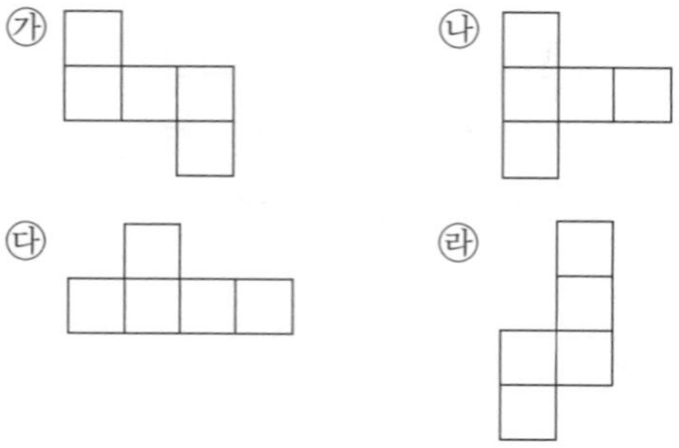

㉠: (　　　　　　　　)
㉡: (　　　　　　　　)

잘 틀려요

17 16번에서 고른 조각을 이용하여 ㉠을 채우려면 어떻게 움직여야 하는지 □ 안에 알맞은 기호를 쓰고 알맞은 말에 ○표 하세요.

□ 조각을 시계 방향으로 (90°, 180°) 만큼 돌린 후 (위쪽 , 오른쪽)으로 뒤집습니다.

18 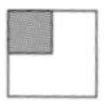 모양으로 뒤집기를 이용하여 규칙적인 무늬를 만들어 보세요.

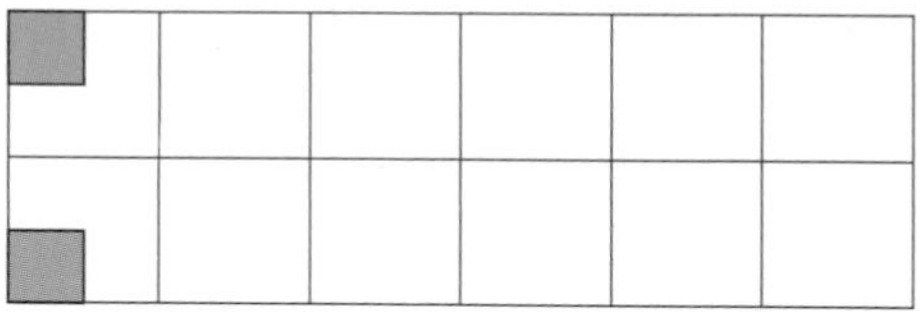

19  모양으로 규칙적인 무늬를 만든 것입니다. 어떤 방법을 이용한 것인지 찾아 ○표 하세요.

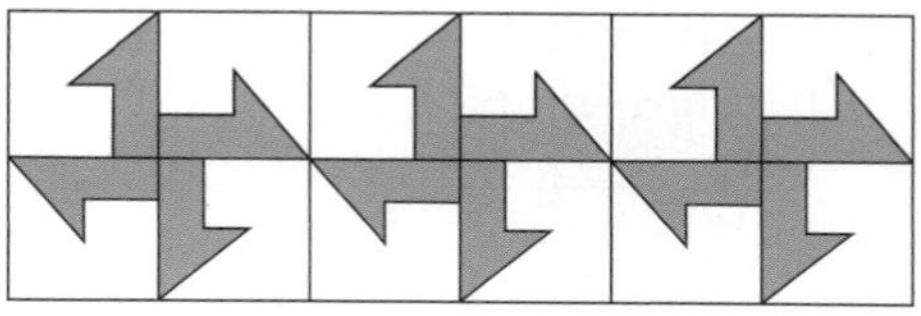

밀기　　뒤집기　　돌리기

20 일정한 규칙에 따라 만들어진 무늬입니다. ㉮에 알맞은 모양을 그려 보세요.

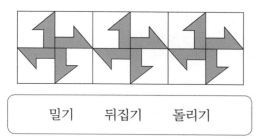

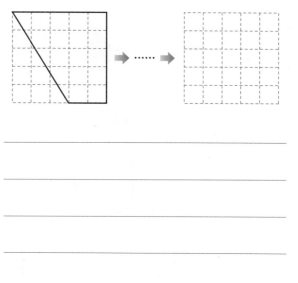

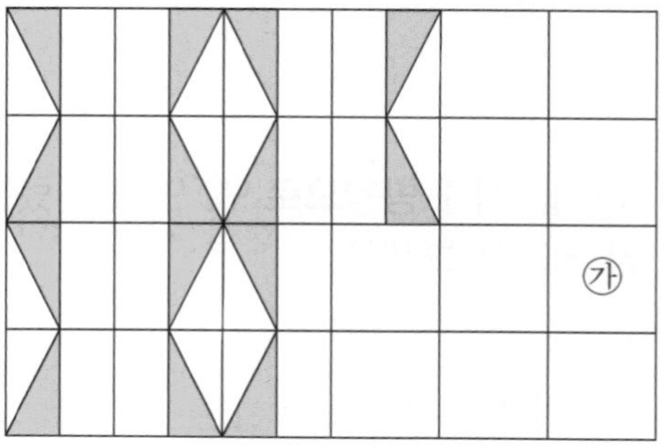

㉮ □

탐·구·서·술·형·평·가

1 거울에 비친 시계를 나타낸 것입니다. 시계가 실제로 가리키는 시각에서 30분 후에 점심 식사를 하기로 했다면 점심 식사를 하기로 한 시각은 몇 시 몇 분인지 풀이 과정을 쓰고 답을 구해 보세요.

풀이

답

① 시계가 실제로 가리키는 시각을 구합니다.
② 점심 식사를 하기로 한 시각을 구합니다.

2 어떤 도형을 시계 반대 방향으로 90°만큼 돌리고 왼쪽으로 뒤집은 도형입니다. 처음 도형을 시계 방향으로 180°만큼 돌리고 위쪽으로 뒤집은 도형을 그리려고 합니다. 풀이 과정을 쓰고 답을 그려 보세요.

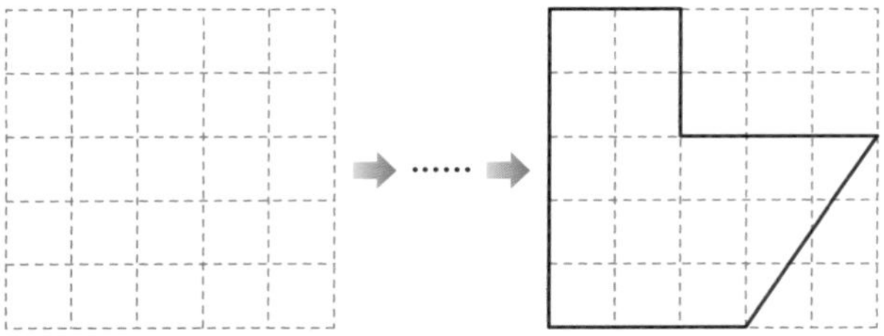

풀이

답

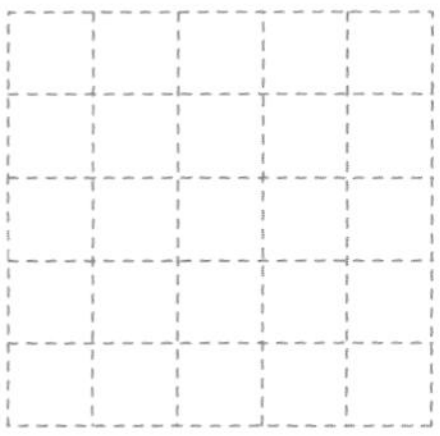

① 처음 도형을 구합니다.
② 처음 도형을 시계 방향으로 180° 만큼 돌리고 위쪽으로 뒤집은 도형을 그립니다.

수학 5회

5. 막대그래프

❖ 막대그래프의 가로와 세로

① 수를 나타내는 것이 가로에 오면 막대그래프의 막대가 가로가 됩니다.

② 수를 나타내는 것이 세로에 오면 막대그래프의 막대가 세로가 됩니다.

❖ 자료를 조사하는 방법

직접 물어 보기, 질문지 작성하기 등 여러 가지 방법이 있습니다.

❖ 막대그래프를 보고 이야기 만들기

연도별 기대 수명

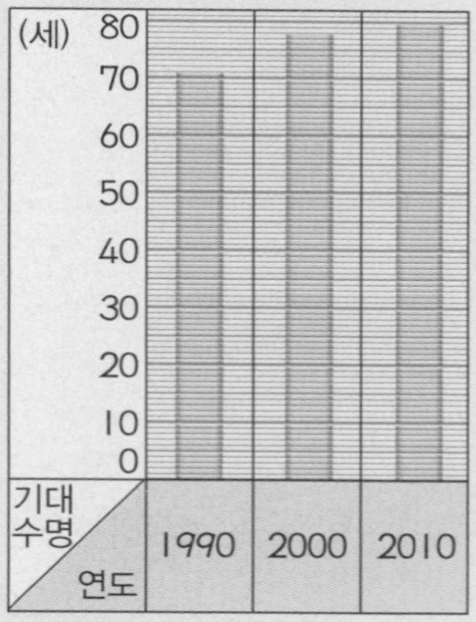

예 2010년의 기대 수명이 가장 높습니다. 기대 수명이 점점 늘어납니다.

└• 나이, 성별 등 여러 조건을 바탕으로 몇 살까지 살 수 있는지 예측하여 나타낸 것을 기대 수명이라고 합니다.

막대그래프를 알아볼까요

- 막대그래프: 조사한 자료를 막대 모양으로 나타낸 그래프를 말합니다.
- 표와 막대그래프 비교하기

좋아하는 꽃

꽃	튤립	국화	해바라기	장미	합계
학생 수(명)	6	4	7	12	29

좋아하는 꽃

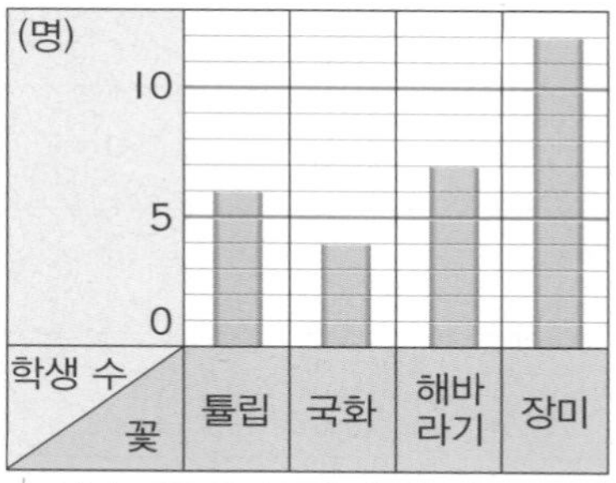

또는

좋아하는 꽃

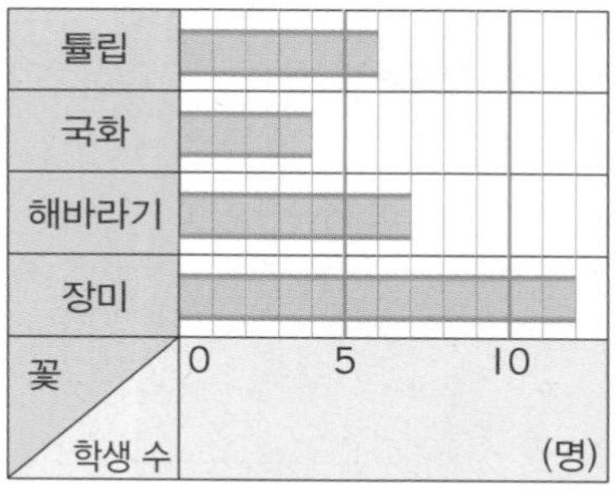

└• 막대그래프의 가로와 세로를 바꾸어 막대를 가로로 나타낼 수도 있습니다.

① 표와 막대그래프의 같은 점: 둘 다 학생들이 좋아하는 꽃을 나타내었습니다.

② 막대그래프의 장점: 어떤 꽃을 좋아하는 학생 수를 막대의 길이로 한눈에 쉽게 비교할 수 있습니다.

막대그래프에서 무엇을 알 수 있을까요

- 막대그래프를 보고 내용 알아보기

올림픽 경기 종목별 금메달 수

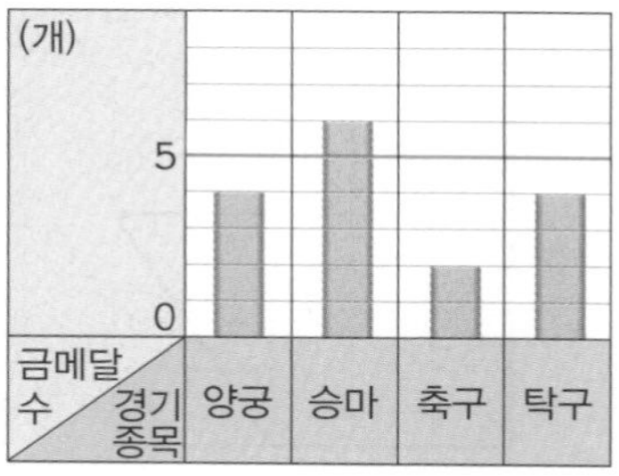

올림픽 경기 종목별 금메달 수

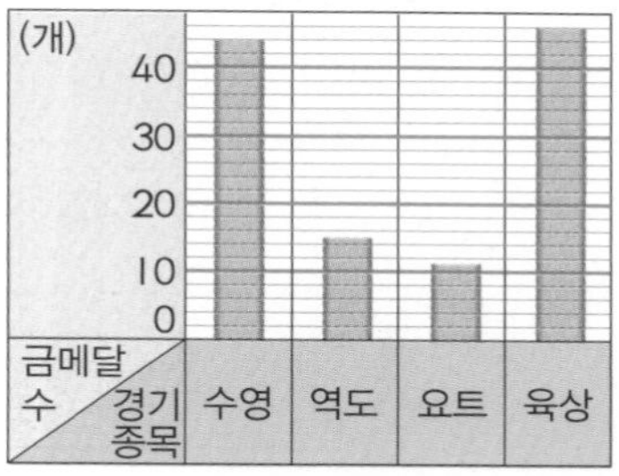

	왼쪽 그래프	오른쪽 그래프
금메달 수가 가장 많은 경기 종목	승마	육상
금메달 수가 가장 적은 경기 종목	축구	요트
세로 눈금 한 칸	금메달 1개	금메달 2개
공통점	• 둘 다 종목별 금메달 수를 나타냅니다. • 가로에는 경기 종목, 세로에는 금메달 수를 나타냅니다.	
차이점	• 가로에 나타낸 경기 종목이 다릅니다. • 세로 눈금의 한 칸의 금메달 수가 다릅니다.	

막대그래프를 어떻게 그릴까요

- 막대그래프로 나타내는 순서

① 조사한 내용을 표로 정리합니다.

② 가로와 세로에 무엇을 나타낼지 정합니다. → 가로와 세로를 바꾸어 나타낼 수도 있습니다.

③ 한 칸의 눈금을 얼마로 할지 정합니다.

④ 조사한 수량 중 가장 큰 수를 나타낼 수 있도록 눈금을 표시합니다.

⑤ 그래프에 알맞은 제목을 붙입니다.

└ ⑤ → ① → ② → ③ → ④의 순서로 나타내기도 합니다.

자료를 조사하여 막대그래프를 그려 볼까요

- 실생활 자료를 조사하여 막대그래프 그리기

① 자료 조사하기

좋아하는 올림픽 경기 종목

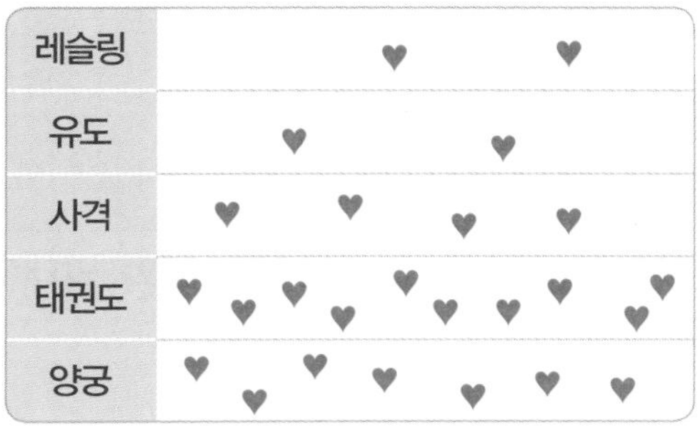

② 조사한 결과를 표로 정리하기

좋아하는 올림픽 경기 종목

경기 종목	레슬링	유도	사격	태권도	양궁	합계
학생 수(명)	2	2	4	10	7	25

③ 막대그래프로 나타내기

좋아하는 올림픽 경기 종목

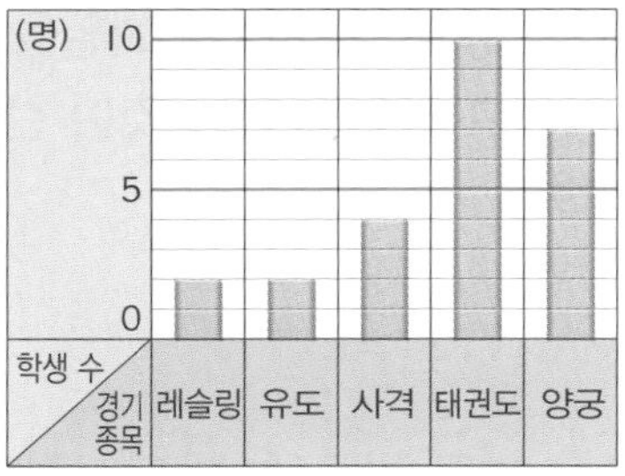

막대그래프로 이야기를 만들어 볼까요

- 위의 막대그래프를 보고 이야기 만들기

예) 우리 반 학생들이 좋아하는 올림픽 경기 종목을 조사한 것입니다. 가장 많은 학생들이 좋아하는 경기 종목은 태권도입니다. 레슬링과 유도를 좋아하는 학생은 각각 2명씩입니다.

바로바로 체크

※ 학생들이 좋아하는 간식을 조사한 것입니다. 물음에 답하세요. [1~5]

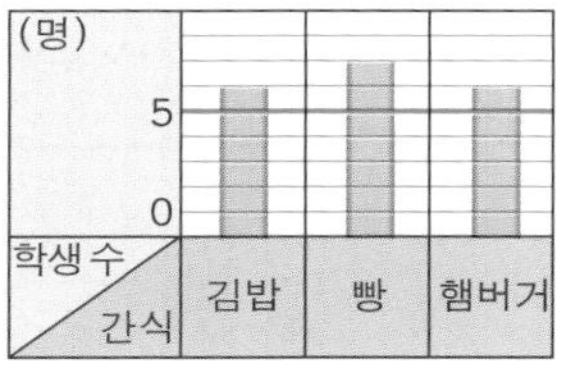

1 가로와 세로는 각각 무엇을 나타냅니까?

㉠ 가로: (　　　　　　　)

㉡ 세로: (　　　　　　　)

2 막대의 길이는 무엇을 나타냅니까?

(　　　　　　　　　　　)

3 세로 눈금 한 칸은 몇 명을 나타냅니까?

(　　　　　)

4 학생들이 가장 좋아하는 간식은 무엇입니까?

(　　　　　)

5 김밥을 좋아하는 학생은 몇 명입니까?

(　　　　　)

정답

1. ㉠ 간식 ㉡ 학생 수　2. (간식을 좋아하는) 학생 수　3. 1명　4. 빵　5. 6명

✿ 의건이네 반 학생들의 장래 희망을 조사하여 나타낸 막대그래프입니다. 물음에 답하세요. [1~4]

장래 희망

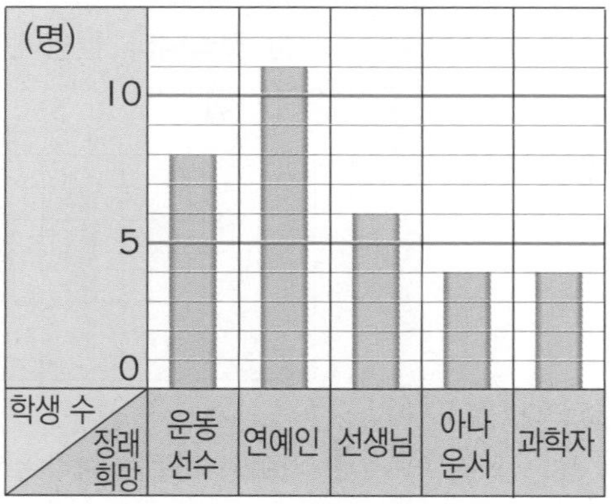

1 막대그래프에서 가로와 세로는 각각 무엇을 나타냅니까?

㉠ 가로: (　　　　　　　)
㉡ 세로: (　　　　　　　)

2 막대의 길이는 무엇을 나타냅니까?

(　　　　　　　)

3 세로 눈금 한 칸은 몇 명을 나타냅니까?

(　　　　　　　)

4 장래 희망이 연예인인 학생은 장래 희망이 아나운서인 학생보다 몇 명 더 많습니까?

(　　　　　　　)

✿ 세정이네 반 학생들이 좋아하는 과일을 조사하여 나타낸 표와 막대그래프입니다. 물음에 답하세요. [5~8]

좋아하는 과일

과일	사과	귤	딸기	바나나	망고	합계
학생 수(명)	6	12	4	6	7	35

좋아하는 과일

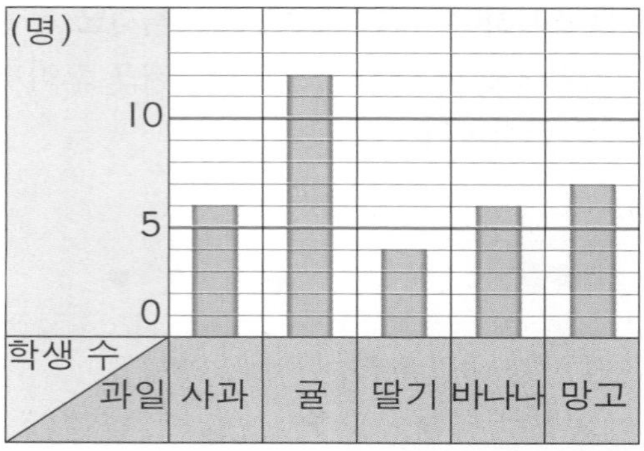

5 전체 학생 수를 알아보려면 표와 막대그래프 중 어느 것이 더 편리합니까?

(　　　　　　　)

6 학생들이 가장 많이 좋아하는 과일은 무엇입니까?

(　　　　　　　)

7 학생들이 가장 많이 좋아하는 과일을 알아보려면 표와 막대그래프 중 어느 것이 한눈에 더 잘 드러납니까?

(　　　　　　　)

8 막대그래프를 보고 바르게 설명한 것에 ○표, 잘못 설명한 것에 ×표 하세요.

(1) 사과를 좋아하는 학생은 6명입니다. (　　　)

(2) 세정이는 망고를 좋아합니다. (　　　)

(3) 귤을 좋아하는 학생 수는 바나나를 좋아하는 학생 수의 2배입니다. (　　　)

✿ 성우네 학교 학생 36명에게 현장 체험 학습을 가고 싶어 하는 장소를 조사하여 나타낸 막대그래프입니다. 물음에 답하세요. [9~10]

가고 싶어 하는 장소

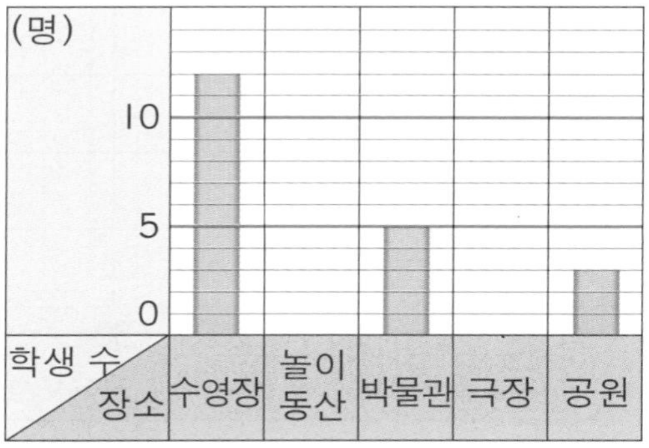

잘 틀려요 서술형

9 놀이 동산에 가고 싶어 하는 학생 수와 극장에 가고 싶어 하는 학생 수가 같을 때 막대그래프를 완성하려고 합니다. 풀이 과정을 쓰고 막대그래프를 완성해 보세요.

10 막대그래프를 보고 현장 체험 학습 장소를 정한다면 어디로 정하는 것이 좋겠습니까?

( )

11 막대그래프를 나타내는 순서에 맞게 ○ 안에 기호를 써넣으세요.

㉠ 조사한 내용을 표로 정리합니다.
㉡ 한 칸의 눈금을 얼마로 할지 정합니다.
㉢ 가로와 세로에 무엇을 나타낼지 정합니다.
㉣ 조사한 수량에 맞추어 막대를 그립니다.

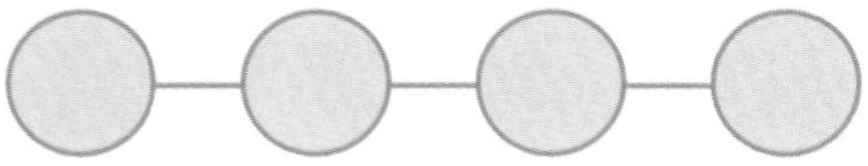

✿ 올림픽 경기 종목 중 대휘네 반 학생들이 좋아하는 경기 종목을 조사하여 나타낸 표입니다. 물음에 답하세요. [12~14]

학생들이 좋아하는 경기 종목

경기 종목	축구	펜싱	양궁	수영	체조	합계
학생 수(명)	4	5	10	2	9	30

12 가로에 경기 종목을 나타낸다면 세로에는 무엇을 나타내어야 합니까?

( )

중요

13 표를 보고 막대그래프로 나타내어 보세요.

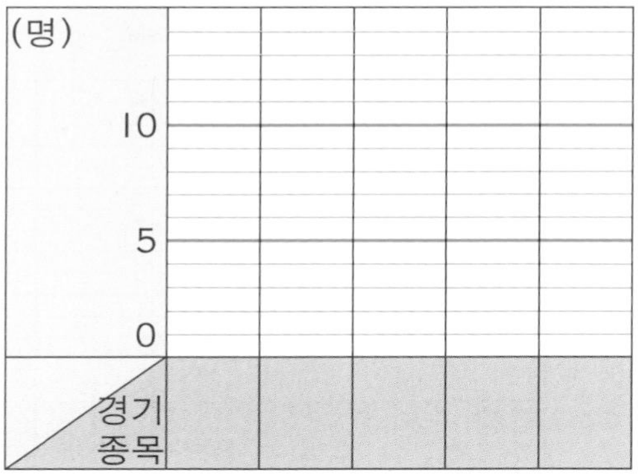

14 가로에는 학생 수, 세로에는 경기 종목이 나타나도록 가로로 된 막대그래프로 나타내어 보세요.

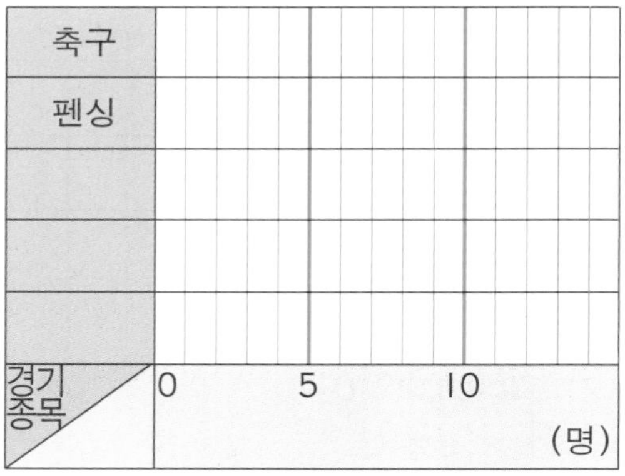

✿ 민현이네 반 학생들의 혈액형을 조사하여 나타낸 표입니다. 물음에 답하세요. [15~17]

혈액형별 학생 수

혈액형	A형	B형	O형	AB형	합계
학생 수(명)	6			2	28

15 세로 눈금 한 칸이 학생 1명을 나타낸다면 AB형인 학생 수는 몇 칸으로 나타내어야 합니까?

( )

잘 틀려요

16 표를 보고 막대그래프를 완성해 보세요.

혈액형별 학생 수

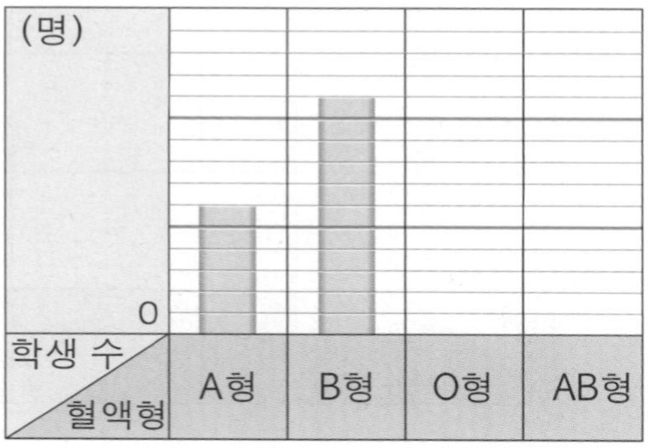

17 학생 수가 적은 혈액형부터 위에서부터 차례대로 가로로 된 막대그래프로 나타내어 보세요.

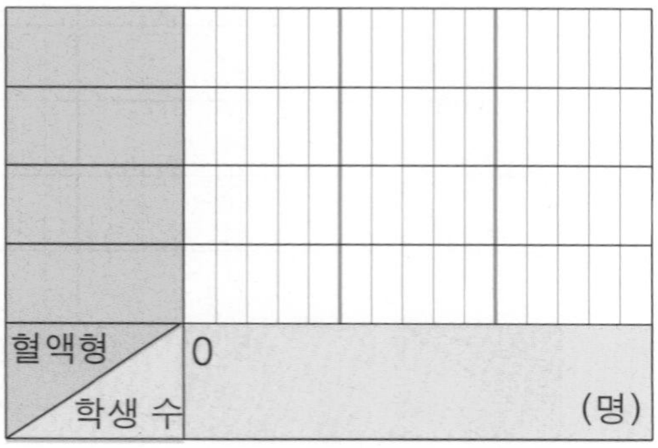

✿ 소혜네 아파트에서 하루 동안 배출된 음식물 쓰레기의 양을 조사하여 나타낸 막대그래프입니다. 물음에 답하세요. [18~20]

일주일 동안 버려진 쓰레기의 양

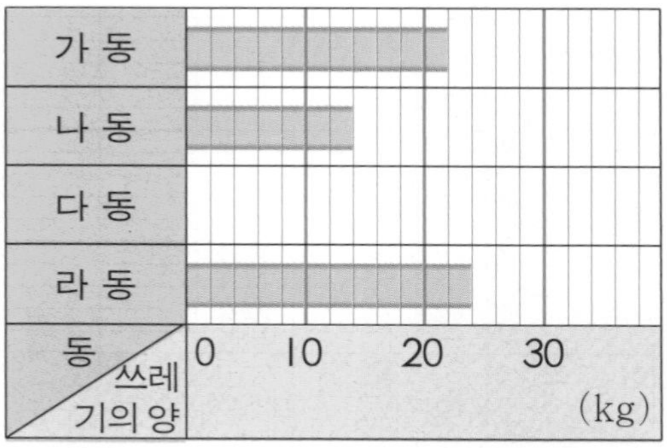

18 다 동의 음식물 쓰레기의 양은 32 kg입니다. 막대그래프를 완성해 보세요.

중요 서술형

19 위 막대그래프를 보고 알 수 있는 사실을 2가지 써 보세요.

서술형

20 음식물 쓰레기의 양을 줄이는 데 가장 많이 노력해야 하는 동은 몇 동입니까? 그 이유는 무엇인지 써 보세요.

( )

이유

탐·구·서·술·형·평·가

1 미나네 학교 4학년 학생 102명이 좋아하는 과목을 조사하여 나타낸 막대그래프입니다. 국어를 좋아하는 학생이 과학을 좋아하는 학생보다 8명 더 적을 때 수학을 좋아하는 학생은 몇 명인지 풀이 과정을 쓰고 답을 구해 보세요.

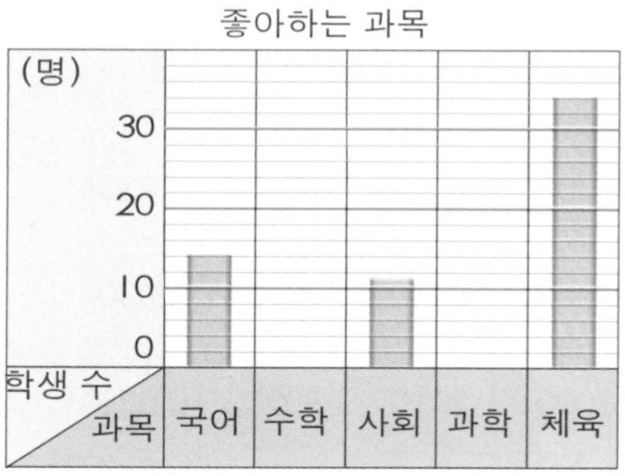

풀이 ______________________

____

____

답 ______________

① 세로 눈금 한 칸이 몇 명을 나타내는지 구합니다.
② 과학을 좋아하는 학생 수를 구합니다.
③ 수학을 좋아하는 학생 수를 구합니다.

2 2018년 국제 축구 연맹 러시아 월드컵 아시아 최종 예선 A조 경기 결과를 나타낸 막대그래프입니다. 이기면 3점, 비기면 1점, 지면 0점의 승점이 주어집니다. 각 팀들은 모두 10경기를 하였고 대한민국은 10경기 중 3경기를 졌습니다. 대한민국은 몇 경기를 이겼는지 풀이 과정을 쓰고 답을 구해 보세요.

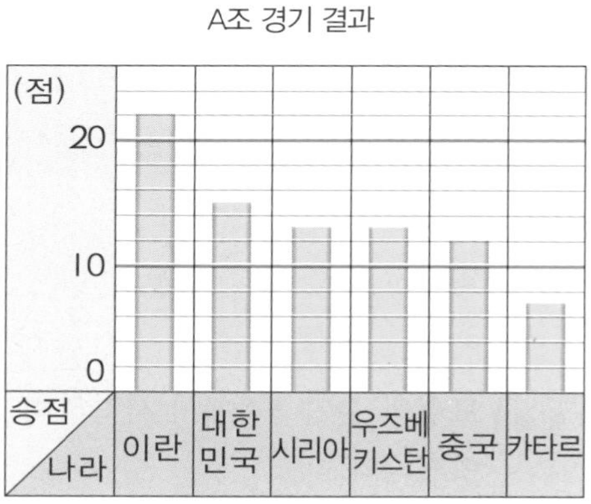

풀이 ______________________

____

____

답 ______________

① 7경기의 승점을 알아봅니다.
② 승점 15점을 얻을 수 있는 경우를 알아봅니다.

수학

6. 규칙 찾기

영화관 좌석표에서 규칙 찾기

A5	A6	A7	A8	A9
B5	B6	B7	B8	B9
C5	C6	㉠	C8	C9
D5	D6	D7	D8	D9

① 가로로 보면 알파벳은 그대로이고 숫자만 1씩 커집니다.
② 세로로 보면 알파벳은 순서대로 바뀌고 숫자는 그대로입니다.
③ 그러므로 ㉠은 C7입니다.

뺄셈식에서 규칙 찾기

뺄셈식
2-2=0 4-2-2=0 6-2-2-2=0 8-2-2-2-2=0 10-2-2-2-2-2=0

규칙
① 빼는 수가 1개씩 늘어납니다.
② 계산 결과는 0으로 모두 같습니다.
└ 여섯째 뺄셈식은 12-2-2-2-2-2-2=0입니다.

나눗셈식에서 규칙 찾기

나눗셈식
111111111÷ 9=12345679 222222222÷18=12345679 333333333÷27=12345679 444444444÷36=12345679 555555555÷45=12345679

규칙
나누어지는 수와 나누는 수가 각각 2배, 3배……씩 커지면 몫은 모두 같습니다.
└ 여섯째 나눗셈식은 666666666÷54=12345679입니다.

수의 배열에서 규칙을 찾아볼까요

10001	10102	10203	10304
20001	20102	20203	20304
30001	30102	30203	30304
40001	40102	40203	40304

규칙
① 가로는 10001부터 오른쪽으로 101씩 커집니다.
② 세로는 10001부터 아래쪽으로 10000씩 커집니다.
③ 10001부터 ↘ 방향으로 10101씩 커집니다.

수의 배열에는 어떤 규칙이 있을까요

×	101	102	103	104
11	1	2	3	4
12	2	4	6	8
13	3	6	9	2
14	4	8	2	6
15	5	0	5	0

규칙
① 두 수의 곱셈의 결과에서 일의 자리 숫자를 씁니다.
② 1부터 시작하는 가로는 1씩 커집니다.
③ 5부터 시작하는 가로는 5, 0이 반복됩니다.

도형의 배열에서 규칙을 찾아볼까요

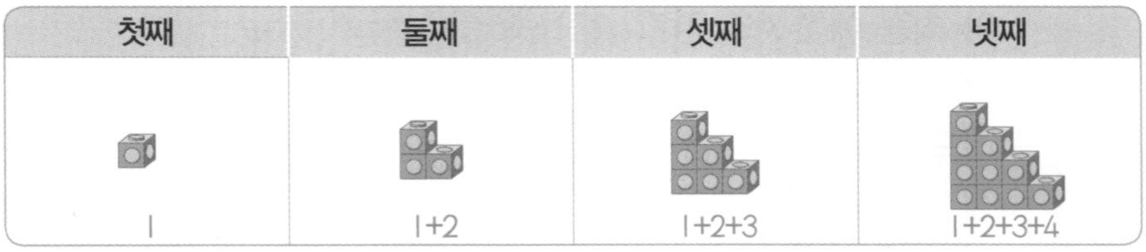

규칙 모형의 수가 1개에서 시작하여 2개, 3개, 4개……씩 더 늘어나는 모양입니다.

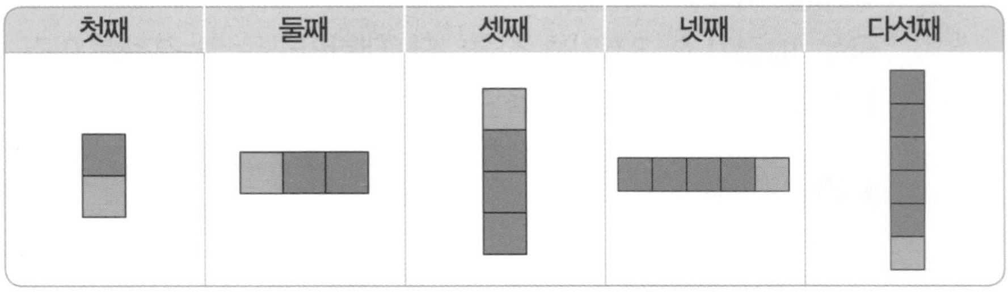

규칙 분홍색 도형을 중심으로 시계 방향으로 돌리기하며 파란색 도형의 수가 1개, 2개, 3개……로 늘어나는 도형입니다.

계산식에서 규칙을 찾아볼까요(1)

• 덧셈식에서 규칙 찾기

순서	덧셈식
첫째	1+2+1=4
둘째	1+2+3+2+1=9
셋째	1+2+3+4+3+2+1=16
넷째	1+2+3+4+5+4+3+2+1=25
다섯째	1+2+3+4+5+6+5+4+3+2+1=36

규칙

① 덧셈식 가운데 수가 1씩 커지고 있습니다.

② 계산 결과는 덧셈식의 가운데 수를 두 번 곱한 것과 같습니다.

③ 가운데 수가 1씩 커질수록 두 번 곱하는 곱셈식의 수도 1씩 커집니다.

└• 여섯째 덧셈식은 1+2+3+4+5+6+7+6+5+4+3+2+1=49입니다.

계산식에서 규칙을 찾아볼까요(2)

• 곱셈식에서 규칙 찾기

순서	곱셈식
첫째	1×1=1
둘째	11×11=121
셋째	111×111=12321
넷째	1111×1111=1234321
다섯째	11111×11111=123454321

규칙 1이 1개씩 늘어나는 수를 두 번 곱한 결과는 가운데를 중심으로 접으면 같은 수를 만납니다.

└• 여섯째 곱셈식은 111111×111111=12345654321입니다.

규칙적인 계산식은 어떻게 찾을까요

• 달력에서 규칙적인 계산식 찾기

일	월	화	수	목	금	토
1	2	3	4	5	6	7
8	9	10	11	12	13	14
15	16	17	18	19	20	21

규칙적인 계산식 찾기①	규칙적인 계산식 찾기②
예 1+17= 9×2	예 1+ 9=17−7
2+18=10×2	2+10=18−6
3+19=11×2	3+11=19−5
4+20=12×2	4+12=20−4

바로바로 체크

1 규칙을 찾아 빈칸에 알맞은 수를 써넣으세요.

102	112	122	132
302	312		332
502		522	532
702	712	722	

2 넷째에 알맞은 도형의 노란색은 몇 칸이 됩니까?

첫째 둘째 셋째

( )

3 덧셈식의 규칙에 따라 □ 안에 알맞은 수를 써넣으세요.

200 + 500 = 700

□ + 400 = 700

400 + □ = 700

500 + 200 = □

4 □ 안에 알맞은 수를 써넣으세요.

3÷3=1

□÷3÷3=1

□÷3÷3÷3=1

정답

1. (위에서부터 순서대로) 322, 512, 732 2. 9칸

3. 300, 300, 700 4. 9, 27

✿ 수 배열표를 보고 물음에 답하세요. [1~3]

1501	1601	1701	1801	1901
2501	2601	2701	2801	
3501	3601	3701		3901
	4601	4701	4801	4901
5501	5601		5801	5901

1 빈칸에 알맞은 수를 써넣으세요.

2 ▢로 표시된 칸에 나타난 규칙을 찾아 써 보세요.

규칙 ▢부터 시작하여 오른쪽으로 ▢씩 커집니다.

잘 틀려요

3 노란색으로 색칠된 칸에 나타난 규칙을 바르게 설명한 것을 찾아 기호를 모두 쓰세요.

㉠ 1901부터 시작하여 ↙ 방향으로 900씩 커집니다.
㉡ 5501부터 시작하여 ↗ 방향으로 900씩 커집니다.
㉢ 1901부터 시작하여 ↙ 방향으로 900씩 작아집니다.
㉣ 5501부터 시작하여 ↗ 방향으로 900씩 작아집니다.

(,)

4 수 배열 규칙에 맞게 빈칸에 수를 써넣으세요.

2018 – 2028 – 2048 – 2078 – ( )

✿ 수 배열표를 보고 물음에 답하세요. [5~6]

×	91	92	93	94	95
11	1	2	3	4	5
12	2	4	6	8	
13	3	6	9		
14	4	8	2	●	
15		■			

5 ●, ■에 알맞은 수를 구해 보세요.

●: ( )

■: ( )

중요 서술형

6 수 배열표에서 발견할 수 있는 규칙을 찾아 써 보세요.

규칙

7 ㉠, ㉡, ㉢, ㉣, ㉤에 알맞은 수 중 다른 수를 찾아 기호를 쓰세요.

+	2014	2015	2016	2017	2018
12	6	7	8	㉠	0
13	7	8	㉡	0	1
14	8	㉢	0	1	2
15	㉣	0	1	2	㉤

( )

점수
/20

✿ 도형의 배열을 보고 물음에 답하세요. [8~9]

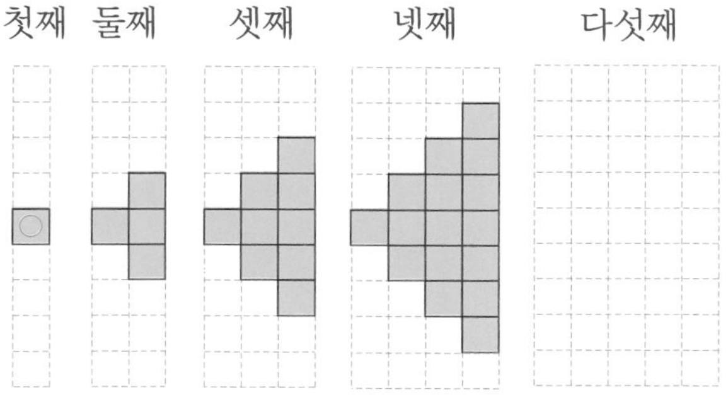

8 다섯째에 올 도형을 그려 보세요.

중요

9 도형의 배열 규칙을 알아보려고 합니다. □ 안에 알맞은 수를 써넣으세요.

> ○표를 한 사각형을 중심으로 1개부터 시작하여 오른쪽으로 3개, □개, □개…… 늘어납니다.

✿ 모형의 배열을 보고 물음에 답하세요. [10~11]

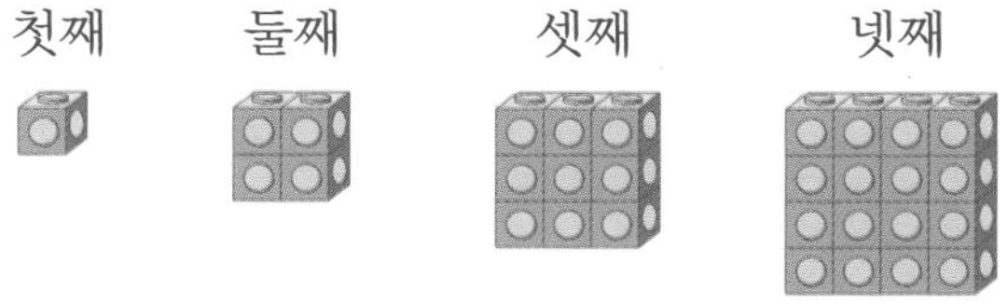

10 모형의 배열에서 규칙을 찾아 써 보세요.

규칙 ________________

11 여섯째에 알맞은 모형의 개수를 구해 보세요.

(　　　　　　　)

서술형

12 오른쪽과 같이 계단 모양으로 10층까지 쌓기나무를 쌓으려고 합니다. 쌓기나무는 모두 몇 개 필요한지 풀이 과정을 쓰고 답을 구해 보세요.

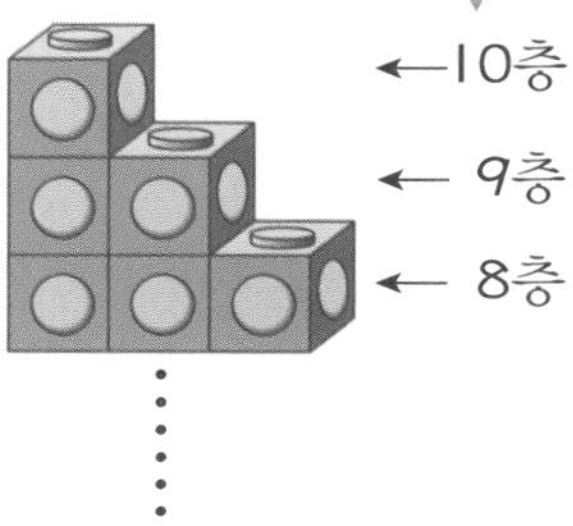

(　　　　　　　)

✿ 규칙적인 계산식을 보고 물음에 답하세요. [13~14]

순서	계산식
첫째	400+200−300=300
둘째	500+300−400=400
셋째	600+400−500=500
넷째	700+500−600=600
다섯째	

13 계산식에서 다섯째 칸에 들어갈 식을 써 보세요.

식 ________________

서술형

14 규칙을 이용하여 계산 결과가 1000이 나오는 계산식을 구하려고 합니다. 풀이 과정을 쓰고 식을 구해 보세요.

(　　　　　　　)

수학

서술형

15 계산식 배열의 규칙에 맞게 □ 안에 알맞은 수를 써넣으세요.

3×205=615
3×2005=6015
3×20005=60015
□

잘 틀려요

16 계산 결과가 11111111−7이 나오는 계산식을 써 보세요.

순서	계산식
첫째	9×1=11−2
둘째	9×12=111−3
셋째	9×123=1111−4
넷째	9×1234=11111−5

식 ____________________

✿ 수 배열표를 보고 물음에 답하세요. [17~18]

310	320	330	340	350	360
410	420	430	440	450	460

17 빈칸에 알맞은 식을 써넣으세요.

310+420=410+320
320+430=420+330
330+440=430+340
□
□

18 □ 안에 알맞은 수를 써넣으세요.

310+320+330=320×□
410+420+430=□×3

19 보기 의 규칙을 이용하여 나누는 수가 4일 때의 계산식을 2개 써 보세요.

보기

2÷2=1
4÷2÷2=1
8÷2÷2÷2=1
16÷2÷2÷2÷2=1

↓

4÷4=1
16÷4÷4=1
□
□

20 달력을 보고 다음 조건을 만족하는 수를 찾아 쓰세요.

일	월	화	수	목	금	토
				1	2	3
4	5	6	7	8	9	10
11	12	13	14	15	16	17
18	19	20	21	22	23	24
25	26	27	28	29	30	31

조건

- ✚ 안에 있는 5개의 수 중 하나입니다.
- ✚ 안에 있는 5개의 수의 합을 5로 나눈 몫과 같습니다.

(　　　　　　　)

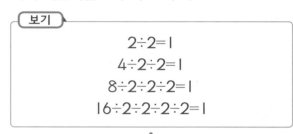

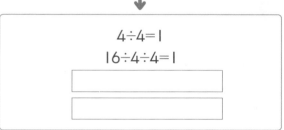

탐·구·서·술·형·평·가

1 보기 의 수 배열의 규칙에 맞게 빈칸에 수를 써넣을 때 ㉠과 ㉡의 차는 얼마인지 풀이 과정을 쓰고 답을 구해 보세요.

보기

24	124	324	624	1024	1524

㉠ - 622 - 822 - ㉡ - 1522 - 2022

풀이

답

① 수 배열의 규칙을 알아봅니다.
② ㉠, ㉡에 알맞은 수를 구합니다.
③ ㉠과 ㉡의 차를 구합니다.

2 도형의 배열을 보고 여섯째에 올 도형에서 삼각형의 개수는 몇 개인지 풀이 과정을 쓰고 답을 구해 보세요.

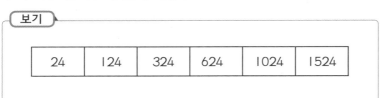

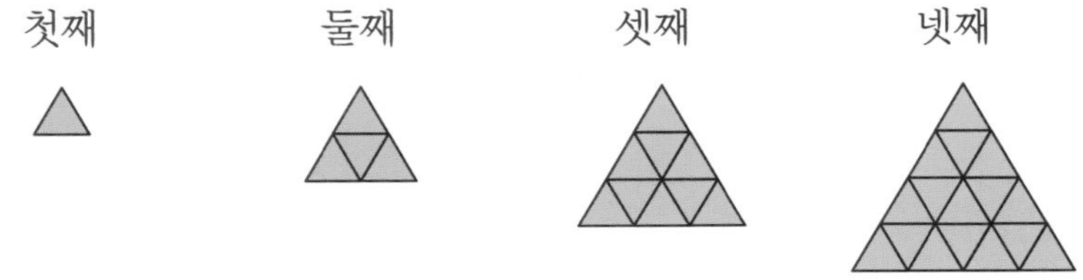

풀이

답

① 도형의 배열 규칙을 알아봅니다.
② 다섯째에 올 도형에서 삼각형의 개수를 알아봅니다.
③ 여섯째에 올 도형에서 삼각형의 개수를 알아봅니다.

출제 예상 문제 분석 사회

단원명	주요 출제 내용	출제 빈도	공부한 날
1. 지역의 위치와 특성	• 지도의 기본 요소 알아보기	★★★	월 일
	• 지도에서 방위표를 이용해 위치 알아보기	★★★★	
	• 지도에 있는 기호와 범례 살펴보기	★★★★★	
	• 지도에서 축척의 쓰임새 알아보기	★★★★	
	• 지도에서 땅의 높낮이를 나타내는 방법 알아보기	★★★	
	• 사람들이 많이 모이는 곳 찾아보기	★★★★	
	• 중심지의 역할과 특징 알아보기	★★★★★	
	• 중심지를 찾아 지역의 특징 탐색하기	★★★★	
	• 지역의 중심지 견학하기	★★★★★	
2. 우리가 알아보는 지역의 역사	• 지역의 문화유산 조사하는 방법 알아보기	★★★★	월 일
	• 지역의 문화유산 답사 계획 세우기	★★★	

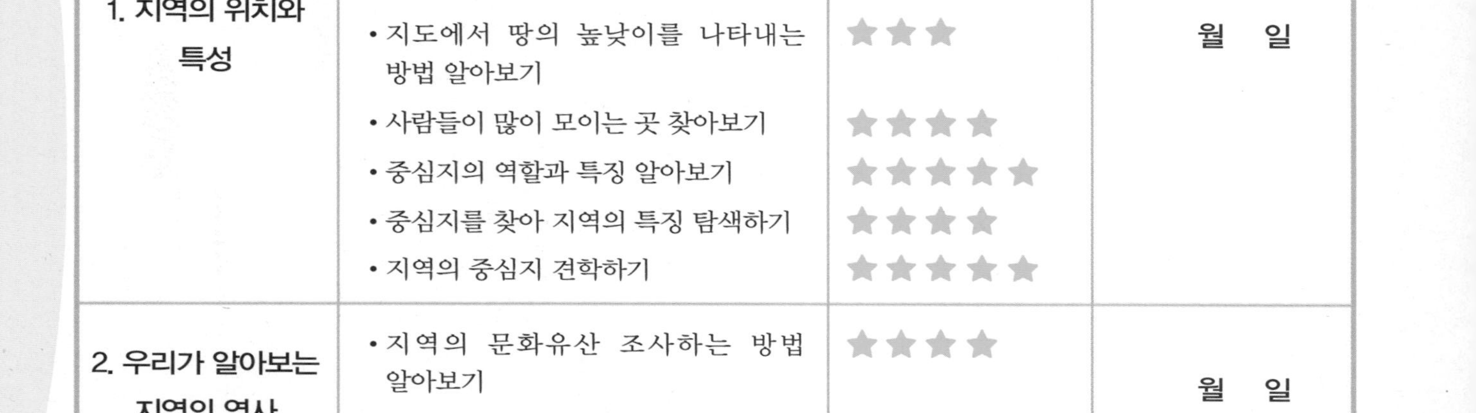

단원명	주요 출제 내용	출제 빈도	공부한 날
2. 우리가 알아보는 지역의 역사	• 지역의 문화유산 답사하기	★★★★★	월 일
	• 지역의 문화유산 소개 자료 만들기	★★★★	
	• 지역의 역사적 인물을 조사하는 계획 세우기	★★★	
	• 지역의 역사적 인물 조사하기	★★★★	
	• 지역의 역사적 인물을 소개하는 자료 만들기	★★★★★	
3. 지역의 공공 기관과 주민 참여	• 공공 기관이 무엇인지 알아보기	★★★★	월 일
	• 공공 기관의 종류와 역할 알아보기	★★★★★	
	• 지역의 공공 기관 견학하기	★★★★	
	• 지역의 문제 알아보기	★★★★	
	• 지역 문제를 해결하는 과정 알아보기	★★★★★	
	• 주민 참여의 중요성과 방법 알아보기	★★★★	
	• 주민 참여의 바람직한 태도 알아보기	★★★	

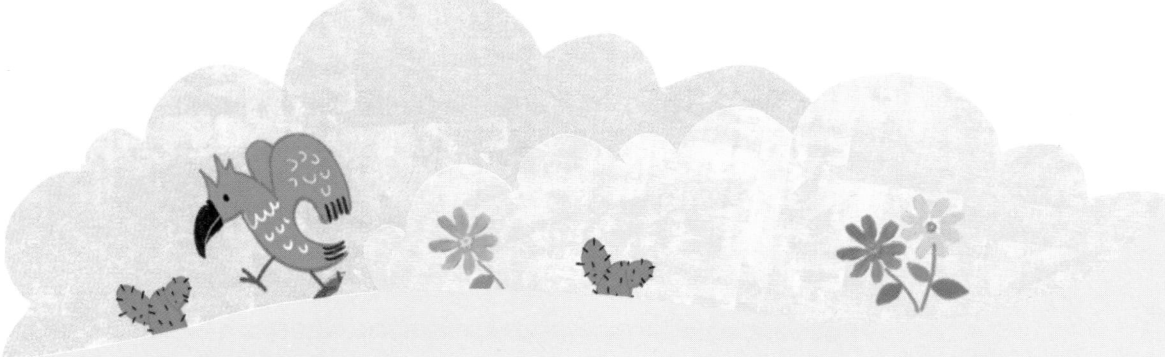

1. 지역의 위치와 특성

❶ 지도로 본 우리 지역

★ 지도의 특징

① 지도 ─ 지도는 거리가 너무 멀거나 장소가 넓어서 우리 눈으로 직접 볼 수 없는 곳을 설명해 주거나 보여 주기 위해 필요합니다.

- 위에서 내려다본 땅의 실제 모습을 일정한 형식으로 줄여서 나타낸 그림을 지도라고 합니다.
- 지도를 이용하면 내가 알고 싶은 곳의 위치를 쉽게 파악할 수 있고, 다른 장소나 건물을 쉽게 찾아갈 수 있습니다.

② 지도의 특징

- 지도는 정해진 약속에 따라 그려야 합니다.
- 지도를 만들 때 필요한 약속

> –지도가 실제의 거리를 얼마나 줄인 것인지 나타내야 한다.
> –건물이나 산, 하천 등을 어떻게 나타낼지 정해야 한다.

★ 지도의 기본 요소

① 방위 ─ 앞쪽, 뒤쪽, 오른쪽, 왼쪽은 사람이 바라보는 방향에 따라 달라질 수 있습니다.

- 방향의 위치를 방위라고 하는 데, 방위에는 동서남북이 있고 방위표로 나타냅니다.
- 방위표를 이용하면 사람이나 건물이 향한 방향에 관계없이 위치를 나타낼 수 있습니다.

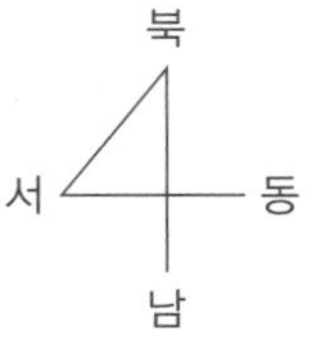

▲ 방위표

② 기호 ─ 기호를 사용하는 까닭은 쉽고 간단하게 정보를 나타낼 수 있기 때문입니다.

- 학교, 병원 등을 지도에 간단히 나타내는 표시입니다.
- 땅이나 건물의 모습을 지도에 나타낼 때에는 약속된 기호를 사용합니다.

③ 범례: 지도에 쓰인 기호와 그 뜻을 나타냅니다.
─ 범례를 활용하면 지도에서 나타내는 정보를 좀 더 쉽고 정확하게 알 수 있습니다.

고속 국도	지하철	하천
국도	시청	병원
철도	초, 중, 고교	법원

④ 축척 ─ 축척 막대자를 이용하면 지도에 표시된 두 지점 사이의 실제 거리를 쉽게 알 수 있습니다.

- 지도에서 실제 거리를 줄인 정도를 축척이라고 합니다.
- 실제 거리를 조금 줄여서 나타낸 지도는 좁은 지역을 자세하게 보여 주고, 실제 거리를 많이 줄여서 나타낸 지도는 넓은 지역을 ❶간략하게 보여 줍니다.

⑤ 등고선: 높이가 같은 곳을 연결하여 땅의 높낮이를 나타낸 선입니다.

⑥ 색깔: 지도에서는 땅의 높이가 높을수록 색이 진해집니다.
─ 높이가 낮은 곳부터 초록색, 노란색, 갈색, 고동색의 순서대로 나타냅니다.

★ 지도의 활용 ─ 가족 여행 계획을 세울 때에는 관광 안내도를 활용하면 좋습니다

❷약도	중요한 것만을 간략하게 나타낸 지도
도로 교통 지도	길을 찾거나 운전할 때 활용하는 지도
안내도	알리고자 하는 내용을 자세히 표시한 지도

✣ 항공 사진과 지도

▲ 항공 사진

▲ 지도

항공 사진은 확대하지 않으면 건물 등이 자세히 보이지 않지만 지도에는 필요한 정보가 보기 쉽게 나타나 있습니다.

✣ 기호 만들기

기호에는 모양을 본떠 만든 것과 약속으로 만든 것이 있습니다.

논	학교	산	병원

▲ 모양을 본떠 만든 것

시청	소방서	우체국	공장

▲ 약속을 통해 만든 것

낱말 풀이

❶ **간략** 간단하고 짤막하게 줄여서 나타냄.

❷ **약도** 간략하게 줄여 중요한 것만 대충 그린 도면이나 지도.

❸ **답사** 살펴보고자 하는 장소에 실제로 가서 조사하는 것.

❷ 우리 지역의 중심지

• 중심지는 어떤 일이나 활동의 중심지가 되는 곳을 말합니다.

★ 사람들이 많이 모이는 중심지

• 중심지에는 사람들의 생활과 관련된 여러 시설이 모여 있습니다.

① 고장에는 사람들이 어떤 일이나 활동을 하기 위해 많이 모이는 곳이 있는데 이곳에는 공공 기관이나 버스 터미널, 시장, 은행 등이 있습니다.

② 한 고장에서 사람들이 많이 모이는 곳을 고장의 중심지라고 합니다.

③ 사람들은 생활에 필요한 것을 구하거나 시설을 이용하려고 중심지에 갑니다.

★ 중심지와 중심지가 아닌 곳

• 고장의 중심지는 인터넷에서 지도와 항공 사진 찾아보기, 도서관에서 살펴보기, 경험 떠올려 보기 등을 통해 알 수 있습니다.

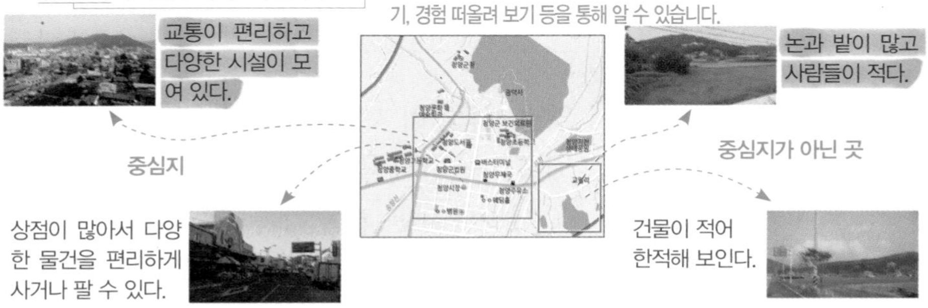
교통이 편리하고 다양한 시설이 모여 있다.
중심지
논과 밭이 많고 사람들이 적다.
중심지가 아닌 곳
상점이 많아서 다양한 물건을 편리하게 사거나 팔 수 있다.
건물이 적어 한적해 보인다.

★ 지역의 다양한 중심지 찾기(예 충청남도)

산업의 중심지	아산시	회사나 공장에서 일하려고 사람들이 모임.
상업의 중심지	천안시	지역의 사람들이 필요한 물건을 사려고 모임.
행정의 중심지	홍성군	지역의 사람들이 행정 업무를 처리하려고 모임.
관광의 중심지	부여군	지역의 문화유산을 직접 보려는 사람들이 찾아옴.

★ 중심지[3] 답사하기

• 고장이나 지역의 다양한 중심지를 찾아보고 모둠별로 답사할 중심지를 정합니다.

① 중심지를 답사하는 과정

- 중심지를 답사할 계획을 세웁니다.
- 중심지에 가서 중심지의 모습을 자세히 살펴봅니다.

> –중심지의 위치 확인하기
> –중심지의 모습 확인하기
> • 지도를 이용해 중심지의 위치를 확인하고 실제 모습과 비교해 볼 수 있습니다
> –중심지에서 사람들이 하는 일 조사하기 • 면담을 통해 조사할 수 있습니다.
> –중심지에 있는 시설과 기관에서 하는 일 조사하기

- 중심지를 답사한 결과를 정리해 발표 자료를 만듭니다.
- 답사한 내용을 친구들에게 발표합니다.

② 중심지 답사를 하는 까닭

- 지역 중심지의 실제 모습을 알아보기 위해서입니다.
- 배웠던 내용을 실제로 확인해 보기 위해서입니다.

③ 답사를 통해 알게 된 사실 • 지역에는 다양한 중심지가 있다는 사실을 알 수 있습니다.

- 중심지의 위치와 모습을 알 수 있습니다.
- 중심지에서 사람들이 생활하는 모습을 알 수 있습니다.

바로바로 체크

1 지도의 기본 요소에 대한 설명으로 바른 것은 ○표, 바르지 않은 것은 ×표 하세요.

(1) 범례를 보면 지도에 쓰인 기호가 무엇인지 알 수 있다. (   )

(2) 등고선은 땅 색깔이 같은 곳을 선으로 이어 땅의 높낮이를 나타낸다. (   )

2 땅의 높이가 가장 높은 곳을 나타내는 색을 다음에서 골라 쓰시오.

• 갈색 • 고동색
• 노란색 • 초록색

(   )

3 한 고장에서 사람들이 많이 모이는 곳을 ☐☐☐ 라고 합니다.

4 다음 모습은 중심지와 중심지가 아닌 곳 중 어디에서 볼 수 있는지 쓰시오.

(   )

정답

1. (1) ◯ (2) × 2. 고동색
3. 중심지 4. 중심지가 아닌 곳

사회

1 위에서 내려다 본 모습을 나타낸 다음 자료는 무엇입니까? (　　)

① 지도　② 그림
③ 사진　④ 안내도
⑤ 항공 사진

중요

2 지도에 대한 설명으로 알맞지 않은 것은 어느 것입니까? (　　)

① 실제 모습을 똑같이 나타낸 그림이다.
② 필요한 정보가 보기 쉽게 나타나 있다.
③ 위에서 내려다본 땅의 모습을 나타낸 것이다.
④ 다른 장소나 건물을 쉽게 찾아갈 수 있게 해 준다.
⑤ 내가 알고 싶은 곳의 위치를 쉽게 파악할 수 있게 해 준다.

서술형

3 다음 그림을 지도라고 하지 않는 까닭을 쓰시오.

4 지도를 그리는 데 필요한 약속에 대해 바르게 이야기한 친구는 누구인지 쓰시오.

- **예원:** 땅 위에 있는 모든 것을 다 나타내야 해.
- **상우:** 건물이나 산, 하천 등을 어떻게 나타낼지 정해야 해.

(　　　　　)

5 옛날 사람들이 지도를 그리기 시작한 까닭은 무엇인지 두 가지 고르시오. (　　,　　)

① 날마다 겪은 일을 기록으로 남기려고
② 눈으로 직접 볼 수 없는 곳을 보여 주려고
③ 사냥을 하고 돌아올 때 길을 잃지 않으려고
④ 멀리 떨어져 있는 사람들에게 소식을 전달하려고
⑤ 먹을거리가 많은 곳이나 식량을 저장한 곳을 표시하려고

6 지도에서 찾을 수 있는 정보가 아닌 것은 어느 것입니까? (　　)

① 산의 위치　② 강의 이름
③ 기차역의 위치　④ 지역 문화재 모양
⑤ 지역에 있는 학교의 이름

7 다음은 지도와 그림 중 무엇을 설명하고 있는지 쓰시오.

- 위에서 내려다본 땅의 실제 모습을 종이 위에 일정한 형식으로 줄여서 나타낸다.
- 기호와 방위표, 등고선, 축척과 같은 요소가 나타나 있다.

(　　　　　)

8 다음 중 방위에 대한 설명으로 알맞은 것은 어느 것입니까? (　　)

① 방향의 위치이다.
② 앞쪽과 뒤쪽이 있다.
③ 땅의 높낮이를 나타낸다.
④ 실제 거리를 줄인 정도이다.
⑤ 주요 시설물을 간단히 나타내는 표시이다.

9 지도에서 동서남북의 방향을 알려 주는 오른쪽 표시를 무엇이라고 하는지 쓰시오.

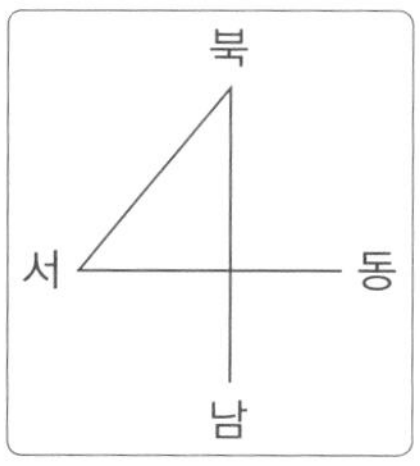

(　　　　　　　　　　)

10 지도에서 학교, 병원 등을 간단히 나타내는 표시를 무엇이라고 합니까? (　　)

① 축척　　② 방위
③ 기호　　④ 등심선
⑤ 등고선

서술형

11 지도에서 다음과 같은 범례가 필요한 까닭을 쓰시오.

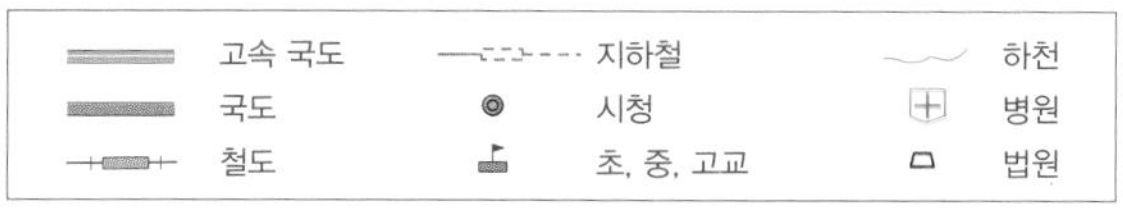

✿ 다음 지도를 보고, 물음에 답하시오. [12~13]

(가)

(나)

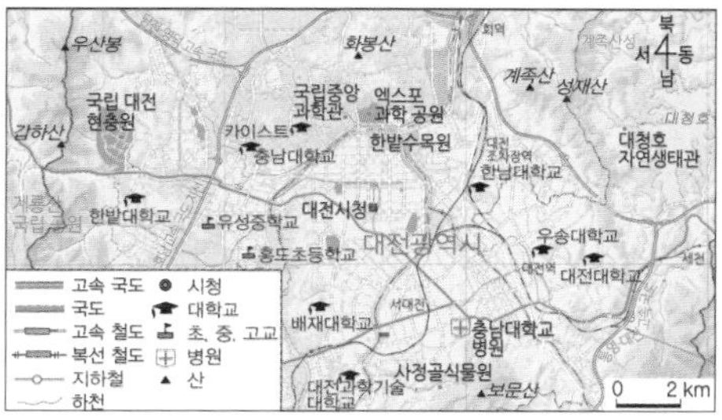

12 위의 (가), (나) 지도에서 다른 점은 어느 것입니까? (　　)

① 방위　　② 기호
③ 범례　　④ 축척
⑤ 등고선

중요

13 위의 (가), (나) 지도 중에서 지역을 자세히 살펴보는 데 알맞은 것은 무엇인지 쓰시오.

(　　　　　　　　　　)

잘 틀려요

14 지도에서 땅의 높낮이를 나타내는 방법으로 알맞지 않은 것은 어느 것입니까? (　　)

① 높이가 같은 곳을 선으로 잇는다.
② 땅의 높이가 높을수록 색이 진해진다.
③ 땅의 높이가 낮을수록 색이 진해진다.
④ 땅의 높이가 가장 낮은 곳은 초록색이다.
⑤ 땅의 높이가 가장 높은 곳은 고동색이다.

사회

중요

15 중심지에 대한 설명으로 알맞은 것은 어느 것입니까? (　　)

① 사람들이 많지 않아 한적하다.
② 편의 시설을 찾아보기 어렵다.
③ 주변에 논과 밭이 펼쳐져 있다.
④ 교통이 불편해서 사람들이 쉽게 갈 수 없다.
⑤ 어떤 일이나 활동을 하기 위해 사람들이 많이 모인다.

16 지역의 중심지에서 주로 볼 수 있는 것은 어느 것입니까? (　　)

① 산　② 논
③ 밭　④ 병원
⑤ 과수원

17 다음과 같은 지역의 중심지에 사람들이 가는 까닭으로 알맞은 것은 어느 것입니까? (　　)

① 필요한 것을 사기 위해서
② 다른 고장으로 가기 위해서
③ 아픈 곳을 치료하기 위해서
④ 필요한 서류를 구하기 위해서
⑤ 저축을 하거나 돈을 다른 사람에게 보내기 위해서

잘 틀려요

18 중심지의 모습으로 알맞지 않은 것은 어느 것입니까? (　　)

① 상점이 많다.
② 다양한 시설이 있다.
③ 높고 낮은 건물이 많다.
④ 사람들이 오기에 불편하다.
⑤ 사람들이 많아서 복잡하다.

✿ 다음 사진을 보고, 물음에 답하시오. [19~20]

▲ 국립 부여 박물관

▲ 부소산성

19 위의 사진과 관계있는 중심지는 어디입니까? (　　)

① 상업의 중심지
② 행정의 중심지
③ 관광의 중심지
④ 문화의 중심지
⑤ 산업의 중심지

서술형

20 위의 사진과 관계있는 중심지에 사람들이 찾아오는 까닭을 쓰시오.

서 · 술 · 형 · 평 · 가

1 지도에서 오른쪽 방위표가 알려 주는 것은 무엇인지 쓰고, 이러한 방위표가 필요한 까닭도 쓰시오.

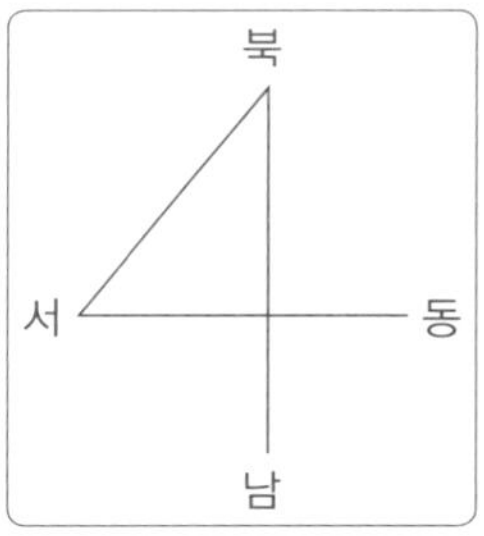

(1) 알려주는 것: (   )

(2) 필요한 까닭: ______________________________

____

- **방위표**
  방위표가 없다면 사람이나 건물이 향한 방향에 따라 오른쪽, 왼쪽, 위쪽, 아래쪽이 달라질 것입니다.

2 지역의 모습을 나타낸 다음 지도를 보고, 물음에 답하시오.

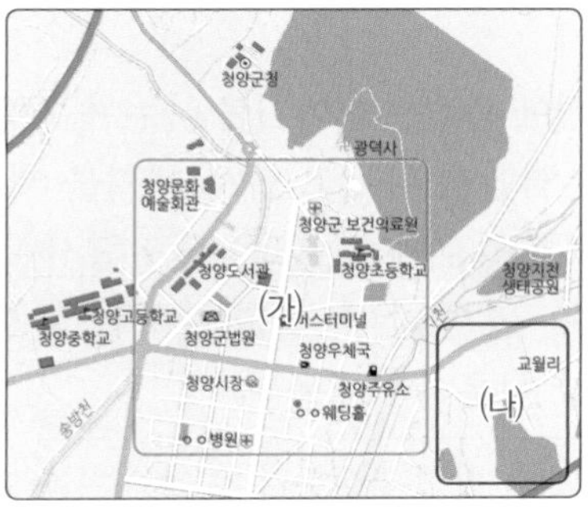

(1) 위의 (가)와 (나) 중에서 중심지라고 생각되는 곳은 어디인지 기호를 쓰시오.

(   )

(2) 위 (1)번의 답이 중심지라고 생각한 까닭을 쓰시오.

____

____

- **중심지와 중심지가 아닌 곳의 특징**

중심지	• 복잡해 보이고 건물이 많다. • 사람들이 이용할 수 있는 시설이 많다.
중심지가 아닌 곳	• 논과 밭이 많다. • 사람들이 많지 않아서 조용하고 한적하다.

3 오른쪽은 지역의 중심지인 시장을 답사하는 모습입니다. 이와 같이 지역의 중심지를 답사하는 까닭은 무엇인지 쓰시오.

____

____

- **답사를 하는 과정**
  답사 계획 세우기 ⇨ 답사하기 ⇨ 답사한 결과 정리하기 ⇨ 답사한 내용 발표하기

❶ 우리 지역의 문화유산

• 문화유산: 다음 세대에게 물려줄 만한 가치가 있는 각종 문화재나 문화양식을 말합니다.

★ 지역의 문화유산 조사하기

① 문화유산과 관련된 기관의 누리집에서 문화유산을 검색합니다.

② 문화유산과 관련이 있는 책이나 문서, 기록물을 찾아봅니다.

③ 문화유산을 자세히 알고 있는 사람을 ❶면담합니다.

• 박물관에서 일하시는 전시 기획자, 문화 관광 해설사, 문화재 관리사 등이 있습니다.

④ 문화유산을 답사합니다.

⑤ 문화유산의 종류

유형 문화유산	석탑, 건축물, 책처럼 형태가 있는 문화유산
무형 문화유산	예술 활동이나 기술처럼 형태가 없는 문화유산

★ 지역의 문화유산 답사하기

① 답사 계획 세우기

• 지역의 문화유산에 관련된 이야기를 나누며 무엇을 답사하러 갈지 정합니다.

• 모둠 친구들과 역할을 나누고 답사 계획을 세웁니다.

• 문화유산 답사 계획서에 들어갈 내용: 답사 목적, 장소, 날짜, 답사할 사람, 답사할 내용, 답사 방법, 역할 나누기, 준비물, 주의할 점 등

② 답사하기(예 고창 선운사 ❷대웅전)

• 다양한 방향에서 대웅전을 자세하게 살펴보면 새로운 사실들을 발견하고 느낄 수 있습니다.

> 대웅전과 주변 경관을 함께 감상하기 ⇨ 대웅전 둘레를 천천히 걸으며 여러 방향에서 대웅전 살펴보기 ⇨ 대웅전을 지을 때 어떤 재료와 장식을 사용했는지 자세히 관찰하기 ⇨ 대웅전 안을 살펴보고 대웅전에서 사람들이 무엇을 하는지 살펴보기 ⇨ 대웅전에 대해 궁금한 점을 문화 관광 해설사께 질문하기 ⇨ 옛날 사람들이 대웅전에서 어떤 소원을 빌었을지 상상해 보기 ⇨ 대웅전을 한 번 더 둘러보며 여러 방향에서 사진을 찍거나 그림을 그리기 ⇨ 답사를 하면서 새롭게 알게 된 점, 더 알고 싶은 점, 느낀 점을 기록해 정리하기

③ 문화유산을 감상한 후에는 답사 보고서를 작성합니다.

★ 지역의 문화유산 소개 자료 만들기

• 지역의 문화유산을 좀 더 많은 사람들에게 알리고자 문화유산 소개 자료를 만듭니다.

▲ 문화유산 안내도

▲ 문화유산 안내 포스터

▲ 문화유산 소개 책자

• 문화유산 안내도는 지역에 있는 중요한 문화유산의 위치, 분포, 특징을 알려 줍니다.

★ 지역의 문화유산을 보호하려는 노력

① 문화유산을 소중히 여겨야 하는 까닭

• 문화유산은 조상들로부터 물려받았기 때문입니다.

• 문화유산에는 우리의 역사와 조상들의 정신이 담겨 있기 때문입니다.

② 문화유산을 보호하기 위해 우리가 할 수 있는 일: 문화유산을 자랑스럽게 생각하고 널리 알리며 문화유산을 아끼고 소중히 여깁니다.

✣ 문화유산을 답사할 때 주의할 점

• 답사 장소에서 지켜야 할 관람 규칙을 확인합니다.

• 조용히 질서를 지키며 문화유산을 관람합니다.

• 사진 촬영을 하면 안 되는 곳에서는 조사할 대상을 그리거나 글로 씁니다.

✣ 문화유산 안내도 만들기

① 주제 정하기
② 자료 정리하기
③ 백지도 준비하기
④ 백지도에 지역 표시하기
⑤ 문화유산 사진 붙이기
⑥ 문화유산 설명 글 쓰기
⑦ 안내도의 제목을 쓰고 소개할 자료 배치하기
⑧ 소개할 자료의 위치 나타내기
⑨ 소개할 자료에 선을 그어 연결하기

✣ 장영실의 과학 발명품

▲ 앙부일구: 해의 움직임에 따라 시간을 알 수 있는 해시계

▲ 자격루: 시간을 자동으로 알려 주는 물시계

낱말 풀이

❶ **면담** 궁금한 점을 알기 위해 적절한 사람을 직접 만나 이야기를 나누는 것.

❷ **대웅전** 절에서 석가모니 부처상을 모신 본당.

❸ **역할극** 참여자가 주어진 상황에서 특정 역할을 담당하여 연기하는 극.

❷ 우리 지역의 역사적 인물

★ 지역의 역사적 인물 조사 계획 세우기

① 주제망 정하기: 모둠 친구들과 자유롭게 이야기한 내용을 바탕으로 주제망을 만듭니다.
- 주제에 대해 떠오르는 생각을 생각 그물로 나타낸 것입니다.

② 조사할 인물에 대해 궁금한 점이나 더 알아보고 싶은 점을 정리합니다.

③ 프로젝트 활동 주제를 정하고 모둠 친구들과 토의해 역할을 나눕니다.
(예 장영실의 위대한 발명품을 찾아서, 과학자 장영실의 일생)

④ 프로젝트 활동에 대해 토의한 내용을 바탕으로 조사 계획서를 작성합니다.

★ 지역의 역사적 인물 조사하기
- 문화 관광 해설사 등으로부터 인물의 일생이나 업적을 자세히 들을 수 있습니다.

책으로 알아보기	인터넷 검색으로 알아보기	현장 체험으로 알아보기

도서관에 가서 위인전 등의 책을 읽음.	인물과 관련 있는 신문 기사나 동영상을 볼 수 있음.	역사적 인물과 관련 있는 문화유산을 직접 볼 수 있음.

★ 지역의 역사적 인물을 소개하는 자료 만들기

① 역사적 인물을 소개하는 ❸역할극을 만들어 소개합니다.

② 역사적 인물의 업적이나 발명품을 소개하는 뉴스를 만들어 소개합니다.

③ 역사적 인물을 홍보하는 노랫말을 만들어 소개합니다.

④ 소개 자료를 만들 때 주의할 점
- 역사적 인물의 일생과 업적이 잘 드러나도록 만들어야 합니다.
- 역사적인 사실을 바탕으로 만들어야 합니다.

★ 지역의 역사적 인물을 다양한 방법으로 소개하기

① 모둠별로 제작한 다양한 소개 자료를 활용해 인물을 소개합니다.

② 모둠의 발표를 들으면서 궁금한 점을 질문하고 대답하는 시간을 갖습니다.(예 장영실의 발명품은 사람들에게 어떤 도움을 주었습니까?)

③ 역사적 인물을 소개하는 활동을 되돌아보며 스스로 점검하고 모둠별로 평가합니다.
- '스스로 평가하기'와 '서로 평가하기' 항목으로 나누어 평가할 수 있습니다.

④ 활동 소감을 이야기합니다.

바로바로 체크

1 문화유산이 있는 현장에 직접 가서 조사하는 방법은 무엇인지 다음에서 골라 쓰시오.

- 답사
- 면담
- 문헌 조사
- 누리집 검색

( )

2 석탑, 건축물, 책, 탑처럼 형태가 있는 문화유산을 통틀어 □□ □□□□ 이라고 합니다.

3 장영실에 대해 떠오르는 생각을 다음과 같이 생각 그물로 나타낸 것을 무엇이라고 하는지 쓰시오.

( )

정답
1. 답사 2. 유형 문화유산 3. 장영실 주제망

사회

✿ 지역의 문화유산을 조사하는 다음 방법을 보고, 물음에 답하시오. [1~2]

(가) 

(나) 

1 위의 (가), (나) 중에서 언제든지 필요한 정보를 얻을 수 있는 조사 방법은 무엇인지 쓰시오.

( )

서술형

2 위의 (나)와 같이 문화유산을 조사했을 때의 장점과 단점은 무엇인지 간단히 쓰시오.

(1) 장점: ____________________

____

(2) 단점: ____________________

____

중요

3 다음 문화유산의 공통점으로 알맞은 것은 어느 것입니까? ( )

• 석탑	• 책	• 건축물

① 형태가 있다.
② 형태가 없다.
③ 궁궐 안에 있다.
④ 최근에 만들어졌다.
⑤ 자연에서 얻은 재료로 만들었다.

4 문화유산 답사 계획서에 들어가야 하는 항목이 아닌 것은 어느 것입니까? ( )

① 답사 목적 ② 답사 장소
③ 답사 내용 ④ 역할 나누기
⑤ 새롭게 알게 된 점

5 다음과 같은 문화유산을 볼 수 있는 시 · 도는 어디인지 쓰시오.

• 고창 읍성	• 임실 필봉 농악
• 김제 금산사 미륵전	• 익산 미륵사지 석탑

( )

6 문화유산을 답사할 때 지켜야 할 예절은 어느 것입니까? ( )

① 문화유산을 꼭 만져본다.
② 음식물을 아무 곳에서나 먹는다.
③ 답사를 빨리 끝내기 위해 뛰어다닌다.
④ 큰 소리로 친구들과 이야기하면서 살펴본다.
⑤ 사진 촬영을 하면 안 되는 곳에서는 그리거나 글로 쓴다.

잘 틀려요

7 고창 선운사 대웅전을 답사하려고 합니다. 가장 먼저 해야 할 일은 무엇입니까? ( )

① 대웅전과 주변 경관을 함께 감상한다.
② 대웅전 안을 살펴보고 사람들이 무엇을 하는지 관찰한다.
③ 대웅전에 대해 궁금한 점을 문화 관광 해설사께 질문한다.
④ 대웅전 둘레를 천천히 걸으며 여러 방향에서 대웅전을 살펴본다.
⑤ 대웅전을 지을 때 어떤 재료와 장식을 사용했는지 자세히 관찰한다.

서술형

8 답사할 때 고창 선운사 대웅전 둘레를 천천히 걸으며 여러 방향에서 자세히 살펴본 까닭은 무엇인지 쓰시오.

____

____

9 문화유산을 답사한 후에 얻은 정보들을 정리하여 작성하는 것은 무엇입니까? (　　)

① 답사 계획서
② 답사 보고서
③ 답사 안내도
④ 문화유산 안내도
⑤ 문화유산 소개 책자

✿다음 자료를 보고, 물음에 답하시오. [10~11]

중요

10 위와 같이 지역에 있는 중요한 문화유산의 위치, 분포, 특징을 알려 주는 지도를 무엇이라고 하는지 쓰시오.

(　　　　　　　　)

11 앞의 자료를 만들 때 가장 먼저 해야 할 일은 어느 것입니까? (　　)

① 주제 정하기
② 자료 정리하기
③ 문화유산 사진 붙이기
④ 백지도에 지역 표시하기
⑤ 소개할 자료의 위치 나타내기

잘 틀려요

12 문화유산 안내 포스터를 만들 때 들어가야 할 내용이 아닌 것은 어느 것입니까? (　　)

① 문화재의 이름
② 문화재의 우수성
③ 문화재의 가격을 표시한 글씨
④ 문화유산을 체험할 수 있는 장소와 시간
⑤ 문화유산의 특징이 잘 드러나는 사진이나 그림

13 문화유산을 소중히 여겨야 하는 까닭으로 가장 알맞은 것은 어느 것입니까? (　　)

① 많은 사람들이 보러 오기 때문에
② 사람들에게 즐거움을 주기 때문에
③ 다른 나라에 수출할 수 있기 때문에
④ 자연재해로부터 우리를 보호해 주기 때문에
⑤ 우리의 역사와 우리 조상들의 정신이 담겨 있기 때문에

중요

14 다음 빈칸에 들어갈 알맞은 말을 쓰시오.

> 지역의 역사적 인물에 대한 주제망을 만들면서 더 알아보고 싶은 내용을 이야기해 보고 조사할 (　　)를 정해야 한다.

(　　　　　　　　)

사회

중요

15 지역의 역사적 인물을 조사하기 위한 계획서에 들어가야 할 항목이 아닌 것은 어느 것입니까? (   )

① 활동 기간 ② 활동 내용
③ 주의할 점 ④ 역할 나누기
⑤ 새롭게 알게 된 점

서술형

16 다음과 같은 방법으로 우리 지역의 역사적 인물을 조사했을 때의 좋은 점을 쓰시오.

17 장영실의 일생을 역할극으로 만들어 소개하려고 합니다. 역할극에 어울리지 않는 장면은 어느 것입니까? (   )

① 세종 대왕과 장영실의 만남
② 거중기를 열심히 만드는 장영실
③ 세종 대왕에게 장영실을 추천하는 이천
④ 동래현에 소속되어 열심히 일하는 노비 장영실
⑤ 장영실이 만든 물건을 보고 기뻐하는 세종 대왕과 백성들

18 다음은 장영실의 발명품을 중심으로 장영실을 소개하는 뉴스 대본입니다. ㉠, ㉡에 들어갈 장영실의 발명품은 무엇인지 쓰시오.

> **아나운서:** (교수를 보며) 장영실이 만든 발명품을 소개해 주세요.
> **교수:** 해시계인 (㉠)와 물시계인 (㉡)가 있습니다. 장영실은 해와 물의 움직임을 이용해 많은 사람이 시간을 알 수 있는 시계를 만들었습니다.

㉠: (   ) ㉡: (   )

19 장영실을 소개하기 위해 만든 다음 자료와 관계 깊은 것은 무엇입니까? (   )

> 우리 지역 출신 장영실
> 실력으로 노비 벗어나
> 간~의, 혼천의, 앙부일구, 자격루
> 만들어서 보급해, 백성들 편해
> 살기 좋게 만들어 훌륭해 감사해

① 연표 ② 소설
③ 노랫말 ④ 홍보 책자
⑤ 역할극 대본

20 우리 지역의 역사적 인물인 장영실을 소개하는 활동을 마친 후의 소감으로 알맞지 않은 것은 어느 것입니까? (   )

① 모둠 친구들과 함께 활동해서 재미있었다.
② 장영실이 우리 지역의 인물이라서 자랑스러웠다.
③ 조사 활동을 하면서 장영실에 대해 자세히 알 수 있었다.
④ 장영실의 노력으로 우리나라의 과학 기술이 발전할 수 있었다.
⑤ 노비 출신인 장영실이 우리 지역의 역사적 인물이라는 것이 부끄러웠다.

서·술·형·평·가

1 다음 (가), (나) 문화유산의 차이점은 무엇인지 쓰시오.

(가)

(나)

- **우리 지역의 문화유산**

  문화유산의 종류에는 석탑, 건축물, 책 등과 같은 유형 문화유산과 예술 활동이나 기술 등과 같은 무형 문화유산이 있습니다.

2 우리 지역의 역사적 인물을 조사하는 계획을 세우는 과정입니다. 물음에 답하시오.

> ㉠ 주제망 만들기 ⇨ ㉡ 더 알고 싶은 내용을 질문으로 만들기 ⇨ ㉢ 조사할 주제 정하기 ⇨ ㉣ 조사하는 역할 나누기 ⇨ ㉤ 조사 계획서 만들기

(1) 다음과 같은 활동은 어떤 과정에서 해야 하는지 기호를 쓰시오.

> • 장영실의 발명품에는 어떤 것들이 있을까?
> • 장영실의 발명품이 훌륭한 까닭은 무엇일까?
> • 장영실이 발명품을 만들게 된 까닭은 무엇일까?

( )

(2) 위와 같은 과정으로 역사적 인물을 조사하는 계획을 세울 때 고려해야 할 점은 무엇인지 쓰시오.

- **지역의 역사적 인물 조사하는 계획 세우기**

  우리 지역의 역사적 인물 조사 계획을 세울 때에는 가장 먼저 주제망을 만들고, 더 알고 싶은 내용, 조사할 주제, 조사하는 역할 등을 나눈 후 조사 계획서를 만들어야 합니다.

사회

사회 3회

3. 지역의 공공 기관과 주민 참여

❶ 우리 지역의 공공 기관

★ 지역의 공공 기관
- 공공 기관은 지역 주민들이 안전하고 편리하게 생활할 수 있도록 도와주고 여러 가지 어려운 일을 하기 때문에 중요합니다.

① 공공 기관은 개인의 이익이 아닌 주민 전체의 이익과 생활의 편의를 위해 국가가 세우거나 관리하는 곳입니다.

② 경찰서, 시청, 우체국, 주민 센터, 소방서 등이 대표적인 공공 기관입니다.

③ 공공 기관을 이용하는 주민들의 모습

▲ 우체국 이용 모습

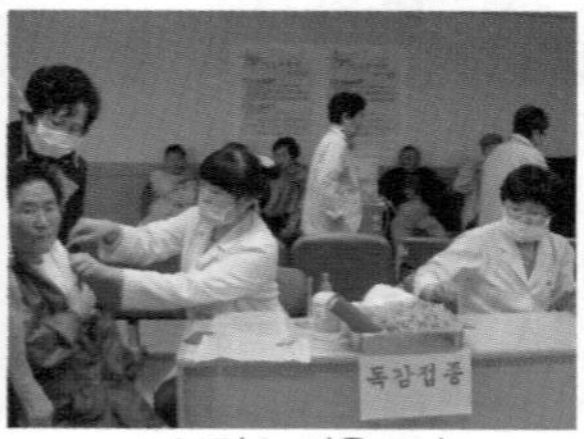
▲ 보건소 이용 모습

▲ 도서관 이용 모습

★ 공공 기관의 종류와 역할
- 공공 기관에서는 지역 주민들이 안전하고 편리하게 생활할 수 있도록 여러 가지 일을 하고 있습니다.

소방서	• 화재를 예방하고 응급 환자를 구조한다. • 위험에 처한 사람들을 구한다.
보건소	• 감염병과 질병을 예방하고 치료하려고 노력한다. • 예방 ❶접종을 해 준다.
경찰서	• 우리 지역의 안전을 책임지고 질서를 유지한다. • 주민의 안전을 책임진다.
교육청	• 학생들의 교육과 관련된 일을 한다. • 학교를 도와주는 일을 한다.
행정 복지 센터	• 다양한 분야에서 주민들의 생활을 돕는다. • 주민 등록증 발급, 전입 신고 등의 일을 처리한다.
도서관	• 책을 읽고 공부하는 공간을 제공한다. • 책과 관련 있는 강좌를 연다.

★ 학교와 함께 일하는 공공 기관

① 경찰서: 학교에 학교 전담 경찰관을 보내 학교 폭력 예방 교육을 합니다.

② 소방서: 학생들에게 화재 예방 교육, 화재 대피 훈련을 실시합니다.

③ 보건소: 학생들에게 건강과 관련된 다양한 교육을 합니다.

★ 공공 기관 ❷견학하기
- 견학하기 전에 기관 누리집에서 견학이 가능한지 확인한 후에 견학을 신청해야 합니다.

1 견학하고 싶은 장소를 정한다.
2 견학 장소에 관해 알고 있는 점과 알고 싶은 점을 정리한다.
3 견학 계획을 세우고 준비물과 역할을 나눈다.
4 예절을 지키며 견학한다.
5 견학하며 조사한 내용을 친구들과 이야기한다.
6 견학하며 알게 된 점과 느낀 점을 보고서로 작성한다.

- 견학 보고서에는 견학 주제, 견학 일시, 견학 장소, 알게 된 점, 느낀 점, 더 알고 싶은 점 등이 들어갑니다.

시 • 도청에서 하는 일
- 아름답고 깨끗한 환경을 만들려고 노력합니다.
- 지역의 관광지를 자세하게 알리는 안내 책자를 만듭니다.
- 음식점 직원들이 위생모를 쓰는지, 도구를 깨끗하게 소독하고 보관하는지 검사합니다.

공공 기관이 없을 때 발생할 수 있는 일
- 소방서: 화재가 발생했을 때 많은 사람들이 목숨을 잃거나 다칠 수 있습니다.
- 보건소: 도움이 필요한 사람들이 제때 필요한 치료를 받지 못할 수 있습니다.

주차 문제의 해결 방안
- 각 가정의 담장이나 대문을 허물어 개인 주차장을 마련한다. ⇨ 이웃 간 다툼이 줄어들 수 있다.
- 저녁 시간에 공공 기관의 주차장을 주민에게 개방하기 ⇨ 주차장을 새로 건설하지 않아 비용이 절감된다.
- 감시 카메라를 설치해 불법 주차 단속하기 ⇨ 지역 주민들의 경각심을 일깨울 수 있다.

낱말 풀이

❶ **접종** 병의 예방, 치료, 진단, 실험 따위를 위해 병원균이나 항체 따위를 사람이나 동물의 몸에 주입하는 것.

❷ **견학** 실제로 보고 그 일에 관한 구체적인 지식을 넓힘.

❸ **타협** 어떤 일을 서로 양보하여 협의함.

❷ 지역 문제와 주민 참여

★ 지역에서 발생하는 문제

① 지역 문제: 지역 주민의 삶을 불편하게 하거나 지역 주민들 사이에 갈등을 일으키는 문제입니다.

② 지역의 대표적인 지역 문제 • 도로나 인도 주변의 울타리가 훼손되거나 환풍구 덮개가 열려 있어 서 위험한 경우가 발생하는 '안전 문제'도 있습니다.

▲ 교통 혼잡 문제

▲ 시설 부족 문제

▲ 환경 오염 문제

★ 지역 문제 해결하기

1 지역 문제 확인	지역에서 발생하고 있는 문제를 살펴보고 확인한다.
2 문제 발생 원인 파악	• 문제 원인을 파악할 수 있는 자료를 수집한다. • 자료에서 문제 해결에 필요한 정보를 찾고 그 의미를 해석한다.
3 문제 해결 방안 탐색	• 문제와 관련 있는 기관과 지역의 대표자들이 모여 회의를 한다. • 바람직한 해결 방안을 찾기 위해 다양한 의견을 제시한다.
4 문제 해결 방안 결정	• 각 해결 방안의 장단점과 필요한 비용 등을 비교해 가장 적절한 방안을 선택한다. • 대화와 ❸타협으로 의견을 조정하고, 다수결의 원칙에 따라 다양한 의견을 하나로 모은다.
5 문제 해결 방안 실천	결정된 문제 해결 방안을 실천한다.

• 다수결의 원칙은 어떤 결정을 할 때 많은 사람이 원하는 의견에 따라 결정하는 원칙입니다.

★ 주민 참여 • 대표적인 주민 참여 제도에는 주민 투표와 주민 참여 예산제가 있습니다.

① 주민 참여: 지역 문제를 해결하는 과정에서 지역 주민이 중심이 되어 참여하는 것을 말합니다.

② 지역 문제 해결에 주민들이 참여해야 하는 까닭: 지역 문제는 모든 주민에게 영향을 미치고 그 지역에 사는 주민들이 가장 잘 알고 있기 때문이다.

③ 지역 주민들이 자신의 의견을 반영할 수 있는 방법

• 공청회 참여하기
• 주민 회의에 참여하기
• 서명 운동 참여하기
• 시·도청 누리집에 의견 올리기

★ 시민 단체 • 시민 단체는 회원들의 회비와 시민들의 자발적인 도움으로 운영됩니다.

① 시민들이 스스로 모여 사회 전체의 이익을 위해 활동하는 단체입니다.

② 지역 주민들은 시민 단체에서 활동하며 지역의 일에 참여할 수 있습니다.

③ 시민 단체는 환경, 경제, 교육, 봉사 등 다양한 분야에서 활동합니다.

바로바로 체크

1 지역에서 볼 수 있는 공공 기관을 모두 골라 쓰시오.

• 시청 • 백화점
• 아파트 • 소방서

( )

2 감염병과 질병을 예방하고 치료하려 노력하는 공공 기관은 □□□ 입니다.

3 고속버스 터미널이나 도서관이 없어서 멀리 나가야 하기 때문에 겪는 지역 문제는 무엇인지 쓰시오.

( )

4 시민들이 스스로 모여 사회 전체의 이익을 위해 활동하는 곳은 (시민 단체, 국가 단체) 입니다.

정답
1. 시청, 소방서 2. 보건소
3. 시설 부족 문제 4. 시민 단체

사회

단원평가 3회 3. 지역의 공공 기관과 주민 참여

1 다음 중 공공 기관에 속하는 곳은 어디입니까? (　　)

① 시장　② 학원
③ 은행　④ 문구점
⑤ 행정 복지 센터

2 다음은 주민들이 어떤 공공 기관을 이용하고 있는 모습입니까? (　　)

① 소방서　② 경찰서
③ 우체국　④ 보건소
⑤ 도서관

서술형

3 다음과 같은 일을 하는 공공 기관이 없을 때 생길 수 있는 상황을 상상하여 쓰시오.

____

____

중요

4 공공 기관에 대한 설명으로 알맞지 않은 것은 어느 것입니까? (　　)

① 주민들이 세운다.
② 국가가 세우거나 관리한다.
③ 주민 전체의 이익을 추구한다.
④ 주민들을 위해 찾아가기도 한다.
⑤ 여러 사람에게 도움이 되는 일을 한다.

5 다음과 같은 일을 하는 공공 기관은 어디입니까? (　　)

- 아름답고 깨끗한 환경을 만들기 위해 노력한다.
- 음식점 직원들이 도구를 깨끗하게 소독하고 보관하는지 검사한다.

① 도청　② 교육청
③ 보건소　④ 경찰서
⑤ 문화 예술 회관

6 지역 주민들을 위해 보건소에서 하는 일은 어느 것입니까? (　　)

① 화재를 예방한다.
② 지역의 안전을 책임진다.
③ 질병을 예방하기 위해 노력한다.
④ 학생들의 교육과 관련된 일을 한다.
⑤ 책을 읽고 공부하는 공간을 제공한다.

7 학교와 함께 다음과 같은 일을 하는 공공 기관은 어디인지 쓰시오.

학교 폭력을 예방하기 위해 교육을 실시하고 폭력이 발생하였을 때 해결하는 일을 한다.

(　　　　　　　　)

점수
/20

8 공공 기관에서 하는 일을 조사하는 방법으로 알맞지 않은 것은 어느 것입니까? (　　)

① 공공 기관을 견학한다.
② 공공 기관에 전화해서 여쭤본다.
③ 지역 신문에서 관련 기사를 찾아본다.
④ 세계 여러 나라의 친구들에게 물어 본다.
⑤ 인터넷에서 공공 기관 누리집을 검색한다.

잘 틀려요

9 공공 기관을 견학하기 전에 해야 할 일은 어느 것입니까? (　　)

① 궁금한 점을 여쭤본다.
② 견학 보고서를 작성한다.
③ 알고 싶었던 점을 직접 확인한다.
④ 견학하며 알게 된 점과 느낀 점을 정리한다.
⑤ 견학이 가능한지 확인한 후에 견학을 신청한다.

서술형

10 공공 기관을 견학하면서 주의할 점을 두 가지 쓰시오.

중요

11 견학 계획서에 들어갈 내용이 아닌 것은 어느 것입니까? (　　)

① 견학 주제　　② 주의할 점
③ 알게 된 점　　④ 역할 나누기
⑤ 알고 싶은 내용을 조사하는 방법

12 어린이가 공공 기관에 제안할 수 있는 의견으로 가장 알맞은 것은 어느 것입니까? (　　)

① 아파트 값을 내려 주세요.
② 학교 앞에 동물원을 만들어 주세요.
③ 부모님께서 돈을 많이 벌게 해 주세요.
④ 학교 가는 길에 안전 시설물을 설치해 주세요.
⑤ 시험에서 좋은 점수를 받을 수 있게 해 주세요.

사회

13 지역 문제 해결 과정이 알맞게 정리된 것은 어느 것입니까? (　　)

㉠ 지역 문제 확인	㉡ 문제 해결 방안 결정
㉢ 문제 발생 원인 파악	㉣ 문제 해결 방안 실천
㉤ 문제 해결 방안 탐색	

① ㉠-㉡-㉢-㉣-㉤　② ㉠-㉢-㉤-㉡-㉣
③ ㉠-㉤-㉢-㉣-㉡　④ ㉢-㉠-㉤-㉡-㉣
⑤ ㉢-㉣-㉤-㉡-㉠

14 다음 그래프를 보고 알 수 있는 사실은 어느 것입니까? (　　)

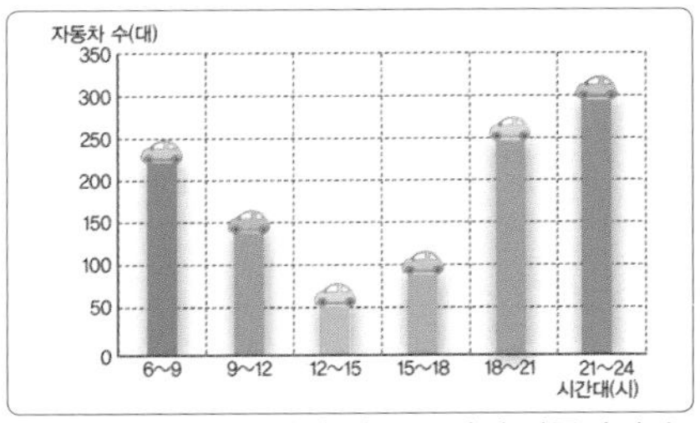

▲ 전체 구역에 시간대 별로 주차된 자동차의 수

① 주차 문제로 주민 간에 협동이 잘 된다.
② 주차 공간은 많은데 자동차 수가 부족하다.
③ 낮보다 저녁 시간에 주차 공간이 부족하다.
④ 주차장 주변에 오래된 주택이 많아 위험하다.
⑤ 주차장 주변에 오가는 차들이 많아서 소음 문제가 심각하다.

15 지역 문제를 해결하기 위한 대표자 회의에 참석할 사람으로 알맞지 않은 사람은 누구입니까? (　　)

① 국무총리　② 학교 대표
③ 구청 공무원　④ 시민 단체 대표
⑤ 지역 주민 대표

서술형

16 다음과 같은 방법으로 지역의 주차 문제를 해결할 때의 장점과 단점은 무엇인지 쓰시오.

> 각 가정의 담장이나 대문을 허물어 개인 주차장을 마련한다.

(1) 장점: ______________________

(2) 단점: ______________________

17 지역 문제 해결을 위해 다양한 의견을 하나로 모으는 방법으로 알맞지 않은 것은 어느 것입니까? (　　)

① 다수결의 원칙을 따른다.
② 소수의 의견은 무시한다.
③ 투표를 통해 의견을 모은다.
④ 대화와 타협을 통해 의견을 조정한다.
⑤ 충분한 시간을 두고 의견을 주고받는다.

중요

18 지역 문제 해결 과정에 주민들이 참여해야 하는 까닭으로 알맞은 것은 어느 것입니까? (　　)

① 세금을 내지 않기 위해서
② 주민들의 의견을 정책에 반영하기 위해서
③ 지역 문제는 지역의 대표에게만 영향을 미치기 때문에
④ 시청이나 도청에서 알아서 문제를 해결해 주기 때문에
⑤ 지역 문제는 그 지역에 사는 주민들에게 영향을 미치지 않기 때문에

19 다음은 지역 주민이 어떤 방법으로 지역 문제의 해결 과정에 참여하는 모습을 나타낸 것입니까? (　　)

① 서명 운동 하기
② 공청회에 참여하기
③ 주민 회의에 참여하기
④ 시민 단체에서 활동하기
⑤ 시·도청 누리집에 의견 올리기

잘 틀려요

20 바람직한 주민 참여의 태도로 알맞은 것은 어느 것입니까? (　　)

① 지역 문제에 관심을 갖지 않는다.
② 다른 주민들의 의견은 듣지 않는다.
③ 지역 주민이 지역 문제 해결에 앞장선다.
④ 지역의 대표가 해결해 줄 때까지 기다린다.
⑤ 모든 지역 주민이 자신들의 의견을 고집한다.

서 · 술 · 형 · 평 · 가

1 다음 (가), (나)와 관계 깊은 공공 기관은 어디인지 쓰고, 공공 기관에서 하는 일도 함께 쓰시오.

(가)

(나)

구분	(가)	(나)
공공 기관		
하는 일		

2 다양한 주민 참여 방법을 나타낸 다음 사진을 보고, 물음에 답하시오.

(가)

(나)

(다)

(1) 위 사진은 주민들이 어떤 방법으로 지역 문제 해결에 참여하고 있는 모습인지 쓰시오.

(가)	(나)	(다)

(2) 위와 같은 지역 문제 해결 과정에 주민들이 참여해야 하는 까닭은 무엇인지 두 가지 쓰시오.

공공 기관이 중요한 까닭

- 공공 기관은 우리 지역의 여러 사람들을 위해 일하는 곳입니다.
- 공공 기관이 없다면 지역에 여러 가지 문제가 생기거나 주민들의 생활이 불편해질 수 있습니다.

주민 참여

- 지역 문제를 해결하는 과정에서 지역 주민이 중심이 되어 참여하는 것을 말합니다.
- 주민 참여의 방법에는 공청회에 참여하기, 주민 회의에 참여하기, 시 · 도청 누리집에 의견 올리기, 서명 운동하기, 시민 단체에서 활동하기, 주민 투표하기 등이 있습니다.

출제 예상 문제 분석 과학

단원명	주요 출제 내용	출제 빈도	공부한 날
1. 과학자처럼 탐구해 볼까요?	• 여러 가지 감각 기관과 관찰 도구를 사용하여 관찰하기	★★★	월 일
	• 측정 도구를 사용하여 측정하기	★★★★	
	• 관찰 결과에서 규칙을 찾아 측정하지 않은 값을 예상하기	★★★★★	
	• 과학적인 분류 기준을 정하여 분류하기	★★★★★	
	• 관찰 결과를 자신의 경험 및 알고 있는 것과 관련지어 추리하고 설명하기	★★★	
2. 지층과 화석	• 여러 가지 모양의 지층을 관찰하고, 특징과 만들어지는 과정 알아보기	★★★★	월 일
	• 여러 가지 퇴적암을 분류하고, 만들어지는 과정 알아보기	★★★★★	
	• 여러 가지 화석을 관찰하고, 특징과 만들어지는 과정 알아보기	★★★★★	
	• 화석 속 생물이 살았을 때의 모습과 그 지역의 환경을 추리하기	★★★★	
	• 자연사 박물관을 창의적으로 꾸미기	★★★	
3. 식물의 한살이	• 여러 가지 씨를 관찰하기	★★★	월 일
	• 씨가 싹 트는 데 필요한 조건과 씨가 싹 트는 과정 설명하기	★★★★★	
	• 식물이 자라는 데 필요한 조건 알아보기	★★★★★	
	• 잎과 줄기의 변화와 꽃과 열매가 생기는 과정을 관찰하기	★★★	
	• 한해살이 식물과 여러해살이 식물의 한살이의 공통점과 차이점 설명하기	★★★★	

단원명	주요 출제 내용	출제 빈도	공부한 날
4. 물체의 무게	• 일상생활에서 물체의 무게 측정이 필요한 까닭 설명하기	★★★	월 일
	• 용수철에 걸어 놓은 물체의 무게와 늘어난 용수철의 길이 사이의 관계 추리하기	★★★★	
	• 용수철저울의 원리 설명하기	★★★★★	
	• 수평대로 물체의 무게를 비교하기	★★★★	
	• 양팔저울의 원리 설명하기	★★★★★	
	• 여러 가지 저울의 이름과 쓰임새 알아보기	★★★	
5. 혼합물의 분리	• 혼합물의 의미와 혼합물을 분리하면 좋은 점 설명하기	★★★★★	월 일
	• 알갱이의 크기 차이를 이용하여 고체 혼합물 분리하기	★★★★	
	• 자석의 성질을 이용하여 철로 된 물질이 섞여 있는 혼합물 분리하기	★★★	
	• 거름 장치와 증발 장치를 사용하여 소금과 모래 혼합물 분리하기	★★★★★	
	• 생활 속에서 버려지는 폐지를 사용하여 재생 종이 만들기	★★★	

과학 1회

1. 과학자처럼 탐구해 볼까요?

✤ 눈금실린더의 눈금을 읽는 방법

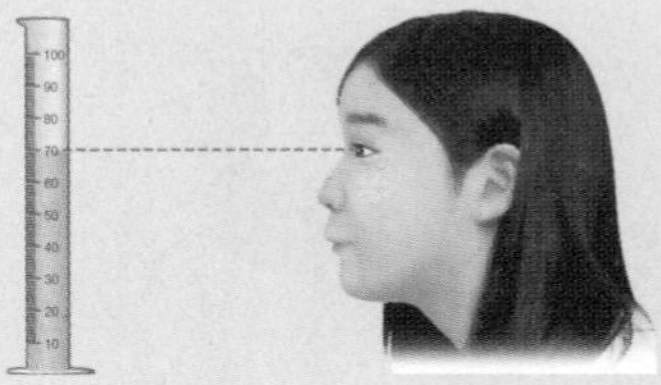

✤ 전자저울

✤ 식용 구연산의 양을 달리했을 때 발생하는 탄산수 거품의 최고 높이 예상하기

• 식용 구연산을 4g 넣었을 때: 식용 구연산 3g을 넣었을 때보다 거품의 최고 높이가 약 1cm 높아진 10cm까지 발생할 수 있습니다.

과학자처럼 관찰해 볼까요?

① 탄산수가 만들어지는 과정

- 투명한 유리컵에 물을 $\frac{2}{3}$ 정도 붓습니다.
- 식용 소다❶를 약숟가락으로 한 숟가락 떠서 물이 든 유리컵에 넣은 뒤 유리 막대로 저어 줍니다.
- 식용 구연산❷을 다른 약숟가락으로 한 숟가락 떠서 물과 식용 소다가 든 유리컵에 넣습니다.
- 유리 막대로 유리컵 속의 물을 저으면서 유리컵 속에서 나타나는 변화를 관찰합니다.

② 유리컵 속에서 나타나는 변화

- 변화가 일어나기 전: 물이 투명하고, 식용 소다를 넣었더니 유리컵 바닥에 가라앉습니다.
- 변화가 일어나는 중: 식용 구연산을 넣었을 때 '칙' 소리가 나면서 거품이 발생합니다. → 탄산수 표면에서 거품이 올라옵니다.
- 변화가 일어난 후: 시간이 지나자 올라왔던 거품이 내려가고 탄산수가 다시 투명해집니다.

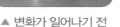

▲ 변화가 일어나기 전 ⇨ ▲ 변화가 일어나는 중 ⇨ ▲ 변화가 일어난 후

③ 과학적인 관찰 방법

- 눈, 코, 입, 귀, 피부의 다섯 가지 감각 기관을 사용합니다.
- 감각 기관만으로 관찰하기 어려우면 돋보기, 현미경, 청진기 등의 관찰 도구를 사용합니다.

과학자처럼 측정해 볼까요?

① 정확한 양을 측정해 탄산수 만들기

- 눈금실린더를 사용하여 물 100mL를 측정합니다.
- 전자저울을 사용하여 식용 소다 4g, 식용 구연산 2g을 측정합니다.
- 투명한 유리컵에 눈금실린더에 넣은 물 100mL를 넣은 뒤, 식용 소다 4g을 넣고 유리 막대로 저어 줍니다.
- 식용 구연산 2g을 물과 식용 소다가 든 유리컵에 넣고 유리 막대로 저어 주면서 탄산수를 만듭니다.

낱말 풀이

❶ **식용 소다** 먹을 수 있는 탄산 나트륨을 일상적으로 이르는 말

❷ **식용 구연산** 과일의 신맛의 주성분으로 '시트르산'이라고도 함.

❸ **수평** 기울지 않고 평평한 상태

② 액체의 부피와 물체의 무게 측정 방법

측정하고자 하는 것	사용해야 할 측정 도구	올바른 사용법
액체의 부피	눈금실린더	• 눈금실린더에 물을 부을 때에는 눈금실린더의 가운데 부분을 잡고 기울여서 물을 붓는다. • 눈금실린더의 눈금을 읽을 때에는 편평한 곳에 놓고 물의 가운데 오목한 부분에 눈높이를 맞춰 눈금을 읽는다.
물체의 무게	전자저울	• 전자저울의 수평을 맞추는 공기 방울이 검은색 원 안의 한가운데 오게 한다. ❸ 전자저울을 편평한 곳에 놓습니다. • 약포지를 올린 뒤 영점 단추를 누른다. 영점을 맞춘 뒤에 물체의 무게를 측정합니다. • 가루 물질의 종류에 따라 다른 약숟가락과 약포지를 사용한다.

과학자처럼 예상해 볼까요?

① 탄산수 거품의 최고 높이 예상하기

- 투명한 유리컵 세 개에 각각 물을 100mL씩 붓습니다.
- 식용 소다 4g을 각각의 유리컵에 넣고 유리 막대로 저어 줍니다.
- 식용 구연산을 첫 번째 유리컵에 1g, 두 번째 유리컵에 2g, 세 번째 유리컵에 3g을 각각 넣고 발생하는 탄산수 거품의 최고 높이를 유성 펜으로 표시합니다. 탄산수 거품의 높이를 측정할 때에는 유리컵의 바닥에 자의 '0' 눈금을 맞춰야 합니다.
- 세 개의 유리컵에 표시된 탄산수 거품의 최고 높이를 자로 측정합니다.

② 측정 결과를 바탕으로 확인할 수 있는 규칙: 식용 구연산의 양을 1g씩 늘릴 때마다 발생하는 탄산수 거품의 최고 높이가 1cm씩 높아진다는 규칙이 있습니다.

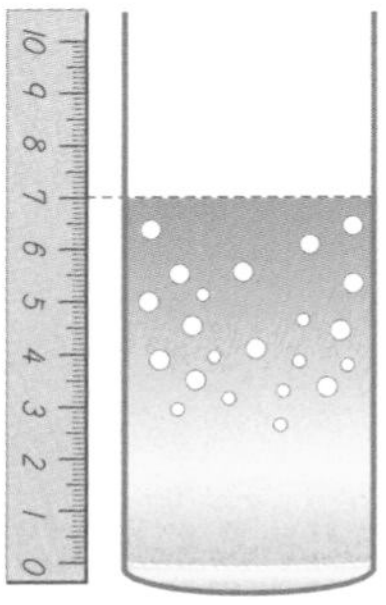
▲ 식용 구연산 1g을 넣었을 때

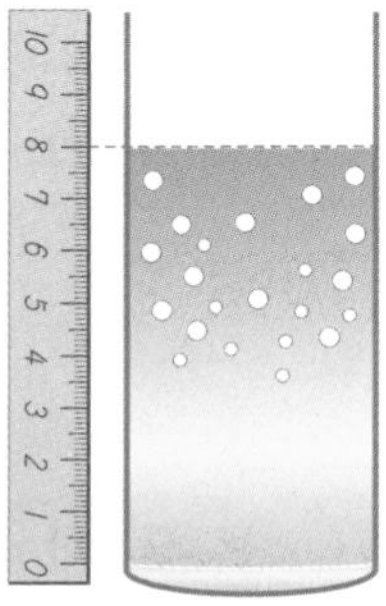
▲ 식용 구연산 2g을 넣었을 때

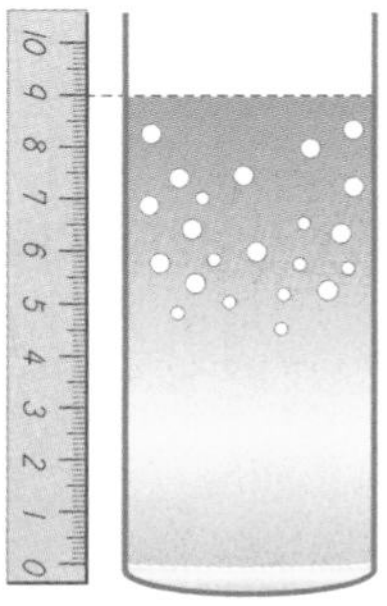
▲ 식용 구연산 3g을 넣었을 때

③ 과학적인 예상 방법

- 측정하지 않은 값을 정확하게 예상하려면 이미 측정한 값에서 규칙을 찾아야 합니다.
- 측정한 값이 많을수록 규칙을 쉽게 찾아낼 수 있고, 측정하지 않은 값을 더 정확하게 예상할 수 있습니다.

바로바로 체크

1 다음과 같은 변화를 관찰하는 데 사용한 감각 기관은 무엇인지 쓰시오.

식용 구연산을 넣었을 때 '칙'하는 소리가 난다.

(　　　　)

2 액체의 부피를 측정할 때 사용하는 측정 도구를 쓰시오.

(　　　　)

3 다음은 전자저울의 사용 방법입니다. 가장 먼저 해야 할 일은 무엇인지 기호를 쓰시오.

㉠ 영점을 맞춘다.
㉡ 저울을 편평한 곳에 놓는다.

(　　　　)

4 다음 (　　) 안에 들어갈 말을 쓰시오.

측정하지 않은 값을 정확하게 예상하려면 이미 측정한 값에서 (　　)을 찾아야 한다.

(　　　　)

정답

1. 귀 2. 눈금실린더(또는 비커) 3. ㉡ 4. 규칙

과학

1. 과학자처럼 탐구해 볼까요?

✧ 갈라파고스 제도와 핀치 분포

- 갈라파고스 제도는 모두 19개의 크고 작은 섬으로 이루어진 화산섬입니다.
- 1835년 영국의 해양 탐사선 비글호를 타고 이곳에 도착한 다윈은 각 섬에서 살고 있는 핀치의 부리 모양이 조금씩 다른 것을 관찰하였습니다.
  - 과일을 먹는 핀치: 앵무새 같은 큰 부리
  - 곤충을 먹는 핀치: 짧고 단단한 부리 또는 뾰족하고 가느다란 부리
  - 선인장을 먹는 핀치: 선인장 가시보다 긴 부리
  - 씨를 먹는 핀치: 크고 튼튼한 부리

✧ 나의 생각이나 탐구 결과를 잘 발표하는 방법 (예) 핀치와 먹이 관계)

- 부리 모양이 비슷한 새의 사진을 좀 더 다양하게 제시합니다.
- 다른 종류의 새의 부리 모양과 핀치의 부리 모양의 공통점을 한 눈에 알아볼 수 있도록 그림으로 나타냅니다.

과학자처럼 분류해 볼까요?

① 여러 종류[❶]의 핀치 관찰하기

② 핀치를 분류할 수 있는 여러 가지 특징: 먹이를 먹고 있는 곳, 먹고 있는 먹이의 종류, 깃털의 색깔, 부리의 모양 등

③ 분류 기준[❷]을 정하여 핀치 분류하기

- 기준: 먹이를 먹는 곳이 땅인가?
  - 그렇다. → ❹, ❺, ❼
    - 기준: 깃털의 색깔이 검은색인가?
      - 그렇다. → ❹, ❺
      - 그렇지 않다. → ❼
  - 그렇지 않다. → ❶, ❷, ❸, ❻, ❽
    - 기준: 깃털의 색깔이 검은색인가?
      - 그렇다. → ❽
      - 그렇지 않다. → ❶, ❷, ❸, ❻

④ 과학적인 분류 방법

- 탐구 대상의 공통점과 차이점을 바탕으로 기준을 세워 분류합니다.
- 한 번 분류한 것을 여러 단계로 계속 분류합니다.
- 누가 분류하더라도 같은 분류 결과가 나오는 분류 기준이 과학적인 분류 기준입니다.
'핀치가 멋있는가?'와 같은 분류 기준은 사람에 따라 멋의 기준이 다를 수 있으므로 과학적인 분류 기준이 아닙니다.

과학자처럼 추리해 볼까요?

① 핀치의 부리 모양과 특징

구분	핀치 부리의 모양	특징
(가)		벌새의 가늘고 긴 부리와 비슷하게 생겼기 때문에 좁은 나무 틈에 사는 벌레를 꺼내 먹기 쉬울 것입니다. ➡ 벌새는 가늘고 긴 부리로 꽃 속의 꿀을 먹습니다.
(나)		콩새의 두껍고 튼튼한 부리와 비슷하게 생겼기 때문에 단단한 씨를 부숴 먹기 쉬울 것입니다. ➡ 콩새는 두꺼운 부리로 식물의 씨를 부숴 먹습니다.

낱말 풀이

❶ **종류** 일정한 성질에 따라 사물을 하나에서 둘 이상으로 나누는 것

❷ **기준** 사물의 정도나 성격 따위를 알기 위한 기본이 되는 것

❸ **근거** 어떤 일이나 의견이 나오게 된 틀

② 과학적으로 추리하는 방법

- 대상을 다양하고 정확하게 관찰합니다.
- 관찰한 것을 내가 알고 있는 것이나 과거 경험한 것과 관련지어 생각합니다.
- 추리한 것이 관찰 결과를 모두 설명할 수 있어야 합니다.

과학자처럼 의사소통해 볼까요?

① 핀치의 부리 모양과 먹이의 관계 설명하기

- 나의 추리를 친구들이 잘 이해할 수 있도록 설명하기 ㉱

▲ 핀치의 부리 모양

▲ 벌새의 부리의 모양

"그림의 핀치는 부리가 가늘고 뾰족합니다. 이 부리는 벌새의 부리와 비슷하게 생겼습니다. 벌새는 가늘고 긴 부리를 이용하여 꽃 속의 꿀을 먹습니다. 핀치는 벌새와 같이 가늘고 뾰족한 부리가 있기 때문에 식물의 깊은 곳에 들어 있는 먹이를 꺼내 먹기 쉬울 거라고 생각합니다."

- 내가 추리한 내용에서 친구들이 궁금해하는 점을 듣고 대답하기 ㉱

질문: "그림의 핀치 부리와 벌새의 부리가 비슷하다고 했는데 저는 그렇게 생각하지 않습니다. 그림의 핀치보다 벌새의 부리가 더 가늘고 길이도 깁니다. 그래서 그림의 핀치 부리와 벌새의 부리가 같은 용도로 사용된다고 추리하는 것은 잘못되었다고 생각합니다."

대답: "부리가 가늘고 긴 정도는 사람마다 기준이 달라서 그런 것 같습니다. 그림의 핀치와 좀 더 비슷하게 생긴 다른 종류의 새들을 조사해 보겠습니다."

② 과학적인 의사소통 방법

- 다른 사람이 이해하기 쉽게 말해야 합니다. • 정확한 용어를 사용하여 간단하게 설명합니다.
- 타당한 근거를 제시하여 설명하면 자신과 생각이 다른 사람을 쉽게 설득할 수 있습니다.
- 표, 그림, 그래프, 몸짓 등을 사용하면 자신의 생각을 더 정확하게 전달할 수 있습니다.
- 다른 사람의 탐구 결과에서 궁금한 점이 생겼을 때에는 질문을 할 수도 있습니다.

바로바로 체크

1 과학적인 분류 방법으로 알맞은 문장이 되도록 (   ) 안에 들어갈 말을 쓰시오.

> 탐구 대상의 공통점과 차이점을 바탕으로 (   )을 세워 분류한다.

(   )

2 다음 중 핀치를 분류하는 기준으로 바르지 않은 것은 어느 것인지 기호를 쓰시오.

> ㉠ 멋있는가?
> ㉡ 부리가 가늘고 긴가?

(   )

3 (   ) 안에 들어갈 알맞은 말에 ○표 하시오.

> 과학적인 (추리 , 의사소통)를 하기 위해서는 탐구 대상을 다양하고 정확하게 관찰해야 한다.

4 과학적인 의사소통 방법으로 바르지 않은 것은 어느 것인지 기호를 쓰시오.

> ㉠ 길게 여러 번 설명한다.
> ㉡ 표, 몸짓, 그래프, 그림 등을 사용하여 전달한다.

(   )

정답

1. 기준 2. ㉠ 3. 추리 4. ㉠

과학

1 탄산수를 만드는 과정을 순서대로 기호를 쓰시오.

> ㉠ 투명한 유리컵에 물을 $\frac{2}{3}$ 정도 붓는다.
> ㉡ 유리 막대로 유리컵 속의 물을 저으면서 유리컵 속에서 나타나는 변화를 관찰한다.
> ㉢ 식용 구연산을 다른 약숟가락으로 한 숟가락 떠서 물과 식용 소다가 든 유리컵에 넣는다.
> ㉣ 식용 소다를 약숟가락으로 한 숟가락 떠서 물이 든 유리컵에 넣은 뒤 유리 막대로 저어 준다.

(　　　　　　　)

2 과학적인 관찰 방법이 아닌 것은 어느 것입니까? (　　)

① 눈으로 살펴본다.
② 코로 냄새를 맡아 본다.
③ 돋보기로 물체를 살펴본다.
④ 청진기로 소리를 들어 본다.
⑤ 컴퓨터로 물체를 분석해 본다.

3 실험에 필요한 식용 소다 4g을 무게를 정확히 재서 넣으려고 합니다. 필요한 실험 도구는 무엇입니까? (　　)

① 비커
② 깔때기
③ 전자저울
④ 눈금실린더
⑤ 알코올램프

4 눈금실린더에 담긴 물의 양은 얼마인지 쓰시오.

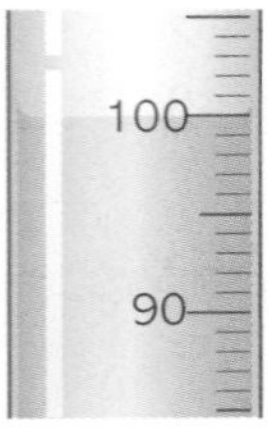

(　　　　　　　)

5 다음 중 전자저울의 사용 방법으로 바르지 않은 것은 어느 것입니까? (　　)

① 비스듬한 책상에 놓고 사용한다.
② 영점을 맞춘 뒤에 물체의 무게를 잰다.
③ 약포지를 올린 뒤 영점 단추를 누른다.
④ 가루 물질의 종류에 따라 다른 약숟가락과 약포지를 사용한다.
⑤ 수평을 맞추는 공기 방울이 검은색 원 안의 한가운데 오게 한다.

✿ 식용 구연산의 양에 따라 탄산수 거품의 최고 높이가 다음과 같습니다. [6~7]

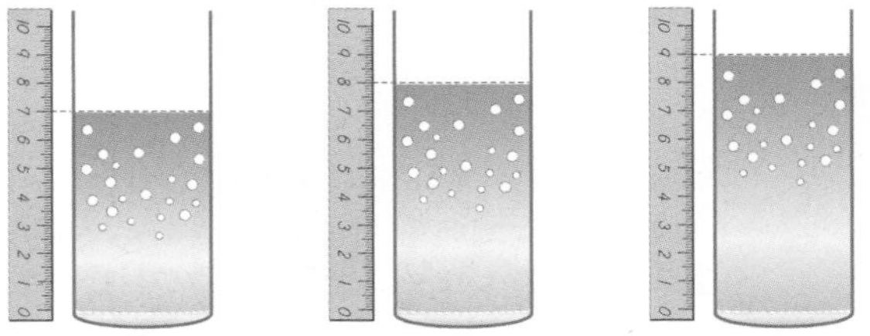

▲ 식용 구연산 1g을 넣었을 때　▲ 식용 구연산 2g을 넣었을 때　▲ 식용 구연산 3g을 넣었을 때

서술형

6 위 실험 결과를 보고, 규칙을 찾아 쓰시오.

____

____

7 식용 구연산을 5g 넣으면 탄산수 거품의 최고 높이는 얼마가 될 것으로 예상합니까? (　　)

① 9cm　② 10cm
③ 11cm　④ 12cm
⑤ 13cm

8 핀치를 분류할 수 있는 특징이 될 수 없는 것은 어느 것입니까? (　　　)

① 부리의 모양
② 깃털의 색깔
③ 먹이의 종류
④ 날개가 멋진 정도
⑤ 먹이를 먹고 있는 곳

9 핀치를 다음과 같이 분류한 것은 어떤 분류 기준에 따라 분류한 것인지 쓰시오.

㉠ 
㉡ 
㉢ 
㉣ 
㉤ 
㉥ 

㉣ ㉤	㉠ ㉡ ㉢ ㉥

(　　　　　　　　　　)

서술형

10 과학적인 분류 방법에 대해서 한 가지 쓰시오.

____

____

____

11 기준을 정하여 분류한 것을 다시 또 분류하면 좋은 점으로 바른 것의 기호를 쓰시오.

> ㉠ 분류 대상의 공통점과 차이점이 분명하게 드러난다.
> ㉡ 분류 대상 전체의 특징이 머릿속에 오래 기억에 남게 된다.

(　　　　　　　　　　)

12 다음은 재석이가 발표한 내용입니다. 관찰, 분류, 추리 중 어디에 해당합니까?

> 이 핀치는 콩새의 두껍고 튼튼한 부리와 비슷하게 생겼기 때문에 단단한 씨를 부숴 먹기 쉬울 것이다.

(　　　　　　　　　　)

13 과학적인 추리 방법에 대해 바르게 설명한 것은 어느 것입니까? (　　　)

① 예상한 값에서 규칙을 찾아낸다.
② 궁금한 점이 생겼을 때 질문을 한다.
③ 현미경으로 물체를 자세히 관찰한다.
④ 탐구 대상의 공통점과 차이점을 찾는다.
⑤ 관찰 결과를 모두 설명할 수 있어야 한다.

14 과학적인 의사소통에 대해 바르게 설명한 친구의 이름을 쓰시오.

> • 선구: 타당한 근거를 제시해서 말해야 해.
> • 승재: 다른 사람이 이해하기 어렵게 말해야 해.
> • 상혁: 자신과 생각이 다른 사람이 있으면 무시하면 돼.

(　　　　　　　　　　)

15 과학적인 의사소통을 할 때 필요한 것이 아닌 것은 어느 것입니까? (　　　)

① 표
② 그림
③ 몸짓
④ 그래프
⑤ 휴대 전화

과학

과학 2회 2. 지층과 화석

화석 발굴하기

① 초콜릿 조각 발굴❶하기: 책상 위에 흰 종이를 깔고 초콜릿 조각이 박힌 과자를 올려놓고, 이쑤시개를 사용하여 과자에 있는 초콜릿 조각을 발굴합니다.

(초콜릿 조각이 박힌 과자: 화석이 있는 지층을 의미합니다.)
(초콜릿 조각: 지층에 묻혀 있는 화석을 의미합니다.)

② 초콜릿 조각 발굴하기 활동보다 과학자가 화석을 발굴하는 것이 시간이 더 오래 걸립니다.

여러 가지 모양의 지층을 관찰해 볼까요?

① 지층: 자갈, 모래, 진흙 등으로 이루어진 암석들이 층을 이루고 있는 것입니다.

② 여러 가지 모양의 지층

▲ 수평인 지층

▲ 끊어진 지층

▲ 휘어진 지층

③ 여러 가지 모양의 지층의 공통점과 차이점

공통점	줄무늬가 보이고, 여러 개의 층으로 이루어져 있다.
차이점	층의 두께와 색깔이 다르고, 지층의 모양이 서로 다르다.

지층은 어떻게 만들어질까요?

① 지층 모형 만들기: 투명한 플라스틱 원통에 물을 먼저 넣고, 자갈, 모래, 진흙을 차례대로 넣은 후, 자갈, 모래, 진흙을 넣는 순서를 자유롭게 하여 지층 모형을 만듭니다.

② 완성된 지층 모형의 특징

- 줄무늬를 볼 수 있고, 층층이 쌓여 있으며, 수평입니다.
- 층마다 알갱이의 크기와 색깔이 다릅니다.

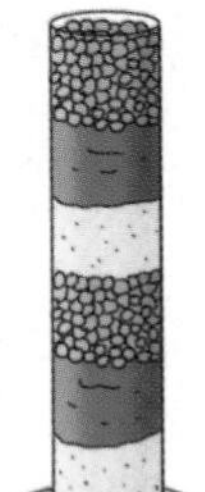

지층을 이루고 있는 암석을 관찰해 볼까요?

① 퇴적암: 물이 운반한 자갈, 모래, 진흙 등의 퇴적물이 굳어져 만들어진 암석입니다.

② 퇴적암의 종류 (역암, 사암, 이암순으로 알갱이의 크기가 큽니다.)

진흙과 같은 알갱이로 되어 있다.

▲ 이암

주로 모래로 되어 있다.

▲ 사암

주로 자갈, 모래 등으로 되어 있다.

▲ 역암

실제 지층이 만들어져 발견되는 과정

- 물이 운반한 자갈, 모래, 진흙 등이 쌓입니다.
- 자갈, 모래, 진흙 등이 계속 쌓이면 먼저 쌓인 것들이 눌립니다.
- 오랜 시간이 지나면 단단한 지층이 만들어집니다.
- 지층은 땅 위로 솟아오른 뒤 깎여서 보입니다.

화석이 잘 만들어지는 조건

- 생물의 몸체 위에 퇴적물이 빠르게 쌓여야 합니다.
- 생물의 몸체에서 단단한 부분이 있어야 합니다.

화석이 만들어져 발견되는 과정

- 죽은 생물이나 나뭇잎 등이 호수나 바다의 바닥으로 운반됩니다.
- 그 위에 퇴적물이 두껍게 계속 쌓여 지층이 만들어지고, 그 속에 묻힌 생물이 화석이 됩니다.
- 지층이 솟아오른 뒤 깎여 화석이 드러납니다.

낱말 풀이

❶ **발굴** 땅속이나 큰 덩치의 흙, 돌 더미 따위에 묻혀 있는 것을 찾아서 파냄

❷ **흔적** 어떤 현상이나 실체가 없어졌거나 지나간 뒤에 남은 자국이나 자취

❸ **연료** 열, 빛 등의 에너지를 얻을 수 있는 물질

퇴적암은 어떤 과정을 거쳐 만들어질까요?

① 퇴적암 모형 만들기

- 종이컵에 모래를 종이컵의 $\frac{1}{3}$ 정도 넣은 다음, 종이컵에 넣은 모래 양의 반 정도의 물 풀을 넣습니다.
- 나무 막대기로 섞어 모래 반죽을 만듭니다.
- 다른 종이컵으로 모래 반죽을 누릅니다.
- 하루 동안 그대로 놓아둔 다음, 종이컵을 찢어 모래 반죽을 꺼냅니다.

② 퇴적암 모형과 실제 퇴적암(사암)의 차이점: 퇴적암 모형은 만드는 데 걸리는 시간이 짧지만, 사암은 만들어지는 데 오랜 시간이 걸립니다.

→ 공통점: 모두 모래로 만들어졌습니다.

여러 가지 화석을 관찰하고 분류해 볼까요?

① 화석: 퇴적암 속에 아주 오랜 옛날에 살았던 생물의 몸체와 생물이 생활한 흔적이 남아 있는 것입니다.

② 여러 가지 화석

▲ 삼엽충 화석

▲ 새 발자국 화석

▲ 공룡알 화석

▲ 고사리 화석

▲ 나뭇잎 화석

화석은 어떻게 만들어질까요?

① 화석 모형 만들기

- 찰흙 반대기에 조개껍데기를 올려놓고 손으로 눌렀다가 떼어 냅니다.
- 찰흙 반대기에 생긴 조개껍데기 자국이 모두 덮이도록 알지네이트 반죽을 붓습니다.
- 알지네이트가 다 굳으면 알지네이트를 찰흙 반대기에서 떼어 냅니다.

② 화석 모형과 실제 화석의 차이점: 실제 화석은 화석 모형보다 단단하고, 색깔과 무늬가 선명하며, 만들어지는 데 오랜 시간이 걸립니다.

→ 공통점: 모양과 무늬가 같습니다.

화석은 어디에 이용될까요?

삼엽충 화석	옛날에 살았던 삼엽충의 생김새와 삼엽충 화석이 발견된 곳이 옛날에는 물속이었음을 알 수 있다.
공룡 발자국 화석	공룡이 살던 시기에 쌓인 지층이라는 것을 알 수 있다.
석탄과 석유	화석 연료로 이용된다는 것을 알 수 있다.

자연사 박물관 꾸미기

→ '자연사 박물관'은 자연에 대한 여러 자료를 수집하고 전시하는 곳입니다.

① 지층과 화석을 어떻게 전시할지 계획합니다.

② 전시물을 만들어 전시실을 꾸밉니다.

③ 전시실을 모아 자연사 박물관을 만듭니다.

바로바로 체크

1 자갈, 모래, 진흙 등으로 이루어진 암석들이 층을 이루고 있는 것을 무엇이라고 하는지 쓰시오.

( )

2 다음 설명이 의미하는 것은 무엇인지 쓰시오.

- 대부분의 지층을 이루고 있다.
- 물이 운반한 자갈, 모래, 진흙 등이 굳어져 만들어진 암석이다.

( )

3 다음 중 동물 화석은 어느 것인지 기호를 쓰시오.

㉠ 고사리 화석
㉡ 공룡알 화석
㉢ 나뭇잎 화석

( )

4 다음을 읽고 바르면 ○표, 바르지 않으면 ×표를 하시오.

(1) 산호 화석이 발견된 곳은 옛날에 따뜻한 바다였습니다. ( )

(2) 화석 속 고사리가 살았던 환경은 추운 곳입니다. ( )

(3) 석탄과 석유는 화석이 아닙니다. ( )

정답

1. 지층 2. 퇴적암 3. ㉡ 4. (1) ○ (2) × (3) ×

과학

1 초콜릿 조각을 발굴하는 활동과 과학자가 실제 화석을 발굴하는 활동을 비교하였을 때, 각각 나타내는 것은 무엇인지 선으로 연결하시오.

(1) 초콜릿 조각이 박힌 과자 •   • ㉠ 화석

(2) 초콜릿 조각 •   • ㉡ 지층

✿ 여러 가지 모양의 지층입니다. [2~3]

㉠ ㉡ ㉢

2 위 지층 중 수평으로 쌓여 있는 지층은 어느 것인지 기호를 쓰시오.

( )

서술형

3 위 지층들의 공통점을 한 가지 쓰시오.

____

4 다음 중 지층에 대한 설명으로 바르지 <u>않은</u> 것은 어느 것입니까? ( )

① 모양이 다양하다.
② 층의 색깔이 같다.
③ 층의 두께가 다르다.
④ 암석들이 층을 이루고 있는 것이다.
⑤ 산기슭이나 바닷가 절벽에서 볼 수 있다.

5 ( ) 안에 공통으로 들어갈 말을 쓰시오.

• 지층은 단단한 ( )으로 되어 있다.
• 지층을 가까이에서 관찰하면 ( )의 알갱이 크기와 색깔이 층마다 서로 다르다는 것을 알 수 있다.

( )

중요

6 오른쪽은 지층 모형입니다. 가장 먼저 만들어진 층은 어느 것인지 기호를 쓰시오.

( )

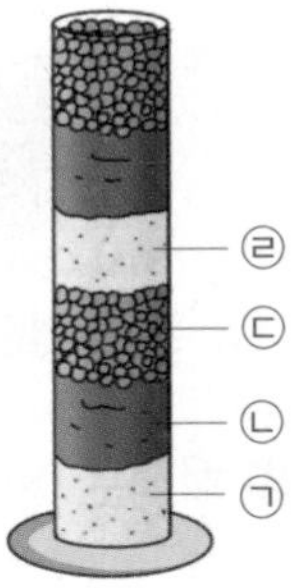

잘 틀려요

7 다음은 실제 지층이 만들어져 발견되는 과정입니다. 순서대로 기호를 쓰시오.

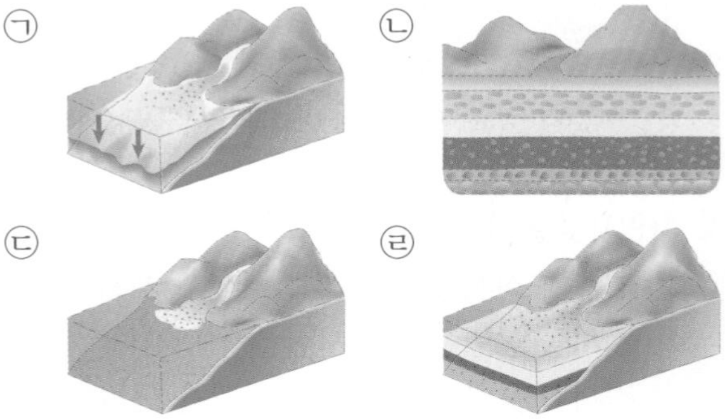

( )

점수
/20

✿ 여러 가지 퇴적암입니다. [8~10]

㉠

▲ 이암

㉡

▲ 사암

㉢

▲ 역암

8 퇴적암의 특징에 알맞은 퇴적암을 골라 기호를 쓰시오.

(1) 진흙과 같은 작은 알갱이로 되어 있습니다. (　　)

(2) 주로 자갈, 모래 등으로 되어 있습니다. (　　)

(3) 주로 모래로 되어 있습니다. (　　)

중요

9 위와 같이 퇴적암을 분류한 기준은 무엇입니까? (　　)

① 암석의 색깔
② 암석의 크기
③ 암석이 발견된 장소
④ 암석이 만들어진 순서
⑤ 암석을 이루고 있는 알갱이의 크기

잘 틀려요

10 여러 가지 퇴적암의 특징으로 바른 것은 무엇입니까? (　　)

① 사암 – 손으로 만지면 부드럽다.
② 역암 –알갱이의 크기가 가장 크다.
③ 사암 – 알갱이의 크기가 가장 작다.
④ 이암 – 알갱이의 크기가 가장 크다.
⑤ 이암 – 손으로 만지면 거칠거칠하다.

✿ 다음은 퇴적암을 만드는 과정입니다. [11~12]

㉠

▲ 종이컵에 모래와 물 풀을 넣는다.

㉡

▲ 나무 막대기로 섞어 모래 반죽을 만든다.

㉢
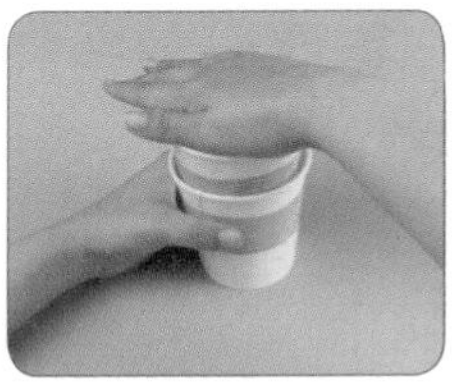
▲ 다른 종이컵으로 모래 반죽을 누른다.

㉣

▲ 하루 동안 그대로 놓아둔 다음 모래 반죽을 꺼낸다.

11 위와 같이 만들어진 퇴적암은 무엇인지 쓰시오.
(　　　　　　　)

12 퇴적암 모형을 만들 때 물 풀을 넣는 까닭은 무엇입니까? (　　)

① 모래의 색깔을 바꾸기 위해서
② 모래가 굳지 않게 하기 위해서
③ 알갱이들을 서로 붙게 하기 위해서
④ 알갱이의 크기를 커지게 하기 위해서
⑤ 알갱이 사이의 공간을 넓어지게 하기 위해서

13 오른쪽 화석은 무엇입니까? (　　)

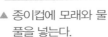

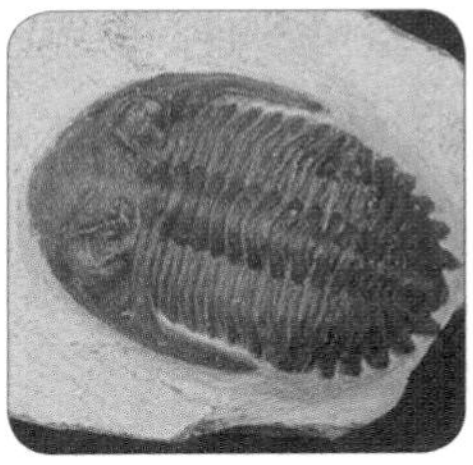

① 삼엽충 화석
② 물고기 화석
③ 나뭇잎 화석
④ 공룡알 화석
⑤ 새 발자국 화석

중요

14 화석에 대한 설명으로 바르지 않은 것은 어느 것입니까? (　　)

① 퇴적암에서 주로 발견된다.
② 고사리 화석은 식물 화석이다.
③ 물고기 화석은 동물 화석이다.
④ 고인돌은 생물이 생활한 흔적을 나타낸 화석이다.
⑤ 아주 오랜 옛날에 살았던 생물의 몸체나 흔적이 남아 있는 것을 말한다.

서술형

15 다음 화석 모형과 실제 화석의 공통점은 무엇인지 한 가지 쓰시오.

____

16 다음과 같이 만들어지는 것은 무엇인지 쓰시오.

> 죽은 생물이 바다의 바닥으로 운반되고 그 위에 퇴적물이 두껍게 쌓여 지층이 만들어지고, 그 속에 생물이 묻힌다.

(　　　　　　)

17 화석으로 만들어지기 위한 조건을 모두 고르시오. (　　,　　)

① 퇴적물이 쌓이지 않아야 한다.
② 생물의 부드러운 부분이 많아야 한다.
③ 생물의 몸체에서 단단한 부분이 있어야 한다.
④ 생물의 몸체 위에 퇴적물이 천천히 쌓여야 한다.
⑤ 생물의 몸체 위에 퇴적물이 빠르게 쌓여야 한다.

18 오른쪽 공룡 발자국 화석을 통해 알 수 있는 사실은 무엇입니까? (　　)

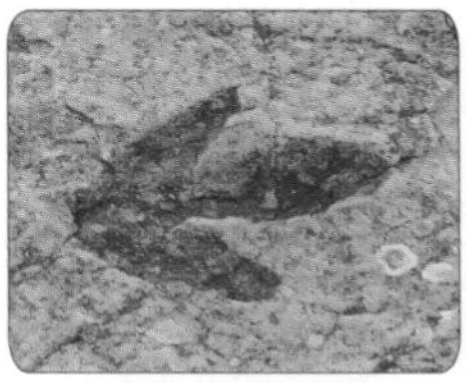

① 공룡의 모습을 알 수 있다.
② 옛날에 이곳이 산이었음을 알 수 있다.
③ 옛날에는 이곳이 바다였음을 알 수 있다.
④ 지층이 공룡이 살던 시기에 쌓였음을 알 수 있다.
⑤ 옛날에 이곳이 매우 추운 곳이었음을 알 수 있다.

19 우리 생활에 연료로 이용되는 화석은 무엇입니까? (　　)

① 산호 화석　② 공룡 화석
③ 고사리 화석　④ 삼엽충 화석
⑤ 석탄과 석유

잘 틀려요

20 다음은 고사리 사진과 고사리 화석입니다. 설명으로 바르지 않은 것은 어느 것입니까? (　　)

㉠ 

㉡ 

① ㉡은 고사리 화석이다.
② ㉠과 ㉡은 색깔이 같다.
③ ㉠과 ㉡은 잎과 줄기의 생김새가 비슷하다.
④ ㉡ 고사리가 살았던 환경은 ㉠ 고사리가 사는 환경과 비슷할 것이다.
⑤ ㉡ 고사리가 살았던 환경은 따뜻하고 습기가 많은 곳이었을 것이다.

탐·구·서·술·형·평·가

1 다음은 실제 지층과 지층 모형입니다. 공통점을 찾아 두 가지 쓰시오.

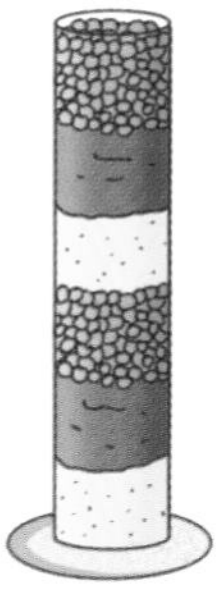

____

____

▪ 지층의 모양

- 줄무늬가 보입니다.
- 층의 모양이 다릅니다.
- 층마다 두께나 색깔이 조금씩 다릅니다.

2 다음은 여러 가지 퇴적암입니다. 퇴적암을 이암, 사암, 역암으로 분류한 까닭을 쓰시오.

▲ 사암

▲ 이암

▲ 역암

▲ 이암

▲ 역암

▲ 사암

- 이암: ______________________________
- 사암: ______________________________
- 역암: ______________________________

▪ 지층을 이루는 암석

- 대부분의 지층은 퇴적암으로 되어 있습니다.
- 물이 운반한 자갈, 모래, 진흙 등의 퇴적물이 굳어져 만들어진 암석을 퇴적암이라고 합니다.
- 퇴적암은 알갱이의 크기에 따라 이암, 사암, 역암으로 나눌 수 있습니다.

과학

과학 3회

3. 식물의 한살이

✤ 여러 가지 씨 관찰 방법
- 눈으로 색깔을 관찰합니다.
- 손으로 촉감을 느낍니다.
- 자나 동전을 이용하여 크기를 잽니다.

✤ 씨를 심는 방법
- 화분 바닥에 있는 물 빠짐 구멍을 망이나 작은 돌로 막습니다.
- 화분에 거름흙을 $\frac{3}{4}$ 정도 넣습니다.
- 씨 크기의 두세 배 깊이로 씨를 심고, 흙을 덮습니다.
- 물뿌리개로 물을 충분히 줍니다.
- 팻말을 꽂아 햇빛이 비치는 곳에 놓아둡니다.

✤ 강낭콩의 꽃과 열매

↓

씨에서 자라게 될 식물 상상하기
① 씨에서 나올 식물의 싹이 튼 모습과 이 식물이 다 자란 모습을 그리고 특징을 씁니다.
② 내가 그린 식물의 모습을 친구들 앞에서 발표합니다.

여러 가지 씨를 관찰해 볼까요?
① 여러 가지 씨의 특징

▲ 호두

▲ 강낭콩

▲ 참외씨

▲ 채송화씨

② 여러 가지 씨의 공통점과 차이점

공통점	단단하고 껍질이 있다.
차이점	색깔, 모양, 크기 등의 생김새가 다르다.

식물을 기르면서 한살이를 알아보려면 어떻게 해야 할까요?
① 식물의 한살이: 식물의 씨가 싹 터서 자라며, 꽃이 피고 열매를 맺어 다시 씨가 만들어지는 과정입니다.
② 한살이 관찰에 적합한 식물: 한살이 기간이 짧고, 잎, 줄기, 꽃, 열매 등을 관찰하기 쉬운 식물입니다. 예 강낭콩, 봉숭아, 나팔꽃, 토마토
③ 식물을 기르면서 관찰해야 할 것: 식물의 길이, 줄기의 굵기, 잎의 개수와 길이, 꽃의 개수, 열매의 개수 등

씨가 싹 트는 데 어떤 조건❶이 필요할까요?
① 물을 준 강낭콩과 물을 주지 않은 강낭콩의 변화: 물을 준 강낭콩은 싹이 텄고, 물을 주지 않은 강낭콩은 싹이 트지 않았습니다. ← 다른 조건은 모두 같게 하고, 물의 양을 다르게 합니다.
② 씨가 싹 트려면 물 이외에도 적당한 온도가 필요합니다.

씨가 싹 트는 과정은 어떠한가요?
① 강낭콩이 싹 터서 자라는 과정

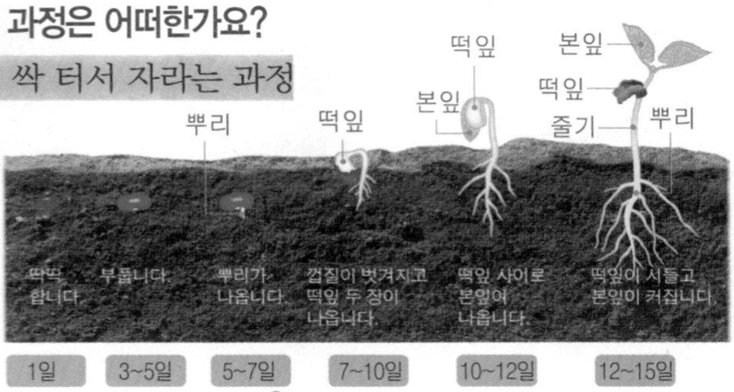

② 옥수수는 싹이 틀 때 본잎이 떡잎싸개❷에 둘러싸여 나옵니다.

낱말 풀이
❶ **조건** 어떤 일을 이루게 하거나 이루지 못하게 하기 위하여 갖추어야 할 것
❷ **떡잎싸개** 외떡잎식물(옥수수)이 싹이 틀 때 본잎을 둘러

식물이 자라는 데 어떤 조건이 필요할까요?

① 물을 준 강낭콩과 물을 주지 않은 강낭콩의 변화: 물을 주지 않은 화분의 강낭콩은 시들었고, 물을 준 화분의 강낭콩만 잘 자랐습니다.

② 식물이 잘 자라려면 물 이외에도 빛과 적당한 온도가 필요합니다.

잎과 줄기는 자라면서 어떻게 변할까요?

① 식물의 잎과 줄기가 자라는 모습

- 강낭콩은 자라면서 잎은 점점 넓어지고, 개수도 많아집니다.
- 강낭콩의 줄기도 점점 굵어지고 길어집니다.

② 잎과 줄기가 자란 정도 측정하기

잎	• 잎의 개수를 세거나 길이를 잰다.	• 모눈종이에 잎의 본을 뜬다.
줄기	• 새로 난 가지의 개수를 센다.	• 줄기의 길이를 잰다.

꽃과 열매를 관찰해 볼까요?

① 강낭콩의 꽃과 열매가 자라면서 달라지는 모습: 꽃의 색깔, 모양, 크기, 꼬투리의 모양, 개수, 크기가 달라집니다. (꼬투리란 강낭콩의 꽃이 지고 나면 생기는 열매를 말합니다.)

② 식물이 자라면 꽃이 피고 열매를 맺는 까닭: 씨를 맺어 ❸번식하기 위해서입니다.

여러 가지 식물의 한살이는 어떻게 다를까요?

① 한해살이 식물: 한 해 동안 한살이를 거치고 일생을 마치는 식물입니다.

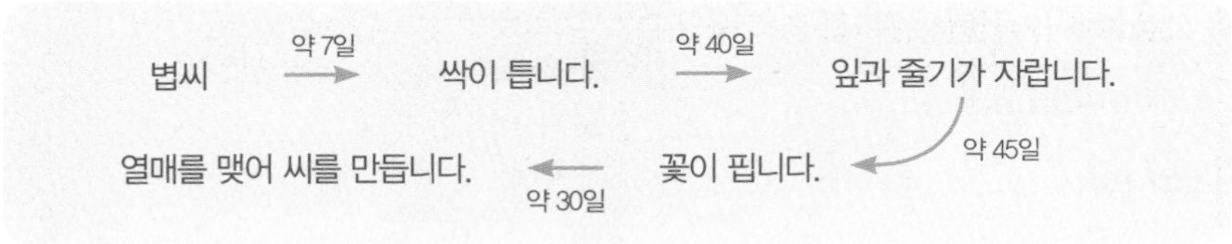

예) 벼, 강낭콩, 옥수수, 호박

② 여러해살이 식물: 여러 해 동안 살면서 한살이를 반복하는 식물입니다.

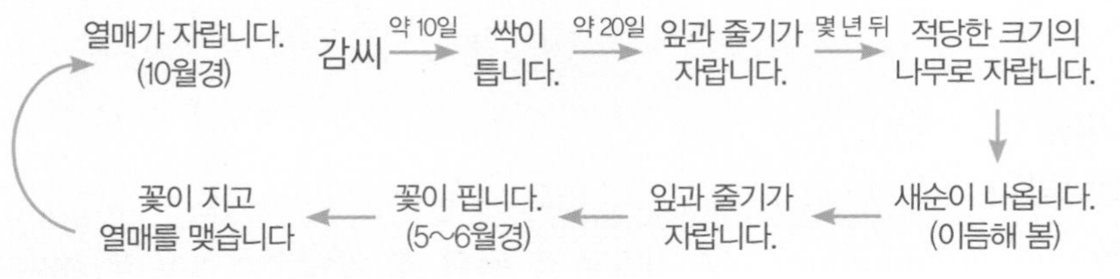

예) 감나무, 개나리, 사과나무, 무궁화

한눈에 볼 수 있는 식물의 한살이 자료 만들기

① 씨에서 싹이 트고 자라 꽃이 피고, 꽃이 진 뒤에 열매를 맺어 다시 씨가 되는 내용을 연결하여 표현할 수 있어야 합니다.

② 돌림책, 뫼비우스의 띠 등으로 표현합니다.

바로바로 체크

1 다음 여러 가지 씨 중 가장 크기가 작은 것은 무엇인지 쓰시오.

> 호두 강낭콩 봉숭아씨
> 참외씨 사과씨 채송화씨

( )

2 씨가 싹 트는 데 물이 미치는 영향을 알아볼 때, 다르게 할 조건은 무엇인지 쓰시오.

( )

3 ( ) 안에 들어갈 말을 쓰시오.

> 강낭콩의 꽃이 지고 나면 열매가 생기는데 이것을 ( )라고 한다.

( )

4 다음을 읽고, 한해살이 식물은 '한해', 여러해살이 식물은 '여러해'라고 쓰시오.

(1) 한 해 동안 한살이를 거치고 일생을 마치는 식물입니다. ( )

(2) 여러 해 동안 살면서 한살이를 반복하는 식물입니다. ( )

정답

1. 채송화씨 2. 물 3. 꼬투리
4. (1) 한해 (2) 여러해

과학

1 다음 중 사과씨는 어느 것입니까? (　　　)

① 
② 
③ 
④ 
⑤ 

2 다음과 같이 씨를 관찰하였을 때 알 수 있는 씨의 특징은 무엇입니까? (　　　)

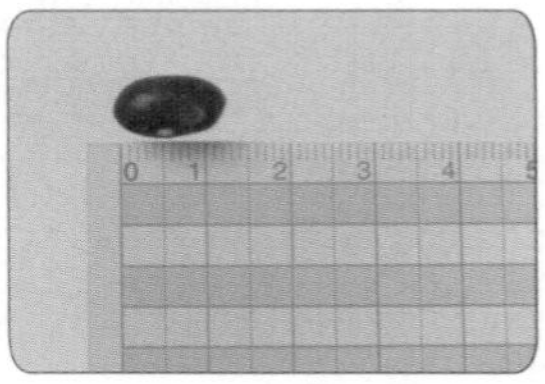

① 맛　　② 색깔
③ 크기　　④ 무게
⑤ 모양

서술형

3 여러 가지 씨의 공통점을 한 가지 쓰시오.

____

잘 틀려요

4 식물의 한살이를 관찰하기 위해 씨를 심는 방법 중 가장 먼저 해야 할 일은 무엇입니까? (　　　)

① 물뿌리개로 물을 충분히 준다.
② 화분에 거름흙을 $\frac{3}{4}$ 정도 넣는다.
③ 팻말을 꽂아 햇빛이 비치는 곳에 놓아둔다.
④ 씨 크기의 두세 배 깊이로 씨를 심고, 흙을 덮는다.
⑤ 화분 바닥에 있는 물 빠짐 구멍을 망이나 작은 돌로 막는다.

5 식물의 한살이를 관찰하기에 적합한 식물의 조건은 무엇입니까? (　　　)

① 식물의 크기가 커야 한다.
② 한살이 기간이 길어야 한다.
③ 한살이 기간이 짧아야 한다.
④ 꽃과 열매를 맺지 않는 식물이어야 한다.
⑤ 감나무, 사과나무, 소나무 등의 식물이 적합하다.

중요

6 씨가 싹 트는 데 필요한 조건을 알아보는 실험을 할 때, 각 실험에서 다르게 할 조건을 바르게 선으로 연결하시오.

(1) 씨가 싹트는 데 물이 미치는 영향 •　　　• ㉠ 온도
(2) 씨가 싹트는 데 온도가 미치는 영향 •　　　• ㉡ 물

7 다음 중 물을 준 강낭콩의 모습은 어느 것인지 기호를 쓰시오.

㉠ 
㉡ 

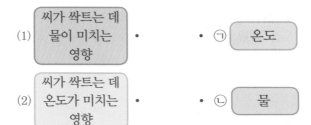

(　　　　　　)

8 강낭콩이 싹 터서 자란 모습입니다. 가장 먼저 볼 수 있는 것의 기호를 쓰시오.

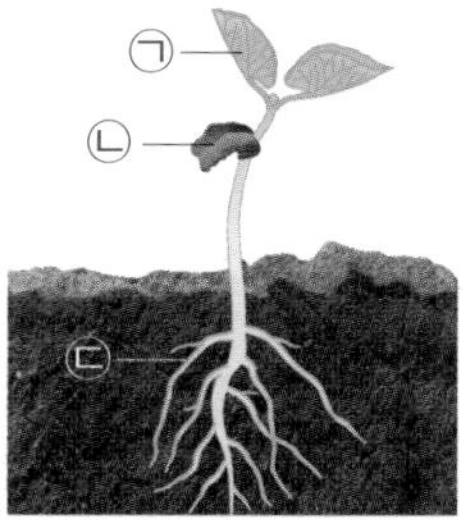

(　　　　　　　　)

9 옥수수가 싹 터서 자라는 모습에서 볼 수 있는 것이 아닌 것은 어느 것입니까? (　　　)

① 뿌리　② 떡잎
③ 본잎　④ 줄기
⑤ 떡잎싸개

✿ 식물이 자라는 데 필요한 조건을 알아보는 실험입니다. [10~11]

> 비슷한 크기로 자란 강낭콩 화분 두 개 중에 한 화분은 물을 적당히 주고, 다른 화분은 물을 주지 않는다.

10 위 실험은 식물이 자라는 데 필요한 조건 중 무엇을 알아보려는 것입니까? (　　　)

① 물　② 온도
③ 빛　④ 양분
⑤ 공기

잘 틀려요

11 위 실험 결과로 바른 것은 무엇입니까? (　　　)

① 두 화분 모두 아무 변화가 없다.
② 물을 준 화분의 강낭콩은 시들었다.
③ 물을 준 화분의 강낭콩은 잘 자랐다.
④ 물을 주지 않은 화분의 강낭콩은 잘 자랐다.
⑤ 물을 주지 않은 화분의 강낭콩의 잎이 더 많아졌다.

12 강낭콩의 잎과 줄기가 자란 정도를 알아보는 방법으로 바르지 않은 것은 무엇입니까? (　　　)

① 잎의 개수를 센다.
② 자로 잎의 길이를 잰다.
③ 새로 난 가지의 수를 센다.
④ 모눈종이에 잎의 본을 뜬다.
⑤ 먼저 난 잎을 떼서 크기를 비교한다.

13 강낭콩의 줄기가 자란 정도를 나타낸 그래프는 어느 것입니까? (　　　)

①
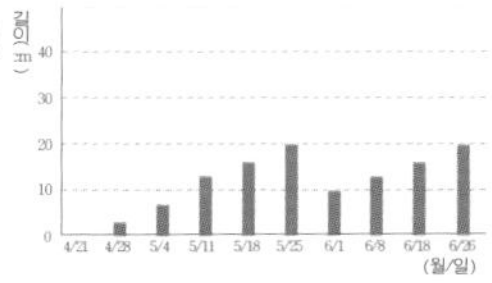

②
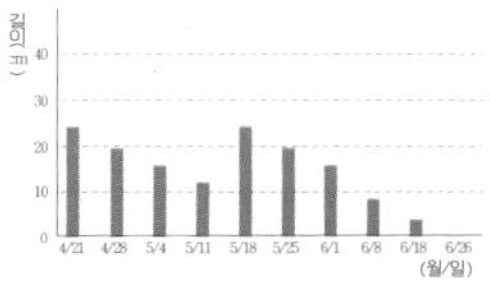

③
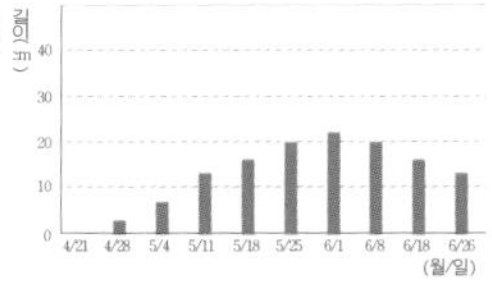

④
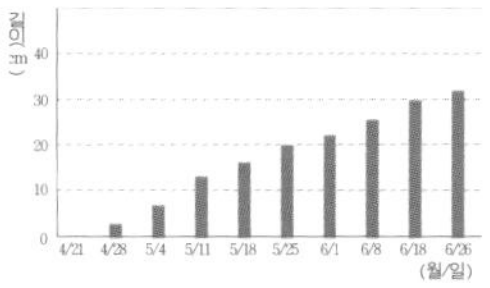

⑤
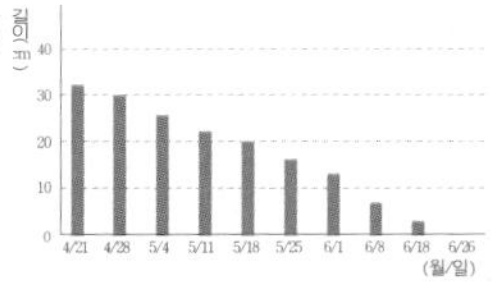

14 강낭콩이 자라는 모습으로 바르지 않은 것은 무엇입니까? (　　　)

① 잎이 넓어진다.
② 줄기가 점점 길어진다.
③ 줄기가 점점 굵어진다.
④ 잎의 개수가 점점 많아진다.
⑤ 줄기의 중간 부분에 새로운 잎이 생긴다.

단원평가 3회

중요

15 다음은 강낭콩의 꽃이 지고 나면 볼 수 있는 것입니다. 이름이 무엇인지 쓰시오.

(　　　　　　　　)

16 강낭콩의 꽃과 열매가 자라는 모습을 관찰하였을 때 달라지는 것을 모두 고르시오. (　　,　　)

① 꽃의 색깔
② 식물의 종류
③ 떡잎의 개수
④ 열매의 종류
⑤ 꽃과 열매의 개수

서술형

17 식물이 자라면 꽃이 피고 열매를 맺는 까닭은 무엇인지 쓰시오.

18 다음과 같은 한살이를 거치는 식물은 무엇입니까? (　　)

> 씨 → 싹이 튼다. → 잎과 줄기가 자란다. → 꽃이 핀다. → 열매를 맺어 씨를 만들고 죽는다.

① 벼　　② 감나무
③ 개나리　　④ 무궁화
⑤ 사과나무

잘 틀려요

19 한해살이 식물과 여러해살이 식물에 대한 설명으로 바른 것은 어느 것입니까? (　　)

① 모든 풀은 한해살이 식물이다.
② 나무는 주로 한해살이 식물이다.
③ 한해살이 식물은 열매를 맺지 않는다.
④ 한해살이 식물과 여러해살이 식물의 한살이 기간은 같다.
⑤ 여러해살이 식물은 열매가 떨어진 뒤에도 죽지 않고 이듬해 새순이 난다.

20 강낭콩의 한살이가 잘 드러나도록 자료를 만들 때, 자료에 붙일 그림을 순서대로 기호를 쓰시오.

㉠

㉡

㉢

㉣
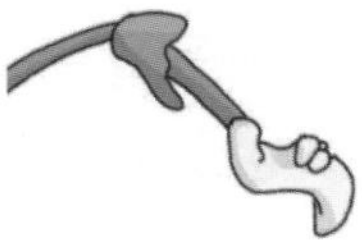

(　　　　　　　　)

탐·구·서·술·형·평·가

1 여러 가지 씨를 관찰하였을 때 공통점과 차이점을 쓰시오.

(1) 공통점: ______________________________

(2) 차이점: ______________________________

▪ 여러 가지 씨의 특징

- 식물의 씨는 길쭉한 것도 있고 동그란 것도 있습니다.
- 호두처럼 크기가 큰 것도 있지만 채송화씨처럼 매우 작은 것도 있습니다.
- 강낭콩처럼 검붉은색도 있고 참외씨처럼 연한 노란색도 있습니다.

2 한살이 관찰 계획을 세우려고 합니다. 한살이를 관찰하려는 식물을 정하고, 그 식물을 선택한 까닭을 한 가지 쓰시오.

(1) 한살이를 관찰하려는 식물: (   )

(2) 그 식물을 선택한 까닭: ______________________________

____

▪ 식물의 한살이

- 식물의 씨가 싹 터서 자라며, 꽃이 피고 열매를 맺어 다시 씨가 만들어지는 과정입니다.
- 식물의 한살이를 알아보려면 씨가 싹 트고 잎과 줄기가 자라는 모습, 꽃이 피고 열매가 자라는 모습 등을 관찰해야 합니다.

3 한 화분의 강낭콩에만 물을 적당히 주고, 다른 화분의 강낭콩에는 물을 주지 않았습니다. 물음에 답하시오.

(1) 위 실험에서 물을 준 화분의 강낭콩과 물을 주지 않은 화분의 강낭콩의 변화를 쓰시오.

____

____

(2) 위 실험을 통해 알 수 있는 사실을 쓰시오.

____

▪ 식물이 자라는 데 필요한 조건

- 식물이 잘 자라려면 적당한 양의 물과 온도가 필요합니다.
- 물이 미치는 영향을 알아보는 실험을 할 때는 다른 조건은 모두 같게 하고 물의 양을 다르게 합니다.
- 온도가 미치는 영향을 알아보는 실험을 할 때는 다른 조건은 모두 같게 하고 온도를 다르게 합니다.

과학 4회 4. 물체의 무게

✣ 수평 잡기

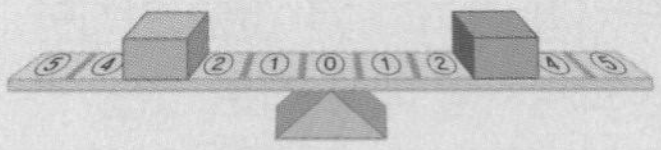

▲ 무게가 같은 나무토막으로 수평 잡기

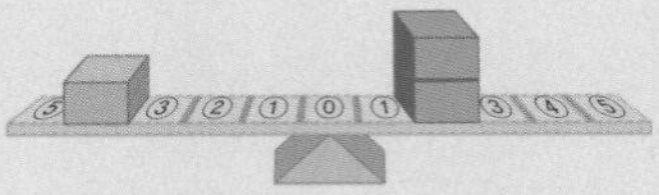

▲ 무게가 다른 나무토막으로 수평 잡기

✣ 저울의 종류

▲ 체중계

▲ 가정용 저울

▲ 전자저울

무거운 상자를 들고 있는 사람 찾기

① 상자를 들고 연기할 사람들 중에서 한 사람의 상자에만 책 여러 권을 넣습니다.

② 연기하는 사람들은 무거운 상자를 들고 있는 것처럼 표정이나 몸동작을 나타냅니다. ㉠ 얼굴이 빨개지고, 어깨에 힘을 많이 줍니다.

③ 다른 모둠 사람들은 누가 무거운 상자를 들고 있는지 찾습니다.

저울로 물체의 무게를 측정❶하는 까닭은 무엇일까요?

① 여러 가지 물체를 손으로 들어 보고 무거운 순서 정하기: 사람마다 느끼는 물체의 무게가 다를 수 있기 때문에 무거운 순서가 서로 다릅니다.

② 우리 생활에서 저울을 사용하는 예: 상품의 무게에 따라 가격을 다르게 정할 때, 정해진 무게의 재료를 사용해 상품을 만들 때, 태권도나 유도 등과 같은 운동 경기에서 선수들의 몸무게에 따라 체급을 나눌 때 등

→ 저울을 사용하여 정확한 물체의 무게를 측정합니다.

용수철에 물체를 걸어 놓으면 어떻게 될까요?

① 물체의 무게: 지구가 물체를 끌어당기는 힘의 크기입니다.

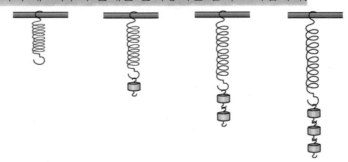

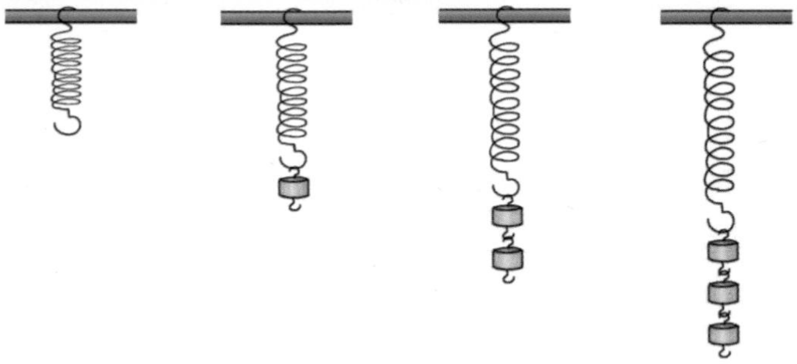

② 무게의 단위: g중(그램중), kg중(킬로그램중), N(뉴턴)

물체의 무게와 늘어난 용수철의 길이는 어떤 관계가 있을까요?

① 용수철의 성질: 물체의 무게가 무거울수록 용수철은 더 많이 늘어납니다.

② 용수철의 성질을 이용한 저울: 용수철저울, 가정용 저울, 체중계

용수철저울로 물체의 무게를 어떻게 측정할까요?

① 용수철저울의 사용 방법

- 스탠드에 용수철저울을 겁니다.
- 영점 조절 나사를 돌려 표시 자를 눈금 '0'에 맞춥니다.
- 용수철저울의 고리에 물체를 걸고 표시 자가 가리키는 눈금의 숫자를 단위와 같이 읽습니다.

낱말 풀이

❶ **측정** 길이, 넓이, 부피, 무게, 시간 등을 재는 것

❷ **비교** 둘 또는 그 이상의 사물을 견주어 공통점을 찾음

❸ **받침점** 구조물을 받치고 있는 부분

② 용수철저울 각 부분의 역할

- 손잡이: 용수철저울을 잡거나 스탠드에 거는 부분
- 고리: 추나 물체를 거는 부분
- 표시 자: 물체의 무게를 가리키는 부분
- 영점 조절 나사: 물체의 무게를 측정하기 전에 표시 자를 눈금의 '0'의 위치에 오도록 조절하는 부분
- 눈금: 물체를 걸었을 때 표시 자가 가리키는 부분

물체의 무게를 비교하려면 어떻게 해야 할까요?

① 수평 잡기의 원리(받침점이 나무판자의 가운데 있는 경우)
- 무게가 같은 물체로 수평 잡기: 받침점으로부터 같은 거리에 올려놓습니다.
- 무게가 다른 물체로 수평 잡기: 무거운 나무토막을 가벼운 나무토막보다 받침점에 더 가까이 놓습니다.

② 두 물체를 받침점으로부터 같은 거리에 올려놓았을 때, 무게가 다르면 나무판자는 무거운 물체 쪽으로 기울어집니다.

양팔저울로 여러 가지 물체의 무게를 비교하려면 어떻게 해야 할까요?

① 양팔저울의 사용 방법
- 한쪽 저울접시에는 물체를, 다른 한쪽 저울접시에는 무게가 일정한 물체를 올려놓고 그 물체의 개수를 셉니다. (예 클립, 무게가 같은 장구 핀이나 동전)
- 저울접시에 물체를 각각 올려놓고 저울대가 어느 쪽으로 기울어졌는지 확인합니다.

② 양팔저울 각 부분의 역할

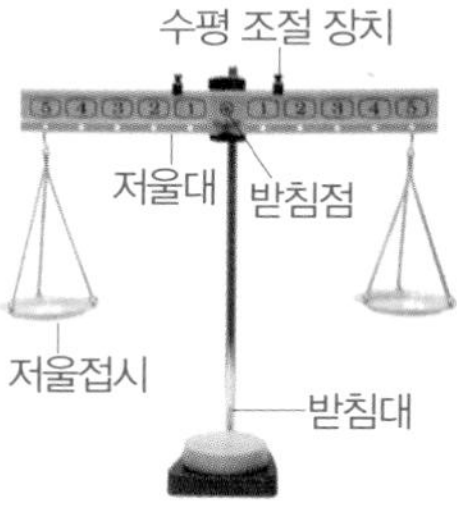

- 저울접시: 측정하고자 하는 물체를 올려놓는 부분
- 저울대: 양쪽에 저울접시를 거는 부분
- 수평 조절 장치: 저울대가 수평을 잡을 수 있게 조절하는 장치
- 받침대: 양팔저울의 저울대 가운데가 받침점 역할을 할 수 있도록 걸어 놓는 세로 부분

우리 생활에는 어떤 저울이 사용될까요?

① 용수철의 성질: 용수철저울, 가정용 저울, 체중계
② 수평 잡기의 원리: 양팔저울
③ 전기적 성질을 이용해 화면에 숫자로 물체의 무게 표시: 전자저울

간단한 저울 만들기

① 저울의 성질이나 원리, 이용할 물건 등을 생각해 저울을 만듭니다.
② 용수철: 무게에 따라 일정하게 늘어나는 성질을 이용할 때 필요합니다.
③ 받침대와 나무판자: 수평 잡기의 원리를 이용할 때 필요합니다.

바로바로 체크

1 ( ) 안에 들어갈 말에 ○표 하시오.

> 용수철에 걸어 놓는 추의 무게가 무거울수록 용수철은 많이 (줄어든다 , 늘어난다).

2 20g중 추 한 개당 늘어난 용수철의 길이가 3cm라면, 용수철에 걸어 놓은 추가 60g중이라면 늘어난 용수철의 길이는 몇 cm입니까?

( ) cm

3 용수철저울의 각 부분 중 물체를 걸었을 때 물체의 무게를 가리키는 부분의 이름은 무엇인지 쓰시오.

( )

4 양팔저울로 물체의 무게를 비교하였을 때, 무거운 물체는 어느 것인지 쓰시오.

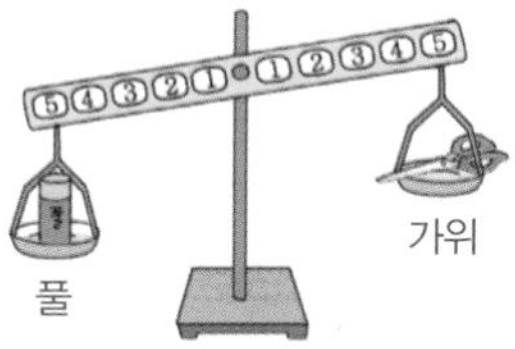

( )

정답

1. 늘어난다 2. 9 3. 표시 자 4. 풀

과학

단원평가 4회 4. 물체의 무게

서술형

1 동완이와 민성이가 여러 가지 물체를 손으로 들어 보고 무거운 순서를 정했습니다. 순서가 다른 까닭은 무엇인지 쓰시오.

동완	휴대 전화 > 필통 > 가위 > 연필
민성	필통 > 휴대 전화 > 연필 > 가위

____

2 우리 생활에서 물체의 무게를 측정하는 경우가 아닌 것은 어느 것입니까? (　　　)

① 식빵을 만들 때
② 유도 경기에서 체급을 정할 때
③ 우체국에서 등기 우편을 보낼 때
④ 문구점에서 지우개와 연필을 살 때
⑤ 젤리 가게에서 젤리의 가격을 정할 때

중요

3 다음과 같이 용수철에 무게가 다른 추를 걸어 놓고 늘어난 용수철의 길이만큼 옆에 있는 용수철을 손으로 잡아당겼을 때, 더 세게 잡아당겨야 하는 것은 어느 것인지 기호를 쓰시오.

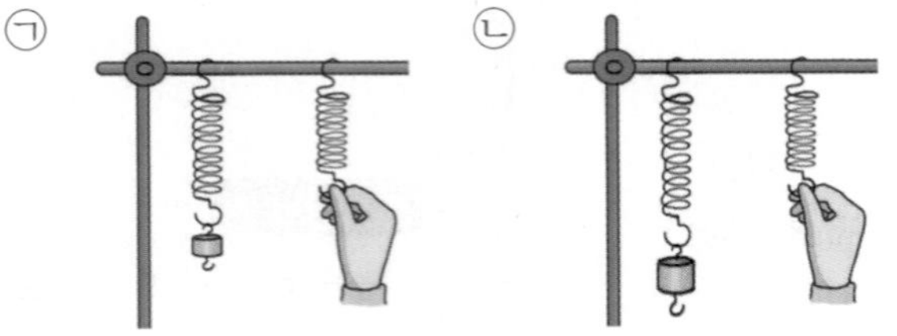

(　　　　　　　　)

4 물체의 무게에 대한 설명으로 바른 것은 어느 것입니까? (　　　)

① 물체의 무게는 일정하다.
② 무게의 단위는 cm, m이다.
③ 지구가 물체를 끌어당기는 힘의 크기이다.
④ 용수철의 길이가 늘어날수록 힘의 크기는 작다.
⑤ 물체가 무거울수록 지구가 끌어당기는 힘의 크기는 작다.

5 무거운 물체를 가벼운 물체보다 들기 어려운 까닭에 해당하는 기호를 쓰시오.

㉠ 물체의 크기가 크기 때문이다.
㉡ 지구가 물체를 끌어당기는 힘의 크기가 크기 때문이다.
㉢ 지구가 물체를 끌어당기는 힘의 크기가 작기 때문이다.

(　　　　　　　　)

✿ 추의 무게에 따라 늘어난 용수철의 길이입니다. [6~7]

추의 무게(g중)	0	20	40	60	80
늘어난 용수철의 길이(cm)	0	2	4	6	8

6 20g중 추 한 개당 늘어난 용수철의 길이는 얼마인지 쓰시오.

(　　　　　　　　)

잘 틀려요

7 앞 6번에서 용수철에 걸어 놓은 추의 무게가 120g중일 때, 늘어난 용수철의 길이를 쓰시오.

( )

8 ( ) 안에 들어갈 알맞은 말을 쓰시오.

> 늘어난 용수철의 길이는 용수철에 걸어 놓은 물체의 ( )를 나타낸다.

( )

중요

9 오른쪽 용수철저울의 각 부분에 대한 설명으로 바르지 않은 것은 어느 것입니까? ( )

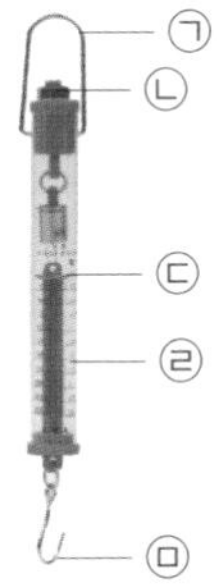

① ㉠ – 용수철저울을 스탠드에 거는 부분이다.
② ㉡ – 표시 자를 눈금의 '0'의 위치에 오도록 조절하는 부분이다.
③ ㉢ – 용수철저울의 수평을 잡는 부분이다.
④ ㉣ – 물체의 무게를 나타내는 부분이다.
⑤ ㉤ – 추나 물체를 거는 부분이다.

10 오른쪽 용수철저울의 눈금을 보고 작은 눈금과 큰 눈금 하나가 나타내는 무게는 얼마인지 각각 쓰시오.

구분	작은 눈금	큰 눈금
무게(g중)	㉠	㉡

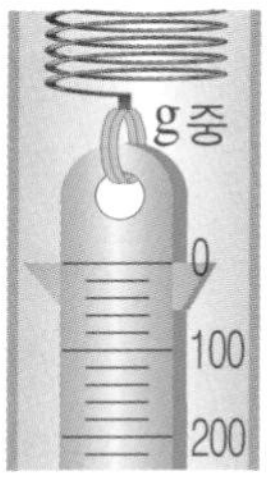

㉠: ( )
㉡: ( )

11 용수철저울이 가리키는 무게는 얼마입니까? ( )

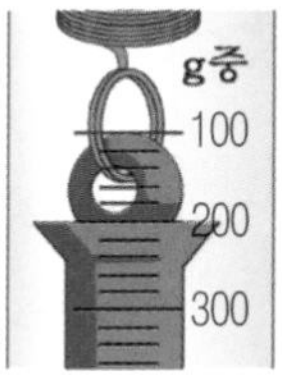

① 10g중 ② 10kg중
③ 200g중 ④ 20kg중
⑤ 200N

잘 틀려요

12 무게가 같은 두 개의 나무토막 중 한 개를 받침대 오른쪽의 ③번에 놓았을 때, 다른 한 개의 나무토막은 받침대의 왼쪽 어디에 놓아야 수평을 잡을 수 있는지 쓰시오.

( )

서술형

13 다음과 같이 몸무게가 다른 지연이와 지우가 시소를 탔습니다. 시소의 수평을 잡기 위해서는 어떻게 해야 하는지 한 가지 쓰시오.

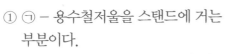

____

____

14 우리 생활에서 수평 잡기의 원리를 이용한 놀이 기구는 무엇입니까? ( )

① 시소 ② 철봉
③ 그네 ④ 정글짐
⑤ 미끄럼틀

과학

잘 틀려요

15 양팔저울의 사용 방법으로 바르지 않은 것은 무엇입니까? (　　)

① 먼저 평평한 곳에 받침대를 세운다.
② 저울대의 중심을 받침대와 연결한다.
③ 저울대가 수평을 잡으면 클립의 개수를 세어 본다.
④ 수평 조절 장치를 이용해 저울대의 수평을 맞춘다.
⑤ 먼저 무게가 일정한 클립 여러 개를 한쪽 저울접시에 올려놓고, 다른 쪽 저울접시에 무게를 측정하고자 하는 물체를 올려놓는다.

16 다음은 클립을 이용하여 양팔저울로 물체의 무게를 측정한 결과입니다. 가장 무게가 무거운 물체는 무엇인지 쓰시오.

추의 무게(g중)	클립의 수(개)
지우개	27
가위	41
풀	46

(　　　　　　　　)

중요

17 다음을 읽고 바른 것은 ○표, 바르지 않은 것은 ×표를 하시오.

(1) 양팔저울은 용수철의 성질을 이용한 저울입니다. (　　)
(2) 양팔저울로 물체의 무게를 측정할 때 클립과 같은 역할을 하는 물체들은 무게가 일정해야 합니다. (　　)
(3) 양팔저울의 저울접시에 물체를 각각 올려놓고 무게를 비교하였을 때, 저울대가 기울어진 쪽이 무거운 물체입니다. (　　)

18 다음 중 용수철의 성질을 이용한 저울을 모두 골라 기호를 쓰시오.

㉠ 
㉡ 
㉢ 
㉣ 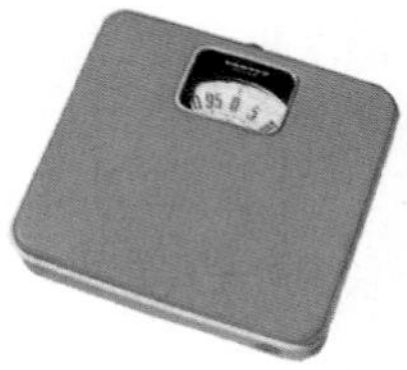

(　　　　　　　　)

19 다음과 같이 전기적 성질을 이용해 화면에 숫자로 물체의 무게를 표시하는 저울을 무엇이라고 하는지 쓰시오.

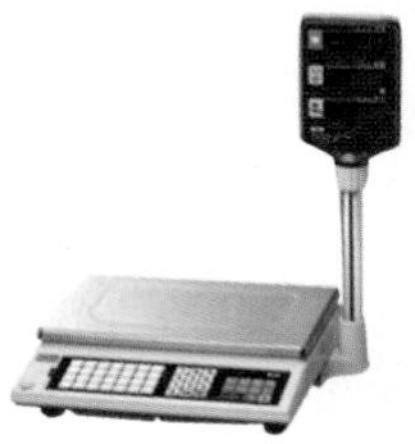

(　　　　　　　　)

20 수평 잡기의 원리를 이용한 저울을 만들 때, 필요한 준비물이 아닌 것은 어느 것입니까? (　　)

① 클립
② 용수철
③ 옷걸이
④ 장구 핀
⑤ 바지걸이

탐·구·서·술·형·평·가

1 물체의 무게가 무엇인지 쓰고, 무게의 단위와 단위를 읽는 법을 쓰시오.

(1) 물체의 무게: ____________________

(2) 무게의 단위와 읽는 법: ____________________

▪ 추의 무게 때문에 나타나는 용수철의 길이 변화

- 용수철에 걸어 놓는 추의 무게가 무거울수록 용수철은 많이 늘어납니다.
- 추의 무게에 따라 늘어나는 용수철의 길이가 다른 까닭은 지구가 추를 끌어당기는 힘이 다르기 때문입니다.

2 용수철저울의 사용 방법을 차례대로 쓰시오.

____

____

____

____

▪ 용수철저울로 물체의 무게 측정하기

- 용수철저울의 고리에 물체를 걸어 놓은 다음 표시 자가 가리키는 눈금의 숫자를 단위와 같이 읽어야 합니다.
- 물체의 무게를 측정하기 전에 영점을 조절하지 않으면 물체의 무게를 정확하게 측정할 수 없습니다.

3 양팔저울로 물체의 무게를 비교하는 방법을 두 가지 쓰시오.

(1) ____________________

____

(2) ____________________

____

▪ 양팔저울

- 양팔저울은 수평 잡기의 원리를 이용한 저울입니다.
- 무게가 일정하지 않은 물체의 무게를 비교할 때는 저울대가 기울어진 쪽이 무게가 무거운 물체입니다.

과학

5. 혼합물의 분리

✤ 여러 가지 재료로 만든 간식 예

▲ 김밥

▲ 팥빙수

✤ 거름 장치를 꾸미는 방법

- 고깔 모양으로 접은 거름종이를 깔때기 안에 넣고 물을 묻힙니다.
- 깔때기 끝의 긴 부분을 비커의 옆면에 닿게 설치합니다.
- 거르고자 하는 액체 혼합물이 유리 막대를 타고 천천히 흐르도록 붓습니다.

반짝반짝 소금물 그림 그리기

① 검은색 종이에 크레파스를 사용하여 그림을 그립니다.

② 진한 소금물을 만들어 여러 가지 색깔의 물감을 탑니다.

③ 물감을 탄 진한 소금물로 색칠을 합니다.

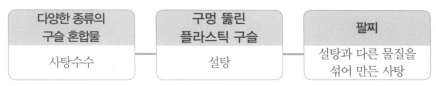

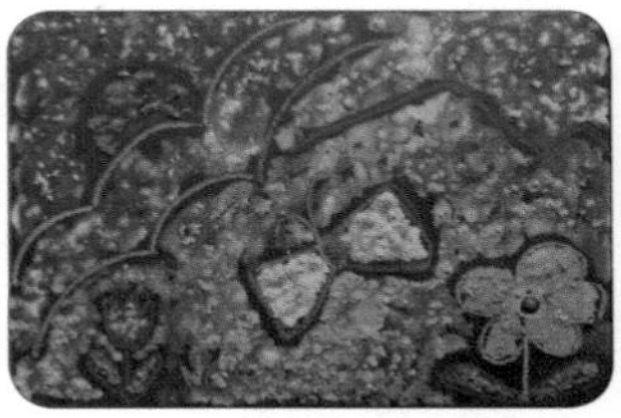

④ 머리 말리개로 그림을 말립니다. → 그림 표면에 소금 알갱이가 생겨 그림 표면이 울퉁불퉁해 집니다.

혼합물이란 무엇일까요?

① 여러 가지 재료[❶]로 간식을 만든 후, 눈가리개로 눈을 가리고 간식의 재료 알아맞히기: 여러 가지 재료를 섞어 간식을 만들어도 각 재료의 맛은 변하지 않기 때문에 간식의 재료를 알아맞힐 수 있습니다.

② 혼합물: 두 가지 이상의 물질이 성질이 변하지 않은 채 서로 섞여 있는 것입니다.

③ 생활 속에서의 혼합물의 예: 김밥, 팥빙수, 미숫가루 물, 나박김치, 바닷물, 재활용품이 섞여 있는 쓰레기 등

혼합물을 분리[❷]하면 좋은 점은 무엇일까요?

① 구슬로 나만의 팔찌 만들기: 큰 그릇에 담겨 있는 다양한 종류의 구슬을 관찰합니다. ⇨ 내가 만들고 싶은 팔찌를 디자인합니다. ⇨ 팔찌를 만드는 데 필요한 구슬을 큰 그릇에서 골라 종류별로 페트리 접시에 담습니다. ⇨ 디자인한 대로 구슬을 실에 꿰어 팔찌를 만듭니다.

② 큰 그릇에 담겨 있는 다양한 종류의 구슬 혼합물을 사탕수수라고 한다면, '구멍 뚫린 플라스틱 구슬', '팔찌'가 각각 나타내는 것

다양한 종류의 구슬 혼합물	구멍 뚫린 플라스틱 구슬	팔찌
사탕수수	설탕	설탕과 다른 물질을 섞어 만든 사탕

③ 혼합물을 분리하면 좋은 점: 원하는 물질을 얻을 수 있고, 이를 우리 생활의 필요한 곳에 이용할 수 있습니다.

콩, 팥, 좁쌀의 혼합물은 어떻게 분리할까요?

① 콩, 팥, 좁쌀의 혼합물을 분리하는 방법

- 손으로 직접 분리할 수도 있고, 체를 사용하여 분리할 수도 있습니다.
- 손으로 분리하면 시간이 오래 걸리고, 크기가 작은 좁쌀은 손으로 집기 어렵습니다.
- 체와 같은 도구를 사용하면 빠른 시간 내에 원하는 물질을 효과적으로 분리할 수 있습니다.

낱말 풀이

❶ **재료** 물건을 만드는 데 들어가는 것

❷ **분리** 서로 나뉘어 떨어짐

❸ **수거** 거두어 감

② 생활 속에서 알갱이의 크기 차이를 이용하여 혼합물을 분리하는 예

- 해변 쓰레기 수거 장비로 해변에서 쓰레기를 효과적으로 수거합니다.
- 어민들이 모래와 진흙 속에 사는 재첩을 체를 사용하여 잡습니다.
- 건물을 짓는 공사장에서 모래와 자갈을 분리할 때 체를 사용합니다.

플라스틱 구슬과 철 구슬을 분리하려면 어떻게 해야 할까요?

① 플라스틱 구슬과 철 구슬의 혼합물을 분리하는 방법: 철 구슬이 자석에 붙는 성질을 이용하여 분리합니다.

② 생활 속에서 자석을 사용하여 혼합물을 쉽게 분리하는 예

- 자석을 사용한 자동 분리기로 철 캔과 알루미늄 캔을 분리할 수 있습니다.
- 폐건전지를 가루로 만든 뒤 자석을 사용하여 철을 분리할 수 있습니다.
- 식품 속에 섞여 있는 철 가루를 자석으로 분리할 수 있습니다.

예 말린 고추를 기계를 사용하여 고춧가루로 만들 때, 기계가 마모되어 작은 철 가루들이 떨어져 나오는 경우가 있는데, 이때 자석을 사용합니다.

소금과 모래를 분리하려면 어떻게 해야 할까요?

① 혼합물을 거름 장치로 분리하기: 소금과 모래의 혼합물을 물에 녹인 뒤 거름 장치를 사용하여 거릅니다.

거름종이에 남아 있는 물질	모래
거름종이를 빠져 나간 물질	소금물

② 걸러진 물질을 증발 장치로 분리하기: 걸러진 물질을 증발 접시에 붓고 알코올램프로 가열합니다.

증발 접시에 나타나는 현상	• 물이 끓고, 물의 양이 줄어든다. • 하얀색 가루(소금)가 생긴다. • 하얀색 가루(소금)가 사방으로 튄다.

혼합물의 분리를 이용하여 재생 종이 만들기

① 종이 죽과 물을 수조에 넣고 식용 색소를 넣은 뒤 잘 섞습니다.

② 종이 만들기 틀을 수조에 넣고 원하는 두께가 되도록 종이뜨기를 합니다.

③ 물기가 빠진 종이를 틀에서 분리하여 천 위에 놓습니다.

④ 종이를 말립니다.

바로바로 체크

1 두 가지 이상의 물질이 성질이 변하지 않은 채 섞여 있는 것을 무엇이라고 하는지 쓰시오.

( )

2 콩, 팥, 좁쌀 혼합물을 쉽게 분리하는 데 필요한 도구에 ○표 하시오.

(체 , 물)

3 식품 속에 섞여 있는 철 가루를 분리하는 데 필요한 도구를 쓰시오.

( )

4 ㉠과 ㉡에 들어갈 말을 차례대로 쓰시오.

> 소금과 모래의 혼합물을 물에 녹여 (㉠) 장치로 분리할 수 있고, (㉠) 장치로 거른 소금물은 (㉡) 장치를 이용하여 소금을 얻을 수 있다.

㉠: ( )

㉡: ( )

정답

1. 혼합물 2. 체 3. 자석
4. ㉠ 거름 ㉡ 증발

과학

1 소금물로 그림을 그리고 머리 말리개로 말릴 때 그림 표면에 생기는 작은 알갱이는 무엇인지 쓰시오.

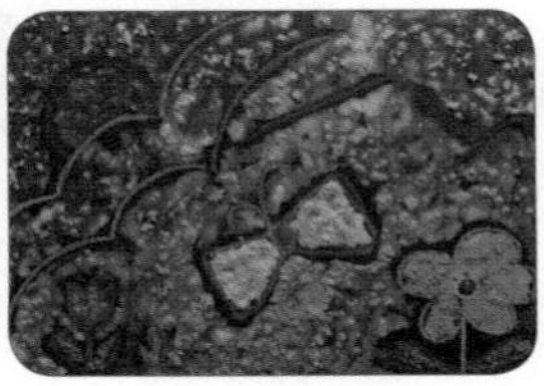

(　　　　　　　　)

잘 틀려요

2 다음 중 혼합물이 아닌 것은 어느 것입니까? (　　)

① 물　② 김밥
③ 팥빙수　④ 나박김치
⑤ 샌드위치

3 김밥을 만들 때 필요한 재료가 아닌 것은 무엇입니까? (　　)

① 김　② 팥
③ 당근　④ 달걀
⑤ 시금치

4 눈가리개로 눈을 가리고 여러 가지 재료를 섞은 간식을 먹었을 때, 간식의 재료를 맞힐 수 있는 까닭은 무엇입니까? (　　)

① 각 재료를 담는 그릇이 같기 때문에
② 각 재료의 맛은 변하지 않기 때문에
③ 각 재료의 모양은 변하지 않기 때문에
④ 각 재료의 색깔은 변하지 않기 때문에
⑤ 각 재료를 만드는 방법은 변하지 않기 때문에

5 구슬로 나만의 팔찌를 만드는 방법을 순서대로 기호를 쓰시오.

ㄱ 내가 만들고 싶은 팔찌를 디자인한다.
ㄴ 팔찌를 만드는 데 필요한 구슬을 큰 그릇에서 골라 종류별로 페트리 접시에 담는다.
ㄷ 큰 그릇에 담겨 있는 다양한 종류의 구슬을 관찰한다.
ㄹ 디자인한 대로 구슬을 실에 꿰어 팔찌를 만든다.

(　　　　　　　　)

중요

6 구슬로 만든 나만의 팔찌와 사탕수수에서 사탕을 만드는 것을 비교해서 바르게 선으로 연결하시오.

(1) 다양한 종류의 구슬 혼합물 •　　• ㄱ 설탕
(2) 구멍 뚫린 플라스틱 구슬 •　　• ㄴ 사탕수수
(3) 팔찌 •　　• ㄷ 사탕

7 다음 중 설탕을 얻을 수 있는 혼합물은 어느 것입니까? (　　)

① 소금
② 밀가루
③ 바닷물
④ 미숫가루
⑤ 사탕수수

서술형

8 혼합물을 분리하면 좋은 점은 무엇인지 한 가지 쓰시오.

____

____

9 다음과 같은 특징은 콩, 팥, 좁쌀 중 어느 것의 특징인지 쓰시오.

- 모양이 둥글다.
- 붉은색, 자주색이다.
- 중간 크기이다.

(   )

10 콩, 팥, 좁쌀의 혼합물을 손으로 분리하지 않고 체로 분리하였을 때 좋은 점은 무엇입니까? (   )

① 시간이 오래 걸린다.
② 시간이 짧게 걸린다.
③ 맛이 변하지 않는다.
④ 모양이 변하지 않는다.
⑤ 한 번에 모두 분리할 수 있다.

잘 틀려요

11 콩, 팥, 좁쌀의 혼합물을 분리할 때 필요한 체를 모두 골라 기호를 쓰시오.

㉠ 눈의 크기가 콩보다 큰 체
㉡ 눈의 크기가 좁쌀보다 작은 체
㉢ 눈의 크기가 팥보다 크고 콩보다 작은 체
㉣ 눈의 크기가 좁쌀보다 크고 팥보다 작은 체

(   )

12 알갱이의 크기 차이를 이용하여 혼합물을 분리하는 경우는 어느 것입니까? (   )

① 철광석에서 철을 분리한다.
② 소금물에서 소금을 분리한다.
③ 사탕수수에서 설탕을 분리한다.
④ 서랍 속에 섞여 있는 납작못을 분리한다.
⑤ 해변 쓰레기 수거 장비로 해변 쓰레기를 수거한다.

중요

13 플라스틱 구슬과 철 구슬의 혼합물을 분리하는 데 필요한 도구는 무엇입니까? (   )

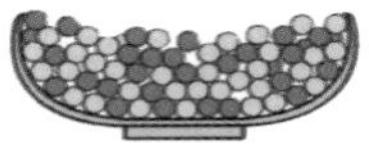

① 물
② 체
③ 자석
④ 거름종이
⑤ 알코올램프

14 자동 분리기로 철 캔과 알루미늄 캔을 분리할 때, 자석이 들어 있는 이동판에 달라붙는 것은 어느 것인지 쓰시오.

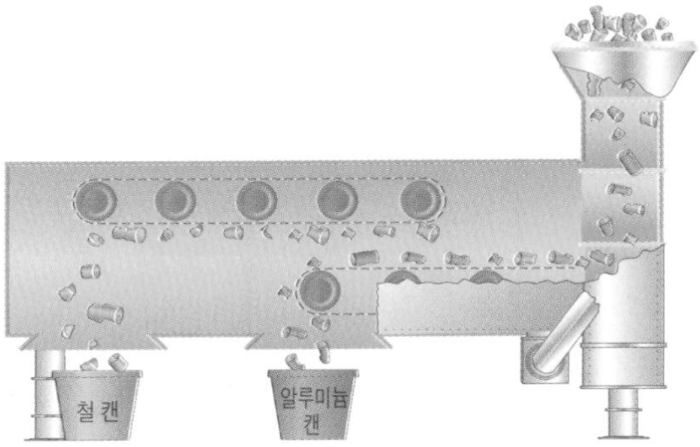

(   )

서술형

15 다음과 같이 자석을 사용하여 혼합물을 쉽게 분리할 수 있는 성질은 무엇인지 쓰시오.

> 말린 고추를 기계를 사용하여 고춧가루로 만들 때, 기계가 마모 되어 철 가루들이 떨어져 나오는 경우가 있다. 이때 고춧가루에 섞여 있는 철 가루를 자석을 사용하여 분리한다.

____

잘 틀려요

16 소금과 모래의 혼합물을 분리하는 모습으로 바르지 않은 것은 무엇입니까? (   )

① 소금과 모래의 혼합물을 물에 녹인다.
② 거름종이를 거름 장치 깔때기 안에 넣는다.
③ 소금과 모래의 혼합물을 거름 장치로 분리한다.
④ 거르고자 하는 액체 혼합물을 깔때기에 한 번에 붓는다.
⑤ 거름 장치의 깔때기 끝의 긴 부분을 비커의 옆면에 닿게 설치한다.

중요

17 소금과 모래의 혼합물을 물에 녹여 거름 장치로 걸렀을 때, 거름종이에 남아 있는 물질 ㉠과 거름종이를 빠져 나간 물질 ㉡을 각각 쓰시오.

㉠: (   )
㉡: (   )

18 소금과 모래의 혼합물을 거름 장치로 거른 후 걸러진 물질을 증발 장치로 분리할 때 증발 접시에서 나타나는 현상을 모두 고르시오.

(,   )

① 아무 변화가 없다.
② 물이 점점 많아진다.
③ 황토색 알갱이가 생긴다.
④ 하얀색 알갱이가 생긴다.
⑤ 물이 끓고, 점점 줄어든다.

19 다음은 전통 장을 만드는 모습입니다. ㉠과 ㉡에 들어갈 알맞은 말을 쓰시오.

> 메주와 소금물을 섞은 혼합물을 천으로 거르면 천에 남아 있는 건더기는 (㉠)을 만들고, 천을 빠져나간 액체는 끓여서 (㉡)을 만든다.

㉠: (   )
㉡: (   )

20 다음 재생 종이를 만드는 과정 중 거름의 원리가 이용된 과정을 골라 기호를 쓰시오.

> ㉠ 종이 죽과 물을 수조에 넣고 식용 색소를 넣은 뒤 잘 섞는다.
> ㉡ 종이 만들기 틀을 수조에 넣고 원하는 두께가 되도록 종이뜨기를 한다.
> ㉢ 물기가 빠진 종이를 틀에서 분리하여 천 위에 놓는다.
> ㉣ 종이를 말린다.

(   )

탐·구·서·술·형·평·가

1 쌀, 플라스틱 구슬, 철 구슬이 섞여 있는 혼합물을 분리하려고 합니다. 다음 조건을 참고하여 혼합물의 분리 방법 두 가지와 각 방법에서 분리되는 물질을 쓰시오.

- 쌀의 크기는 플라스틱 구슬, 철 구슬보다 작다.
- 플라스틱 구슬과 철 구슬의 크기는 같다.

구분	분리 방법	분리되는 물질
(1)		
(2)		

2 생활 속에서 자석을 사용하여 혼합물을 쉽게 분리하는 예를 두 가지 쓰시오.

____

____

3 모래와 흙이 섞인 바닷물에서 깨끗한 바닷물을 얻는 방법과 관련 있는 실험 장치를 골라 기호를 쓰고, 깨끗한 바닷물을 얻는 과정을 쓰시오.

㉠

㉡

(1) 깨끗한 바닷물을 얻을 수 있는 실험 장치: (　　　　　)

(2) 깨끗한 바닷물을 얻는 과정: ____________________________

____

▪ 혼합물의 분리

- 크기가 다른 고체 알갱이가 섞인 혼합물을 분리할 때: 체를 사용하면 여러 개의 알갱이를 쉽게 분리할 수 있습니다.
- 자석에 붙는 성질을 이용하여 분리할 때: 철이 자석에 붙는 성질을 이용하여 분리할 수 있습니다.

▪ 자석을 사용하여 혼합물 분리하기

- 플라스틱 구슬과 철 구슬의 혼합물에서 철이 자석에 붙는 성질을 이용하여 철 구슬을 분리할 수 있습니다.
- 혼합물에 철로 된 물질이 섞여 있을 때는 철이 자석에 붙는 성질을 이용하여 분리할 수 있습니다.

▪ 거름 장치와 증발 장치

- 거름 장치를 사용하여 물에 녹는 물질과 물에 녹지 않는 물질의 혼합물을 분리할 수 있습니다.
- 증발 장치를 사용하여 소금물을 물과 소금으로 분리할 수 있습니다.

과학

마무리 평가

차례

1회
국어 129
수학 133
사회 136
과학 139

2회
국어 142
수학 146
사회 149
과학 152

3회
국어 155
수학 159
사회 162
과학 165

4회
국어 168
수학 172
사회 175
과학 178

1~2

청록색의
모양을 보니……
주황색의
모양을 보니……

[1. 생각과 느낌을 나누어요]

1 남자아이는 무슨 그림으로 보았을지 쓰시오.

( )

[1. 생각과 느낌을 나누어요]

2 그림이 다르게 보이는 까닭은 무엇입니까? ( )

① 남자와 여자이기 때문에
② 사는 곳이 다르기 때문에
③ 느낀 점이 다를 수 있기 때문에
④ 무엇이 중요한지 모르기 때문에
⑤ 서로 생긴 모습이 다르기 때문에

[2. 내용을 간추려요]

3 다음을 읽고 문단의 중심 문장에는 ○표, 뒷받침 문장에는 △표를 하시오.

(1)	동물들이 소리를 내는 방식은 다양합니다.	
(2)	성대를 이용하여 소리를 내는 동물도 있고 다른 부위를 이용하는 동물도 있습니다.	

4~5

석탄, 석유, 가스, 전기 같은 에너지 자원은 한없이 있는 것이 아니다. 다 쓰고 나면 더는 에너지 자원을 구할 수 없게 된다. 특히 석유는 우리나라에서는 나지 않아 외국에서 수입해 오고 있다. 이처럼 중요한 에너지를 어떻게 절약해야 할까?

에너지를 절약하는 것은 그리 어렵지 않다. 관심을 가지고 내가 할 수 있는 작은 일부터 실천하면 된다.

우리가 에너지를 절약하는 방법은 두 가지로 나눌 수 있다. 먼저, 에너지를 불필요하게 사용하지 않는 것이다. 쓰지 않는 꽂개는 반드시 뽑아 놓고, 빈방에 켜 놓은 전깃불은 끈다. 그리고 뜨거운 음식은 식힌 뒤에 냉장고에 넣는다.

다음은, 에너지 사용을 줄이는 것이다. 가전제품은 에너지 효율이 높은 것을 쓰고, 조명 기구는 전기가 적게 드는 제품을 사용한다. 한 여름에는 냉방기를 적게 쓰고 겨울에도 난방 기구를 덜 쓰도록 노력해야 한다.

[2. 내용을 간추려요]

4 이 글의 제목으로 알맞은 것은 어느 것입니까? ( )

① 에너지를 절약하자
② 에너지를 활용하자
③ 에너지를 수입하자
④ 에너지를 쓰지 말자
⑤ 더 많은 에너지를 개발하자

[2. 내용을 간추려요]

5 문제점에 대한 실천 방법으로 알맞지 않은 것은 어느 것입니까? ( )

① 에너지 사용을 줄인다.
② 쓰지 않는 꽂개도 꽂아 놓는다.
③ 빈방에 켜 놓은 전깃불은 끈다.
④ 음식은 식힌 뒤에 냉장고에 넣는다.
⑤ 에너지를 불필요하게 사용하지 않는다.

서술형

[3. 느낌을 살려 말해요]

6 상황에 알맞은 표정, 몸짓, 말투를 사용하면 어떤 점이 좋은지 쓰시오.

- 느낌을 잘 표현할 수 있다.
- ______________________

[3. 느낌을 살려 말해요]

7 다음 내용을 듣는 사람은 누구겠습니까? (　　)

> 사람들이 돈을 만든 까닭을 알고 있니? 물물 교환을 할 때 사람들은 서로 원하는 것도 다르고 각자가 생각하는 물건의 가치도 달라서 불편했어. 그래서 사람들은 물건의 가격을 매길 수 있는 새로운 물건을 생각해 낸 거지. 그게 바로 돈이야. 최초의 돈은 중국인들이 사용한 조개껍데기래.

① 친구　② 부모님　③ 선생님　④ 할머니　⑤ 전교 4학년 학생들

[4. 일에 대한 의견]

8 다음 글을 읽고 사실과 의견을 구별해 쓰시오.

글	사실/의견
(1) 참으로 당당해 보이는 수박 덩어리이지요.	
(2) 줄기에 작은 수박 하나가 더 매달려 있군요.	
(3) 나비의 색깔이 서로 대비를 이루어 인상적입니다.	
(4) 수박 껍질을 뚫어 내고 수박씨를 먹고 있는 모습입니다.	

9~10

> 집으로 돌아온 수현이는 아빠, 엄마에게 마라톤에서 완주한 일을 몇 번이고 자랑했습니다.
> "내 뒤에서 달려오던 친구가 없었다면 나도 중간에 포기하고 말았을 거예요."
> 아빠와 엄마는 그런 수현이가 무척 대견했습니다.
> 그날 밤, 모두가 잠든 시각이었습니다. 안방 문틈 사이로 아빠의 낮은 신음 소리가 들렸습니다. 그리고 가느다란 엄마의 목소리가 들렸습니다.
> "당신도 몸이 약한데, 수현이 뒤에서 함께 뛰다니 ……. 너무 무리한 것 같아요. 병원에 안 가도 되겠어요?"
> 수현이는 그제야 알았습니다. 자신 뒤에서 꼴찌로 달렸던 사람은 바로 아빠였던 것입니다.

[5. 내가 만든 이야기]

9 수현이가 아빠, 엄마께 자랑한 일은 무엇입니까? (　　)

① 마라톤에 참가한 일
② 마라톤에서 완주한 일
③ 마라톤에서 응원한 일
④ 마라톤에서 일 등을 한 일
⑤ 마라톤에서 박수를 받은 일

[5. 내가 만든 이야기]

10 다음 마지막 장면을 참고하여 주제를 알아보려고 합니다. 이 글의 주제로 알맞은 것은 무엇입니까? (　　)

> 수현이의 두 볼에 주르륵 눈물이 흘렀습니다. 꼴찌로 달리며 수현이에게 안도감을 주고 싶었던 아빠의 마음이 수현이에게도 고스란히 전해졌습니다. 그날 아빠가 흘린 땀은 수현이가 힘겨울 때마다 힘이 되고 격려가 되는 징검다리가 될 것입니다.

① 참된 우정　② 욕심 없는 삶　③ 아버지의 사랑　④ 이웃의 소중함　⑤ 양보의 중요성

[6. 회의를 해요]

11 다음 회의 주제에 알맞은 의견은 무엇인지 ○표를 하시오.

> 학교생활을 안전하게 하자.

(1) 안전 게시판을 만들자. (　　)

(2) 친구들끼리 별명을 부르자. (　　)

12~13

> 인간은 지구의 막내예요. 최초의 생명이 수십억 년에 걸쳐 다양하게 가지를 뻗으며 진화하는 과정에서 우연히 생겨난 생물의 한 종일 뿐이지요.
>
> 지구의 막내이지만 인간은 지능이 높고 다른 동물보다 뛰어난 점이 분명 있어요. 하지만 인간에게만 있다고 여겼던 능력이 다른 동물에게서 발견되는 경우도 많아요. 예를 들어 언어는 인간만이 가진 능력이라고 생각했는데, 꿀벌에게도 언어가 있다는 것이 밝혀졌어요. 인간은 말과 글을 사용하지만 꿀벌은 춤을 이용한다는 것만 다를 뿐이에요.
>
> 「동물 속에 인간이 보여요」, 최재천

[7. 사전은 내 친구]

12 인간과 꿀벌의 언어는 무엇인지 각각 쓰시오.

(1) 인간: (　　　　)

(2) 꿀벌: (　　　　)

[7. 사전은 내 친구]

13 밑줄 그은 '발견'의 뜻으로 알맞은 것의 기호를 쓰시오.

> ㉮ 더 높은 단계로 나아감.
> ㉯ 새로 생각하여 만들어 냄.
> ㉰ 아직 알려지지 않은 사실을 찾아냄.

(　　　　)

[7. 사전은 내 친구]

14 나만의 사전을 만들 때 가장 먼저 해야 할 일은 무엇인지 기호를 쓰시오.

> ㉮ 낱말의 뜻 찾아 쓰기
> ㉯ 만들고 싶은 사전 정하기
> ㉰ 사전에 실을 낱말 정하기
> ㉱ 사전에 실을 낱말의 차례 정하기

(　　　　)

[8. 이런 제안 어때요]

15 다음 문장에서 '어찌하다/어떠하다'에 해당하는 부분은 무엇입니까? (　　)

> 우리 반 친구들이 도서관에서 책을 읽습니다.

① 우리 반

② 우리 반 친구들이

③ 친구들이 도서관에서

④ 친구들이 도서관에서 책을

⑤ 도서관에서 책을 읽습니다.

[8. 이런 제안 어때요]

16 오른쪽 그림에서 해결했으면 하는 문제는 무엇인지 기호를 쓰시오.

> ㉮ 골목이 어두운 문제
> ㉯ 친구를 놀리는 문제
> ㉰ 학교 앞에서 과속하는 문제

(　　　　)

17~18

한글은 그 제자 원리가 독창적이고 과학적인 문자이다. 한글 모음자의 경우 하늘, 땅, 사람을 본떠 각각 '·', 'ㅡ', 'ㅣ'의 기본 문자를 먼저 만들고, 이 기본 문자를 합쳐 'ㅗ', 'ㅏ', 'ㅜ', 'ㅓ'와 같은 나머지 모음자를 만들었다.

한글 자음자의 경우 발음 기관의 모양을 본떠 'ㄱ, ㄴ, ㅁ, ㅅ, ㅇ'의 기본 문자를 만들고, 이 기본 문자에 획을 더하거나 같은 문자를 하나 더 써서 'ㅋ, ㄲ'과 같은 자음자를 만들었다.

[9. 자랑스러운 한글]

17 자음자와 모음자의 기본 문자는 무엇을 본떠 만들었는지 선으로 이으시오.

(1) 자음자 • • ㉮ 발음 기관

(2) 모음자 • • ㉯ 하늘, 땅, 사람

[9. 자랑스러운 한글]

18 기본 문자 외에 나머지 자음자를 만든 원리는 무엇입니까? (　　)

① 기본 문자에 받침을 붙여 썼다.
② 기본 문자를 두 번씩 겹쳐 썼다.
③ 기본 문자를 옆으로 돌려서 썼다.
④ 기본 문자에 획을 더하거나 아래 위를 바꾸어 썼다.
⑤ 기본 문자에 획을 더하거나 같은 문자를 하나 더 썼다.

19~20

[10. 인물의 마음을 알아봐요]

19 이 만화를 읽고 인물의 마음을 실감 나게 표현하는 방법은 무엇입니까? (　　)

① 말은 한 낱말씩 띄어 읽는다.
② 무조건 큰 목소리로 소리친다.
③ 똑바로 서서 움직이지 않고 말한다.
④ 표정이나 행동을 조금 과장해서 표현한다.
⑤ 표정의 변화 없이 조용히 대화하듯이 말로만 표현한다.

[10. 인물의 마음을 알아봐요]

20 장면 ❶, ❷에 대한 설명으로 알맞은 것은 무엇입니까? (　　)

① 배경이 바닷속임을 알 수 있다.
② 용의 모습에서 속도감이 느껴진다.
③ 인물의 마음 속 생각만 알 수 있다.
④ 인물이 슬퍼하고 있음을 알 수 있다.
⑤ 인물이 한 말이나 배경, 인물의 마음이 나타나 있지 않다.

[1. 큰 수]

1 □ 안에 알맞은 수를 써넣으세요.

10000은
- 9000보다 □ 만큼 더 큰 수
- 9900보다 □ 만큼 더 큰 수
- 9990보다 □ 만큼 더 큰 수
- 9999보다 □ 만큼 더 큰 수

[1. 큰 수]

2 은행에서 예금한 돈 27000000원을 찾으려고 합니다. 백만 원짜리 수표로 최대 몇 장까지 찾을 수 있습니까?

(　　　　　　)

[1. 큰 수]

3 숫자 5가 5억을 나타내는 것은 어느 것입니까? (　　)

4523854501657523

①　②③　④⑤

서술형

[1. 큰 수]

4 0에서 9까지의 수를 한 번씩만 사용하여 10자리 수를 만들 때 50억에 가장 가까운 수는 얼마인지 풀이 과정을 쓰고 답을 구해 보세요.

(　　　　　　)

[2. 각도]

5 각의 크기가 가장 큰 각에 ○표 하세요.

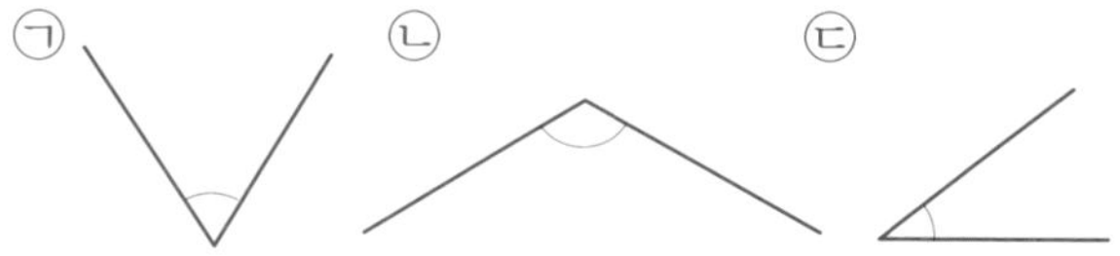

(　　) (　　) (　　)

[2. 각도]

6 각도기를 이용하여 각도를 재어 보세요.

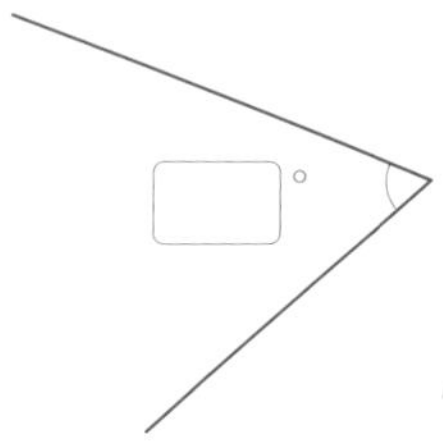

[2. 각도]

7 ㉠과 ㉡의 각도의 합을 구해 보세요.

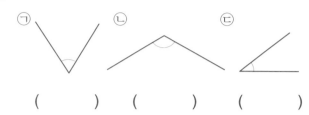

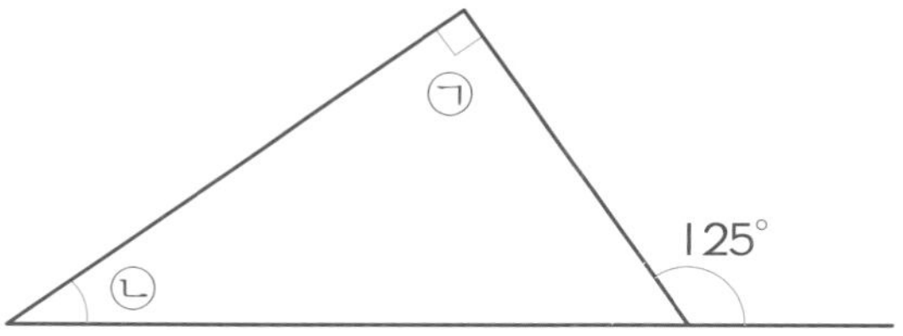

(　　　　　　)

[3. 곱셈과 나눗셈]

8 6×4=24입니다. 숫자 2를 써야 할 자리의 기호를 쓰세요.

		6	0	0	
×			4	0	
	㉠	㉡	㉢	㉣	㉤

(   )

[3. 곱셈과 나눗셈]

9 몫이 작은 것부터 차례로 기호를 써 보세요.

㉠ 240÷40   ㉡ 96÷19
㉢ 360÷19   ㉣ 294÷21

(,   ,   ,   )

[3. 곱셈과 나눗셈]

10 어느 과일 가게에 사과가 한 상자에 36개씩 24상자 있습니다. 이 사과를 한 봉지에 15개씩 될 수 있는대로 많은 봉지에 담은 후 남은 사과로는 주스를 만들었습니다. 주스를 만드는 데 사용한 사과는 몇 개입니까?

(   )

[4. 평면도형의 이동]

11 오른쪽 도형을 왼쪽으로 밀었을 때의 도형을 그려 보세요.

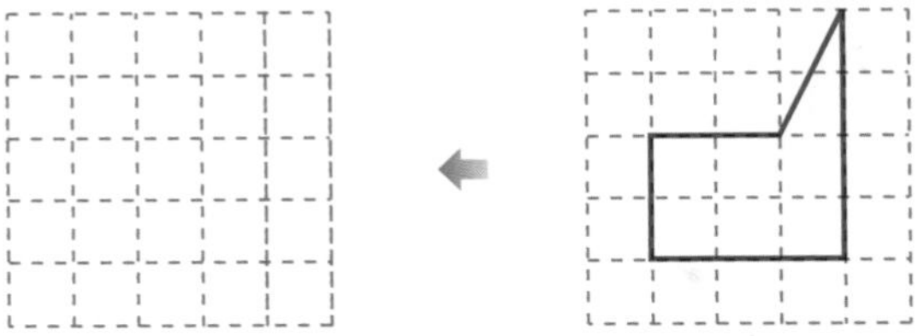

서술형

[4. 평면도형의 이동]

12 어떤 모양 조각을 위쪽으로 뒤집어야 할 것을 잘못하여 오른쪽으로 뒤집었더니 오른쪽과 같은 모양이 되었습니다. 바르게 뒤집었을 때의 모양은 어떤 모양인지 풀이 과정을 쓰고 □ 안에 그려 보세요.

[4. 평면도형의 이동]

13 왼쪽 도형을 돌렸더니 오른쪽 도형이 되었습니다. 어떻게 돌렸는지 ? 에 알맞은 것을 찾아 기호를 쓰세요.

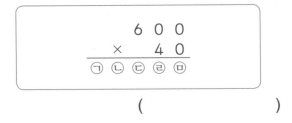

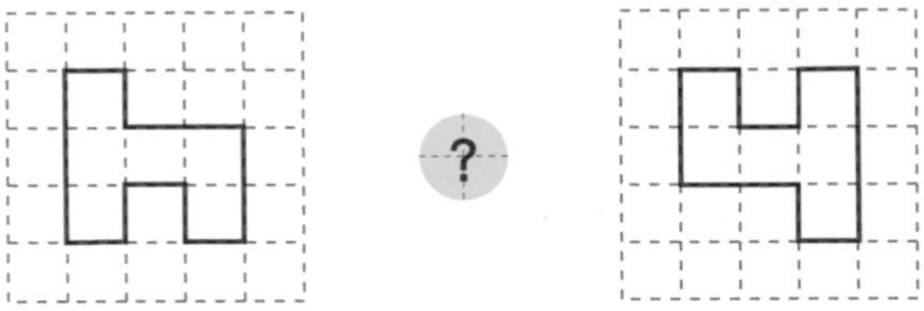

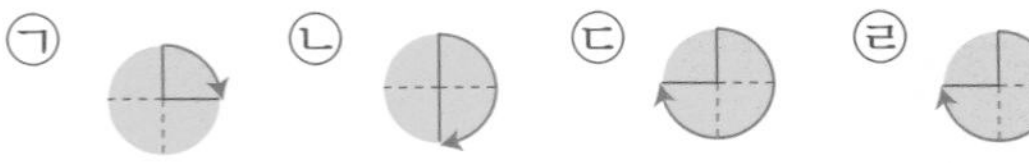

(   )

[4. 평면도형의 이동]

14  모양으로 돌리기를 이용하여 만든 모양을 찾아 ○표 하세요.

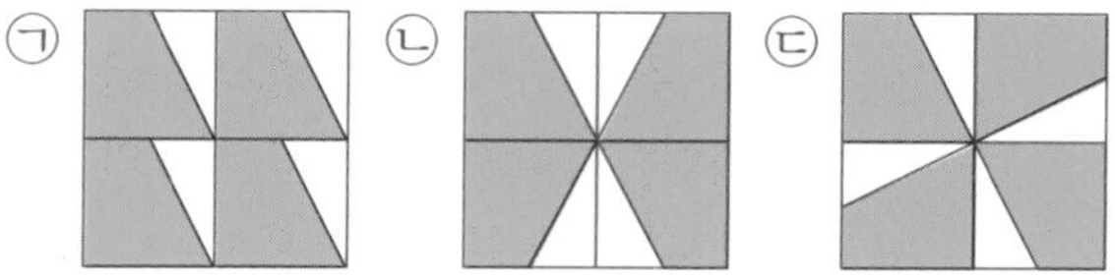

( ) ( ) ( )

✿ 재환이네 반 학생들이 좋아하는 계절을 조사하여 나타낸 막대그래프입니다. 물음에 답하세요. [15~17]

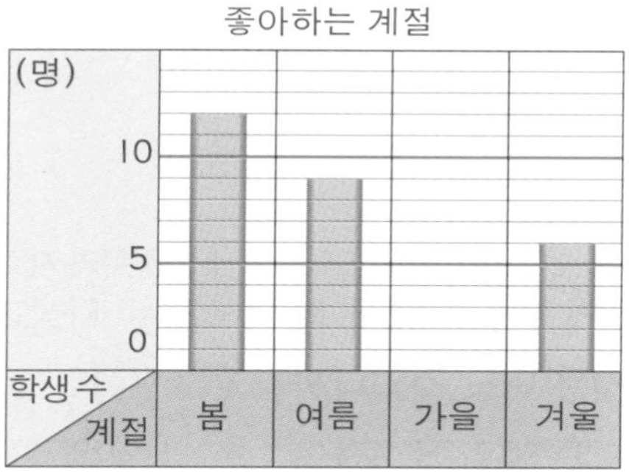

[5. 막대그래프]

15 재환이네 반 학생 수가 30명일 때 가을을 좋아하는 학생은 몇 명입니까?

( )

[5. 막대그래프]

16 학생 수가 가장 많은 계절과 가장 적은 계절의 좋아하는 학생 수의 차는 몇 명입니까?

( )

[5. 막대그래프]

17 그래프의 가로와 세로를 바꾸어 막대를 가로로 나타내어 보세요.

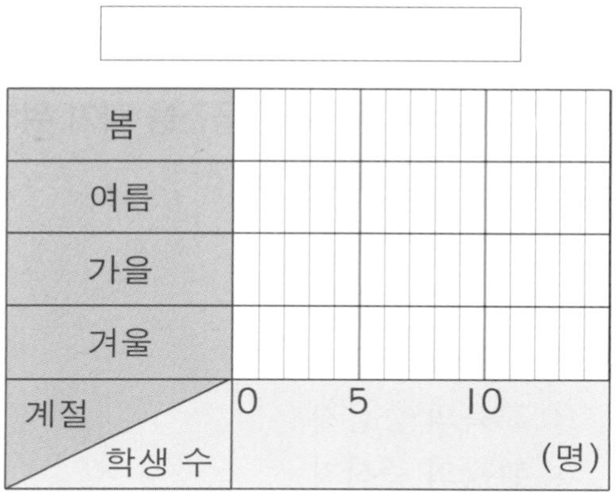

[6. 규칙 찾기]

18 수 배열의 규칙에 맞게 빈칸에 알맞은 수를 써넣으세요.

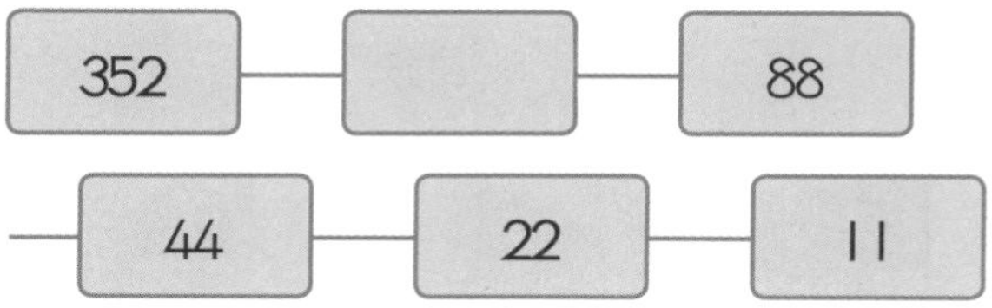

[6. 규칙 찾기]

19 모형의 배열을 보고 일곱째에 알맞은 모형의 개수를 구해 보세요.

첫째 둘째 셋째 넷째 다섯째

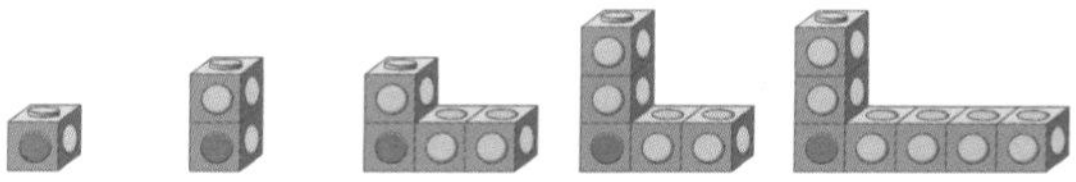

( )

[6. 규칙 찾기]

20 규칙적인 계산식을 보고 빈칸에 알맞은 계산식을 써넣으세요.

순서	계산식
첫째	$101 \times 55 = 5555$
둘째	$1001 \times 55 = 55055$
셋째	$10001 \times 55 = 550055$
넷째	
다섯째	$1000001 \times 55 = 5500005$

마무리 평가

✿ 다음 자료를 보고 물음에 답하시오. [1~2]

[1. ❶ 지도로 본 우리 지역]

1 위와 같이 위에서 내려다본 땅의 실제 모습을 일정한 형식으로 줄여서 나타낸 것을 무엇이라고 하는지 쓰시오.

( )

서술형 [1. ❶ 지도로 본 우리 지역]

2 위와 같은 자료를 이용했을 때의 좋은 점은 무엇인지 쓰시오.

[1. ❶ 지도로 본 우리 지역]

3 지도에 방위표가 없을 때에는 어느 쪽이 북쪽이 됩니까? ( )

① 위쪽 ② 왼쪽
③ 아래쪽 ④ 오른쪽
⑤ 가운데

[1. ❶ 지도로 본 우리 지역]

4 다음 빈칸에 들어갈 알맞은 말을 쓰시오.

> 지역의 실제 모습을 그림으로 그리거나, 모든 정보를 글자로만 표시하면 지도를 알아보기가 어렵다. 따라서 땅이나 건물의 모습을 지도에 나타낼 때에는 약속된 ( )를 사용한다.

( )

[1. ❷ 우리 지역의 중심지]

5 고장의 중심지에서 볼 수 있는 시설과 거리가 먼 것은 어느 것입니까? ( )

①

②

③

④

[1. ❷ 우리 지역의 중심지]

6 지역 사람들이 필요한 물건을 사기 위해 모이는 중심지는 어디입니까? ( )

① 행정의 중심지
② 상업의 중심지
③ 산업의 중심지
④ 교육의 중심지
⑤ 관광의 중심지

[1. ❷ 우리 지역의 중심지]

7 지역의 중심지를 답사하는 과정에서 가장 나중에 해야 할 일은 무엇입니까? (　　　)

① 중심지 답사하기
② 답사한 결과 정리하기
③ 답사한 내용 발표하기
④ 중심지 답사 계획 세우기
⑤ 답사에 필요한 것 준비하기

[2. ❶ 우리 지역의 문화유산]

8 문화유산을 답사하기 전에 해야 할 일은 어느 것입니까? (　　　)

① 답사 보고서를 작성한다.
② 문화유산을 사진으로 찍어 둔다.
③ 답사를 하면서 느낀 점을 기록한다.
④ 문화 관광 해설사께 궁금한 점을 여쭤본다.
⑤ 문화유산이 있는 곳까지 가는 방법을 알아 둔다.

서술형

[2. ❶ 우리 지역의 문화유산]

9 다음과 같이 문화유산을 답사하면 어떤 점이 좋은지 쓰시오.

서술형

[2. ❶ 우리 지역의 문화유산]

10 우리들이 문화유산을 답사할 때 지켜야 할 예절은 무엇인지 쓰시오.

[2. ❶ 우리 지역의 문화유산]

11 문화유산 안내도를 만들 때 가장 먼저 해야 할 일은 무엇입니까? (　　　)

① 주제 정하기
② 백지도 준비하기
③ 문화유산 사진 붙이기
④ 소개할 자료의 위치 나타내기
⑤ 안내도의 제목을 쓰고 소개할 자료 배치하기

[2. ❷ 우리 지역의 역사적 인물]

12 우리 지역의 역사적 인물을 조사하는 방법 중 오른쪽과 관계 깊은 것은 무엇인지 쓰시오.

(　　　　　　　　　　)

[2. ❷ 우리 지역의 역사적 인물]

13 장영실 역할극 대본에 들어가야 할 내용이 아닌 것은 어느 것입니까? (　　　)

① 대화 내용
② 장영실의 일생
③ 장영실과 관계 있는 등장인물
④ 장영실의 업적이 드러나는 장면
⑤ 장영실을 기념하기 위해 만든 장소

[3. ❶ 우리 지역의 공공 기관]

14 다음은 어떤 공공 기관이 없을 때 생길 수 있는 일인지 쓰시오.

도움이 필요한 사람들이 제때 필요한 치료를 받지 못할 수 있다.

(　　　　　　　　　　)

[3. ❶ 우리 지역의 공공 기관]

15 우리 고장에서 다음과 같은 일을 하는 공공 기관은 어디인지 쓰시오.

위험에 처한
사람들을 구해요.

(　　　　　　　　)

[3. ❶ 우리 지역의 공공 기관]

16 견학으로 공공 기관에서 하는 일을 조사했을 때의 좋은 점을 두 가지 고르시오. (　　,　　)

① 궁금한 점을 물어볼 수 있다.
② 알고 싶었던 점을 직접 확인할 수 있다.
③ 조사하는 데 시간이 많이 필요하지 않다.
④ 공공 기관에 직접 가서 조사하지 않아도 된다.
⑤ 여러 공공 기관에서 하는 일을 한 장소에서 알아볼 수 있다.

[3. ❶ 우리 지역의 공공 기관]

17 견학 보고서에서 다음 내용이 들어갈 항목은 무엇입니까? (　　)

> 공무원은 도민이 편리하고 행복하게 생활할 수 있도록 노력한다.

① 느낀 점　　② 견학 주제
③ 견학 날짜　　④ 견학 준비물
⑤ 더 알고 싶은 점

[3. ❷ 지역 문제와 주민 참여]

18 우리 지역의 주차 문제를 해결하기 위한 방법으로 알맞은 것은 어느 것입니까? (　　)

① 오래된 자동차의 운행을 금지한다.
② 인도를 없애고 공영 주차장을 건설한다.
③ 불법 주차를 한 사람은 이사를 가게 한다.
④ 자동차를 소유한 사람들은 세금을 많이 내게 한다.
⑤ 각 가정의 담장이나 대문을 허물어 개인 주차장을 마련한다.

[3. ❷ 지역 문제와 주민 참여]

19 다음에서 설명하는 것은 무엇인지 쓰시오.

> • 지역 문제를 해결하는 과정에서 지역 주민이 중심이 되어 참여하는 것이다.
> • 대표적인 방법에는 서명 운동 하기, 공청회에 참여하기 등이 있다.

(　　　　　　　　)

[3. ❷ 지역 문제와 주민 참여]

20 지역 문제와 주민 참여에 대해 바르게 이야기한 것에 ○표, 그렇지 않은 것에 ×표 하시오.

(1) 지역 문제는 지역의 모든 주민에게 영향을 미친다. (　　)
(2) 지역 문제를 해결할 때 드는 비용은 고려하지 않아도 된다. (　　)
(3) 지역 문제를 해결하려면 대화하고 타협하는 자세가 필요하다. (　　)
(4) 시민 단체는 지역 문제를 지역 주민들에게 알리지 않고 스스로 해결한다. (　　)

[2. 지층과 화석]

1 다음 중 지층의 특징으로 바른 것은 어느 것입니까? (   )

① 줄무늬가 보인다.
② 층의 색깔이 같다.
③ 층의 두께가 같다.
④ 지층은 모두 수평이다.
⑤ 한 개의 층으로 이루어져 있다.

[2. 지층과 화석]

2 다음 특징을 읽고, 퇴적암의 이름을 쓰시오.

- 주로 모래로 되어 있다.
- 손으로 만져 보면 까슬까슬하다.

(   )

[2. 지층과 화석]

3 퇴적암 모형 만들기 과정에서 모래와 모래 사이의 빈 곳을 채우고 서로 붙여 주기 위해서 필요한 준비물은 어느 것입니까? (   )

① 물　　② 물 풀
③ 모래　　④ 종이컵
⑤ 나무 막대기

[2. 지층과 화석]

4 다음 중 화석인 것의 기호를 쓰시오.

㉠

㉡

(   )

[2. 지층과 화석]

5 다음은 고사리가 잘 살 수 있는 조건을 조사한 것입니다. 화석 속 고사리가 살았던 환경을 바르게 짐작한 것은 어느 것입니까? (   )

- 따뜻한 곳에서 잘 자란다.
- 습기가 많은 곳에서 많이 발견된다.

① 바다였을 것이다.
② 공룡이 살았을 것이다.
③ 건조하고 추웠을 것이다.
④ 눈이 많이 내리는 곳이었을 것이다.
⑤ 따뜻하고 습기가 많은 곳이었을 것이다.

[3. 식물의 한살이]

6 오른쪽 씨의 이름은 무엇입니까? (   )

① 호두
② 사과씨
③ 참외씨
④ 강낭콩
⑤ 채송화씨

[3. 식물의 한살이]

7 화분에 씨를 심을 때 가장 나중에 해야 할 일은 무엇입니까? (   )

① 물뿌리개로 물을 충분히 준다.
② 화분에 거름흙을 $\frac{3}{4}$ 정도 넣는다.
③ 팻말을 꽂거나 이름표를 붙인다.
④ 씨 크기의 두세 배 깊이로 씨를 심는다.
⑤ 화분 바닥에 있는 물 빠짐 구멍을 망이나 작은 돌 등으로 막는다.

[3. 식물의 한살이]

8 씨가 싹 트는 데 온도가 미치는 영향을 알아볼 때 다르게 할 조건은 무엇입니까? (　　　)

① 물　② 온도
③ 양분　④ 식물의 종류
⑤ 화분의 크기

[3. 식물의 한살이]

9 비슷한 크기로 자란 강낭콩 화분 두 개 중 한 화분에만 물을 주었습니다. 잎이 잘 자라는 것의 기호를 쓰시오.

㉠

㉡

(　　　　　　　　)

[3. 식물의 한살이]

10 식물의 잎과 줄기가 자란 정도를 관찰하는 방법이 아닌 것은 어느 것입니까? (　　　)

① 잎의 개수를 측정한다.
② 줄자로 줄기의 길이를 잰다.
③ 매일 잎을 하나씩 떼서 크기를 비교한다.
④ 종이에 잎의 본을 떠서 크기를 비교한다.
⑤ 잎자루에서부터 잎의 가장 뾰족한 부분까지 자로 잰다.

[3. 식물의 한살이]

11 강낭콩이 자라는 과정에서 꽃이 핀 다음 볼 수 있는 모습은 무엇인지 쓰시오.

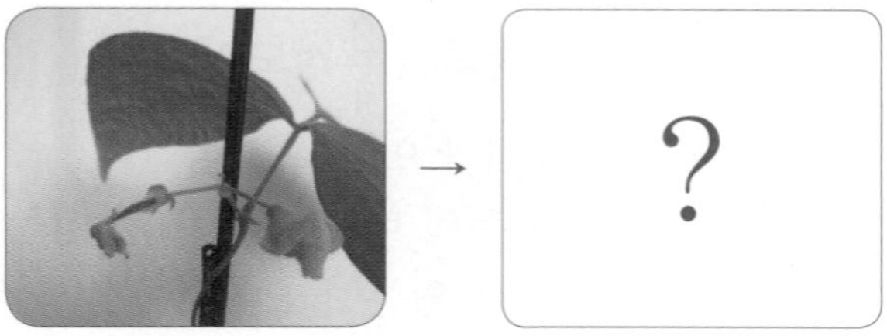

(　　　　　　　　)

[4. 물체의 무게]

12 다음과 같이 물체의 무게를 정확하게 측정하지 않을 때 일어나는 문제점을 해결하기 위해 필요한 도구는 무엇인지 쓰시오.

- 물건을 파는 사람이 신뢰를 잃을 수 있다.
- 같은 상품이라도 품질이나 맛이 다를 수 있다.
- 태권도나 유도에서 몸무게 차이가 많이 나는 사람끼리 경기를 하게 된다.

(　　　　　　　　)

서술형

[4. 물체의 무게]

13 다음과 같이 추의 무게에 따라 늘어난 용수철의 길이가 다른 까닭은 무엇인지 쓰시오.

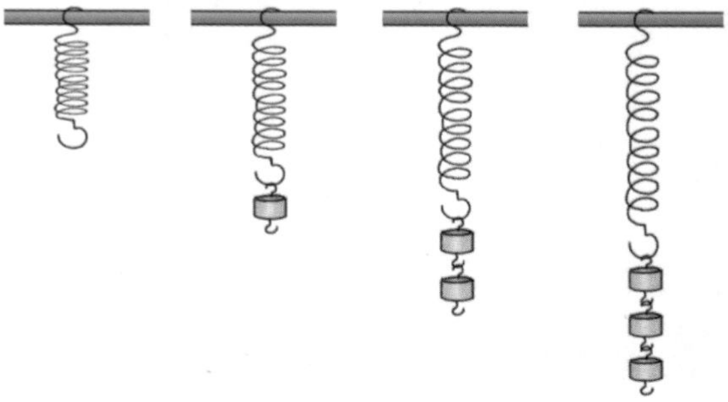

____

____

[4. 물체의 무게]

14 다음은 용수철저울로 물체의 무게를 측정했을 때의 표시 자의 모습입니다. 물체의 무게를 각각 쓰시오.

㉠
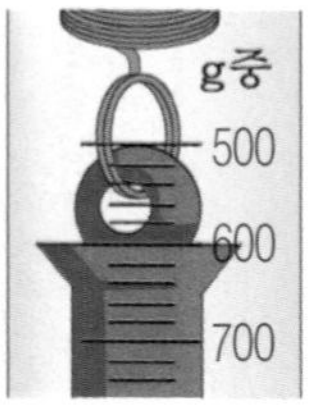

㉡
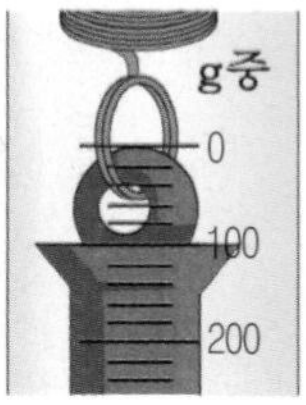

㉠ (　　　　　)　㉡ (　　　　　)

[4. 물체의 무게]

15 나무토막 한 개를 받침대 왼쪽의 ④번에 놓았을 때, 나무토막 두 개는 받침대의 오른쪽 어느 곳에 놓아야 수평이 되는지 쓰시오.

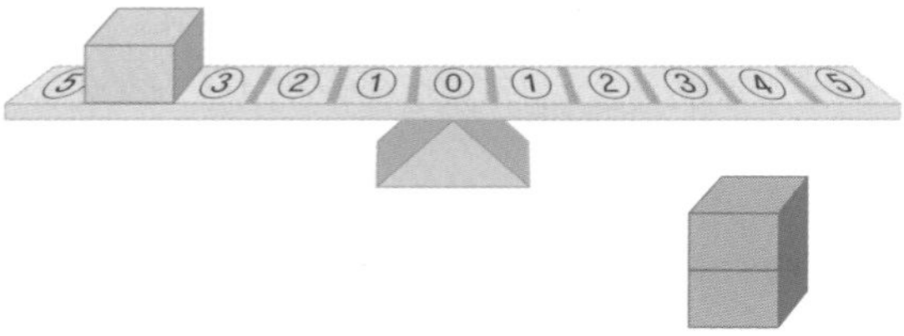

(　　　　　　　　)

[5. 혼합물의 분리]

16 팔찌를 만드는 다양한 종류의 구슬 혼합물을 나타내는 것을 보기에서 찾아 쓰시오.

보기

사탕수수, 설탕, 사탕

(　　　　　　　　)

[5. 혼합물의 분리]

17 다음에서 혼합물을 분리하는 데 공통적으로 이용된 원리는 어느 것입니까? (　　)

▲ 해변 쓰레기 수거 장비

▲ 공사장에서 모래와 자갈을 분리

① 자석에 붙는 성질
② 알갱이의 색깔 차이
③ 알갱이의 크기 차이
④ 물에 뜨는 물질과 가라앉는 물질
⑤ 먹을 수 있는 것과 먹을 수 없는 것

서술형

[5. 혼합물의 분리]

18 현정이가 서랍 속에 있는 다른 물체들과 섞여 있는 납작못들을 분리하려고 합니다. 쉽게 분리하는 방법을 쓰시오.

____

____

[5. 혼합물의 분리]

19 소금과 모래를 분리하기 위해 먼저 사용하여야 할 실험 장치는 어느 것인지 기호를 쓰시오.

㉠

㉡

(　　　　　　　　)

[5. 혼합물의 분리]

20 다음을 읽고, 생활 속에서 혼합물을 분리하는 방법을 '거름', '증발'로 나누어 쓰시오.

(1) 녹즙기는 찌꺼기와 녹즙을 분리합니다.
(　　　　　　　　)

(2) 메주를 소금물에 섞은 혼합물을 천으로 분리합니다. (　　　　　　　　)

(3) 햇빛과 바람 등으로 바닷물에서 소금을 얻습니다. (　　　　　　　　)

1~2

몰래
겨울을 녹이면서
봄비가 내려와 앉으면

꽃씨는
땅속에 살짝 돌아누우며
눈을 뜹니다.

봄을 기다리는 아이들은
쏘옥
손가락을 집어넣어 봅니다.

꽃씨는 저쪽에서
고개를 빼끔
얄밉게 숨겨 두었던
파란 손을 내밉니다.

[1. 생각과 느낌을 나누어요]

1 봄비가 내려와 앉으면 무엇이 눈을 뜬다고 하였습니까? (　　)

① 봄　② 꽃씨
③ 땅속　④ 손가락
⑤ 파란 손

[1. 생각과 느낌을 나누어요]

2 "파란 손을 내밉니다."가 뜻하는 것은 무엇입니까? (　　)

① 꽃이 핀다.　② 싹을 틔운다.
③ 단풍이 든다.　④ 열매를 맺는다.
⑤ 낙엽이 떨어진다.

[2. 내용을 간추려요]

3 다음 글에서 알 수 있는 내용은 무엇입니까? (　　)

석탄, 석유, 가스, 전기 같은 에너지 자원은 한없이 있는 것이 아니다. 다 쓰고 나면 더는 에너지 자원을 구할 수 없게 된다.

① 제목　② 제안
③ 문제점　④ 해결 방안
⑤ 실천 방법

4~5

석우: 자, 멀리 찼지? 자, 네 차례야.
영택: 잘 못할 것 같은데…….
석우: 에이, 해 봐. ㉠오, 민영택! 센데!

[3. 느낌을 살려 말해요]

4 ㉠에 어울리는 석우의 몸짓은 무엇입니까? (　　)

① 배를 움켜진다.
② 공을 힘껏 발로 찬다.
③ 제자리에서 발을 구른다.
④ 하품을 하며 눈을 비빈다.
⑤ 엄지손가락을 위로 올린다.

[3. 느낌을 살려 말해요]

5 장면 ❶, ❷에서 석우의 표정은 어떠합니까? (　　)

① 웃는 표정　② 우는 표정
③ 아픈 표정　④ 화난 표정
⑤ 겁먹은 표정

[4. 일에 대한 의견]

6 다음은 '사실'과 '의견' 가운데 무엇인지 쓰시오.

지난 방학 때 나는 가족과 함께 독도를 다녀왔다.

(　　　　　　　　)

[4. 일에 대한 의견]

7 다음 사진을 보고 '사실'을 나타낸 문장은 어느 것입니까? (　　　)

① 토끼는 귀엽습니다.
② 토끼는 풀을 먹습니다.
③ 토끼가 친구를 찾습니다.
④ 토끼가 외로워 보입니다.
⑤ 동물을 보호해야 합니다.

서술형

[5. 내가 만든 이야기]

8 다음 사진을 보고 어떤 일이 일어날지 상상해 빈 곳에 쓰시오.

주인공이 우주여행을 떠남. ⇨ 연료 부족으로 한 행성에 불시착하게 됨.

⇨ (　　　　　) ⇨ 외계인의 도움을 받아 연료를 구해 지구로 돌아옴.

9~10

사회자: 먼저, "안전 게시판을 만들자."를 실천 내용으로 정하는 것에 찬성하시는 분은 손을 들어 주십시오.

27명 가운데 21명이 찬성했습니다.

다음, "안전 지킴이 활동을 하자."를 실천 내용으로 정하는 것에 찬성하시는 분은 손을 들어 주십시오.

27명 가운데 9명이 찬성했으므로 실천 내용으로 채택하지 않겠습니다.

마지막으로, "안전한 생활을 위한 벌점 제도를 만들자."를 실천 내용으로 정하는 것에 찬성하시는 분은 손을 들어 주십시오.

27명 가운데 12명이 찬성했습니다.

기록자: (칠판이나 회의록에 내용을 기록한다.)

[6. 회의를 해요]

9 이 회의 절차에서 해야 할 일은 무엇입니까? (　　　)

① 회의 마침을 알린다.
② 회의 주제를 정한다.
③ 결정한 의견을 발표한다.
④ 선정한 주제에 맞는 의견을 제시한다.
⑤ 찬성과 반대 의견을 헤아려 다수결로 결정한다.

[6. 회의를 해요]

10 기록자는 어떤 역할을 합니까? (　　　)

① 회의 절차를 안내한다.
② 의견의 옳고 그름을 판단한다.
③ 중요한 내용을 요약해서 기록한다.
④ 회의 참여자에게 말할 기회를 준다.
⑤ 주제를 실천할 수 있는 여러 가지 의견을 떠올린다.

마무리 평가

11~12

새롭게 개발되고 있는 종이 중에 최첨단 과학 기술로 만들어지는 것들이 있습니다. 그중 몇 가지를 예로 들어 보겠습니다. 첫째는 밝을 때 빛을 저장해 두었다가 어두울 때 스스로 빛을 내는 축광지입니다. 둘째는 종이에 인쇄되거나 쓴 내용이 복사가 안 되는 종이입니다. 셋째는 기록한 지 한 시간 뒤에는 자동으로 그 내용이 없어져서 극비 문서로 사용되는 종이입니다. 이런 종이들은 공상 과학 영화에서나 볼 수 있었던 것들이지요.

주변에서 볼 수 있는 첨단 종이로는 온도에 따라 색깔이 변하는 온도 감응 종이, 과일의 신선도는 유지하고 벌레나 세균은 생기지 않도록 하는 포장지가 있습니다. 신용 카드 영수증처럼 앞 장에 글씨를 쓰면 뒷장까지 글씨가 적히도록 하는 종이도 있습니다.

[7. 사전은 내 친구]

11 첨단 종이의 종류가 아닌 것은 어느 것입니까? (　　)

① 쓴 내용이 복사가 안 되는 종이
② 온도에 따라 색깔이 변하는 종이
③ 과일의 맛을 새롭게 바꿔 주는 종이
④ 기록한 지 한 시간 뒤에 그 내용이 없어지는 종이
⑤ 밝을 때 빛을 저장해 두었다가 어두울 때 스스로 빛을 내는 종이

[7. 사전은 내 친구]

12 다음은 어떤 낱말에 대한 뜻입니까? (　　)

절대 알려져서는 안 되는 중요한 일.

① 저장　② 복사
③ 극비　④ 공상
⑤ 감응

13~15

진영이는 지난 주말에 동생과 함께 집 앞 꽃밭에 꽃을 심었습니다. 그런데 오늘 물을 주려고 보니 쓰레기가 꽃 주위에 흩어져 있었습니다. 진영이와 동생은 그 모습을 보고 실망을 했습니다.

진영이는 꽃밭에 버려진 쓰레기를 보면서 깨끗한 꽃밭을 만들려면 어떻게 하면 좋을지 곰곰이 생각했습니다. 그리고 자신의 의견을 알리고자 아파트 주민에게 글을 써서 붙이기로 결심했습니다. 얼마 뒤, 꽃밭은 몰라보게 깨끗해졌습니다.

[8. 이런 제안 어때요]

13 지난 주말에 진영이가 한 일은 무엇입니까? (　　)

① 집 앞 꽃밭에 물을 주었다.
② 동생과 함께 꽃밭에 꽃을 심었다.
③ 집 앞에 버려진 쓰레기를 주웠다.
④ 아파트 주변에 작은 꽃밭을 만들었다.
⑤ 아파트 주민과 함께 거리를 청소했다.

[8. 이런 제안 어때요]

14 진영이와 진영이 동생이 실망한 까닭은 무엇인지 쓰시오.

(　　　　　　　　　　　　　　　)

[8. 이런 제안 어때요]

15 진영이가 아파트 주민에게 쓴 글의 종류는 무엇이겠습니까? (　　)

① 소개하는 글　② 제안하는 글
③ 칭찬하는 글　④ 설명하는 글
⑤ 사과하는 글

16~17

한글은 [㉠] 영어 알파벳이 스물여섯 자이지만, 소문자, 대문자, 인쇄체, 필기체를 알아야 하니 100개가 넘고, 현재 중국어에서 사용하는 문자는 약 3500자이며, 일본의 가나 문자 역시 모든 문자를 따로 익혀야 한다. 반면에 한글은 일정한 원리에 따라 만들어졌기 때문에, 기본이 되는 자음자 다섯 개, 모음자 세 개만 익히면 다른 문자도 쉽게 익힐 수 있어 문자를 배우는 데 드는 시간이 놀랄 만큼 절약된다.

예를 들어 한글의 자음자는 'ㄱ, ㄴ, ㅁ, ㅅ, ㅇ' 등과 같이 기본 문자를 바탕으로 새로운 문자를 만들어 그것들이 서로 연관 있는 소리임을 미루어 짐작할 수 있다. 기본 자음자에 획을 더 그으면 거센소릿자가 되고 겹쳐 쓰면 된소릿자가 된다. 한글의 모음자는 소리의 변화가 없이 한 문자가 한 소리만 나타낸다. 한글의 '아'는 언제나 [아]로만 발음되지만, 영어의 'a'는 낱말에 따라 여러 가지로 발음되기 때문에 영어는 발음법을 배우는 데 상당한 노력을 기울여야 한다.

[9. 자랑스러운 한글]

16 한글 모음자의 특성으로 알맞은 것에 ○표를 하시오.

(1) 한 문자가 한 소리만 나타낸다. ( )

(2) 낱말에 따라 여러 가지로 발음된다. ( )

[9. 자랑스러운 한글]

17 ㉠ 안에 들어갈 한글의 특성은 무엇입니까? ( )

① 글과 말이 다르다.
② 제자 원리가 과학적이다.
③ 기계화에 적합한 문자이다.
④ 쉽고 빨리 배울 수 있는 문자이다.
⑤ 문자로 많은 소리를 적을 수 있다.

서술형

[9. 자랑스러운 한글]

18 한글을 아끼고 바르게 사용하려면 어떻게 해야 할지 쓰시오.

____

19~20

[10. 인물의 마음을 알아봐요]

19 소민이가 책을 읽을 때의 마음으로 알맞지 <u>않은</u> 것은 어느 것입니까? ( )

① 떨린다. ② 긴장된다.
③ 억울하다. ④ 부끄럽다.
⑤ 조마조마하다.

[10. 인물의 마음을 알아봐요]

20 장면 ❹에서 소민이의 마음을 짐작할 수 있는 표현이 <u>아닌</u> 것은 무엇입니까? ( )

① 땀방울 ② 옷 색깔
③ 얼굴 표정 ④ 말풍선의 내용
⑤ 배경에 그려진 선

[1. 큰 수]

1 설명하는 수를 쓰고, 읽어 보세요.

> 10000이 6개, 1000이 7개, 100이 4개, 1이 9개인 수

쓰기 ____________________

읽기 ____________________

[1. 큰 수]

2 백만의 자리 숫자가 3인 수는 어느 것입니까? (　　)

① 6172367　② 7342760
③ 8132862　④ 13642904
⑤ 37248692

[1. 큰 수]

3 어느 회사의 올해 매출액이 1260억 원이었습니다. 매년 20억 원씩 매출을 더 올린다면 4년 후 이 회사의 매출액은 얼마가 되겠습니까?

(　　　　　　　　)

[2. 각도]

4 각도기와 자를 이용하여 주어진 선분을 각의 한 변으로 하는 크기가 50°인 각을 그려 보세요.

____

[2. 각도]

5 각도가 가장 큰 각부터 차례대로 기호를 쓰세요.

> ㉠ 직각　㉡ 둔각
> ㉢ 180°　㉣ 예각

(　　,　　,　　,　　)

서술형

[2. 각도]

6 ㉡의 각도는 몇 도인지 풀이 과정을 쓰고 답을 구해 보세요.

> ㉠+90°=125°　㉡−145°=㉠

____

____

(　　　　　　　　)

[2. 각도]

7 □ 안에 알맞은 수를 써넣으세요.

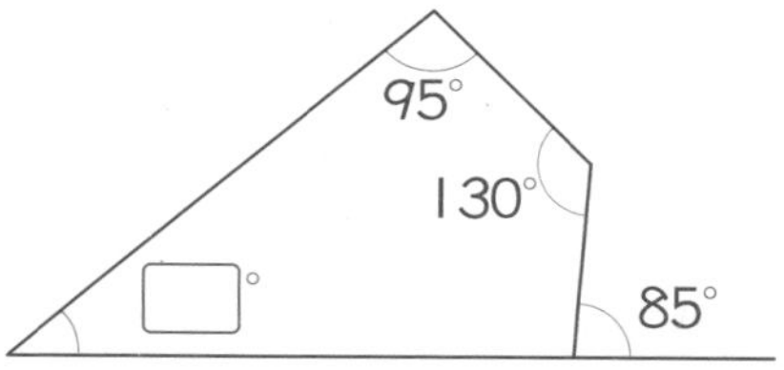

[3. 곱셈과 나눗셈]

8 □ 안에 알맞은 수를 써넣으세요.

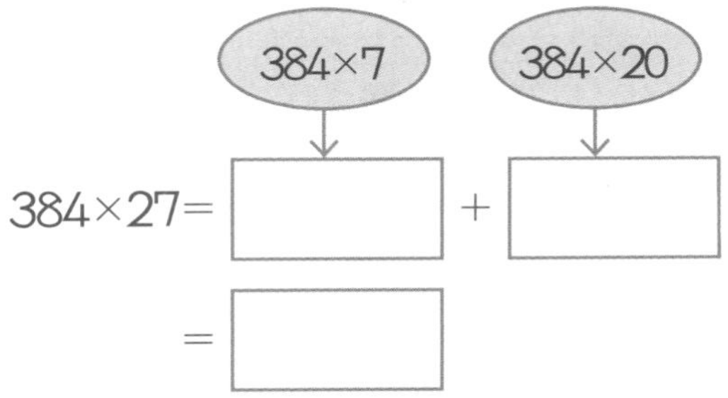

[3. 곱셈과 나눗셈]

9 현수네 학교 4학년 학생 281명은 한 대에 36명씩 탈 수 있는 버스를 타고 현장 체험 학습을 가려고 합니다. 학생들이 모두 버스에 타려면 버스는 적어도 몇 대가 필요합니까?

(　　　　　　　　)

[3. 곱셈과 나눗셈]

10 나머지가 같은 것끼리 선으로 이어 보세요.

(1) 81÷26 •　　　　• ㉠ 120÷24

(2) 297÷45 •　　　　• ㉡ 411÷32

(3) 784÷28 •　　　　• ㉢ 367÷91

[4. 평면도형의 이동]

11 가운데 도형을 왼쪽으로 뒤집은 도형과 오른쪽으로 뒤집은 도형을 각각 그려 보세요.

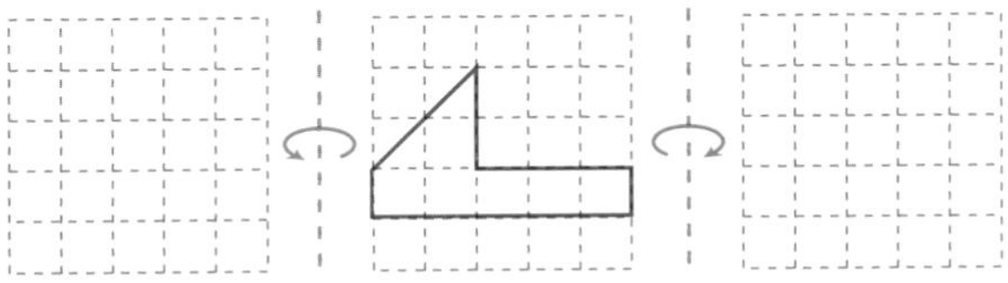

[4. 평면도형의 이동]

12 시계 반대 방향으로 180° 돌렸을 때 모양이 변하지 않는 도형을 모두 찾아 기호를 쓰세요.

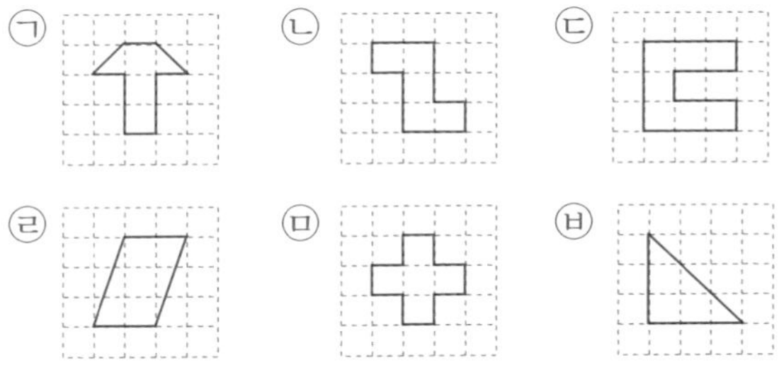

(　　　　,　　　　,　　　　)

[4. 평면도형의 이동]

13 오른쪽 도형을 왼쪽으로 2번 뒤집은 후 시계 방향으로 90°만큼 4번 돌린 도형은 어느 것입니까? (　　)

[5. 막대그래프]

14 우진이네 반 학생들이 좋아하는 동물을 조사하여 나타낸 막대그래프입니다. 좋아하는 학생 수가 많은 동물부터 차례대로 써 보세요.

좋아하는 동물

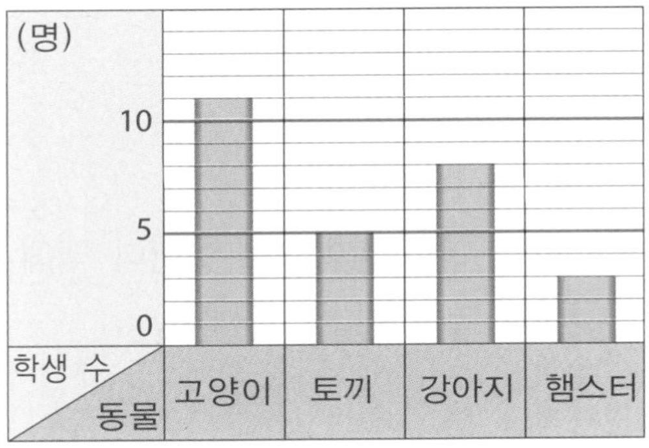

(　　　,　　　,　　　,　　　)

✿ 채연이네 집에서 할머니 댁까지 가는 방법에 따라 걸리는 시간을 나타낸 막대그래프입니다. 물음에 답하세요. [15~17]

할머니 댁까지 가는 방법에 따라 걸리는 시간

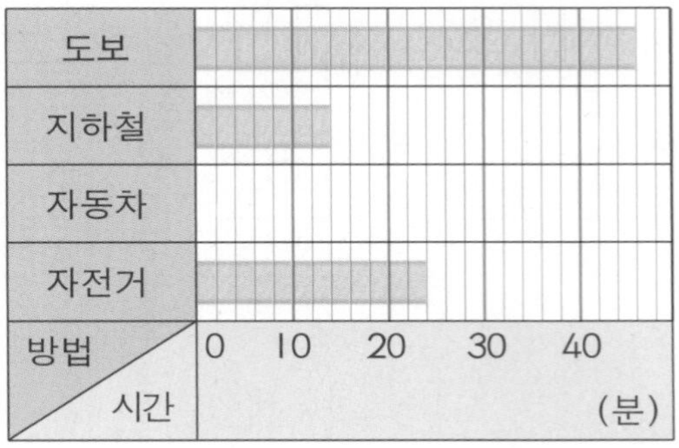

[5. 막대그래프]

15 자동차를 이용할 때 12분이 걸립니다. 막대그래프를 완성해 보세요.

[5. 막대그래프]

16 위 막대그래프를 보고 알 수 있는 사실을 모두 골라 기호를 쓰세요.

㉠ 자전거를 이용하면 12분 걸립니다.
㉡ 자동차를 이용할 때 시간이 가장 적게 걸립니다.
㉢ 지하철을 이용하면 자동차를 이용할 때보다 2분이 더 걸립니다.
㉣ 지하철을 이용하면 자전거를 이용할 때보다 15분이 덜 걸립니다.

(,)

서술형

[5. 막대그래프]

17 나라면 어떤 방법으로 할머니 댁에 갈까요? 그 이유는 무엇인지 쓰세요.

( )

[6. 규칙 찾기]

18 규칙적인 수의 배열에서 ■, ●에 알맞은 수를 각각 구해 보세요.

240	120	■	30		
		4800	2400	●	600

■: ( )
●: ( )

[6. 규칙 찾기]

19 도형의 배열을 보고 여덟째에 올 도형에서 삼각형의 개수는 몇 개인지 구해 보세요.

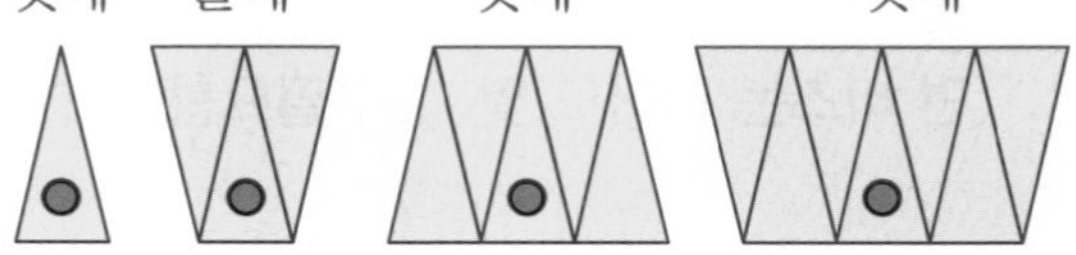

( )

[6. 규칙 찾기]

20 엘리베이터 버튼의 수 배열에서 보기 와 같이 수를 골라 규칙적인 계산식을 만들려고 합니다. □ 안에 알맞게 써넣으세요.

보기
2+7+12=7×3

계산식 4+□+□=7×3

[1. ❶ 지도로 본 우리 지역]

1 지도를 이용했을 때의 좋은 점이 아닌 것은 어느 것입니까? (　　　)

① 건물의 실제 모습을 알 수 있다.
② 우리 지역의 특징을 알 수 있다.
③ 다른 장소나 건물을 쉽게 찾아갈 수 있다.
④ 내가 사는 지역의 위치를 쉽게 알 수 있다.
⑤ 거리가 너무 멀어서 직접 갈 수 없는 곳을 설명할 수 있다.

[1. ❶ 지도로 본 우리 지역]

2 오른쪽 지도로 볼 때 서울특별시의 서쪽에 위치한 시 · 도는 어디입니까? (　　　)

① 인천광역시
② 대전광역시
③ 대구광역시
④ 광주광역시
⑤ 부산광역시

[1. ❶ 지도로 본 우리 지역]

3 다음 두 지도 중에서 더 넓은 지역을 나타낸 것을 찾아 기호를 쓰시오.

(가)
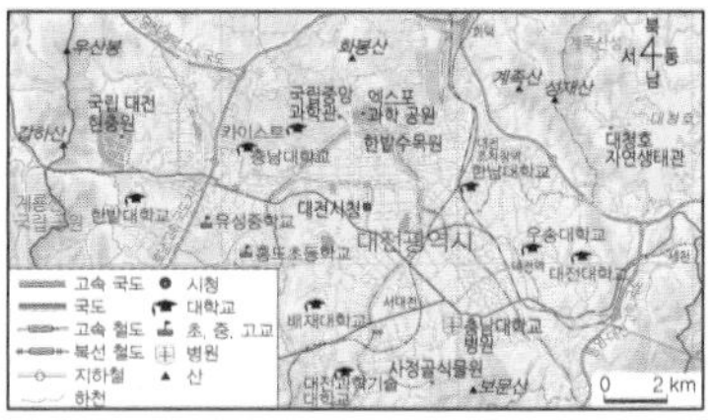

(나)
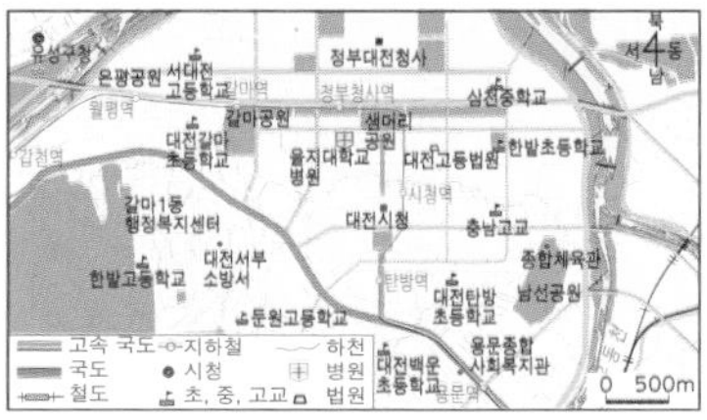

(　　　　　　　　　　　)

[1. ❶ 지도로 본 우리 지역]

4 중요한 것만 나타낸 다음과 같은 지도를 무엇이라고 하는지 쓰시오.

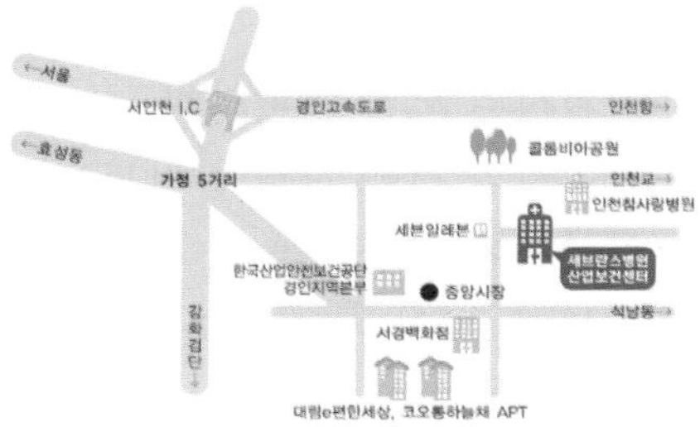

(　　　　　　　　　　　　　　　)

서술형

[1. ❷ 우리 지역의 중심지]

5 고장 사람들이 중심지에 가는 까닭은 무엇인지 쓰시오.

____

____

[1. ❷ 우리 지역의 중심지]

6 고장의 중심지를 찾는 방법으로 알맞지 않은 것은 어느 것입니까? (　　　)

① 어른들께 여쭤본다.
② 세계 지도를 살펴본다.
③ 지도에서 여러 시설이 모여 있는 곳을 찾아본다.
④ 사람들이 많이 모이는 곳에 다녀온 경험을 떠올려 본다.
⑤ 인터넷에서 위성 사진을 보며 교통이 발달한 곳을 찾아본다.

마무리 평가

[1. ❷ 우리 지역의 중심지]

7 지역의 중심지를 답사할 때 그 내용과 방법으로 알맞지 않은 것은 어느 것입니까? (　　　)

① 중심지의 위치 확인하기
② 중심지의 모습 살펴보기
③ 중심지의 건물 가격 알아보기
④ 중심지에서 사람들이 하는 일 조사하기
⑤ 중심지에 있는 시설과 기관에서 하는 일 조사하기

[2. ❶ 우리 지역의 문화유산]

8 면담을 통해 지역의 문화유산을 조사할 때 준비해야 할 것을 두 가지 고르시오. (　　　,　　　)

① 미리 전화해 면담 약속을 정한다.
② 문화유산이 있는 위치를 알아본다.
③ 무엇을 물어볼지 질문을 미리 준비한다.
④ 문화유산이 있는 곳까지 가는 방법을 알아본다.
⑤ 믿을 수 있는 정보와 믿을 수 없는 정보를 구분하는 방법을 알아본다.

[2. ❶ 우리 지역의 문화유산]

9 전라북도의 다음 문화재 중 성격이 다른 하나는 어느 것입니까? (　　　)

① 판소리
② 고창 읍성
③ 익산 미륵사지 석탑
④ 김제 금산사 미륵전
⑤ 남원 실상사 수철화상탑

[2. ❶ 우리 지역의 문화유산]

10 우리 지역의 문화유산을 소개하기 위해 만든 오른쪽 자료는 무엇인지 쓰시오.

(　　　　　　　　　)

[2. ❶ 우리 지역의 문화유산]

11 우리 지역의 문화유산을 보호하기 위해 할 수 있는 일과 거리가 먼 것은 어느 것입니까? (　　　)

① 문화유산을 널리 알린다.
② 문화유산을 자랑스럽게 생각한다.
③ 문화유산을 아끼고 소중히 여긴다.
④ 문화유산을 볼 수 없게 숨겨 둔다.
⑤ 문화유산을 좀 더 자세히 공부한다.

[2. ❷ 우리 지역의 역사적 인물]

12 장영실의 발명품을 주제로 작성한 조사 계획서에서 다음과 같은 내용이 들어갈 항목은 어느 것입니까? (　　　)

- 장영실의 업적 찾기
- 장영실의 발명품이 우수한 까닭 조사하기

① 활동 기간　② 활동 내용
③ 활동 방법　④ 주의할 점
⑤ 알고 있는 사실

[2. ❷ 우리 지역의 역사적 인물]

13 우리 지역의 역사적 인물을 조사하는 방법으로 알맞지 않은 것은 어느 것입니까? (　　　)

① 책으로 알아보기
② 인터넷으로 검색해 보기
③ 현장 체험으로 알아보기
④ 역사적 인물을 만나 궁금한 점 여쭤보기
⑤ 문화 관광 해설사께 인물에 대한 설명 듣기

[2. ❷ 우리 지역의 역사적 인물]

14 장영실의 발명품은 사람들에게 어떤 도움을 주었는지 쓰시오.

[3. ❶ 우리 지역의 공공 기관]

15 다음 빈칸에 들어갈 알맞은 말을 쓰시오.

> 지역에는 개인의 이익이 아닌 주민 전체의 이익과 생활의 편의를 위해 국가가 세우거나 관리하는 (　　　　)이 있다.

(　　　　　　　　)

[3. ❶ 우리 지역의 공공 기관]

16 우리 고장에서 다음과 같은 일을 하는 공공 기관은 어디인지 쓰시오.

(　　　　　　　　)

서술형

[3. ❶ 우리 지역의 공공 기관]

17 다음과 같이 학교와 다른 공공 기관이 함께 일을 하는 까닭은 무엇인지 쓰시오.

> • 경찰서에서 학교에 학교 전담 경찰관을 보내 학교 폭력 예방 교육을 실시한다.
> • 소방서에서 학생들에게 화재 예방 교육과 화재 대피 훈련을 실시한다.

[3. ❶ 우리 지역의 공공 기관]

18 견학에 대한 설명으로 알맞은 것은 어느 것입니까? (　　)

① 혼자서만 할 수 있다.
② 어린이들은 할 수 없다.
③ 시간과 장소에 상관없이 할 수 있다.
④ 누리집을 통해 정보를 얻는 방법이다.
⑤ 직접 찾아가서 정보를 얻는 방법이다.

[3. ❷ 지역 문제와 주민 참여]

19 다음 설명과 관계 있는 주차 문제 해결 방안은 어느 것입니까? (　　)

> 공영 주차장을 새로 건설하지 않아도 되기 때문에 비용이 절감되지만, 공공 기관의 협조가 있어야 실천이 가능하다.

① 감시 카메라 설치하기
② '불법 주차 금지' 캠페인 하기
③ 자가용 대신 대중교통 이용하기
④ 저녁 시간에 공공 기관의 주차장을 주민에게 개방하기
⑤ 각 가정의 담장이나 대문을 허물어 개인 주차장 마련하기

[3. ❷ 지역 문제와 주민 참여]

20 시민 단체에 대한 설명으로 알맞은 것은 어느 것입니까? (　　)

① 정부의 지원으로 운영된다.
② 개인의 이익을 위해서 활동한다.
③ 시민들이 스스로 모여 만든 단체이다.
④ 정치와 관련있는 사람만 활동할 수 있다.
⑤ 단체의 뜻에 반대하는 사람도 회원이 될 수 있다.

마무리 평가

[2. 지층과 화석]

1 초콜릿 조각 발굴하기 활동에서 초콜릿 조각이 박힌 과자와 초콜릿 조각이 나타내는 것은 무엇인지 각각 쓰시오.

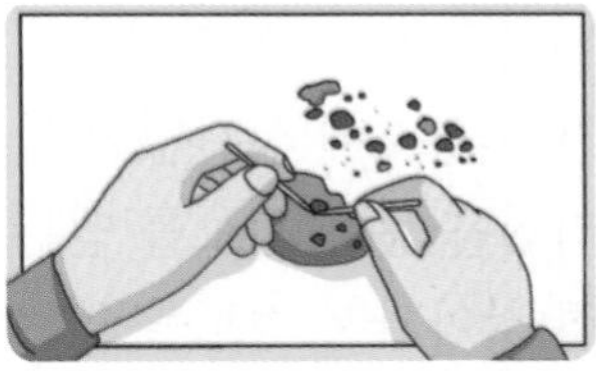

(1) 초콜릿 조각이 박힌 과자: (　　　　　　)
(2) 초콜릿 조각: (　　　　　　)

서술형 [2. 지층과 화석]

2 다음 여러 가지 모양의 지층의 공통점을 한 가지 쓰시오.

____

[2. 지층과 화석]

3 지층이 만들어져 발견되는 과정을 순서대로 바르게 나열한 것은 어느 것입니까? (　　　)

㉠ 물이 운반한 자갈, 모래, 진흙 등이 쌓인다.
㉡ 오랜 시간이 지나면 단단한 지층이 만들어진다.
㉢ 지층은 땅 위로 솟아오른 뒤 깎여서 보인다.
㉣ 자갈, 모래, 진흙 등이 계속 쌓이면 먼저 쌓인 것들이 눌린다.

① ㉠ − ㉡ − ㉢ − ㉣
② ㉠ − ㉣ − ㉡ − ㉢
③ ㉡ − ㉠ − ㉢ − ㉣
④ ㉡ − ㉢ − ㉠ − ㉣
⑤ ㉢ − ㉣ − ㉠ − ㉡

[2. 지층과 화석]

4 다음의 퇴적암들을 알갱이의 크기에 따라 나누어 기호를 쓰시오.

㉠ ▲ 이암　㉡ ▲ 사암　㉢ ▲ 역암

크기가 작은 것	크기가 중간인 것	크기가 큰 것

[2. 지층과 화석]

5 화석이 잘 만들어지는 조건으로 알맞은 것은 어느 것입니까? (　　　)

① 암석이 단단해야 한다.
② 생물의 수가 적어야 한다.
③ 생물의 크기가 매우 작아야 한다.
④ 생물의 부드러운 부분이 많아야 한다.
⑤ 생물의 몸체 위에 퇴적물이 빠르게 쌓여야 한다.

서술형 [3. 식물의 한살이]

6 여러 가지 씨의 공통점을 한 가지 쓰시오.

____

[3. 식물의 한살이]

7 강낭콩의 싹이 틀 때 뿌리가 나온 다음 볼 수 있는 ㉠의 이름을 쓰시오.

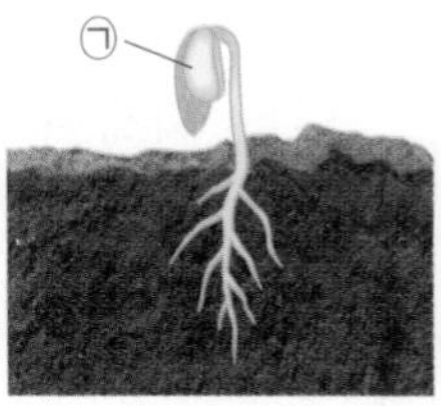

(　　　　　　　　)

[3. 식물의 한살이]

8 다음 중 물을 주지 않은 강낭콩은 어느 것인지 찾아 기호를 쓰시오.

㉠ 

㉡ 

(　　　　　　　　)

[3. 식물의 한살이]

9 식물이 자라면 꽃이 피고 열매를 맺는 까닭은 무엇입니까? (　　　)

① 식물이 작아지기 위해서
② 흙에 양분을 주기 위해서
③ 씨를 맺어 번식을 하기 위해서
④ 동물들에게 먹이를 주기 위해서
⑤ 식물이 예뻐 보이게 하기 위해서

[3. 식물의 한살이]

10 다음에서 설명하는 식물의 한살이는 무엇인지 쓰시오.

- 한 해 동안 한살이를 거치고 일생을 마치는 식물이다.
- 벼, 강낭콩, 옥수수, 호박 등이 있다.

(　　　　　　　　)

[4. 물체의 무게]

11 다음은 무게를 나타내는 단위를 읽은 것입니다. 무게를 나타내는 단위를 알맞게 쓰시오.

(1) 킬로그램중: (　　　　　　)
(2) 그램중: (　　　　　　)
(3) 뉴턴: (　　　　　　)

[4. 물체의 무게]

12 다음은 추의 무게에 따라 늘어난 용수철의 길이입니다. 추의 무게가 100g중 일 때 늘어난 용수철의 길이는 얼마입니까? (　　　)

추의 무게(g중)	0	20	40	60	80
늘어난 용수철의 길이(cm)	0	2	4	6	8

① 10cm　　② 12cm
③ 13cm　　④ 14cm
⑤ 15cm

[4. 물체의 무게]

13 용수철저울의 각 부분 중 물체의 무게를 측정하기 전에 표시 자를 눈금 '0'의 위치에 오도록 조절하는 부분은 어디인지 기호를 쓰시오.

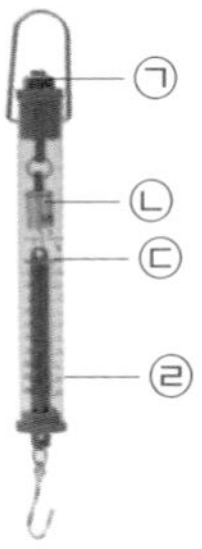

(　　　　　　　　)

[4. 물체의 무게]

14 다음은 세 가지 물체의 무게를 비교한 것입니다. 가장 무거운 물체는 어느 것인지 쓰시오.

㉠ 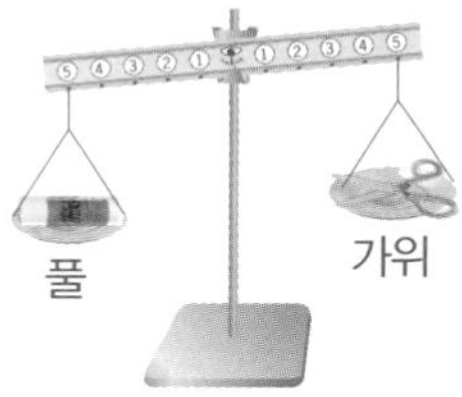

㉡ 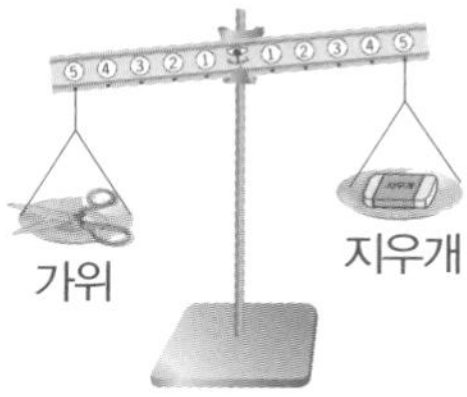

(　　　　　　　　)

[4. 물체의 무게]

15 다음 중 전기적 성질을 이용해 화면에 숫자로 물체의 무게를 표시하는 저울은 어느 것인지 기호를 쓰시오.

㉠  ㉡  ㉢ 

( )

[5. 혼합물의 분리]

16 다음에서 설명하는 것을 무엇이라고 하는지 쓰시오.

- 김밥, 팥빙수, 미숫가루 물, 나박김치, 바닷물 등이 있다.
- 두 가지 이상의 물질이 성질이 변하지 않은 채 서로 섞여 있는 것이다.

( )

[5. 혼합물의 분리]

17 콩, 팥, 좁쌀의 혼합물을 다음과 같은 체를 사용하여 ㉠→㉡의 순서로 분리하였을 때, 각각의 체 위에 남는 물질을 쓰시오.

- ㉠: 팥보다 크고 콩보다 작은 체
- ㉡: 좁쌀보다 크고 팥보다 작은 체

㉠: ( )
㉡: ( )

[5. 혼합물의 분리]

18 소금과 모래의 혼합물을 물에 녹인 뒤 헝겊에 부어 모래를 걸렀습니다. 이때, 헝겊과 같은 역할을 하는 실험 기구는 무엇입니까? ( )

① 비커
② 깔때기
③ 거름종이
④ 증발 접시
⑤ 유리 막대

[5. 혼합물의 분리]

19 우리 조상은 가마솥에 바닷물을 넣고 끓여서 소금을 얻었습니다. 가마솥과 가마솥을 달구는 장작불과 같은 역할을 하는 실험 기구를 바르게 선으로 연결하시오.

(1) 가마솥 •		• ㉠ 알코올램프
(2) 가마솥을 달구는 장작불 •		• ㉡ 증발 접시

[5. 혼합물의 분리]

20 다음을 읽고 바르면 ○표, 바르지 않으면 ×표를 하시오.

(1) 소금물을 거름 장치를 이용하여 소금과 물로 분리합니다. ( )
(2) 전통 장을 만들 때 거름과 증발이 이용됩니다. ( )
(3) 종이 죽으로 재생 종이를 만들 때는 거름의 방법만 이용됩니다. ( )

1~2

준은 양반인 할아버지와 아버지가 죽은 하인들에게 절을 하는 것이 좀 이상하기는 했지만, 주인을 위해 목숨을 바쳤던 하인들의 제사를 지내는 것은 훌륭한 일이라는 생각이 들었습니다.

다음 날 준은 아침 일찍 일어나 사랑채로 건너갔습니다. 어젯밤 늦게까지 제사를 지내 조금 피곤했지만 꾹 참았지요. 할아버지는 모처럼 일찍 사랑채에 건너온 준이 신기한 듯 동그란 눈으로 준을 바라보았습니다. 준은 다른 도령들과 함께 얌전히 꿇어 앉아 "사방 백 리 안에 굶어 죽는 사람이 없게 하라."라는 가훈을 크게 썼습니다.

붓글씨를 쓴 뒤에 할아버지는 준과 다른 도령들에게 희한하게 생긴 뒤주를 보여 주었습니다.

"이 뒤주는 가난한 사람들이나 지나가는 나그네가 쌀을 퍼 갈 수 있도록 만든 것이란다."

[1. 생각과 느낌을 나누어요]

1 죽은 하인들의 제사를 지내는 것에 대한 준의 생각으로 알맞은 것은 무엇입니까? (　　)

① 귀찮은 일이다.
② 훌륭한 일이다.
③ 한심한 일이다.
④ 미안한 일이다.
⑤ 지나친 일이다.

[1. 생각과 느낌을 나누어요]

2 "사방 백 리 안에 굶어 죽는 사람이 없게 하라."라는 가훈의 뜻은 무엇이겠습니까? (　　)

① 아끼는 습관을 가져야 한다.
② 음식 투정을 해서는 안 된다.
③ 되도록 먼 곳의 사람들만 도와야 한다.
④ 손님에게는 항상 깍듯이 대접해야 한다.
⑤ 다른 사람의 불행을 그냥 넘기지 말고 도와야 한다.

3~4

우리는 생활을 편하고 넉넉하게 하려고 많은 에너지 자원을 사용하고 있다. 음식을 만들거나 집을 따뜻하게 하고 불을 밝히려고 가스나 전기를 쓴다. 또 자동차를 타고 다니려면 석유가 필요하며 공장에서 생활에 필요한 물건을 만들 때에도 전기를 사용한다.

석탄, 석유, 가스, 전기 같은 에너지 자원은 한없이 있는 것이 아니다. 다 쓰고 나면 더는 에너지 자원을 구할 수 없게 된다. 특히 석유는 우리나라에서는 나지 않아 외국에서 수입해 오고 있다. 이처럼 중요한 에너지를 어떻게 절약해야 할까?

[2. 내용을 간추려요]

3 우리가 에너지 자원을 사용하는 까닭은 무엇입니까? (　　)

① 새로운 자원을 구하려고
② 에너지 자원을 수입하려고
③ 에너지 자원을 빨리 없애려고
④ 생활을 편하고 넉넉하게 하려고
⑤ 에너지 자원을 자연으로 돌려주려고

[2. 내용을 간추려요]

4 글쓴이는 무엇을 주장하기 위해 이 글을 썼겠습니까? (　　)

① 환경 보호　② 경제 발전
③ 에너지 절약　④ 신제품 개발
⑤ 공기의 중요성

서술형

[3. 느낌을 살려 말해요]

5 여러 사람 앞에서 의견을 말할 때는 어떤 몸짓을 해야 하는지 쓰시오.

____

____

[3. 느낌을 살려 말해요]

6 다음 그림 속 남자아이의 말투로 알맞은 것에 ○표를 하시오.

우승하신 소감 좀
말씀해 주세요.

(1) 당연히 기분 좋죠. 누가 안 좋겠어요. (　　)

(2) 기분이 매우 좋습니다. 운이 좋았던 것 같아요. (　　)

[3. 느낌을 살려 말해요]

7 오른쪽 그림 속 인물의 표정이나 몸짓은 무엇을 뜻합니까? (　　)

① 고맙다.　② 배가 아프다.
③ 무척 졸리다.　④ 자신감이 넘친다.
⑤ 즐겁고 재미있다.

[3. 느낌을 살려 말해요]

8 읽은 글의 내용을 소개할 때 바르게 말한 것의 기호를 쓰시오.

> ㉮ 동생에게 알기 쉬운 말로 했어.
> ㉯ 여러 사람 앞에서 말할 때 친근한 느낌을 주려고 반말로 했어.

(　　　　)

9~10

> ㉠「초충도」는 여덟 폭으로 이루어진 병풍 작품입니다. 이 그림들은 섬세한 필체와 부드럽고 세련된 색감이 돋보이지요. 전체적으로 구도가 비슷합니다. ㉡화면의 중앙에 핵심이 되는 식물을 두고, 그 주변에 각종 벌레와 곤충을 배치했어요. 그림의 화면은 정사각형에 가깝고 식물과 곤충이 화면을 비교적 꽉 채우고 있습니다. 이 중 '수박과 들쥐' 그림을 자세히 살펴볼까요?
> ㉢화면 가운데 아래쪽에 큼지막한 수박 두 개가 있습니다. ㉣참으로 당당해 보이는 수박 덩어리이지요.

[4. 일에 대한 의견]

9 「초충도」에는 주로 무엇을 그렸는지 모두 고르시오. (　　,　　,　　)

① 식물　② 벌레
③ 곤충　④ 사람
⑤ 풍경

[4. 일에 대한 의견]

10 ㉠~㉣ 가운데에서 의견을 나타낸 것의 기호를 쓰시오.

(　　　　)

[5. 내가 만든 이야기]

11 이야기를 읽고 사건의 흐름을 파악할 때에 찾아볼 것을 모두 고르시오. (　　,　　,　　)

① 독자　② 인물
③ 장소　④ 작가
⑤ 일어난 일

12~13

사회자: "친구들과 사이좋게 지냅시다."라는 주제에 맞게 의견을 발표해 주시기 바랍니다.

회의 참여자 1: (갑자기 벌떡 일어서며) 친구들끼리 고운 말을 썼으면 좋겠습니다.

사회자: (당황하며) 사회자 허락을 얻고 말씀해 주시기 바랍니다.

[6. 회의를 해요]

12 회의 주제는 무엇인지 쓰시오.

(　　　　　　　　　　　　　　　　　　　　)

[6. 회의를 해요]

13 회의 참여자 1이 고쳐야 할 점은 무엇입니까? (　　)

① 사회자 허락을 얻고 말해야 한다.
② 주제에 알맞은 의견을 말해야 한다.
③ 친구의 의견을 귀담아 들어야 한다.
④ 자리에 얌전히 앉아서 말해야 한다.
⑤ 친구가 의견을 말할 때 끼어들지 말아야 한다.

[7. 사전은 내 친구]

14 다음 빈칸에 들어갈 알맞은 낱말은 어느 것입니까? (　　)

[　　　　]
뛰다 　 헤엄치다 　 날다

① 달리다 　 ② 감추다
③ 움직이다 　 ④ 웅크리다
⑤ 좋아하다

15~16

미국의 화성 탐사선인 큐리오시티는 2012년에 화성의 적도 부근에 착륙했다. 이 탐사선은 화성 표면 바로 아래에 있는 얼음을 발견했다.

미국은 2030년까지 사람들이 화성을 여행할 수 있도록 준비를 하고 있다. 큐리오시티는 이 연구 과제의 준비 단계로서 화성에서 사람들이 사는 데 필요한 정보를 모으고 있다. 미국은 현재 화성 여행을 위해 마스 2020 로버를 준비하고 있으며, 이 탐사선은 화성에서 사람이 살아가는 데 필요한 산소와 자원을 조사할 예정이다.

[7. 사전은 내 친구]

15 큐리오시티는 화성에서 어떤 정보를 모으고 있습니까? (　　)

① 화성에 사는 외계인에 대한 정보
② 화성을 탐사하는 데 필요한 정보
③ 화성에서 사람들이 사는 데 필요한 정보
④ 화성에 사람이 살았다는 것에 대한 정보
⑤ 화성 표면 아래에 있는 얼음을 가져오는 데 필요한 정보

[8. 이런 제안 어때요]

16 이 글을 읽고 잘 모르는 낱말을 사전에서 바르게 찾은 것은 어느 것입니까? (　　)

① 적도: 알맞은 정도.
② 표면: 사물의 정도나 성격 따위를 알기 위한 기준.
③ 발견: 더 낫고 좋은 상태나 더 높은 단계로 나아감.
④ 착륙: 비행기 따위가 공중에서 활주로나 판판한 곳에 내림.
⑤ 탐사선: 알려지지 않은 사물이나 사실 따위를 샅샅이 더듬어 조사함.

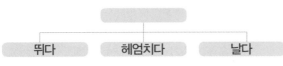

[8. 이런 제안 어때요]

17 다음 그림을 보고 '(누가/무엇이) + (어찌하다/어떠하다)'의 짜임으로 표현한 것은 무엇입니까? (　　)

① 아이들이+축구를 합니다.
② 아이가 공을+발로 찹니다.
③ 아이들이 공을+차고 있습니다.
④ 여자아이가 웃으며+뛰어갑니다.
⑤ 남자아이가 공을+멀리 차고 있습니다.

[9. 자랑스러운 한글]

18 다음 장면으로 보아 세종 대왕은 어떤 고민을 했겠습니까? (　　)

① 백성에게 휴가를 주고 싶다.
② 백성에게 한자를 가르치고 싶다.
③ 백성의 어려움을 모른 척하고 싶다.
④ 백성을 위해 음식을 개발하고 싶다.
⑤ 백성이 알기 쉬운 문자를 만들고 싶다.

19~20

[10. 인물의 마음을 알아봐요]

19 여자아이의 행복한 마음을 짐작한 까닭이 아닌 것은 어느 것입니까? (　　)

① 웃고 있는 구름 그림
② 주변에 그려져 있는 음표
③ 자전거 손잡이를 꽉 잡은 모습
④ 커진 눈과 활짝 웃고 있는 입 모양
⑤ 몸이 하늘에 두둥실 떠 있는 듯이 표현된 모습

[10. 인물의 마음을 알아봐요]

20 여자아이와 비슷한 마음이 드는 상황으로 알맞은 어느 것입니까? (　　)

① 친한 친구가 전학 갈 때
② 운동 경기에서 이겼을 때
③ 징그러운 벌레를 보았을 때
④ 소풍 전날 밤에 비가 내렸을 때
⑤ 밤이 되어 잠잘 시간이 되었을 때

[1. 큰 수]

1 보기 와 같이 각 자리의 숫자가 나타내는 값의 합으로 나타내어 보세요.

보기

72608=70000+2000+600+8

(1) 16295=________________

(2) 60372=________________

[1. 큰 수]

2 만 명이 한 달에 10000원씩 저금하여 10억 원을 모으려고 합니다. 몇 달 동안 저금해야 합니까?

(　　　　　　)

[1. 큰 수]

3 뛰어 세기를 한 것입니다. ㉠에 알맞은 수를 구해 보세요.

2조 5700억 — 2조 6700억 — 2조 7700억

— (　　) — (　　) — ㉠

(　　　　　　)

[2. 각도]

4 각도기를 이용하여 각도를 재어 본 후 더 큰 각에 ○표 하세요.

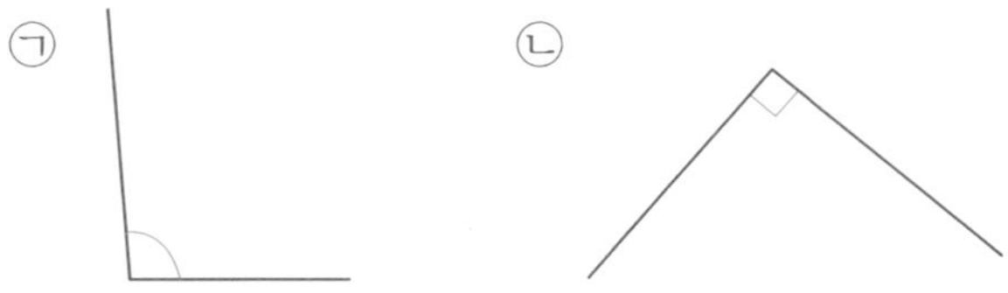

(　　)　　(　　)

[2. 각도]

5 주어진 선분을 이용하여 예각과 둔각을 각각 그려 보세요.

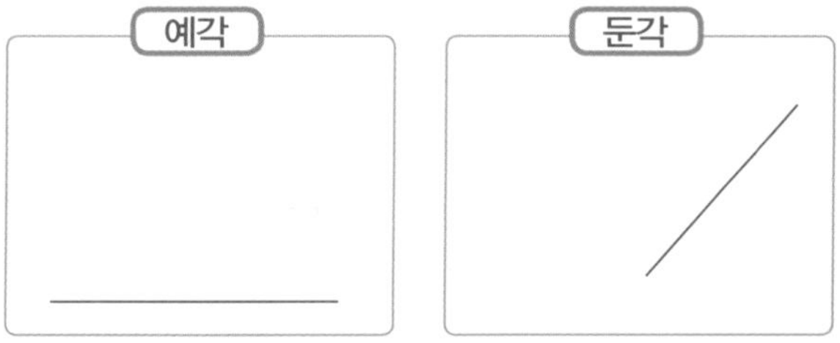

[2. 각도]

6 ㉠과 ㉡의 각의 크기가 같을 때 ㉠의 각도를 구해 보세요.

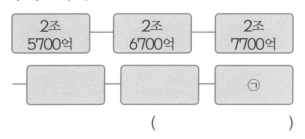

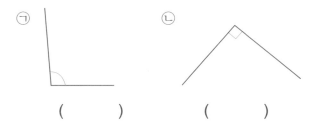

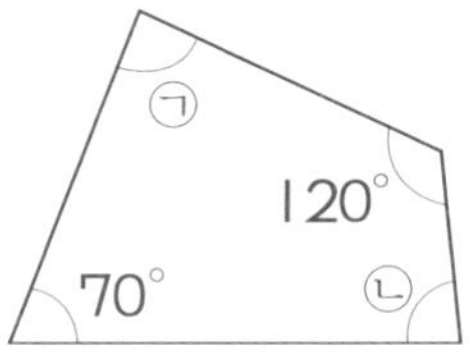

(　　　　　　)

[3. 곱셈과 나눗셈]

7 계산 결과를 비교하여 ○ 안에 >, =, <를 알맞게 써넣으세요.

900×40 ○ 640×50

마무리 평가

마무리 평가 3회

서술형

[3. 곱셈과 나눗셈]

8 길이가 138 cm인 색 테이프 15장을 5 cm씩 겹치게 이어 붙였습니다. 이어 붙인 색 테이프의 전체 길이는 몇 cm인지 풀이 과정을 쓰고 답을 구해 보세요.

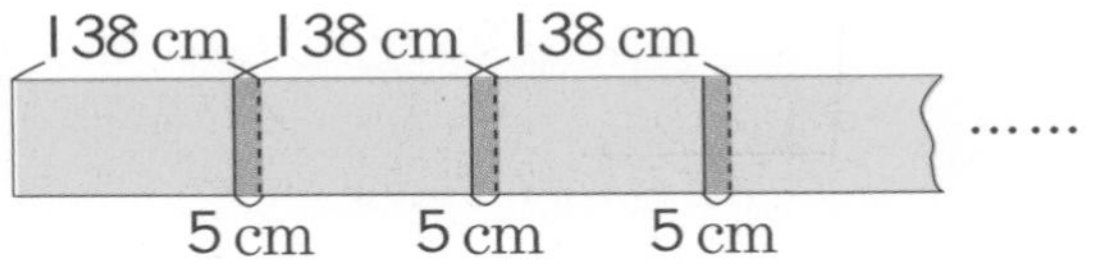

(   )

[3. 곱셈과 나눗셈]

9 계산해 보세요.

(1) 280÷70

(2) $80\overline{)672}$

[3. 곱셈과 나눗셈]

10 450은 15로 나누어 떨어집니다. 450보다 큰 수 중에서 15로 나누었을 때 나머지가 5가 되는 가장 작은 수를 구해 보세요.

(   )

[4. 평면도형의 이동]

11 어떤 도형을 오른쪽으로 민 모양입니다. 처음 도형을 그려 보세요.

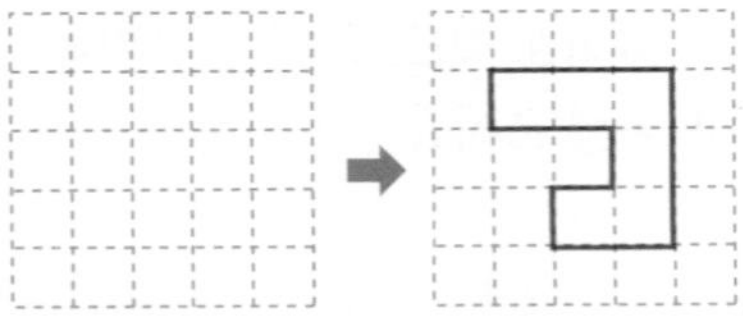

[4. 평면도형의 이동]

12 모양 조각을 시계 방향으로 90°만큼 돌린 도형에 ○표 하세요.

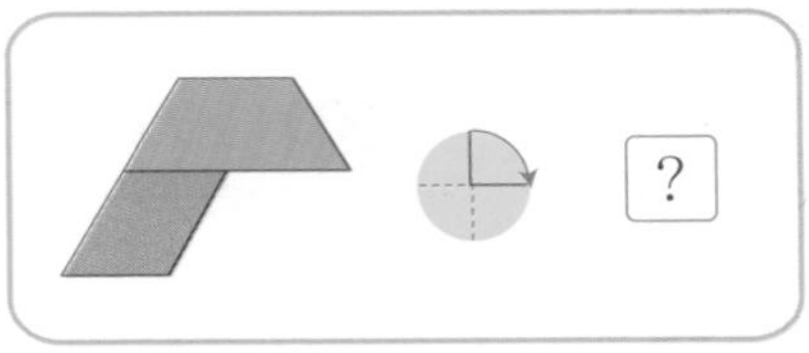

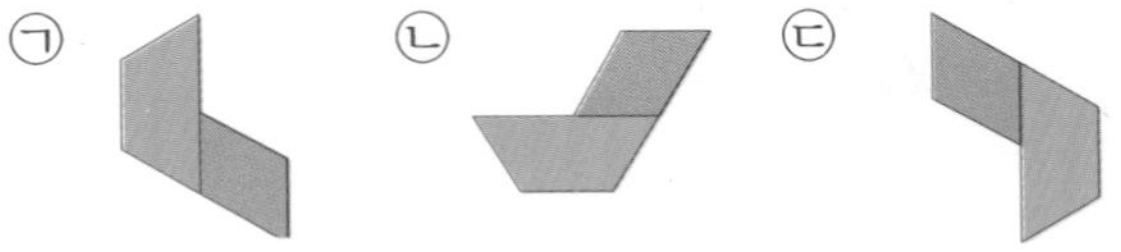

(   )   (   )   (   )

[4. 평면도형의 이동]

13 도형을 시계 방향으로 90°만큼 돌리고 아래쪽으로 뒤집었을 때의 도형을 그려 보세요.

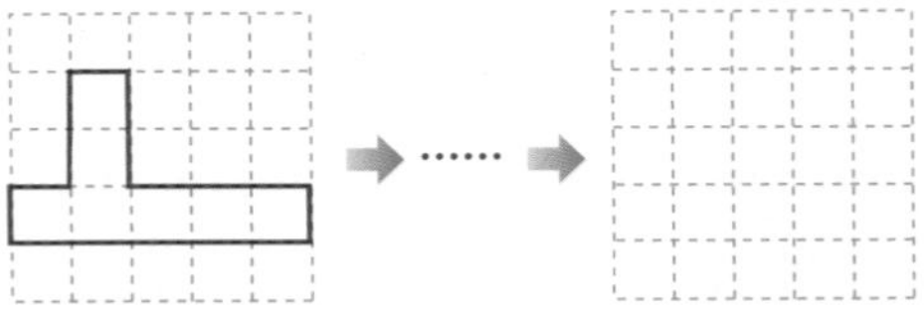

서술형

[5. 막대그래프]

14 마을별 가구 수를 조사하여 나타낸 그래프입니다. 그림그래프와 막대그래프의 같은 점과 다른 점을 말해 보세요.

마을별 가구 수

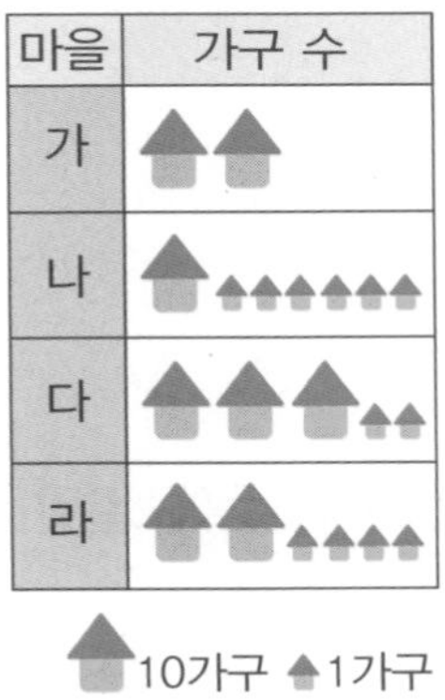

마을별 가구 수

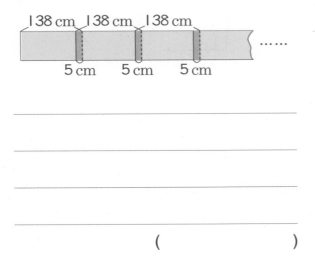

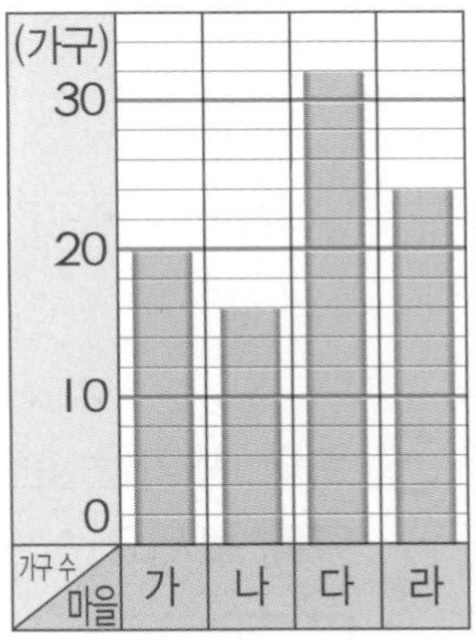

㉠ 같은 점: ______________________

㉡ 다른 점: ______________________

✿ 소미가 5일 동안 저금통에 저금한 금액을 나타낸 표입니다. 표를 보고 막대그래프로 나타내려고 합니다. 물음에 답하세요. [15~16]

5일 동안 저금한 금액

날짜	1일	2일	3일	4일	5일	합계
금액(원)	300	1200	500	400	800	3200

[5. 막대그래프]

15 가로에는 날짜를, 세로에는 금액을 나타내려고 합니다. 세로 눈금 한 칸을 얼마로 나타내는 것이 가장 좋겠습니까? (　　　)

① 10원　② 50원　③ 100원
④ 500원　⑤ 1000원

[5. 막대그래프]

16 표를 보고 막대그래프로 나타내세요.

서술형

[6. 규칙 찾기]

17 수 배열의 규칙에 맞게 ㉠에 알맞은 수를 구하고 그 이유를 설명해 보세요.

5035	5135	5235	5335	
4035	4135	4235	4335	
3035	3135	3235	3335	
2035	2135	2235	2335	
				㉠

(　　　　　　　　　)

[6. 규칙 찾기]

18 도형과 관련된 수의 규칙을 찾아 빈칸에 들어갈 도형의 그림을 그리고 □ 안에 알맞은 수를 써넣으세요.

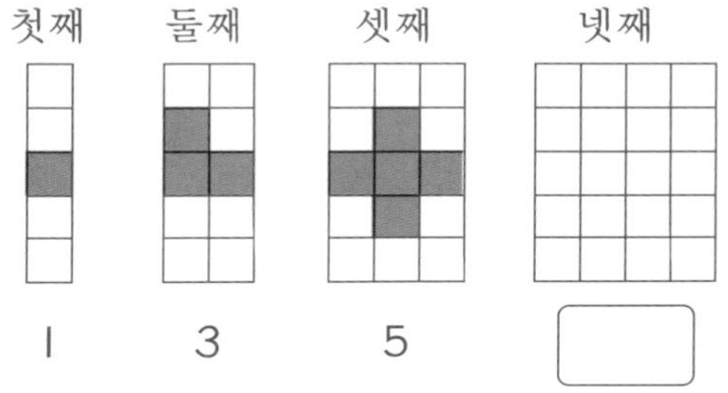

✿ 덧셈식에서 규칙을 찾아보려고 합니다. 물음에 답하세요. [19~20]

순서	덧셈식
첫째	1+3=4
둘째	1+3+5=9
셋째	1+3+5+7=16
넷째	1+3+5+7+9=25

[6. 규칙 찾기]

19 어떤 규칙이 있는지 찾아 써 보세요.

규칙

[6. 규칙 찾기]

20 이 규칙으로 값이 100이 되는 덧셈식을 써 보세요.

식

[1. ❶ 지도로 본 우리 지역]

1 오른쪽의 점토판 지도를 만든 재료는 무엇입니까? (　　)

① 물
② 돌
③ 나무
④ 진흙
⑤ 조개껍데기

[1. ❶ 지도로 본 우리 지역]

2 다음에 표시된 지도의 기본 요소는 무엇인지 쓰시오.

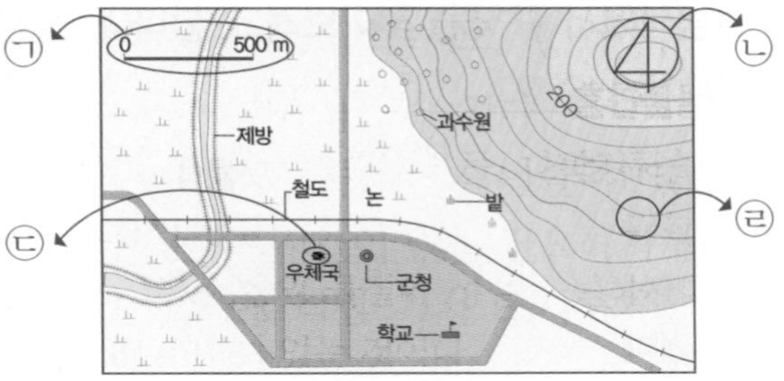

㉠: (　　　　　　) ㉡: (　　　　　　)
㉢: (　　　　　　) ㉣: (　　　　　　)

[1. ❶ 지도로 본 우리 지역]

3 다음은 지도 기호가 만들어지는 과정을 나타낸 것입니다. 빈칸에 들어갈 알맞은 말을 쓰시오.

(1)  학교 건물과 그 위에 걸린 태극기의 모양을 (㉠) 만들었다.

(2) 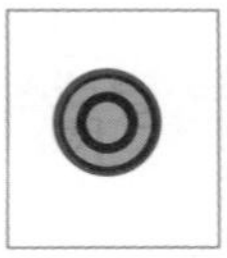 모양을 본뜨기가 어려워 (㉡)에 따라 간단하게 만들었다.

㉠: (　　　　　　) ㉡: (　　　　　　)

[1. ❶ 지도로 본 우리 지역]

4 혜진이는 새로 전학 온 친구에게 학교를 안내해 주려고 합니다. 어떤 지도를 보고 안내해 주면 좋은지 쓰시오.

(　　　　　　　　　　)

[1. ❷ 우리 지역의 중심지]

5 다음 중 중심지에 대한 설명으로 알맞지 않은 것은 어느 것입니까? (　　)

① 공기가 맑고 조용하다.
② 여러 시설들이 밀집해 있다.
③ 사람들이 많이 모이는 곳이다.
④ 사람들은 여러 시설을 이용하려고 중심지에 간다.
⑤ 사람들은 생활에 필요한 것을 구하기 위해 중심지에 간다.

[1. ❷ 우리 지역의 중심지]

6 중심지를 답사할 때 주의할 점으로 알맞지 않은 것은 어느 것입니까? (　　)

① 안전하게 행동한다.
② 보호자와 함께 답사한다.
③ 답사할 장소에 미리 연락한다.
④ 답사할 때에는 주위를 잘 살핀다.
⑤ 사진은 찍고 싶은 곳에서 마음껏 찍는다.

[2. ❶ 우리 지역의 문화유산]

7 우리 지역의 문화유산을 조사하기 위해 방문할 누리집으로 가장 알맞은 것은 어느 것입니까? (　　)

① 청와대 누리집
② 시·도청 누리집
③ 문화재청 누리집
④ 국회 도서관 누리집
⑤ 유네스코 세계 유산 누리집

[2. ❶ 우리 지역의 문화유산]

8 다음과 같이 고장의 문화유산을 누리집 검색을 통해 조사했을 때의 장점과 단점은 무엇인지 쓰시오.

(1) 장점: ____________________

(2) 단점: ____________________

[2. ❶ 우리 지역의 문화유산]

9 다음에서 설명하는 것은 무엇인지 쓰시오.

> 석탑, 건축물, 책처럼 일정한 형태가 있는 문화유산이다.

(　　　　　　　　)

[2. ❶ 우리 지역의 문화유산]

10 우리 지역의 문화유산을 보호하기 위해 다음과 같은 활동을 하는 사람은 누구인지 쓰시오.

> 문화유산 주변을 깨끗이 청소하고, 주변의 위험한 것들로부터 문화유산을 보호한다.

(　　　　　　　　)

[2. ❷ 우리 지역의 역사적 인물]

11 다음 중 장영실에 대한 설명으로 알맞은 것은 어느 것입니까? (　　)

① 신분이 높은 양반이었다.
② 글을 쓰는 재주가 뛰어났다.
③ 이순신 장군을 도와 왜적을 물리쳤다.
④ 혼천의, 앙부일구, 간의 등의 발명품을 만들었다.
⑤ 최무선이 세종 대왕에게 장영실을 인재로 추천했다.

[2. ❷ 우리 지역의 역사적 인물]

12 우리 지역의 역사적 인물을 조사하는 방법 중에서 다음 설명과 관계 깊은 것은 무엇인지 쓰시오.

> • 역사적 인물과 관련된 문화유산 등을 직접 볼 수 있다.
> • 문화 관광 해설사께 장영실의 일생을 직접 자세히 들을 수 있다.

(　　　　　　　　)

서술형

[2. ❷ 우리 지역의 역사적 인물]

13 우리 지역의 역사적 인물을 소개하는 자료를 만들 때 주의할 점을 한 가지 쓰시오.

____

____

마무리 평가

마무리 평가 3회

[3. ❶ 우리 지역의 공공 기관]

14 다음 글의 혜민서와 비슷한 역할을 하는 오늘날의 공공 기관은 어디인지 쓰시오.

> 혜민서에서는 병에 걸린 백성을 무료로 치료해 치료해 주었다. 감기 같은 병은 물론이고 몇 년에 한 번씩 오는 감염병도 치료해 주었다.

( )

[3. ❶ 우리 지역의 공공 기관]

15 지역 주민들을 위해 다음과 같은 일을 하는 공공 기관은 어디인지 쓰시오.

> 학생들의 교육과 관련된 일을 하며 학교를 도와준다.

( )

[3. ❶ 우리 지역의 공공 기관]

16 공공 기관을 견학한 후에 해야 할 일이 아닌 것은 어느 것입니까? ( )

① 견학 신청을 한다.
② 견학 보고서를 작성한다.
③ 더 알고 싶은 점을 이야기한다.
④ 알게 된 점과 느낀 점을 정리한다.
⑤ 조사한 내용을 친구들과 이야기한다.

[3. ❷ 지역 문제와 주민 참여]

17 다음 빈칸에 들어갈 알맞은 말을 쓰시오.

> 우리 지역에는 많은 사람이 함께 살아가면서 여러 가지 문제가 발생하고 있다. 이처럼 주민의 삶을 불편하게 하거나 지역 주민들 사이에 갈등을 일으키는 문제를 ( )라고 한다.

( )

[3. ❷ 지역 문제와 주민 참여]

18 지역에서 발생하는 문제를 해결할 때 필요한 자세가 아닌 것은 어느 것입니까? ( )

① 대화 ② 타협
③ 존중 ④ 기피
⑤ 실천

[3. ❷ 지역 문제와 주민 참여]

19 다음에서 설명하는 것은 무엇인지 쓰시오.

> 지역의 일을 결정하기 전에 주민의 의견을 알아보려고 실시하는 투표이다.

( )

[3. ❷ 지역 문제와 주민 참여]

20 불법 주차 차량으로 인해 발생하는 통학로 문제를 해결하기 위한 방법으로 알맞지 않은 것은 어느 것입니까? ( )

① 서명 운동 하기
② 불법 주차 차량 단속하기
③ 주차 방지 울타리 설치하기
④ 불법 주차 방지 캠페인 하기
⑤ 불법 주차 차량에 쓰레기 던지기

[2. 지층과 화석]
1 다음 사진의 지층의 모양으로 바른 것은 어느 것입니까? (　　)

① 펴진 지층 ② 조각난 지층
③ 수평인 지층 ④ 끊어진 지층
⑤ 휘어진 지층

[2. 지층과 화석]
2 지층 모형과 실제 지층의 공통점을 모두 고르시오. (　　,　　)
① 단단하다.
② 줄무늬가 있다.
③ 만들어지는 데 오랜 시간이 걸린다.
④ 만들어지는 데 걸리는 시간이 짧다.
⑤ 아래에 있는 것이 먼저 쌓인 것이다.

[2. 지층과 화석]
3 이암에 대한 설명입니다. ㉠과 ㉡에 들어갈 말을 각각 쓰시오.

• 알갱이의 크기가 매우 (㉠).
• 주로 (㉡)으로 되어 있다.

㉠: (　　　　　　)
㉡: (　　　　　　)

[2. 지층과 화석]
4 퇴적암 모형을 만드는 과정 중 모래 사이의 공간을 좁게 하고 모래 반죽을 눌러 주기 위한 과정은 어느 것인지 기호를 쓰시오.

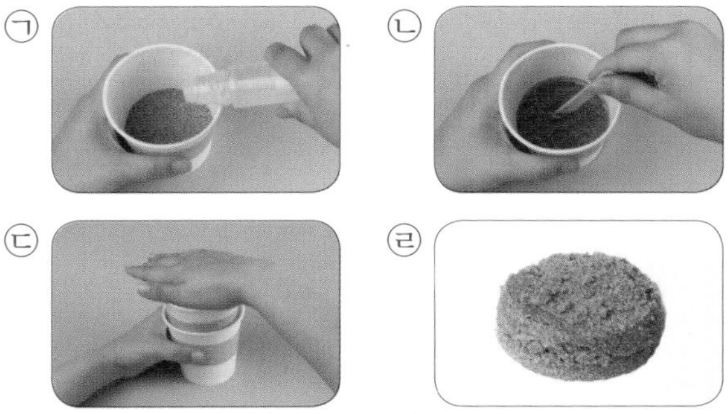

(　　　　　　)

[2. 지층과 화석]
5 우리 생활에서 화석 연료로 이용되는 화석은 어느 것입니까? (　　)
① 산호 화석
② 삼엽충 화석
③ 고사리 화석
④ 석탄과 석유
⑤ 공룡 발자국 화석

[3. 식물의 한살이]
6 오른쪽과 같이 관찰하는 씨의 특징은 무엇입니까? (　　)

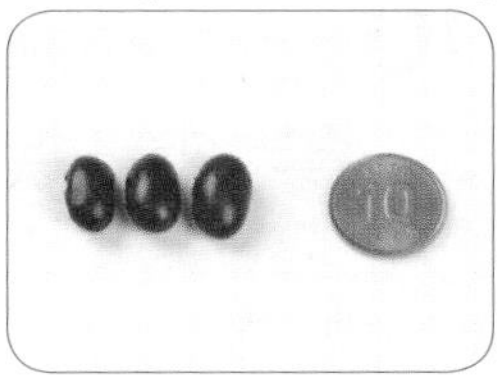

① 맛
② 색깔
③ 크기
④ 길이
⑤ 모양

마무리 평가

[3. 식물의 한살이]

7 식물의 한살이를 관찰하는 데 적합한 식물이 <u>아닌</u> 것은 어느 것입니까? (　　)

① 고추　② 봉숭아
③ 옥수수　④ 해바라기
⑤ 은행나무

[3. 식물의 한살이]

8 강낭콩과 다르게 옥수수씨가 싹 틀 때만 볼 수 있는 모습은 어느 것입니까? (　　)

① 뿌리　② 떡잎
③ 줄기　④ 본잎
⑤ 떡잎싸개

서술형

[3. 식물의 한살이]

9 강낭콩의 잎과 줄기가 자라는 모습에 대해서 한 가지 쓰시오.

____

____

[3. 식물의 한살이]

10 오른쪽 식물과 한살이가 같은 것은 어느 것입니까? (　　)

▲ 감나무

① 벼
② 호박
③ 옥수수
④ 강낭콩
⑤ 사과나무

[4. 물체의 무게]

11 우리 생활에서 저울을 사용하여 물체의 무게를 정확하게 측정하는 경우가 <u>아닌</u> 것은 어느 것입니까? (　　)

① 마트에서 우유를 살 때
② 젤리 가게에서 젤리를 살 때
③ 정해진 재료로 식빵을 만들 때
④ 우체국에서 등기 우편을 보낼 때
⑤ 화물차가 싣고 있는 짐의 무게를 측정할 때

[4. 물체의 무게]

12 다음 중 용수철의 길이가 가장 많이 늘어난 경우의 기호를 쓰시오.

㉠ 용수철에 20g중 추 한 개를 걸어놓았을 때
㉡ 용수철에 20g중 추 두 개를 걸어놓았을 때
㉢ 용수철에 20g중 추 세 개를 걸어놓았을 때
㉣ 용수철에 20g중 추 네 개를 걸어놓았을 때

(　　　　　　)

[4. 물체의 무게]

13 다음 용수철에 표시된 작은 눈금 하나가 나타내는 무게는 얼마입니까? (　　)

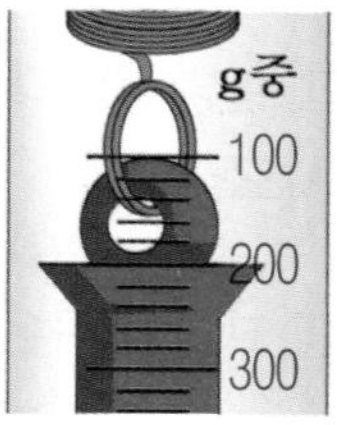

① 10g중　② 20g중
③ 30g중　④ 40g중
⑤ 50g중

[4. 물체의 무게]

14 양팔저울의 각 부분 중 저울대의 수평을 맞추는 부분의 기호를 쓰시오.

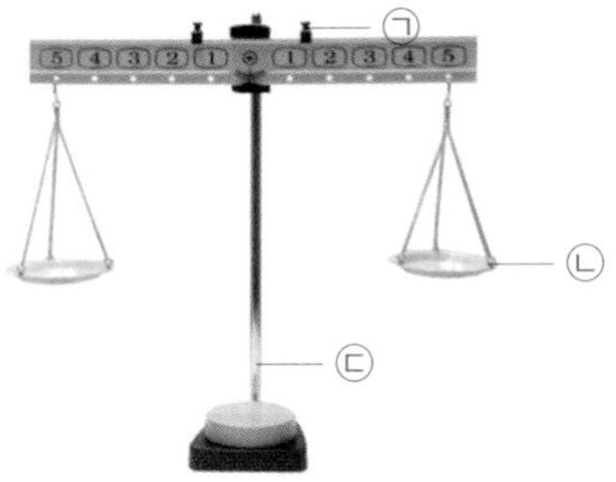

(　　　　　　　　)

[4. 물체의 무게]

15 각 저울의 원리를 바르게 골라 기호를 쓰시오.

㉠ 용수철의 성질을 이용한 저울
㉡ 수평 잡기의 원리를 이용한 저울
㉢ 전기적 성질을 이용해 화면에 숫자로 물체의 무게를 표시하는 저울

(1) 양팔저울: (　　　　　)
(2) 체중계: (　　　　　)
(3) 전자저울: (　　　　　)

[5. 혼합물의 분리]

16 혼합물에 대한 설명으로 바르지 않은 것은 어느 것입니까? (　　)

① 두 가지 이상의 재료가 섞여 있는 것이다.
② 물은 혼합물이 아니고, 바닷물은 혼합물이다.
③ 혼합물은 한 가지 재료로 이루어져 있는 것이다.
④ 여러 가지 재료를 섞어도 각 재료의 맛은 그대로이다.
⑤ 김밥은 김, 밥, 달걀, 당근, 시금치 등을 섞어서 만든 혼합물이다.

서술형 [5. 혼합물의 분리]

17 혼합물을 분리하면 좋은 점을 한 가지 쓰시오.

[5. 혼합물의 분리]

18 다음은 콩, 팥, 좁쌀이 섞인 혼합물입니다. 이 혼합물을 분리할 때 필요한 체의 개수는 몇 개입니까?

(　　　　　　　　)개

[5. 혼합물의 분리]

19 다음 혼합물을 분리하는 데 사용되는 도구를 각각 쓰시오.

(1) 콩, 팥, 좁쌀의 혼합물: (　　　　　)
(2) 플라스틱 구슬과 철 구슬: (　　　　　)

[5. 혼합물의 분리]

20 증발 장치를 꾸미기 위해 필요한 준비물이 아닌 것은 어느 것입니까? (　　)

① 삼발이　② 점화기
③ 증발 접시　④ 거름종이
⑤ 알코올램프

1~2

어쩌다가 노마는 유리구슬 한 개를 잃어버렸습니다. 아주 이쁘게 생긴 파란 구슬인데요, 어디서 어떻게 하다 잃었는지 아무리 생각해도 모르겠습니다. 아마 토끼처럼 깡충깡충 뛰고 놀다가 흘렸나 하고 우물 둔덕에도 가 보았습니다. 거기도 없습니다. 영이하고 나뭇잎을 줍다가 흘렸나 하고 집 뒤 버드나무 밑에도 가 보았습니다. 거기도 없습니다. 아무리 찾아도 연기처럼 아주 없어진 듯이 구슬은 간 데를 모르겠습니다.

[1. 생각과 느낌을 나누어요]

1 노마가 잃어버린 구슬을 찾으려고 간 곳은 어디어디입니까? (　　,　　)

① 집 앞　② 토끼 집
③ 우물둔덕　④ 학교 뒷산
⑤ 버드나무 밑

[1. 생각과 느낌을 나누어요]

2 구슬을 찾아다니는 노마의 마음으로 알맞지 <u>않은</u> 것은 어느 것입니까? (　　)

① 우울해.　② 아까워.
③ 찾고 싶어.　④ 새로 사면 돼.
⑤ 잃어버려서 속상해.

서술형

[1. 생각과 느낌을 나누어요]

3 다음 그림을 보고 자신의 의견을 쓰시오.

4~5

총각은 부자의 마당에서 뒹굴뒹굴 신이 났어요.
"역시 비싼 나무 그늘이라 시원하군!"
마당을 빼앗긴 부자는 그늘을 피해 다니며 부글부글 속을 끓였지요. 시간이 지날수록 나무 그늘은 점점 더 길어져 안방까지 들어갔어요.
총각은 그늘을 따라 안방으로 들어갔어요.
부잣집 식구들이 깜짝 놀라 소리쳤어요.
"아니, 여기가 어디라고 함부로 들어오는 거예요?"
"제가 영감님께 이 나무 그늘을 샀답니다."
식구들은 총각의 말을 듣고 어이가 없었어요.

[2. 내용을 간추려요]

4 총각이 이동한 장소의 변화를 찾아 쓰시오.

• 욕심쟁이 부자 영감의 집 (　　　) ⇨
욕심쟁이 부자 영감의 집 (　　　)

[2. 내용을 간추려요]

5 총각이 욕심쟁이 부자 영감의 집에 함부로 들어온 까닭은 무엇인지 쓰시오.

• 영감에게 (　　　)을 샀고, 그늘을 따라 들어왔기 때문이다.

서술형

[3. 느낌을 살려 말해요]

6 다음 그림에서 여자아이가 고쳐야 할 점은 무엇인지 쓰시오.

7~8

"보봉 마을에는 개인 주차장이 없습니다. 그 대신 정원과 공원, 어린이 놀이터, 자전거 주차장이 있습니다. 이 마을에 들어와 살려면 개인 주차장을 짓지 않겠다고 약속해야 합니다. 그 대신 유료 공동 주차장이 있는데, 차 한 대당 주차장 이용료로 3700유로(약 500만 원)를 내야 합니다. 상황이 이렇다 보니 아예 차를 사지 않는 주민이 많습니다.

전차 같은 대중교통을 이용하거나 자동차를 함께 타거나 빌려 타는 '승용차 함께 타기'가 활발하게 이루어지고 있습니다. 저도 보봉이 어린아이들의 천국이라는 점 때문에 이사를 했고, 이곳에서 아들을 낳고 길렀습니다."

[3. 느낌을 살려 말해요]

7 보봉 마을에 없는 것은 무엇입니까? (　　　)

① 정원과 공원　② 개인 주차장
③ 어린이 놀이터　④ 자전거 주차장
⑤ 유료 공동 주차장

[3. 느낌을 살려 말해요]

8 말하는 사람이 보봉 마을로 이사 온 까닭은 무엇입니까? (　　　)

① 어린아이들의 천국이라서
② 주차장 이용료가 저렴해서
③ 자동차를 빌려 탈 수 있어서
④ 대중교통을 이용하기 쉬워서
⑤ 승용차가 없어도 생활하기 편해서

[4. 일에 대한 의견]

9 다음을 사실과 의견으로 구별하시오.

글	사실/의견
(1) 나비의 색깔이 서로 대비를 이루어 인상적입니다.	
(2) 안정감 속에 변화와 생동감이 은근히 배어 있지요.	

[5. 내가 만든 이야기]

10 다음 글에 나타난 형의 성격은 어떠합니까? (　　　)

형은 큰 자루에 금을 꾹꾹 채워 넣고, 그것도 모자라 옷 속에도, 입 속에도, 그리고 귓구멍 속에도 가득 채워 넣었습니다.

① 마음이 넓다.
② 마음씨가 곱다.
③ 욕심이 매우 많다.
④ 남을 잘 도와준다.
⑤ 온순하고 부드럽다.

서술형

[5. 내가 만든 이야기]

11 다음 이야기의 차례를 읽고 이어질 내용을 상상해 쓰시오.

초록 고양이는 욕실에 있던 엄마를 어디론가 데려간다.

⇩

엄마를 데려간 초록 고양이는 꽃담이에게 엄마를 찾고 싶으면 자신을 따라오라고 한다.

⇩

초록 고양이는 항아리 40개 가운데에서 엄마가 들어가 있는 항아리를 한 번에 찾으라고 한다.

⇩

꽃담이는 ______________________ 엄마가 있는 항아리를 찾는다.

(　　　　　　　　　　　　　　　　　　　　)

마무리 평가

12~13

㉠	이번 주 학급 회의 주제는 "학교생활을 안전하게 하자."이고, 실천 내용은 "안전 게시판을 만들자."로 정했습니다.
폐회	이상으로 학급 회의를 마치겠습니다. 고맙습니다.

[6. 회의를 해요]

12 이 글은 회의에서 누가 하는 말입니까? (　　)

① 사회자　② 발표자
③ 기록자　④ 토론자
⑤ 회의 참여자

[6. 회의를 해요]

13 ㉠에서 할 일은 무엇입니까? (　　)

① 회의 시작을 알린다.
② 회의 마침을 알린다.
③ 회의 주제를 선정한다.
④ 결정한 의견을 발표한다.
⑤ 선정한 주제에 맞는 의견을 제시한다.

[7. 사전은 내 친구]

14 두 낱말을 관계에 맞게 선으로 이으시오.

(1)	밝다-어둡다 •	• ①	뜻이 반대임.
(2)	요일-일요일 •	• ②	한 낱말이 다른 낱말을 포함함.

15~16

지난 주말에 저는 동생과 함께 집 앞 꽃밭에 꽃을 심었습니다. 그런데 오늘 물을 주려고 보니 쓰레기가 꽃 주위에 흩어져 있었습니다. 그 모습을 보니 속이 상했습니다.

[　　㉠　　] ㉡꽃은 쓰레기가 없는 깨끗한 꽃밭에서 건강하게 자랄 수 있습니다. 우리가 노력하면 꽃밭을 더 아름답게 가꿀 수 있습니다.

[8. 이런 제안 어때요]

15 ㉠ 안에 들어갈 제안하는 내용으로 알맞은 것은 어느 것입니까? (　　)

① 물을 아껴 써야 합니다.
② 예쁜 꽃을 많이 심으면 안 될까요?
③ 우리 모두 꽃밭을 만들어야 합니다.
④ 쓰레기를 분류해서 버렸으면 합니다.
⑤ 꽃밭에 쓰레기를 버리지 않으면 좋겠습니다.

[8. 이런 제안 어때요]

16 ㉡에 대한 특징으로 알맞은 것은 무엇입니까? (　　)

① 해결할 문제점이 나타나 있다.
② 제안하는 내용을 짧게 써야 한다.
③ 문제점을 해결하기 위한 의견을 쓴다.
④ 제안한 내용대로 했을 때 무엇이 더 나아지는지를 써야 한다.
⑤ "~하면 좋겠습니다.", "~하면 어떨까요?" 같은 표현을 사용한다.

17~18

당시 우리나라에는 사람들이 두루 볼 만한 우리말 문법책이 없었어요. 많은 사람이 한문만을 글로 여기고 우리글에는 관심을 가지지 않았기 때문이지요. 주시경은 사람들이 쉽게 알아볼 수 있는 우리말 문법책을 만들기로 마음먹었어요. 도움이 될 만한 자료가 있다는 얘기를 들으면 먼 길도 마다하지 않고 찾아갔어요. 빌려 봐야 하는 자료는 일일이 베껴서 모았지요.

1906년 주시경은 『대한 국어 문법』이라는 책을 펴냈어요. 이 책에는 한글과 우리말을 바르게 사용하기 위한 규칙인 문법이 실려 있었어요. 그 후로 주시경은 사람들에게 한글을 연구하는 학자로 널리 알려졌어요.

[9. 자랑스러운 한글]

17 당시 우리말 문법책이 없었던 까닭은 무엇입니까? (　　)

① 다른 나라 문법책이 더 쉬워서
② 사람들이 우리글에 관심이 없어서
③ 중국의 문자인 한자만 쓰고 있어서
④ 중국에서 문법책을 빌려 보고 있어서
⑤ 문법책을 만드는 데 필요한 자료가 너무 많아서

[9. 자랑스러운 한글]

18 주시경이 살아온 삶을 연표로 나타낸 것입니다. 빈칸에 알맞은 말을 써넣으시오.

때	있었던 일
1876년	태어남.
1894년	배재학당에 입학함.
1906년	『(　　　　　　)』(이)라는 책을 펴냄.

19~20

[10. 인물의 마음을 알아봐요]

19 그림 가와 같은 표정이나 행동을 하는 상황은 언제입니까? (　　)

① 무서운 영화를 볼 때
② 친한 친구가 전학 갈 때
③ 운동 경기에서 이겼을 때
④ 징그러운 벌레를 봤을 때
⑤ 밤이 되어 잠잘 시간이 되었을 때

[10. 인물의 마음을 알아봐요]

20 그림 나~라에 어울리는 인물의 마음을 찾아 선으로 이으시오.

(1) 그림 나 •　　　　• ① 피곤하고 지친 마음
(2) 그림 다 •　　　　• ② 수줍고 부끄러운 마음
(3) 그림 라 •　　　　• ③ 깜짝 놀라고 무서운 마음

[1. 큰 수]

1 10000에 대한 설명으로 옳은 것을 모두 고르세요. (,)

① 9999 다음의 수
② 100이 10개인 수
③ 9990보다 100만큼 더 큰 수
④ 8000보다 2000만큼 더 큰 수
⑤ 9900보다 1000만큼 더 큰 수

서술형 [1. 큰 수]

2 ㉠이 나타내는 값은 ㉡이 나타내는 값의 몇 배인지 풀이 과정을 쓰고 답을 구해 보세요.

46263245
(㉠: 둘째 자리의 6, ㉡: 넷째 자리의 6)

( )

[1. 큰 수]

3 뛰어 세기를 한 것입니다. 빈칸에 알맞은 수를 써넣으세요.

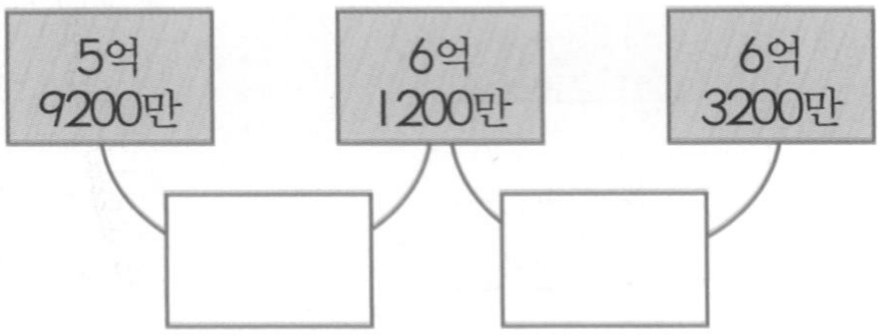

[1. 큰 수]

4 가장 큰 수에 ○표, 가장 작은 수에 △표 하세요.

㉠ 12억 5000만 ( )
㉡ 1240628735 ( )
㉢ 1000만의 100배인 수 ( )

[2. 각도]

5 각도기와 자를 이용하여 주어진 크기의 각을 그려 보세요.

55°

[2. 각도]

6 ㉠, ㉡에 알맞은 각도를 구해 보세요.

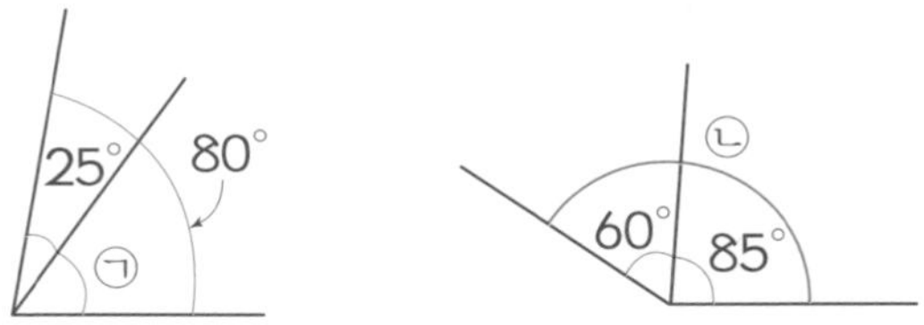

㉠: ( )
㉡: ( )

[2. 각도]

7 오른쪽과 같이 삼각형 모양의 종이의 한 부분이 찢어졌습니다. 종이의 찢어진 부분의 한 각의 크기를 구해 보세요.

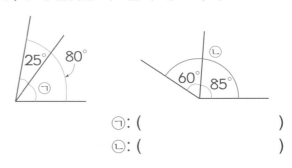

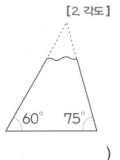

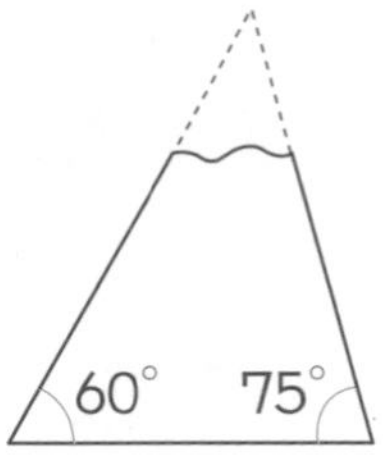

( )

[3. 곱셈과 나눗셈]

8 빈칸에 알맞은 수를 써넣으세요.

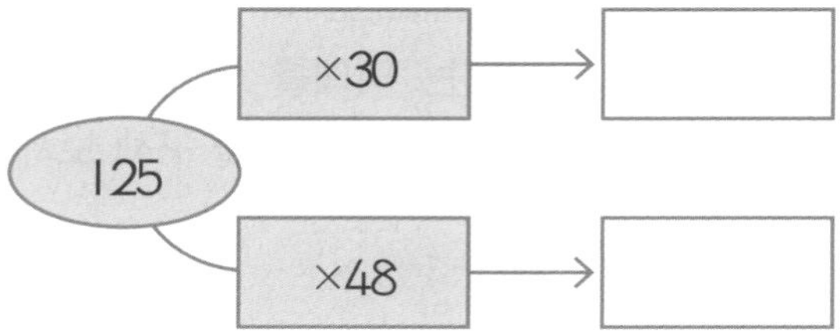

서술형

[3. 곱셈과 나눗셈]

9 182÷33을 오른쪽과 같이 어림해 계산하였습니다. 잘못 계산한 부분을 찾아 이유를 쓰고 바르게 계산하세요.

182÷33
⇒ 180÷30=6

$$\begin{array}{r} 6 \\ 33\overline{)182} \\ 198 \end{array}$$

바른 계산

$33\overline{)182}$

[3. 곱셈과 나눗셈]

10 길이가 360 m인 도로의 양쪽에 도로의 시작 부분부터 끝까지 가로등을 세우려고 합니다. 15 m 간격으로 가로등을 세운다면 필요한 가로등은 모두 몇 개입니까?(단, 가로등의 두께는 생각하지 않습니다.)

(　　　　　　　)

[4. 평면도형의 이동]

11 오른쪽 모양은 왼쪽 모양이 새겨진 도장을 종이에 찍었을 때 생긴 모양입니다. 도장에 새긴 모양을 그려 넣으세요.

도장에 새긴 모양　종이에 찍은 모양

[4. 평면도형의 이동]

12 오른쪽 도형을 시계 방향으로 주어진 각도만큼 돌렸을 때의 모양을 그린 것입니다. 잘못 그린 것에 ○표 하세요.

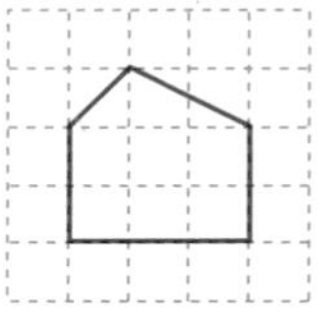

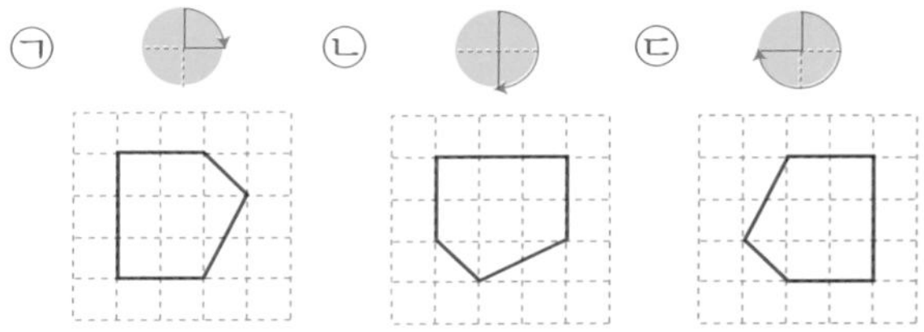

(　　)　(　　)　(　　)

[4. 평면도형의 이동]

13 도형을 움직인 방법을 바르게 설명한 것의 기호를 쓰세요.

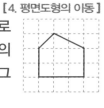

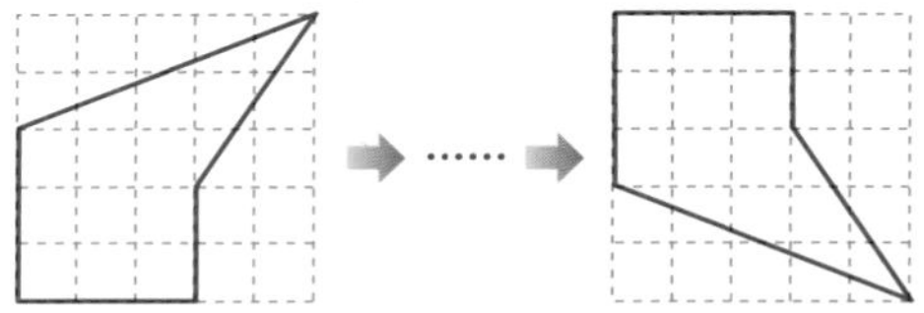

㉠ 왼쪽 도형을 위로 뒤집고 시계 방향으로 90° 돌렸습니다.

㉡ 왼쪽 도형을 시계 반대 방향으로 180° 만큼 돌리고 오른쪽으로 뒤집었습니다.

(　　　　　　　)

✿다음 글을 읽고 물음에 답하세요. [14~15]

> 리듬 체조 선수인 도영이는 훌라후프, 리본, 공, 곤봉 경기에 참여하였습니다. 훌라후프와 곤봉 경기에서는 9점을, 리본 경기에서는 곤봉 경기보다 1.5점 낮은 점수를 받았습니다.

[5. 막대그래프]

14 도영이의 리듬 체조 기록을 나타낸 막대그래프입니다. 글을 읽고 막대그래프를 완성하세요.

도영이의 리듬 체조 기록

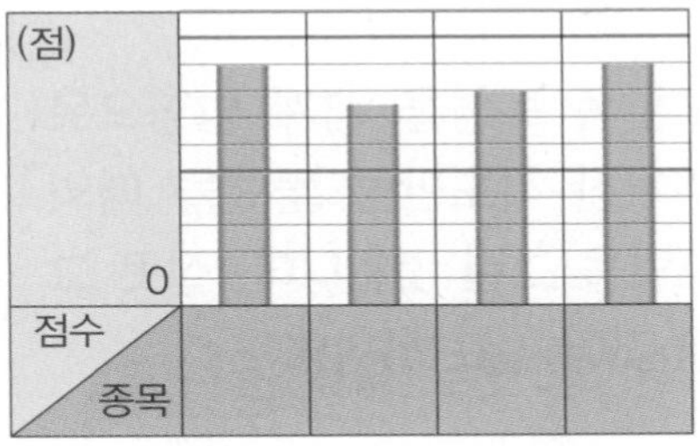

[5. 막대그래프]

15 가장 낮은 점수를 받은 종목은 무엇이며, 점수는 몇 점입니까?

(,)

✿어느 제과점에서 오늘 팔린 케이크 69개를 종류별로 나타낸 막대그래프입니다. 물음에 답하세요. [16~17]

팔린 종류별 케이크의 수

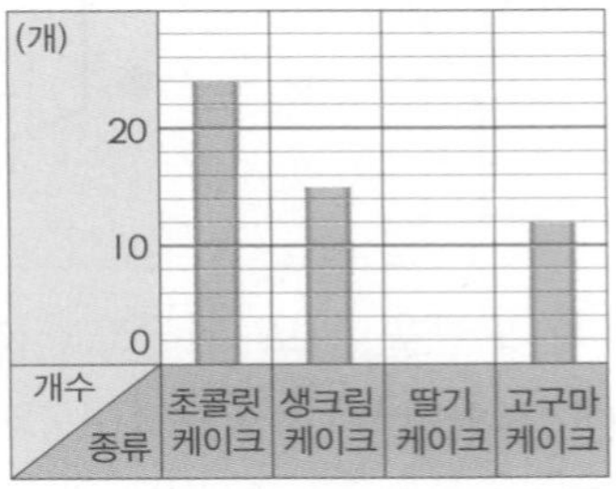

[5. 막대그래프]

16 오늘 팔린 초콜릿케이크는 모두 몇 개입니까?

( )

서술형 [5. 막대그래프]

17 앞의 막대그래프를 세로 눈금 한 칸이 3개를 나타내는 막대그래프로 바꿔 그린다면 딸기 케이크를 나타내는 막대를 몇 칸으로 그려야 하는지 풀이 과정을 쓰고 답을 구해 보세요.

( )

[6. 규칙 찾기]

18 규칙적인 수의 배열에서 ㉠+㉡의 값을 구해 보세요.

1457	1557	㉠	1757	㉡	1957

( )

✿규칙적인 계산식을 보고 물음에 답하세요. [19~20]

순서	계산식
첫째	111111111÷3=37037037
둘째	222222222÷6=37037037
셋째	333333333÷9=37037037
넷째	444444444÷12=37037037
다섯째	

[6. 규칙 찾기]

19 다섯째 칸에 들어갈 계산식을 빈칸에 써넣으세요.

[6. 규칙 찾기]

20 27로 나누었을 때 값이 37037037이 되는 수를 구해 보세요.

( )

[1. ❶ 지도로 본 우리 지역]

1 지도의 기본 요소 중에서 방향의 위치를 나타내는 것은 무엇입니까? (　　　)

① 축척　　② 기호
③ 범례　　④ 방위표
⑤ 등고선

[1. ❶ 지도로 본 우리 지역]

2 지도에서 볼 수 있는 다음 축척이 나타내는 것은 무엇인지 빈칸에 알맞은 숫자를 쓰시오.

> 0　　2km
> 1cm
>
> 지도에서의 1cm는 실제 거리 (　　　　) km를 뜻한다.

(　　　　　　　　)

[1. ❶ 지도로 본 우리 지역]

3 등고선 모형을 만들 때 가장 낮은 곳에 놓는 블록의 색깔은 무엇입니까? (　　　)

① 갈색　　② 빨간색
③ 초록색　　④ 노란색
⑤ 고동색

[1. ❶ 지도로 본 우리 지역]

4 운전을 하면서 목적지까지 가는 길을 알고 싶을 때 사용하기에 알맞은 지도는 어느 것입니까?
(　　　)

① 길도우미　　② 세계 지도
③ 학교 안내도　　④ 지하철 노선도
⑤ 우리나라 전도

✿ 다음 지도를 보고 물음에 답하시오. [5~6]

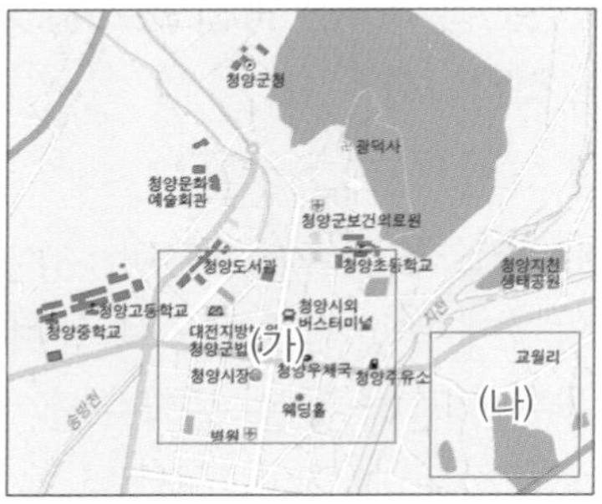

[1. ❷ 우리 지역의 중심지]

5 위의 (가), (나) 중에서 다음과 같은 모습을 볼 수 있는 곳은 어디인지 쓰시오.

(　　　　　　　　)

[1. ❷ 우리 지역의 중심지]

6 위 지도를 보고, (나) 지역의 특징은 무엇인지 쓰시오.

____

____

[1. ❷ 우리 지역의 중심지]

7 다음 문화유산 중에서 종류가 다른 하나를 찾아 기호를 쓰시오.

㉠

㉡

㉢

㉣

(　　　　　　　　)

[2. ❶ 우리 지역의 문화유산]

8 문화유산을 답사하는 방법으로 알맞지 않은 것은 어느 것입니까? (　　　)

① 직접 그림으로 그려 본다.
② 전체적인 모습을 감상한다.
③ 한 방향에서만 집중적으로 살펴본다.
④ 안내판에 적혀 있는 문화유산 설명글을 읽는다.
⑤ 문화유산이 만들어진 시대에는 어떻게 사용되었을지 생각해 본다.

[1. ❷ 우리 지역의 중심지]

9 지역에 있는 중요한 문화유산의 위치, 분포, 특징을 알려 주기 위해 만든 지도를 무엇이라고 하는지 쓰시오.

(　　　　　　　　　　)

[2. ❷ 우리 지역의 역사적 인물]

10 우리 지역의 역사적 인물을 조사하는 계획을 세우는 과정입니다. 순서에 맞게 기호를 쓰시오.

㉠ 주제망 만들기
㉡ 조사할 주제 정하기
㉢ 조사하는 역할 나누기
㉣ 조사 계획서 작성하기
㉤ 더 알고 싶은 내용 이야기하기

(　　　　　　　　　　)

서술형

[2. ❷ 우리 지역의 역사적 인물]

11 장영실이 만든 오른쪽 발명품의 이름과 발명품이 백성들에게 준 도움을 쓰시오.

(1) 이름: (　　　　　　　　)

(2) 발명품이 사람들에게 준 도움:

[2. ❷ 우리 지역의 역사적 인물]

12 장영실의 일생을 역할극으로 만들어 소개하려고 합니다. 이때 등장인물로 알맞지 않은 사람은 누구입니까? (　　　)

① 이천　　② 장영실
③ 정약용　　④ 백성들
⑤ 세종 대왕

[2. ❷ 우리 지역의 역사적 인물]

13 다음은 장영실을 소개하는 자료 중에서 무엇과 관계가 깊은지 쓰시오.

아나운서: (문화 관광 해설사를 보며) 혼천의는 어떤 발명품입니까?
문화 관광 해설사: 혼천의는 혼천시계의 일부이며, 태양과 달의 위치를 알려 줍니다. 혼천의는 이후에 달력을 만드는 바탕이 되었습니다.

(　　　　　　　　　　)

[3. ❶ 우리 지역의 공공 기관]

14 지역 주민들이 깨끗한 환경에서 생활할 수 있도록 도움을 주는 사람은 누구입니까? (　　　)

① 경찰관　　② 소방관
③ 우편집배원　　④ 환경미화원
⑤ 버스 운전사

[3. ❶ 우리 지역의 공공 기관]

15 다음은 공공 기관이 학교와 협력하여 하는 일입니다. 빈칸에 들어갈 공공 기관을 쓰시오.

> • (　㉠　)에서는 학교에 학교 전담 경찰관을 보내 학교 폭력 예방 교육을 한다.
> • (　㉡　)에서는 학생들에게 화재 예방 교육, 화재 대피 훈련을 실시한다.

㉠ (　　　　　　) ㉡ (　　　　　　)

[3. ❶ 우리 지역의 공공 기관]

16 공공 기관을 견학하는 계획을 세우는 과정에서 해야 할 일은 어느 것입니까? (　　　)

① 역할을 나눈다.
② 보고서를 작성한다.
③ 느낀 점을 정리한다.
④ 친구들에게 발표한다.
⑤ 서로 배려하며 안전하게 이동한다.

[3. ❶ 우리 지역의 공공 기관]

17 공공 기관을 견학하면서 지켜야 할 예절로 바르지 않은 것은 어느 것입니까? (　　　)

① 큰 소리로 떠들지 않는다.
② 함부로 물건을 만지지 않는다.
③ 안내자의 이야기를 잘 따른다.
④ 허락 없이 아무 장소나 들어간다.
⑤ 서로를 배려하면 안전하게 이동한다.

[3. ❶ 지역 문제와 주민 참여]

18 다음 모습과 관계 깊은 지역 문제는 어느 것입니까? (　　　)

> 도로나 인도 주변의 울타리가 훼손되거나 환풍구 덮개가 열려 있어서 위험한 경우가 많다.

① 안전 문제
② 교통 혼잡 문제
③ 시설 부족 문제
④ 환경 오염 문제
⑤ 주택 노후화 문제

서술형

[3. ❷ 지역 문제와 주민 참여]

19 지역 문제 해결 과정에 주민들이 참여해야 하는 까닭은 무엇인지 쓰시오.

[3. ❷ 지역 문제와 주민 참여]

20 다음 빈칸에 들어갈 알맞은 말은 어느 것입니까? (　　　)

> 주민 참여의 방법 중에서 주민 참여 예산제는 (　　　　)의 예산 편성에 주민이 직접 참여하는 것이다.

① 기업　　② 학교
③ 국회　　④ 시민 단체
⑤ 지방 자치 단체

[2. 지층과 화석]

1 다음 지층에서 가장 먼저 만들어진 층의 기호를 쓰시오.

( )

[2. 지층과 화석]

2 퇴적암에 대한 설명으로 바르지 않은 것은 어느 것입니까? ( )

① 대부분의 지층을 이루고 있다.
② 역암은 알갱이 크기가 가장 크다.
③ 알갱이 크기가 가장 작은 것은 이암이다.
④ 대부분의 퇴적암은 주로 모래로 되어 있다.
⑤ 알갱이의 크기에 따라 이암, 사암, 역암으로 나눈다.

[2. 지층과 화석]

3 ( )안에 들어갈 알맞은 말을 쓰시오.

> 호수나 바다의 바닥에 운반된 죽은 생물, 나뭇잎 등의 위에 퇴적물이 두껍게 쌓여 지층이 만들어지고, 그 속에 묻힌 생물이 ( )이 된다.

( )

서술형 [2. 지층과 화석]

4 화석이 잘 만들어지는 조건을 두 가지 쓰시오.

____

____

[2. 지층과 화석]

5 삼엽충 화석으로 알 수 있는 것을 모두 고르시오. (,)

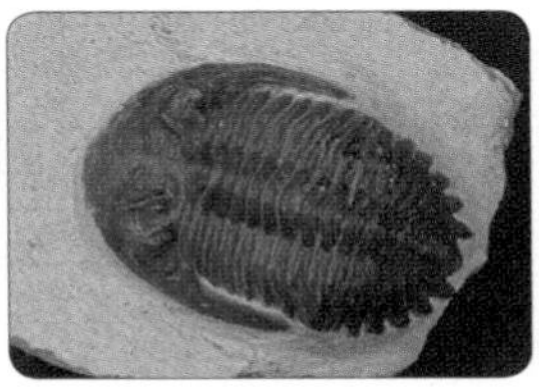

① 삼엽충의 생김새를 알 수 있다.
② 삼엽충이 먹는 음식을 알 수 있다.
③ 발견된 곳이 당시에 습한 땅이였음을 알 수 있다.
④ 발견된 곳이 당시에 물속이었다는 것을 알 수 있다.
⑤ 삼엽충이 화석 연료로 이용된다는 것을 알 수 있다.

[3. 식물의 한살이]

6 여러 가지 씨에 대한 설명으로 바르지 않은 것은 어느 것입니까? ( )

① 강낭콩: 둥글고 길쭉하며, 검붉은색이다.
② 호두: 둥글고 주름이 있고, 연한 갈색이다.
③ 참외씨: 검은색이고 동그랗고 크기가 매우 작다.
④ 은행나무씨: 달걀 모양과 비슷하고 연한 노란색이다.
⑤ 사과씨: 둥글고 길쭉하며 한쪽은 모가 나 있고 갈색이다.

[3. 식물의 한살이]

7 다음에서 설명하는 것은 무엇인지 쓰시오.

> 식물의 씨가 싹 터서 자라 꽃이 피고 열매를 맺어 다시 씨가 만들어지는 과정이다.

( )

[3. 식물의 한살이]

8 씨가 싹 트는 데 필요한 조건을 알아보려고 합니다. 다르게 할 조건을 쓰시오.

(1) 씨가 싹 트는 데 물이 미치는 영향:

( )

(2) 씨가 싹 트는 데 온도가 미치는 영향:

( )

[3. 식물의 한살이]

9 씨가 싹 트는 과정 중 가장 먼저 볼 수 있는 것은 무엇입니까? ( )

① 뿌리　② 떡잎
③ 줄기　④ 본잎
⑤ 떡잎싸개

[3. 식물의 한살이]

10 다음과 같이 측정하는 것은 어느 것이 자란 정도를 알아보는 것인지 쓰시오.

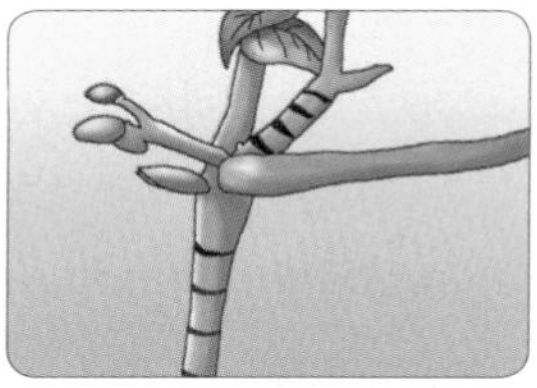

( )가 자란 정도

[4. 물체의 무게]

11 용수철에 물체를 걸었을 때 늘어난 용수철의 길이가 의미하는 것은 무엇입니까? ( )

① 물체의 길이
② 물체의 무게
③ 물체의 모양
④ 물체의 크기
⑤ 물체의 성질

[4. 물체의 무게]

12 다음 용수철저울로 측정한 물체의 무게를 보고, 물체의 무게를 < , = , >로 비교하시오.

㉠
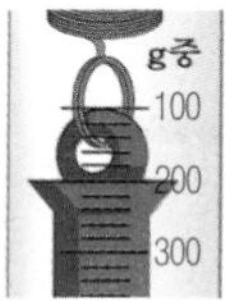

㉡

㉠ ( ) ㉡

서술형

[4. 물체의 무게]

13 시소에 앉아 수평을 잡고 있는 두 사람을 보고, 무거운 사람의 기호를 쓰고, 그렇게 생각한 까닭을 쓰시오.

(1) 무거운 사람: ( )

(2) 그렇게 생각한 까닭:

____

____

[4. 물체의 무게]

14 다음과 같이 양팔저울로 물체의 무게를 비교할 때, 클립과 같은 역할을 할 수 있는 물체가 아닌 것은 어느 것입니까? ( )

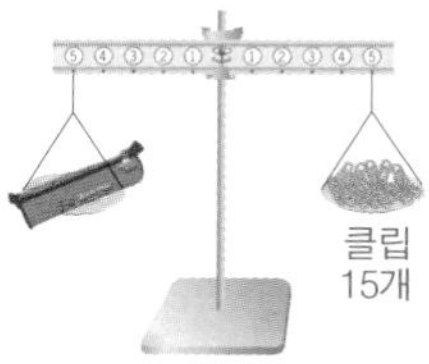

① 납작못
② 장구 핀
③ 똑같은 단추
④ 같은 금액의 동전
⑤ 여러 가지 모양의 돌멩이

[4. 물체의 무게]

15 다음과 같이 바지걸이를 사용하여 만든 저울의 원리는 무엇인지 쓰시오.

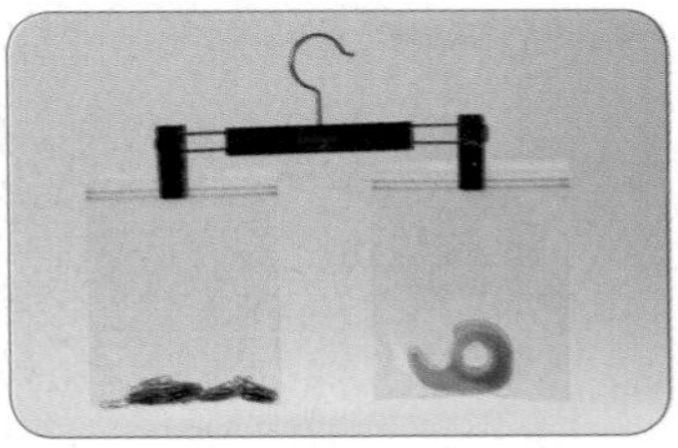

(　　　　　　　　)

[5. 혼합물의 분리]

16 (　　) 안에 공통으로 들어갈 말을 쓰시오.

- 혼합물을 (　　)하면 원하는 물질을 얻을 수 있고, 이를 우리 생활의 필요한 곳에 이용할 수 있다.
- 사탕수수에서 (　　)한 설탕을 다른 물질과 섞으면 다양한 종류의 사탕을 만들 수 있다.

(　　　　　　　　)

[5. 혼합물의 분리]

17 생활 속에서 체를 사용하여 혼합물을 분리하는 원리는 무엇입니까? (　　)

- 해변 쓰레기 수거 장비로 해변에서 쓰레기를 효과적으로 수거한다.
- 어민들이 섬진강 하구에서 모래와 진흙 속에 사는 재첩을 체를 사용하여 잡는다.
- 건물을 짓는 공사장에서 체를 사용하여 모래와 자갈을 분리한다.

① 알갱이의 크기
② 알갱이의 모양
③ 물에 녹는 성질
④ 물에 뜨는 성질
⑤ 자석에 붙는 성질

[5. 혼합물의 분리]

18 다음은 자동 분리기입니다. 이동판에 실려 옮겨질 때, 위쪽 이동판에 철 캔만 달라붙는 까닭은 무엇입니까? (　　)

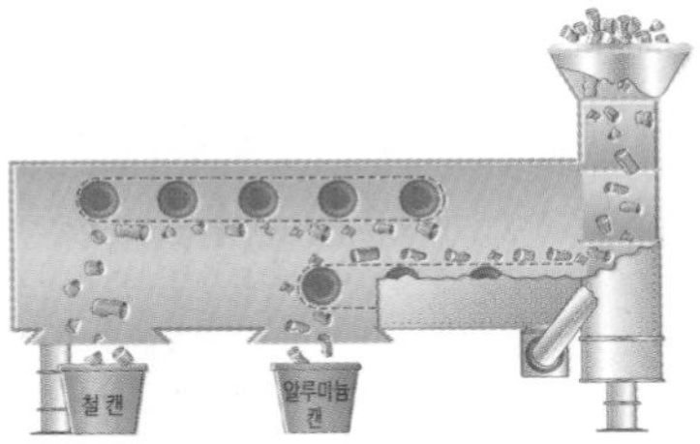

① 철 캔이 가볍기 때문에
② 알루미늄 캔이 무겁기 때문에
③ 위쪽 이동판에 자석이 들어 있기 때문에
④ 아래쪽 이동판에 자석이 들어 있기 때문에
⑤ 철 캔과 알루미늄 캔의 모양이 다르기 때문에

[5. 혼합물의 분리]

19 거름 장치를 바르게 설치한 것을 찾아 기호를 쓰시오.

(　　　　　　　　)

[5. 혼합물의 분리]

20 오른쪽과 같이 천을 사용하여 전통 장을 만들 때, 천에 남아 있는 건더기로 만드는 것(㉠)과 천을 빠져 나간 액체로 만드는 것(㉡)을 쓰시오.

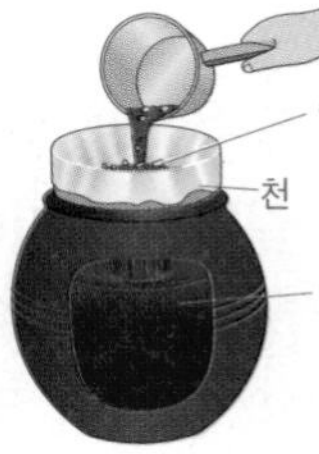

㉠: (　　　　　　　　)
㉡: (　　　　　　　　)

교과서 종합평가

검정 교과서(수학 10종/사회 11종/과학 8종)를

완벽 분석하여 문제를 출제하였습니다.

1~2

텅 빈 운동장을
혼자 걸어 나오는데
운동장가에 있던 나무가
등을 구부리며
말타기놀이하잔다
얼른 올라타라고
등을 내민다

내가 올라타자
따그닥따그닥
달린다
학교 앞 문방구를 지나서
네거리를 지나서
우리 집을 지나서
달린다

1 말하는 이는 어디에 올라탔습니까? ( )

① 시소 ② 의자
③ 나무 ④ 자동차
⑤ 회전목마

2 말하는 이가 상상 속에서 간 곳은 어디어디입니까? (,)

① 달나라 ② 놀이터
③ 네거리 ④ 구름 위
⑤ 학교 앞 문방구

3 다음은 일기 예보를 들을 때 무엇을 생각하며 듣는 모습입니까? ( )

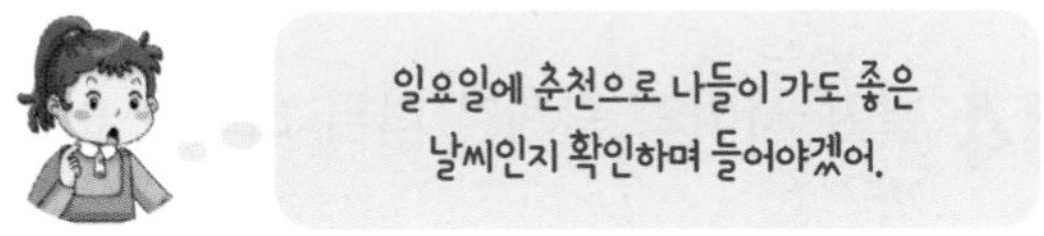

① 경험 ② 공통점
③ 듣는 목적 ④ 아는 내용
⑤ 정리하는 방법

4 ㉠~㉣ 가운데에서 중심 문장은 어느 것인지 기호를 쓰시오.

㉠ 매미는 발음근으로 소리를 냅니다.
㉡ 매미의 배에 있는 발음막, 발음근, 공기주머니는 매미가 소리를 내게 도와줍니다.
㉢ 그런데 암컷은 발음근이 발달되어 있지 않고 발음막이 없어서 소리를 낼 수 없답니다.
㉣ 수컷은 발음근을 당겨서 발음막을 움푹 들어가게 한 다음 '딸깍' 하고 소리를 냅니다.

( )

5~6

5 그림 가와 나 가운데 칭찬을 듣고 힘이 나서 대답하는 상황은 무엇인지 기호를 쓰시오.

그림 ( )

서술형

6 그림과 같이 상황에 알맞은 표정, 몸짓, 말투를 사용하면 어떤 점이 좋은지 쓰시오.

7~9

㉠지난 방학 때 나는 가족과 함께 독도를 다녀왔다. ㉡평소에 독도에 관심이 많아 독도에 대한 책도 읽고 사진도 여러 장 찾아보았다. ㉢그런데 마침 아버지께서 독도를 다녀오자고 하셨다. ㉣책이나 인터넷에서만 보던 독도를 직접 가 보는 것이 좋겠다고 생각했다.

7 글쓴이가 가족과 함께 독도를 다녀온 때는 언제인지 쓰시오.

( )

8 글쓴이가 독도에 관심을 가지고 있어서 한 일을 두 가지 고르시오. (,)

① 독도에 대한 책을 읽었다.
② 독도를 그림으로 그려 보았다.
③ 독도에 대한 글을 꾸준히 썼다.
④ 독도에서 자라는 식물을 키웠다.
⑤ 독도에 대한 사진을 여러 장 찾아보았다.

9 ㉠~㉣ 가운데에서 의견을 나타낸 문장의 기호를 쓰시오.

( )

10 이야기에서 나타내려고 하는 생각을 무엇이라고 합니까? ( )

① 주제 ② 제목
③ 사건 ④ 인물
⑤ 배경

11 회의 절차에 맞게 빈칸에 각각 알맞은 말을 쓰시오.

개회 ⇨ ((1)) ⇨ 주제 토의 ⇨ ((2)) ⇨ 결과 발표 ⇨ 폐회

서술형

12 다음 그림을 보고 알맞은 회의 주제를 쓰시오.

13 회의 참여자가 지켜야 할 규칙이 <u>아닌</u> 것은 어느 것입니까? ( )

① 회의 절차를 안내한다.
② 사회자 허락을 얻고 말한다.
③ 다른 사람의 의견을 존중한다.
④ 알맞은 크기의 목소리로 말한다.
⑤ 친구가 의견을 말할 때 끼어들지 않는다.

14 낱말 사이의 관계가 다른 하나는 어느 것입니까? ( )

① 책 – 동화책 ② 공 – 축구공
③ 가다 – 오다 ④ 가족 – 할머니
⑤ 움직이다 – 날다

15~16

지난 주말에 저는 동생과 함께 집 앞 꽃밭에 꽃을 심었습니다. ㉠그런데 오늘 물을 주려고 보니 쓰레기가 꽃 주위에 흩어져 있었습니다. 그 모습을 보니 속이 상했습니다.

㉡꽃밭에 쓰레기를 버리지 않으면 좋겠습니다. ㉢꽃은 쓰레기가 없는 깨끗한 꽃밭에서 건강하게 자랄 수 있습니다. 우리가 노력하면 꽃밭을 더 아름답게 가꿀 수 있습니다.

15 글쓴이가 지난 주말에 동생과 함께 한 일은 무엇입니까? (　　)

① 집 앞 꽃밭에 꽃을 심었다.
② 꽃밭 옆에 쓰레기통을 설치했다.
③ 꽃밭 옆에 있는 쓰레기를 주웠다.
④ 꽃밭에 있는 잡초를 모두 뽑았다.
⑤ 집 앞 꽃밭을 다른 곳으로 옮겼다.

16 ㉠~㉢ 가운데에서 '문제 상황'에 해당하는 것의 기호를 쓰시오.

(　　　　　　　　　　)

17 제안하는 글을 써야 하는 상황으로 알맞은 것은 어느 것입니까? (　　)

① 동생과 다퉜을 때
② 친한 친구가 전학을 갈 때
③ 운동장에 쓰레기가 많을 때
④ 친구에게 고마운 마음을 전할 때
⑤ 어머니께 새로운 친구를 소개할 때

18~19

한글은 쉽고 빨리 배울 수 있는 문자이다. 영어 알파벳이 스물여섯 자이지만, 소문자, 대문자, 인쇄체, 필기체를 알아야 하니 100개가 넘고, 현재 중국어에서 사용하는 문자는 약 3500자이며, 일본의 가나 문자 역시 모든 문자를 따로 익혀야 한다. 반면에 한글은 일정한 원리에 따라 만들어졌기 때문에, 기본이 되는 자음자 다섯 개, 모음자 세 개만 익히면 다른 문자도 쉽게 익힐 수 있어 문자를 배우는 데 드는 시간이 놀랄 만큼 절약된다.

18 한글을 쉽게 익힐 수 있는 까닭은 무엇입니까? (　　)

① 한글에 줄임 말이 많아서
② 모두가 사용하는 글자라서
③ 일정한 원리에 따라 만들어져서
④ 영어나 중국어보다 모양이 쉬워서
⑤ 기본이 되는 자음자나 모음자가 없어서

19 한글의 기본이 되는 자음자가 아닌 것은 어느 것입니까? (　　)

① ㄱ　　② ㄴ
③ ㄹ　　④ ㅁ
⑤ ㅇ

20 만화에 나오는 인물의 마음을 짐작할 때에 살펴볼 점이 아닌 것은 무엇입니까? (　　)

① 글, 배경　　② 지은이 성별
③ 인물의 표정　　④ 인물의 행동
⑤ 말풍선 모양

수학 1회 교과서 종합평가

1 다음이 공통으로 나타내는 수를 써 보세요.

> 9999보다 1만큼 더 큰 수입니다.
> 9990보다 10만큼 더 큰 수입니다.
> 9900보다 100만큼 더 큰 수입니다.
> 9000보다 1000만큼 더 큰 수입니다.

(　　　　　　　　)

2 빈 곳에 알맞은 수나 말을 써넣으세요.

35480	삼만 오천사백팔십
	만 사천칠백이십삼
50187	

3 ㉠이 나타내는 값은 ㉡이 나타내는 값의 몇 배인지 구해 보세요.

> 87532761094
> (㉠: 밑줄 친 7, ㉡: 밑줄 친 7)

(　　　　　　　　)

4 수의 크기를 비교하여 ○ 안에 ＞, ＝, ＜를 알맞게 써넣으세요.

(1) 7405000 ○ 850000

(2) 2165억 500만 ○ 2165억 490만

(3) 125조 2100억 ○ 125조 3000억

5 크기가 가장 작은 각은 어느 것인가요?

(　　　)

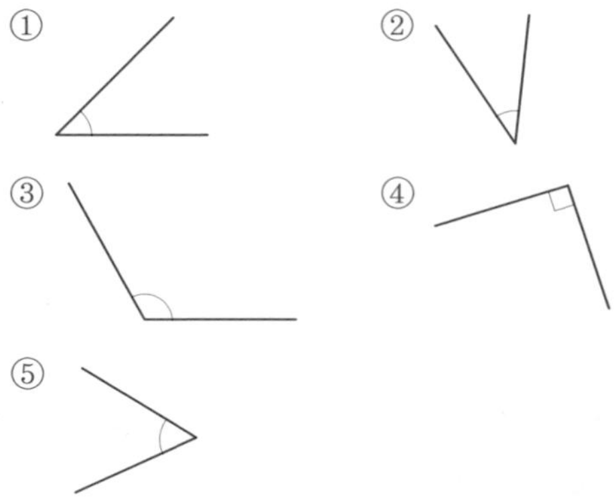

6 각도기와 자를 이용하여 주어진 각도의 각을 완성해 보세요.

7 두 각도의 합과 차를 구해 보세요.

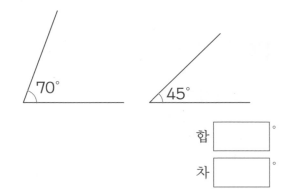

합 □°

차 □°

8 ☐ 안에 알맞은 수를 써넣으세요.

359×8=☐

➔ 359×80=☐

9 계산 결과가 작은 것부터 차례로 기호를 써 보세요.

㉠ 714×25
㉡ 296×81
㉢ 362×55

(, ,)

10 나눗셈을 어림하여 계산한 것을 보고, 옳게 계산해 보세요.

138÷21 ➔ 140÷20=7	21)138 → 7, 147

21)138

서술형

11 어느 기계로 한 번에 11개의 빵을 구울 수 있습니다. 253개의 빵을 만들려면 몇 번 구워야 하는지 풀이 과정을 쓰고 답을 구해 보세요.

( )

12 ㉯ 도형은 ㉮ 도형을 이동한 모양입니다. 이동 방법을 바르게 설명한 것은 어느 것인가요?

( )

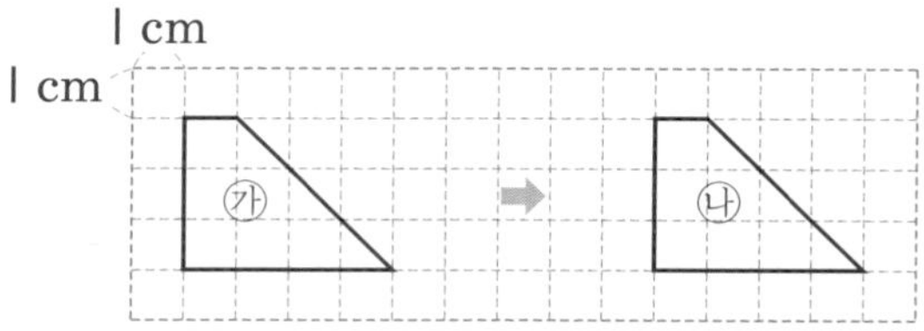

① 왼쪽으로 5cm만큼 밀었습니다.
② 왼쪽으로 9cm만큼 밀었습니다.
③ 오른쪽으로 5cm만큼 밀었습니다.
④ 오른쪽으로 9cm만큼 밀었습니다.
⑤ 오른쪽으로 10cm만큼 밀었습니다.

13 도형을 시계 방향으로 270°만큼 돌렸을 때의 모양을 그려 보세요.

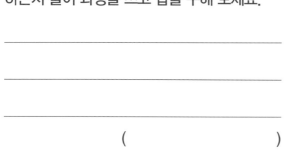

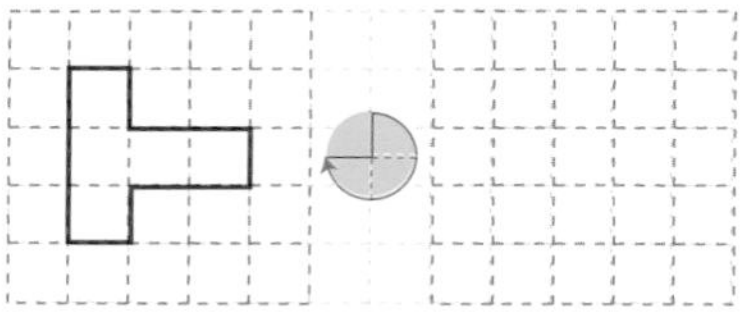

14 오른쪽으로 한번 뒤집고 시계 방향으로 180° 만큼 돌린 모양이 처음과 같은 글자는 모두 몇 개인지 구해 보세요.

A E I O U

( )

[15~17] 어느 아기 동물원의 동물 수를 조사하여 막대그래프로 나타낸 것입니다. 물음에 답하세요.

아기 동물원의 동물 수

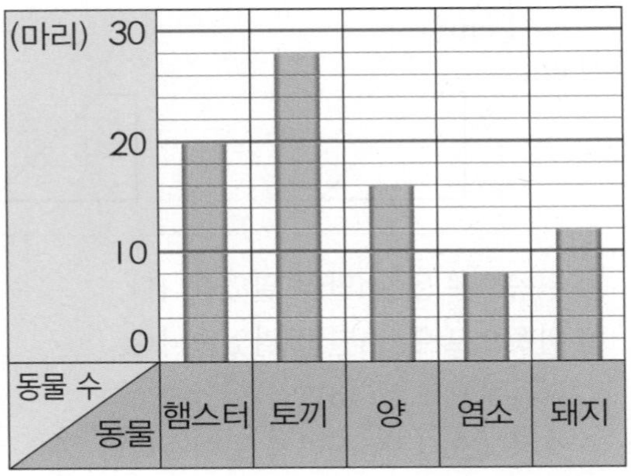

15 아기 동물원에서 수가 가장 많은 동물은 무엇인가요?

( )

16 막대그래프에서 세로 눈금 한 칸은 몇 마리를 나타내나요?

( )

17 막대그래프에 나타난 내용을 잘못 설명한 것은 어느 것인가요? ( )

① 가로는 동물을 나타냅니다.
② 세로는 동물 수를 나타냅니다.
③ 토끼는 양보다 12마리 더 많습니다.
④ 동물 수가 염소보다 많고 햄스터보다 적은 동물은 토끼와 양입니다.
⑤ 막대그래프를 통해 아기 동물원의 동물 수를 한눈에 비교할 수 있습니다.

[18~19] 수 배열표를 보고 물음에 답해 보세요.

1	4	7	10	13
3	6	9	12	15
5	8	11	14	17
7	10	13	16	
9		15	18	21

18 수 배열표에서 찾은 규칙입니다. □ 안에 알맞은 수를 써넣으세요.

(1) 가로(→)로 □ 씩 커집니다.

(2) 세로(↓)로 □ 씩 커집니다.

(3) 색칠된 칸의 수는 1부터 시작하여 ↘ 방향으로 □ 씩 커집니다.

19 빈칸에 알맞은 수를 써넣으세요.

서술형

20 뺄셈식에서 규칙을 찾아 계산 결과가 100이 되는 뺄셈식을 구하려고 합니다. 풀이 과정을 쓰고 답을 구해 보세요.

120−80=40
120−70=50
120−60=60
120−50=70

( )

사회 1회 교과서 종합평가

1 하늘에서 찍은 사진과 지도의 공통점으로 알맞은 것은 어느 것입니까? (   )

① 위에서 내려다본 모습이다.
② 작은 것도 모두 나타나 있다.
③ 필요한 정보가 보기 쉽게 나타나 있다.
④ 건물이 있는 곳을 쉽게 찾아갈 수 있다.
⑤ 건물이나 지하철역 등의 이름이 나타나 있다.

2 지도에서 방향을 알 수 있게 해 주는 오른쪽과 같은 것을 무엇이라고 하는지 쓰시오.

(   )

서술형

3 지도에서 [ ] 로 표시한 범례가 필요한 까닭은 무엇인지 쓰시오.

____

____

4 다음 ㉠, ㉡에 들어갈 알맞은 말을 쓰시오.

> • 중요한 것만 간략하게 나타낸 (㉠   )은/는 주로 초대장을 만들거나 어떤 장소의 위치 등을 간단히 보여 주기 위해 이용한다.
> • 대략적인 역의 위치와 지나가는 길을 표시한 지하철 (㉡   )을/를 보면 어느 역에서 내려야 하는지, 어느 역에서 갈아타야 하는지 알 수 있다.

㉠ (   ), ㉡ (   )

5 지역의 중심지에 대한 설명으로 알맞지 <u>않은</u> 것은 어느 것입니까? (   )

① 건물이 적고 논과 밭이 많다.
② 생활에 필요한 다양한 시설들이 있다.
③ 버스 터미널이나 기차역이 있어 교통이 편리하다.
④ 여러 가지 물건을 사고파는 시장이나 백화점이 있다.
⑤ 사람들의 편의를 돕는 시청, 보건소와 같은 기관이 있다.

6 충청남도에서 다음과 같은 이유로 발달한 산업의 중심지는 어디입니까? (   )

> 물건을 만드는 회사나 공장에서 일하려는 사람들이 모인다.

① 천안시 ② 공주시
③ 아산시 ④ 홍성군
⑤ 부여군

7 다음 중 상업의 중심지에서 볼 수 있는 시설로 알맞은 것을 두 가지 고르시오. (　　,　　)

① 공장　② 박물관
③ 백화점　④ 교육청
⑤ 대형 할인점

8 다음 (　　) 안에 들어갈 알맞은 말을 쓰시오.

문화유산을 잘 아는 사람이나 인간 문화재를 만나서 (　　　　)하면 문화유산에 관해 궁금한 점을 직접 물어보고 답변을 얻을 수 있다.

(　　　　　　　　)

9 지역의 문화유산 답사를 다녀온 후 작성한 답사 보고서에서 다음과 같은 내용을 넣어야 할 항목은 무엇입니까? (　　)

- 아주 오래전 사람들이 살았던 모습은 어떠했는지 상상할 수 있었다.
- 우리 지역에 강화 고인돌과 같은 문화유산이 있다는 사실을 알고 자랑스러운 마음이 들었다.

① 느낀 점　② 답사 날짜
③ 답사 목적　④ 조사할 내용
⑤ 답사로 알게 된 점

10 우리 지역의 문화유산을 소개하는 방법으로 알맞지 않은 것은 어느 것입니까? (　　)

① 안내 책자 만들기
② 소개 영상 만들기
③ 문화유산 안내도 만들기
④ 미래 고장 모습 만화로 그리기
⑤ 문화 관광 해설사가 되어 소개하기

11 다음과 같은 일을 하는 사람은 누구인지 쓰시오.

- 문화유산 주변을 청소하거나 문화유산을 홍보하는 등의 역할을 하고 있다.
- 지역의 문화유산을 가꾸고 지켜 나가기 위해 노력하고 있다.

(　　　　　　　　)

12 우리 지역의 역사적 인물을 조사하는 방법에 대해 정리한 것입니다. 알맞은 내용이 되도록 ◯표 하여 완성하시오.

책이나 기록물 찾아보기
어린이 도서관이나 지역 도서관에서 인물의 일생을 쓴 (위인전 , 안내판)이나 지역의 역사에 관한 책을 보면 인물에 대한 구체적인 정보를 얻을 수 있다.

13 다음은 반에서 지역의 역사적 인물을 소개하고 있는 모습입니다. 빈칸에 들어갈 알맞은 말을 쓰시오.

역사적 인물과 관련된 역사적 사건이 담긴 (　　　　)을/를 꾸며 본다.

(　　　　　　　　)

14 지역에 있는 다양한 장소 중에서 개인의 이익이 아닌 주민 전체의 이익을 위해 국가나 지방 자치 단체가 세워 관리하는 곳을 무엇이라고 하는지 쓰시오.

(　　　　　　　　)

15 다음 중 소방서에서 하는 일로 알맞은 것을 모두 고르시오. (   )

① 사고로 다치거나 아픈 사람을 구조한다.
② 불이 나면 빠르게 출동해서 불을 꺼 준다.
③ 교통사고를 조사하고 신호를 지키지 않는 차를 단속한다.
④ 주민들이 요청하는 일을 처리하고 각종 서류를 발급해 준다.
⑤ 고드름이나 벌집, 쓰러진 나무 등 위험한 것을 없애 달라는 신고를 받고 출동한다.

16 다음과 같은 주민들의 요구를 해결해 주는 공공 기관은 어디인지 쓰시오.

거리에 불법으로 주차된 차들 때문에 혼잡해요. 단속을 강화해 주세요.

(   )

17 다음 그림을 보고 알 수 있는 사실은 무엇입니까? (   )

① 공공 기관은 서로 협력해 일을 한다.
② 공공 기관은 개인의 이익을 위해 일한다.
③ 공공 기관이 힘을 합치면 항상 문제가 생긴다.
④ 보건소에서는 학교 폭력 예방 교육을 하고 있다.
⑤ 각각의 공공 기관은 맡은 일만하고 힘을 합쳐서는 일하지 않는다.

18 다음은 지역 주민들이 지역 문제를 해결하는 과정입니다. 순서대로 기호를 쓰시오.

㉠ 지역 문제 확인하기
㉡ 문제 발생 원인 파악하기
㉢ 문제 해결 방안 탐색하기
㉣ 문제 해결 방안 결정하기
㉤ 문제 해결 방안 실천하기

(   )

19 지역 문제를 해결하는 과정에서 주민들이 다음과 같이 참여하는 방법은 무엇입니까? (   )

① 서명 운동 하기
② 공청회에 참여하기
③ 주민 회의에 참여하기
④ 시·도청 누리집에 의견 올리기
⑤ 시민 단체에 가입하여 활동하기

20 지역 문제 해결을 위해 지역 주민들이 참여해야 하는 까닭으로 바르지 않은 것은 어느 것입니까? (   )

① 주민들의 의견을 정책에 반영하기 위해서
② 적극적으로 참여하면 보상을 받을 수 있기 때문에
③ 공공 기관이 일을 제대로 하는지 살펴봐야 하기 때문에
④ 지역 문제는 지역의 모든 주민에게 영향을 미치기 때문에
⑤ 지역 문제는 그 지역에 살고 있는 주민들이 가장 잘 알고 있기 때문에

1 탐구 대상을 관찰하는 방법으로 바르지 않은 것은 어느 것입니까? (　　　)

① 냄새를 맡아 본다.
② 색깔과 모양을 살펴본다.
③ 탐구 대상을 있는 그대로 관찰한다.
④ 맛보고, 만지고, 소리를 들으며 관찰한다.
⑤ 변화가 일어나는 현상을 관찰할 때는 변화가 일어난 후의 모습만 관찰한다.

2 탐구한 내용을 다른 사람에게 효과적으로 전달할 수 있는 의사소통 방법을 보기에서 골라 기호를 쓰시오.

보기
㉠ 글로만 설명한다.
㉡ 어려운 말만 사용해서 설명한다.
㉢ 말보다는 표정과 몸짓을 더 많이 사용해 설명한다.
㉣ 표, 그림, 그래프 등을 활용해 설명한다.

(　　　　　　　　　　　　)

서술형

3 다음과 같은 두 지층의 공통점을 한 가지 쓰시오.

4 다음 지층에서 가장 나중에 쌓인 층의 기호를 쓰시오.

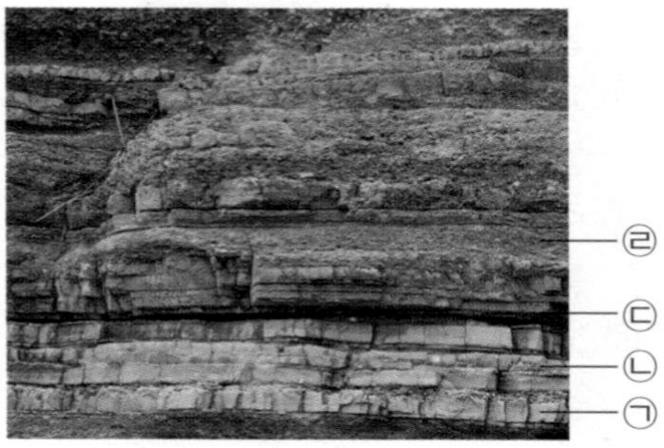

(　　　　　　　　　　　　)

5 튀밥으로 퇴적암 모형을 만들 때 조청을 넣는 까닭은 무엇입니까? (　　　)

① 튀밥의 색깔을 바꾸기 위해
② 튀밥을 서로 붙게 하기 위해
③ 튀밥이 굳지 않도록 하기 위해
④ 튀밥의 알갱이 크기를 커지게 하기 위해
⑤ 튀밥과 튀밥 사이의 공간을 넓어지게 하기 위해

6 이암의 특징으로 바른 것은 어느 것입니까? (　　　)

① 주로 모래 알갱이로 되어 있다.
② 손바닥으로 누르면 잘 부서진다.
③ 손으로 만졌을 때 부드럽고 매끄럽다.
④ 자갈과 같은 큰 알갱이로만 되어 있다.
⑤ 퇴적암 중 알갱이의 크기가 가장 크다.

7 화석이 아닌 것은 어느 것입니까? (　　)

①

②

③
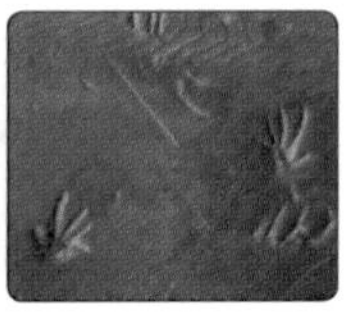
④

⑤

8 오른쪽은 어느 식물의 씨입니까? (　　)

① 감씨　② 강낭콩
③ 포도씨　④ 봉숭아씨
⑤ 해바라기씨

9 식물의 한살이 관찰 계획을 세운 것으로 바르지 않은 것은 어느 것입니까? (　　)

① 관찰할 식물을 먼저 정한다.
② 매일 눈으로 관찰하고 사진도 찍는다.
③ 씨가 싹 트는 모습을 관찰하고 기록한다.
④ 한살이 기간이 긴 식물을 고르는 것이 좋다.
⑤ 씨를 심을 때는 씨 크기의 두세 배 깊이로 심는다.

10 식물이 자라는 데 필요한 조건을 알아보는 실험에 대한 설명으로 바른 것은 ○표, 바르지 않은 것은 ×표 하시오.

(1) 식물이 자라는 데 온도가 미치는 영향을 알아보는 실험에서 다르게 할 조건은 물이다. (　　)
(2) 식물이 자라는 데 빛이 미치는 영향을 알아보는 실험에서 같게 할 조건은 빛이다. (　　)
(3) 식물이 잘 자라려면 적당한 양의 물, 적당한 온도, 빛, 양분 등이 필요하다. (　　)

11 식물이 자라면서 꽃이 피고 열매를 맺는 까닭은 무엇입니까? (　　)

① 더 자라지 않기 위해서
② 씨를 맺어 번식하기 위해서
③ 영양분을 많이 흡수하기 위해서
④ 벌과 나비에게 꿀을 주기 위해서
⑤ 동물들에게 필요한 먹이를 주기 위해서

12 여러해살이 식물을 모두 고르시오. (　　,　　)

①

▲ 벼
②

▲ 호박
③

▲ 은행나무
④

▲ 민들레
⑤

▲ 옥수수

서술형

13 몸무게가 다른 정근이와 희연이가 시소에 앉은 모습입니다. 시소가 수평을 이루게 하려면 어떻게 해야 하는지 쓰시오.

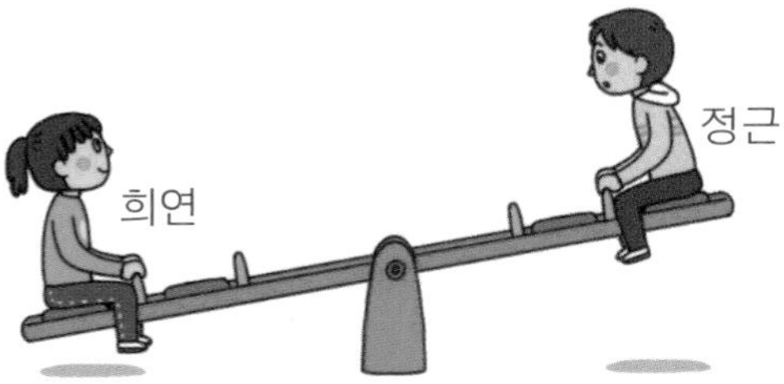

14 나무판자의 받침점으로부터 같은 거리에 나무토막을 올려놓아 다음과 같이 되었을 때, 나무토막의 무게를 비교하여 <, =, >로 나타내시오.

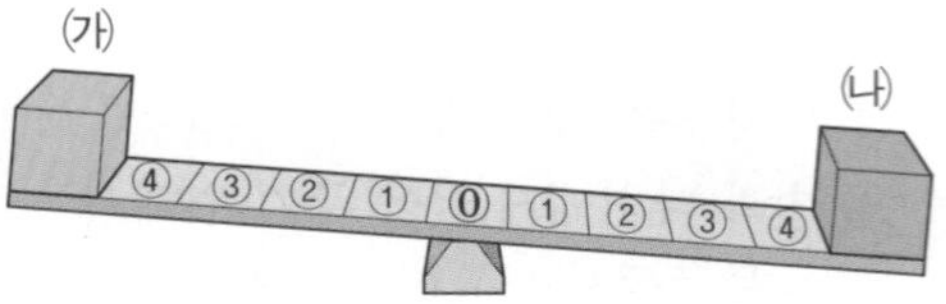

( )

15 추의 무게에 따라 늘어난 용수철의 길이를 표로 나타낸 것입니다. 만약 추의 무게가 100 g중이라면 용수철의 늘어난 길이는 몇 cm가 되겠습니까?

추의 무게(g중)	0	20	40	60
용수철의 늘어난 길이(cm)	0	3	6	9

( ) cm

16 다음과 같은 저울을 만드는 데 이용된 저울의 성질이나 원리는 무엇인지 기호를 쓰시오.

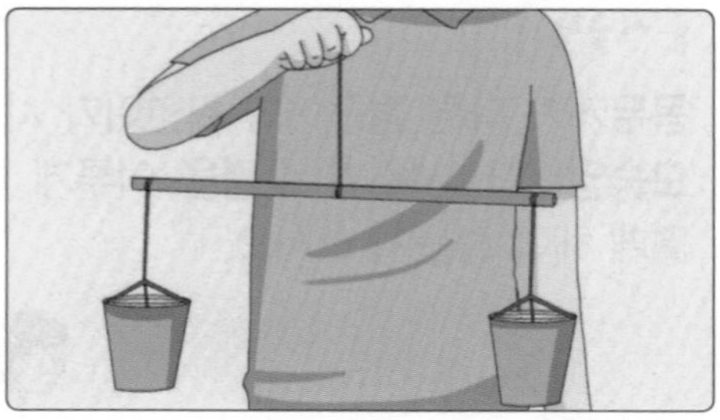

㉠ 용수철의 성질
㉡ 수평 잡기의 원리
㉢ 전기적 성질

( )

17 알갱이의 크기 차이를 이용하여 혼합물을 분리하는 예가 아닌 것은 어느 것입니까? ( )

① 쌀에 돌이 섞인 것을 체로 분리한다.
② 공사장에서 모래와 자갈을 분리한다.
③ 강가에서 모래가 섞인 재첩을 분리한다.
④ 해변 쓰레기 수거 장비로 쓰레기를 분리한다.
⑤ 자동 분리기로 철 캔과 알루미늄 캔을 분리한다.

서술형

18 모래와 철 가루의 혼합물을 분리할 수 있는 방법을 한 가지 쓰시오.

[19~20] 소금과 모래의 혼합물을 분리하는 실험입니다.

㉠

㉡

19 위 실험에 대한 설명으로 바르지 않은 것은 어느 것입니까? ( )

① ㉠은 거름 장치이다.
② ㉡은 증발 장치이다.
③ ㉡ 증발 접시에 검은색 알갱이가 생긴다.
④ ㉠에서 거름종이를 빠져나간 물질은 소금물이다.
⑤ ㉠에서 깔때기 끝의 긴 부분을 비커 옆면에 닿게 설치한다.

20 ㉠과 ㉡ 실험에서 분리되는 것은 무엇인지 각각 쓰시오.

㉠: ( )
㉡: ( )

국어 2회 교과서 종합평가

1~2

정말 기동이가 그 구슬을 얻어 제 것처럼 가졌나 봅니다. 아니면 선선하게 보이지 못할 게 뭡니까.

노마는 더욱 의심이 났습니다. 그래서,

"내가 잃어버린 구슬 네가 집었지?"

"언제 네 구슬을 내가 집었어?"

"그럼 보여 주지 못할 게 뭐야?"

그제는 기동이도 하는 수 없나 봅니다. "자아." 하고 조끼 주머니에서 구슬을 꺼내 보입니다. 하나를 꺼냅니다. 둘을 꺼냅니다. 셋, 다섯도 넘습니다. 모두 똑같은 모양, 똑같은 빛깔입니다. 노마가 잃어버린, 모두 똑같은 그런 파란 유리구슬입니다.

1 노마가 잃어버린 것은 무엇입니까? (　　)

① 구슬　　② 신발
③ 바지　　④ 조끼
⑤ 주머니

2 노마가 기동이에게 가지고 있는 구슬을 보여 달라고 한 까닭은 무엇입니까? (　　)

① 기동이의 말을 믿지 않아서
② 기동이와 구슬을 바꾸고 싶어서
③ 기동이의 구슬이 더 좋아 보여서
④ 기동이와 구슬치기를 하고 싶어서
⑤ 기동이도 구슬을 잃어버렸다고 해서

3 글의 내용을 간추리는 방법을 설명한 것입니다. 알맞은 말에 ○표를 하시오.

(1) (중심 , 뒷받침) 문장을 연결해 글 전체의 내용을 간추린다.
(2) 글의 (길이 , 전개)에 따라 내용을 정리해 간추린다.

4~5

4 그림 ❶에서 선생님의 말과 몸짓으로 알 수 있는 것은 무엇인지 쓰시오.

(　　　　　　　　　　　　　　)

5 그림 ❷에 어울리는 말은 어느 것입니까? (　　)

① 고마워.　　② 재미있다.
③ 장난하니?　　④ 많이 아프니?
⑤ 너 욕심쟁이구나.

6 '사실'과 '의견' 가운데 무엇인지 괄호 안에 알맞은 말을 쓰시오.

((1)　　　　　　)은 실제로 있었던 일이고, ((2)　　　　　　)은 대상이나 일에 대한 생각이다.

7 사실을 나타낸 문장은 어느 것입니까? (　　)

① 동생이 자전거를 탄다.
② 운동을 열심히 해야 한다.
③ 공공 예절을 지켜야 한다.
④ 아침에 일찍 일어나야 한다.
⑤ 사람은 동물을 사랑해야 한다.

8~9

수현이는 너무 힘든 나머지 도중에 포기해야겠다고 생각하고는 몇 걸음 천천히 걸었습니다.

그때 등 뒤에서 사람들의 환호 소리가 들렸습니다.

"와, 조금만 더 힘내요!"

그것은 수현이와 100미터 이상 떨어진 거리에서 쓰러질 듯 달려오는 한 친구에게 보내는 격려의 소리였습니다. 수현이는 꼴찌가 아니라는 사실에 안도하면서 조금씩 힘을 내기 시작했습니다.

'이제 거의 다 왔어. 나도 조금만 더 힘을 내자!'

수현이는 숨이 턱까지 차오르고, 땀이 비 오듯 흘렀지만 마지막까지 온 힘을 다해 뛰기로 마음먹었습니다.

서술형

8 사람들이 환호한 까닭은 무엇인지 쓰시오.

____

____

9 수현이의 생각은 어떻게 바뀌었습니까? (　　)

① 걱정함. ⇨ 포기함.
② 두려움. ⇨ 걱정함.
③ 힘을 냄. ⇨ 걱정함.
④ 포기함. ⇨ 힘을 냄.
⑤ 힘을 냄. ⇨ 포기함.

10 다음은 회의를 할 때 누구의 역할인지 쓰시오.

• 중요한 내용을 요약해서 기록한다.
• 회의가 열린 날짜와, 시간, 장소를 기록한다.

(　　　　　　　　　　)

11~12

동생이 색종이로 ㉠꽃잎을 접는다. 누나는 색종이 끝을 묶어서 ㉡꽃받침을 만든다. 엄마가 색종이를 찢으면 아빠는 ㉢꽃자루에 붙인다.

11 ㉠~㉢ 가운데에서 국어사전에 가장 먼저 실리는 낱말의 기호를 쓰시오.

(　　　　　　　　　　)

12 낱말의 기본형을 바르게 쓰지 못한 것은 어느 것입니까? (　　)

① 접는다 ⇨ 접다
② 묶어서 ⇨ 묶다
③ 붙인다 ⇨ 붙다
④ 찢으면 ⇨ 찢다
⑤ 만든다 ⇨ 만들다

서술형

13 다음 '흠씬'의 뜻을 보고, 그 낱말을 넣어 문장을 만들어 쓰시오.

흠씬	매 따위를 심하게 맞는 모양.

____

____

14 문장의 짜임에 맞게 알맞게 나누지 못한 것은 어느 것입니까? (　　)

① 하늘이 + 푸르다.
② 날씨가 + 따뜻합니다.
③ 영수가 + 축구를 합니다.
④ 우리 + 모두 운동을 합시다.
⑤ 할머니가 + 아이를 쳐다봅니다.

15~17

"글은 말과 같아야 한다. 글로는 '天(천)'이라고 하고, 말로는 '하늘'이라고 하면 안 된다. 쉽고 단순한 문자이지만, 그 안에 담긴 의미는 세상 어떤 것보다 깊어야 한다. 이 우주 만물에는 하늘과 땅이 있고 그 가운데 사람이 있다. 이 원리를 바탕으로 문자를 만들면 어떨까? 또 사람이 말소리를 내는 기관을 본떠 문자를 만드는 것도 좋을 것이다."

오랜 시간을 묵묵히 연구한 끝에 세종은 '훈민정음' 28자를 완성했습니다.

15 세종이 문자를 만들면서 생각한 내용으로 알맞은 것은 무엇입니까? (　　)

① 글은 말과 달라야 한다.
② 쉽고 단순해서는 안 된다.
③ 아무나 쓰지 못하는 문자여야 한다.
④ 읽기는 쉬워도 쓰기 어려워야 한다.
⑤ 문자 안에 담긴 의미는 세상 어떤 것보다 깊어야 한다.

16 세종은 무엇을 본떠 문자를 만들고자 하였습니까? (　　)

① 한자　　② 영어
③ 식물　　④ 발음 기관
⑤ 그림 문자

17 다음은 세종이 한글을 만든 과정입니다. 빈칸에 알맞은 내용을 쓰시오.

세종은 문자를 계속 연구했다. ⇨ 세종은 (　　　　　　)을/를 완성했다.

18~20

❶
아!
❷
엥? 어? 할머니, 매워?
하나도 안 매워.
❸
응, 그러면 나도…….
❹
으악! 할머니는! 겁나 맵잖아.

18 소년의 마음을 짐작할 수 있는 부분이 아닌 것은 어느 것입니까? (　　)

① 소년의 말　　② 소년의 옷
③ 소년의 행동　　④ 소년의 표정
⑤ 콧물을 흘리는 모습

서술형

19 장면 ❷, ❸에서 소년의 마음은 어떠할지 쓰시오.

____

____

20 장면 ❹에서 소년의 마음을 바르게 말한 것의 기호를 쓰시오.

㉮ 할머니와 같이 밥을 먹어서 행복했을 것 같아.
㉯ 안 매울 줄 알았다가 너무 매워서 놀라고 당황했을 것 같아.

(　　　　　　　　)

1 ☐ 안에 알맞은 수를 써넣으세요.

10000은 9900보다 ☐ 만큼 더 큰 수
입니다.

2 밑줄 친 숫자 5가 나타내는 값이 가장 큰 수의
기호를 써 보세요.

> ㉠ 3**4**5**4**0000
> ㉡ **5**860000
> ㉢ 91**2**50000

( )

3 보기 와 같이 나타내어 보세요.

> 보기
> 18309112354003
> ➔ 18조 3091억 1235만 4003

510131870602237

➔ _____

4 어떤 수에서 10억씩 3번 뛰어 세기를 하였더
니 37억 8000만이 되었습니다. 어떤 수를
구해 보세요.

( )

5 각도를 바르게 잰 것을 모두 고르세요.

( )

① ②

③ ④

⑤

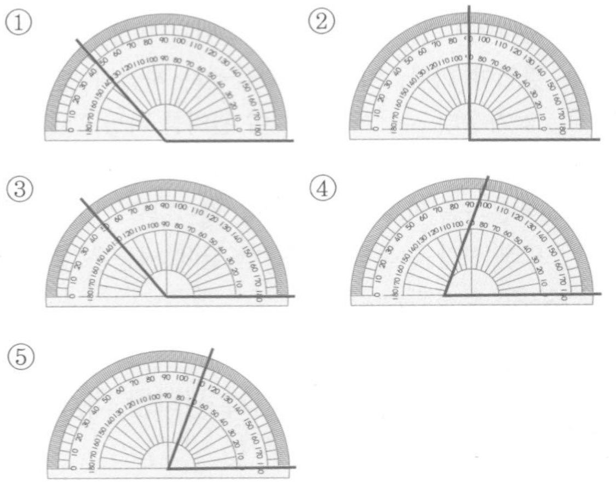

6 각을 보고 예각과 둔각 중 어느 것인지 ☐ 안
에 써넣으세요.

(1) ☐ (2) ☐

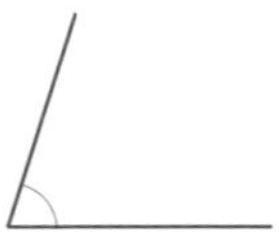

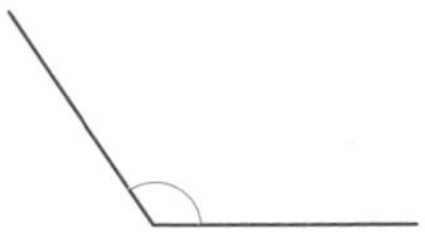

7 ☐ 안에 알맞은 수를 써넣으세요.

(1)

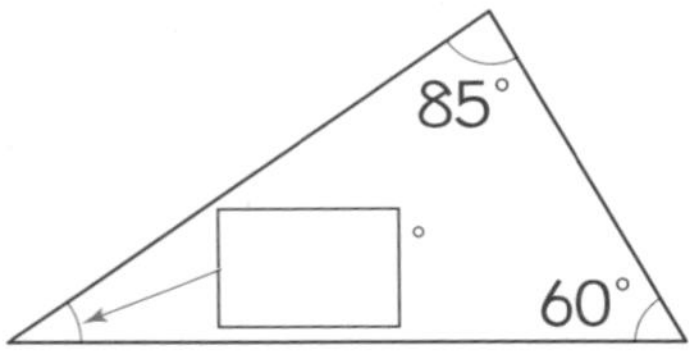

(2)

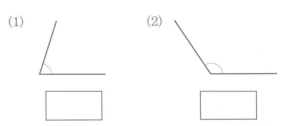

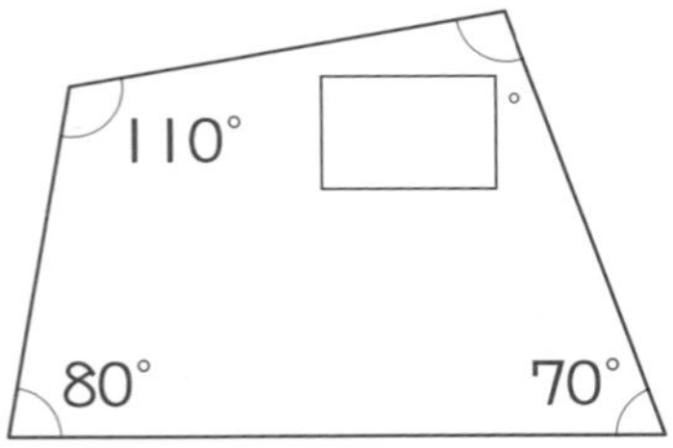

8 계산 결과를 비교하여 ◯ 안에 >, =, <를 알맞게 써넣으세요.

$$367 \times 50 \bigcirc 295 \times 63$$

9 나눗셈의 몫을 찾아 선으로 이어 보세요.

300÷60 •	• 4
320÷80 •	• 5
540÷90 •	• 6

10 나눗셈을 하여 ☐ 안에 몫을 써넣고, ◯ 안에 나머지를 써넣으세요.

÷ →

345	15	☐	… ◯
610	25	☐	… ◯

11 모양 조각을 오른쪽으로 뒤집었을 때의 모양으로 옳은 것을 골라 기호를 쓰세요.

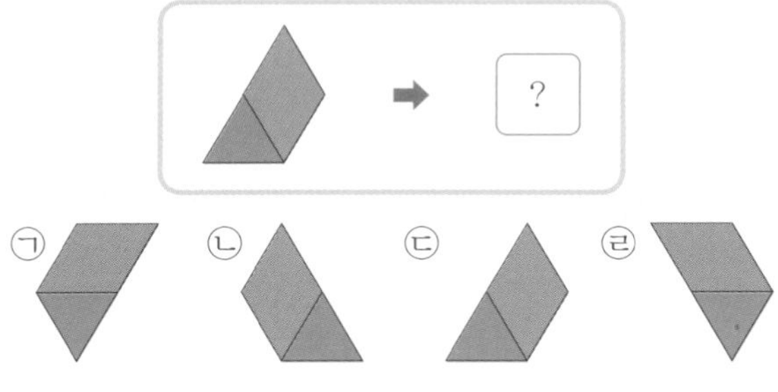

(   )

12 모양 조각을 시계 방향으로 90°만큼 돌렸을 때의 모양으로 옳은 것에 ◯표 하세요.

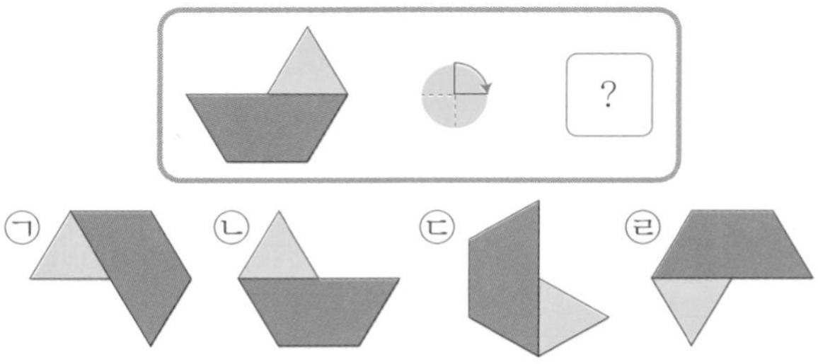

(   ) (   ) (   ) (   )

서술형

13 도형을 시계 반대 방향으로 180°만큼 돌리고 위쪽으로 뒤집었을 때의 도형을 그리려고 합니다. 풀이 과정을 쓰고 답을 그려 보세요.

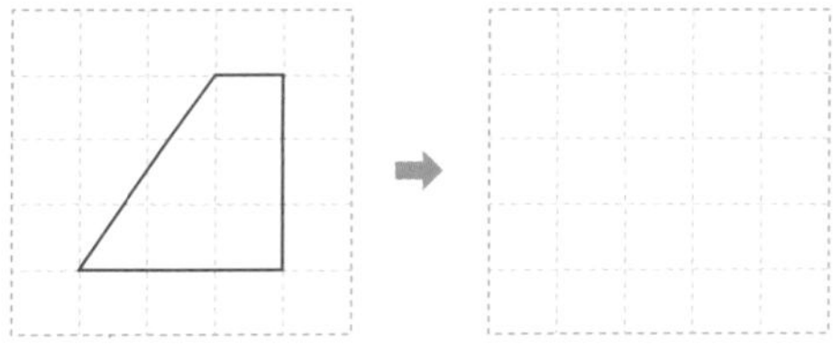

____

____

____

14  모양을 시계 방향으로 90°만큼 돌리는 것을 반복해서 모양을 만들고 그 모양을 오른쪽으로 밀어서 무늬를 완성해 보세요.

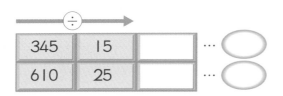

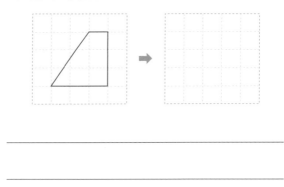

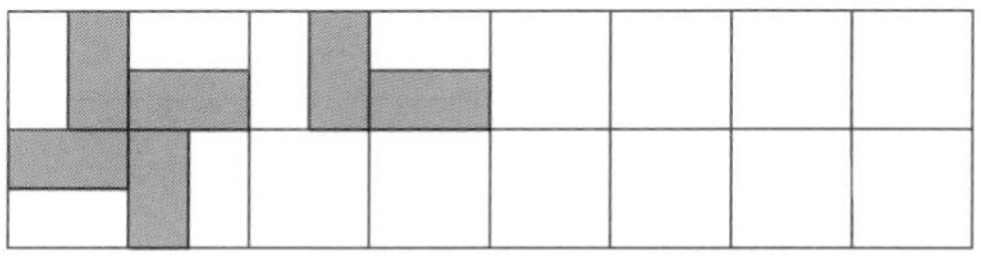

[15~17] 정아네 반 학생들이 좋아하는 운동을 조사하여 나타낸 표를 막대그래프로 나타내려고 합니다. 물음에 답해 보세요.

좋아하는 운동

운동	축구	농구	야구	배구	합계
학생 수 (명)	8	10	6	4	28

15 막대그래프의 세로에 학생 수를 나타내면 가로에는 무엇을 나타내야 하나요?

( )

16 가장 적은 학생들이 좋아하는 운동은 무엇인가요?

( )

17 막대그래프로 나타내어 보세요.

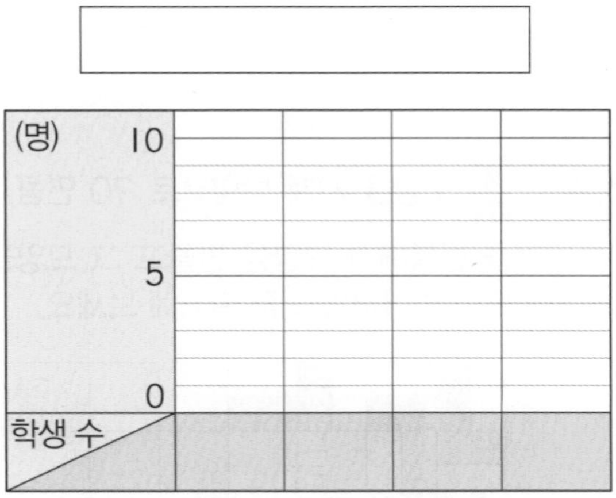

서술형

18 도형의 배열을 보고 넷째 배열에 사용될 사각형의 수는 몇 개인지 풀이 과정을 쓰고 답을 구해 보세요.

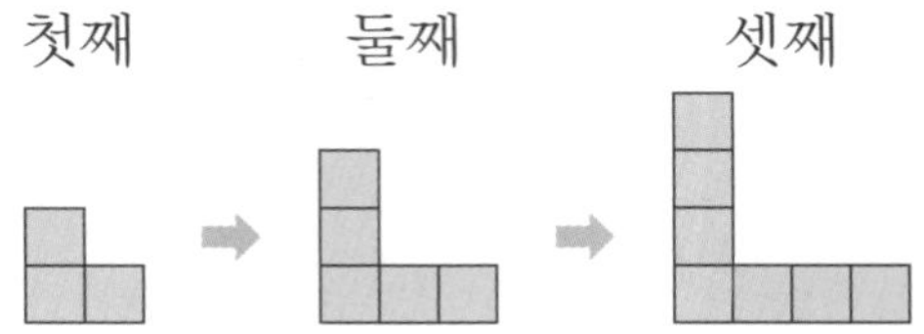

( )

19 곱셈식에서 규칙을 찾아 넷째 빈칸에 알맞은 곱셈식을 써 보세요.

순서	합계
첫째	11×1=11
둘째	11×101=1111
셋째	11×10101=111111
넷째	

20 달력을 보고, 규칙적인 계산식을 찾아 ☐ 안에 알맞은 수를 써넣으세요.

○월

일	월	화	수	목	금	토
1	2	3	4	5	6	7
8	9	10	11	12	13	14
15	16	17	18	19	20	21
22	23	24	25	26	27	28
29	30	31				

8+15+22=15×3
9+16+23=16×3
10+☐+☐=☐×3

1 다음에서 설명하는 것은 무엇입니까? (　　　)

> 위에서 내려다본 땅의 실제 모습을 일정한 형식으로 줄여서 나타낸 그림이다.

① 책　　② 병원
③ 지도　　④ 그림
⑤ 항공 사진

[2~3] 다음 두 지도를 보고 물음에 답하시오.

(가)

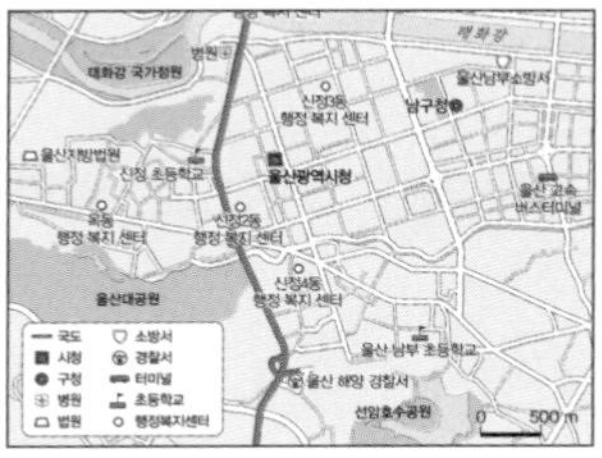

(나)

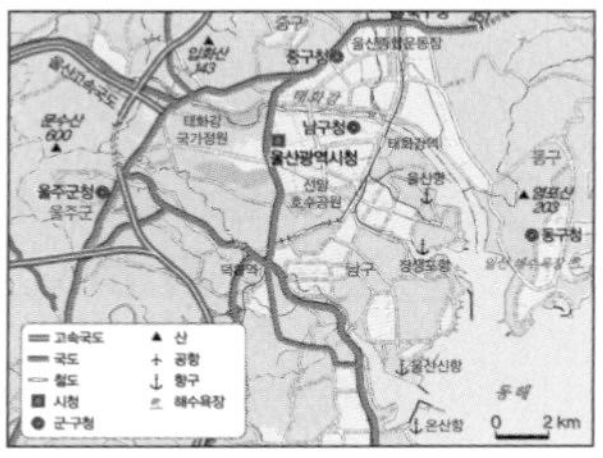

2 위의 두 지도 중에서 지역을 더 자세하게 볼 수 있는 것은 무엇인지 기호를 쓰시오.

(　　　　　　　　)

서술형

3 위의 두 지도는 지역을 나타내는 범위가 서로 다릅니다. 그 까닭은 무엇 때문인지 쓰시오.

____

____

4 지도에서는 색을 보고 땅의 높낮이를 알 수 있습니다. 땅의 높이가 가장 낮은 곳을 나타내는 색깔은 무엇입니까? (　　　)

① 갈색　　② 노랑색
③ 초록색　　④ 검정색
⑤ 고동색

5 다음 (　　) 안에 들어갈 알맞은 말을 쓰시오.

> (　　　)에는 생활에 필요한 다양한 시설들이 있다. 여러 가지 물건을 사고파는 시장이나 백화점도 있고, 사람들의 편의를 돕는 시청 · 군청이나 보건소와 같은 기관도 있다. 그리고 다른 고장으로 이동할 수 있는 버스 터미널이나 기차역이 있어 교통이 편리하다. 사람들은 이러한 시설을 이용하기 위해 (　　　)에 간다.

(　　　　　　　　)

[6~7] 다음 자료를 보고 물음에 답하시오.

6 위의 (가), (나) 중에서 지역의 중심지는 어디인지 찾아 쓰시오.

(　　　　　　　　)

7 위의 (나) 지역에 대한 설명으로 알맞은 것은 어느 것입니까? (　　　)

① 건물이 많다.
② 논밭이 많다.
③ 교통이 편리하다.
④ 사람이 많아 복잡하다.
⑤ 사람들이 자주 이용하는 시설이 모여 있다.

8 지역의 중심지를 답사할 때 주의할 점과 거리가 먼 것은 어느 것입니까? (　　)

① 안전하게 행동해야 한다.
② 보호자와 함께 가야 한다.
③ 답사할 장소에 연락 없이 찾아 간다.
④ 주위를 잘 살피며 안전에 유의해야 한다.
⑤ 사진을 찍을 때에는 먼저 허락을 받아야 한다.

9 다음과 같이 지역의 문화유산을 조사할 때 만나야 하는 사람을 모두 고르시오. (　　　)

① 소방관　② 문화재 관리사
③ 외국인 관광객　④ 문화 관광 해설사
⑤ 박물관 전시 기획자

10 지역의 문화유산을 답사하려고 만든 답사 계획서의 '답사 목적' 항목에 들어가야 할 내용으로 알맞은 것은 무엇입니까? (　　)

답사 목적	① 고창 선운사 대웅전 ② 사진 찍기, 그림 그리기, 관찰하기 ③ 우리 지역의 대표적인 문화유산 알아보기 ④ 반드시 보호자와 함께 답사를 가야 한다. ⑤ 옛날 사람들은 어떤 재료를 사용해 어떤 방법으로 절을 지었을까?

서술형

11 다음과 같은 소개 자료를 만든 까닭은 무엇인지 쓰시오.

▲ 문화유산 안내도

▲ 문화유산 신문

____

____

12 문화유산을 소중히 여겨야 하는 까닭으로 알맞은 것에 ○표 하시오.

(1) 문화유산에는 우리의 역사가 담겨 있기 때문이다. (　　)
(2) 문화유산에는 우리 조상들의 정신이 담겨 있기 때문이다. (　　)
(3) 문화유산은 다른 나라에서 무역을 통해 가져온 것이기 때문이다. (　　)

13 다음 (　　) 안에 들어갈 알맞은 말을 쓰시오.

> 뛰어난 업적을 쌓거나 훌륭한 일을 하여 오랜 세월에 걸쳐 알려진 사람을 (　　　　)라고/이라고 한다. 이들의 삶은 우리에게 많은 교훈을 준다.

(　　　　　　　　)

14 다음 중 역사적 인물인 정약용과 관련이 없는 것은 어느 것입니까? (　　)

① 자격루　② 거중기
③ 유형거　④ 배다리
⑤ 『목민심서』

15 다음과 같은 일을 하는 공공 기관은 어디인지 쓰시오.

책을 빌려 주고
공부할 수 있는
장소를 제공해요.

(　　　　　　　　　　　　　　)

16 다음은 공공 기관에서 하는 일을 어떤 방법으로 조사한 것입니까? (　　　)

도 청

① 지역 신문 보기
② 도청에 전화하기
③ 선생님께 여쭤보기
④ 공공 기관 견학하기
⑤ 인터넷에서 검색하기

17 우리 지역에 큰 산불이 났을 때 다음과 같은 일을 하는 공공 기관은 어디입니까? (　　　)

> "산에 갇힌 사람들을 구조하겠습니다."

① 보건소　　② 소방서
③ 경찰서　　④ 교육청
⑤ 시·도청

18 우리 지역에서 발생하는 여러 가지 문제를 확인할 수 있는 방법으로 알맞지 않은 것은 어느 것입니까? (　　　)

① 지역 주민과 면담하기
② 시·도청 누리집 방문하기
③ 지역 신문이나 뉴스 살펴보기
④ 우리 지역을 나타내는 지도 살펴보기
⑤ 평소 우리 지역의 문제에 관심 가지기

19 다음 ㉠, ㉡에 들어갈 알맞은 말을 쓰시오.

> 지역 문제의 다양한 해결 방안을 탐색한 후, 각 방안의 장단점을 비교하며 평가한다. 이 과정에서 서로 의견이 달라서 갈등이 생길 수 있으므로, 충분한 시간을 두고 (　㉠　)로/으로 의견을 조정해야 한다.
> 다양한 의견을 하나로 모을 때에는 투표를 하기도 한다. 투표하여 (　㉡　)에 따르되, 소수의 의견도 존중해야 한다.

㉠ (　　　　　　　　), ㉡ (　　　　　　　　)

20 지역 주민들이 지역 문제 해결에 참여하는 모습입니다. 어떤 방법으로 참여하고 있습니까? (　　　)

① 서명 운동 하기
② 공청회 참여하기
③ 주민 회의 참여하기
④ 시민 단체 활동하기
⑤ 시·도청 누리집에 의견 올리기

과학 2회 교과서 종합평가

1 측정 도구인 눈금실린더를 사용하는 방법으로 바른 것은 어느 것입니까? (　　)

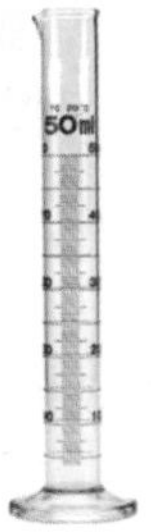

① 편평한 곳에 놓고 사용한다.
② 눈금실린더를 들고 눈금을 읽는다.
③ 측정하려는 양보다 작은 눈금실린더를 사용한다.
④ 액체를 부을 때 눈금실린더를 잡거나 기울이지 않는다.
⑤ 눈금을 읽을 때에는 눈금실린더보다 높은 곳에서 읽는다.

2 다음은 탐구 과정 중 무엇을 설명한 것입니까? (　　)

> 관찰 결과를 주의 깊게 관찰하고 관찰 결과, 과거 경험, 이미 알고 있는 것 등을 바탕으로 보이지 않는 현재 상태를 생각해 보는 것이다.

① 분류　② 추리
③ 관찰　④ 예상
⑤ 의사소통

3 지층을 볼 수 있는 곳을 모두 고르시오. (　　,　　)

① 교실　② 집안
③ 산기슭　④ 운동장
⑤ 바닷가 절벽

4 퇴적암 모형을 만들려고 합니다. 만드는 과정을 순서대로 기호를 쓰시오.

> ㉠ 다른 종이컵으로 물 풀이 섞인 모래를 누른다.
> ㉡ 나무 막대기로 모래와 물 풀이 잘 섞이도록 젓는다.
> ㉢ 종이컵에 모래를 종이컵의 $\frac{1}{3}$ 정도 넣는다.
> ㉣ 물 풀을 모래의 반 정도 넣는다.
> ㉤ 며칠 동안 그대로 놓아둔 뒤 퇴적암 모형을 꺼낸다.

(　　　　　　　　)

5 퇴적암을 이암, 사암, 역암으로 나누는 것은 어떤 기준에 따라 나눈 것입니까? (　　)

① 알갱이의 색깔　② 알갱이의 크기
③ 알갱이의 모양　④ 알갱이의 냄새
⑤ 알갱이의 촉감

6 화석이 만들어지기 쉬운 조건으로 알맞지 <u>않은</u> 것은 어느 것입니까? (　　)

① 생물의 크기가 작아야 한다.
② 동물의 뼈나 껍데기처럼 단단해야 한다.
③ 생물의 몸체 위로 퇴적물이 빠르게 쌓여야 한다.
④ 생물의 흔적 위로 퇴적물이 빠르게 쌓여야 한다.
⑤ 식물의 잎이나 줄기와 같이 질긴 부분이 있어야 한다.

7 어느 지역에서 삼엽충 화석이 발견되었습니다. 그 지역의 당시의 환경을 바르게 예상한 것은 어느 것입니까? (　　)

① 높은 산이었다.
② 깊은 바다였다.
③ 시원하고 건조한 육지였다.
④ 춥고 습기가 많은 육지였다.
⑤ 따뜻하고 습기가 많은 육지였다.

8 씨가 싹 트는 데 반드시 필요한 것끼리 바르게 짝 지은 것은 어느 것입니까? (   )

① 높은 온도, 햇빛
② 적당한 온도, 강한 바람
③ 강한 바람, 많은 양의 물
④ 적당한 양의 물, 적당한 온도
⑤ 적당한 양의 물, 낮은 온도, 강한 바람

9 강낭콩이 싹 트는 과정을 나타낸 것입니다. 설명이 바르지 않은 것은 어느 것입니까? (   )

① 뿌리가 먼저 나온다.
② 땅 위로 떡잎 두 장이 나온다.
③ 떡잎 사이에서 본잎이 나온다.
④ 떡잎싸개 사이로 본잎이 나온다.
⑤ 온도가 알맞을 때 씨에 물을 주면 씨가 싹 튼다.

서술형

10 보기 의 단어들을 사용하여 옥수수가 싹 터서 자라는 과정을 쓰시오.

보기

씨, 떡잎싸개, 뿌리, 본잎

11 식물이 자라는 데 필요한 조건에 대해 바르게 말한 친구는 누구인지 쓰시오.

- **다영:** 식물은 온도가 낮은 곳에서 더 잘 자라.
- **우주:** 물을 무조건 많이 줄수록 식물은 잘 자라.
- **수영:** 창가에서 햇빛을 받고 자란 식물은 잘 자라.
- **민수:** 햇빛을 가리고 기른 식물은 잎이 두껍고 초록색이야.

(   )

12 여러 가지 식물의 한살이에 대한 설명입니다. 바른 것은 ○표, 바르지 않은 것은 ×표 하시오.

(1) 한해살이 식물에는 옥수수, 개나리, 호박 등이 있다. (   )
(2) 여러해살이 식물에는 비비추, 감나무, 사과나무 등이 있다. (   )
(3) 한해살이 식물은 여러 해 동안 사는 식물이다. (   )

13 일상생활에서 저울을 사용하여 무게를 측정하는 예가 아닌 것은 어느 것입니까? (   )

① 목욕탕에서 몸무게를 잴 때
② 병원에서 시력 검사를 할 때
③ 승강기에 많은 사람이 탈 때
④ 재료의 양을 정확하게 재어 빵을 만들 때
⑤ 우체국에서 택배 상자의 무게에 따라 요금을 낼 때

14 나무토막 두 개가 오른쪽 ②에 있을 때, 나무토막 한 개를 받침대의 왼쪽 ②와 ④ 중 어느 곳에 올려놓아야 수평을 잡을 수 있는지 쓰시오.

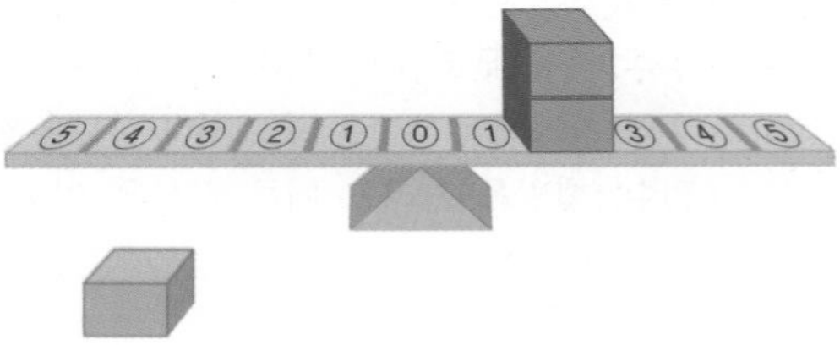

(   )

15 용수철저울의 각 부분의 이름을 바르게 나타낸 것의 기호를 쓰시오.

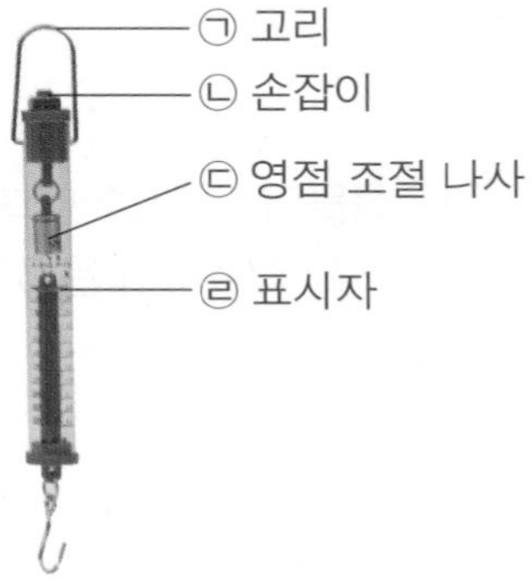

(   )

16 용수철저울이 가리키는 눈금이 오른쪽과 같습니다. 물체의 무게를 쓰시오.

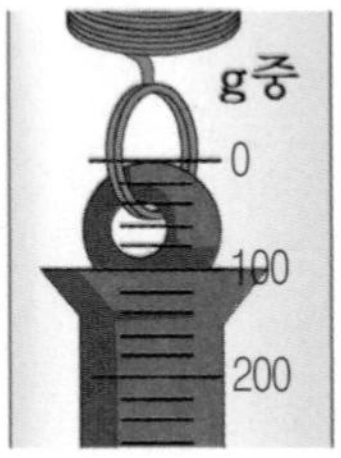

(   ) g중

17 혼합물인 것은 어느 것입니까? (   )

① 물
② 금
③ 철
④ 흙탕물
⑤ 소금

18 혼합물을 분리하여 우리 생활에 필요한 물질을 얻는 예입니다. ㉠과 ㉡에 알맞은 물질을 쓰시오.

구분	분리한 물질	우리 생활에 이용하는 예
 사탕수수	㉠	사탕과 과자 등을 만들 때 사용한다.
 철광석	㉡	다른 금속과 섞어 냄비, 못 등을 만들 때 사용한다.

㉠: (   )
㉡: (   )

19 혼합물을 분리하는 방법입니다. 설명이 바르도록 알맞은 말을 쓰시오.

> 콩, 쌀, 좁쌀의 혼합물은 알갱이의 (㉠   ) 차이를 이용하여 체 두 개로 분리할 수 있다. 체의 눈 크기는 (㉡   )보다 작고 (㉢   )보다 큰 체 한 개와 쌀보다 작고 좁쌀보다 큰 체 한 개가 필요하다.

㉠: (   )
㉡: (   )
㉢: (   )

20 자석을 사용하여 혼합물을 쉽게 분리하는 예는 어느 것입니까? (   )

① 소금과 후추를 분리할 때
② 콩밥에 있는 콩을 분리할 때
③ 바다 위에 떠 있는 기름을 분리할 때
④ 공사장에서 모래와 자갈을 분리할 때
⑤ 플라스틱 구슬과 철 구슬을 분리할 때

국어

1회 1~3쪽

1 ③ 2 ③, ⑤ 3 ③ 4 ㉠ 5 ㉮ 6 예 자신의 생각을 분명하게 전달할 수 있다. 7 지난 방학 때 8 ①, ⑤ 9 ㉣ 10 ① 11 (1) 주제 선정 (2) 표결 12 예 학급 문고 정리를 잘하자. 13 ① 14 ③ 15 ① 16 ㉠ 17 ③ 18 ③ 19 ③ 20 ②

1 운동장가에 있던 나무가 등을 구부리며 말타기놀이를 하자고 하였습니다. 혼자 선 나무가 같이 말타기놀이 하자고 이야기한 것을 상상했습니다.

2 학교 앞 문방구, 네거리, 우리 집을 지나서 달린다고 하였습니다.

3 일요일에 춘천으로 나들이 갈 수 있는지, 듣는 목적을 생각하는 모습입니다. 그림 속 아이는 일요일에 춘천으로 나들이 가도 좋은 날씨인지 확인하기 위해서 일기 예보를 들었습니다.

4 중심 문장은 문단에서 가장 중요한 문장으로 내용을 대표하고, 뒷받침 문장은 중심 문장의 내용을 구체적으로 설명하는 문장입니다. '매미는 발음근으로 소리를 냅니다.'는 중심 문장입니다.

5 그림 ㉮에서 남자아이는 칭찬을 듣고 힘이 나서 그러겠다고 씩씩하게 말하고 있습니다. 그림 ㉮는 힘이 나서 대답하는 상황이고, 그림 ㉯는 꾸중을 듣고 뉘우치는 상황입니다.

6 느낌을 잘 표현할 수 있고, 듣는 사람이 잘 알아들을 수 있습니다.

7 지난 방학 때 글쓴이는 가족과 함께 독도를 다녀왔습니다.

8 평소 글쓴이는 독도에 관심이 많아 독도에 대한 책도 읽고 사진도 여러 장 찾아보았습니다.

9 ㉠과 ㉡은 '한 일', ㉢은 '들은 일'로 사실을 나타낸 문장입니다. 글쓴이가 실제로 했던 일이나 글쓴이가 아버지에게서 들은 말은 실제로 일어난 일이므로 사실입니다.

10 이야기에서 나타내려고 하는 생각을 주제라고 합니다. 주제를 찾을 때에는 제목, 인물의 말이나 행동, 일어난 일 따위를 살펴봅니다.

11 주제 선정이 끝나면 회의 참여자들이 주제에 대한 의견을 발표하는 주제 토의가 이어집니다. '표결'에서 찬성과 반대 의견을 헤아려 다수결로 결정한 뒤, 결정된 의견을 '결과 발표'에서 발표합니다.

12 그림 속 아이들이 학급 문고를 정리하고 있습니다.

13 회의 절차를 안내하는 것은 사회자가 해야 할 일입니다.

14 '가다'와 '오다'는 뜻이 반대인 낱말의 관계이고, 나머지는 모두 포함하는 낱말과 포함되는 낱말의 관계입니다.

더 알아볼까요!

여러 가지 낱말 관계 만들기 예

(1) 뜻이 반대인 낱말을 표현하는 방법

(2) 포함하는 낱말과 포함되는 낱말을 표현하는 방법

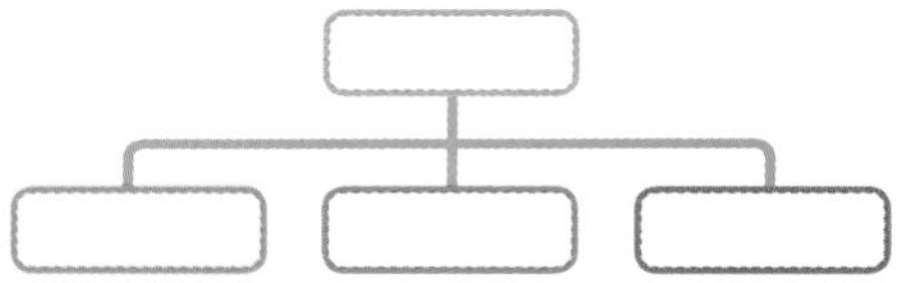

15 지난 주말에 글쓴이는 동생과 함께 집 앞 꽃밭에 꽃을 심었습니다.

16 ㉡은 제안하는 내용, ㉢은 제안하는 까닭에 해당합니다.

더 알아볼까요!

「진영이에게 있었던 일」에서 제안하는 글 알기 예

문제 상황	지난 주말에 저는 동생과 함께 집 앞 꽃밭에 꽃을 심었습니다. 그런데 오늘 물을 주려고 보니 쓰레기가 꽃 주위에 흩어져 있었습니다. 그 모습을 보니 속이 상했습니다.
제안하는 내용	꽃밭에 쓰레기를 버리지 않으면 좋겠습니다.
제안하는 까닭	꽃은 쓰레기가 없는 깨끗한 꽃밭에서 건강하게 자랄 수 있습니다.

17 제안하는 글은 문제를 해결하거나 다른 사람에게 문제점을 개선할 수 있는 의견을 제시할 때 씁니다.

18 한글은 일정한 원리에 따라 만들어졌기 때문에, 기본이 되는 자음자 다섯 개, 모음자 세 개만 익히면 다른 문자도 쉽게 익힐 수 있습니다.

19 한글을 쉽게 익힐 수 있는 까닭은 자음자 다섯 개는 'ㄱ, ㄴ, ㅁ, ㅅ, ㅇ'입니다.

20 인물의 말과 행동, 말풍선의 테두리 모양, 뒤편 배경, 표정, 글자 크기를 보면 인물의 마음을 짐작할 수 있습니다.

수학

1회 4~6쪽

1 10000 **2** 14723, 오만 백팔십칠
3 10000배 **4** (1) > (2) > (3) < **5** ②
6 풀이 참조 **7** 115, 25 **8** 2872, 28720
9 ㉠, ㉢, ㉡ **10** 풀이 참조
11 예 (빵을 굽는 횟수)=(빵의 수)÷(한 번에 구울 수 있는 빵의 수)=253÷11=23(번) ; 23번
12 ④ **13** 풀이 참조 **14** 3개 **15** 토끼
16 2마리 **17** ④ **18** (1) 3 (2) 2 (3) 5
19 (위에서부터) 19, 12
20 예 빼는 수가 10씩 작아지면 계산 결과가 10씩 커집니다. 따라서 계산 결과가 100이 되는 식은 120−20=100입니다. ; 120−20=100

1 9999보다 1만큼 더 큰 수는 10000입니다.

2 만 사천칠백이십삼 → 14723
50187 → 오만 백팔십칠

3 ㉠은 십억의 자리이므로 7000000000을 나타내고, ㉡은 십만의 자리이므로 700000을 나타냅니다.
따라서 ㉠이 나타내는 값은 ㉡이 나타내는 값의 10000배입니다.

4 (1) 자리 수가 다르면 자리 수가 많은 쪽이 더 큽니다.
(2), (3) 자리 수가 같으면 가장 높은 자리 수부터 차례로 비교하여 수가 큰 쪽이 더 큽니다.

5 각의 크기는 벌어진 정도로 비교합니다.
②의 각의 크기가 가장 작습니다.

6 예

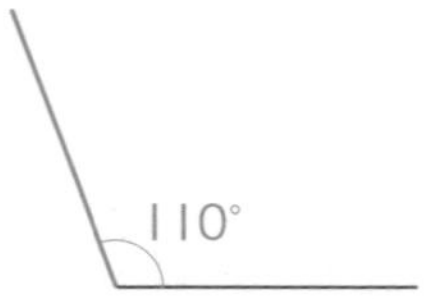

주어진 선분의 한 끝을 꼭짓점으로 하여 각도가 110°인 각을 그립니다.

7 합: 70°+45°=115°
차: 70°−45°=25°

8 곱하는 수가 10배가 되면 계산 결과도 10배가 됩니다.

9 ㉠ 714×25=17850
㉡ 296×81=23976
㉢ 362×55=19910
따라서 계산 결과가 작은 것부터 차례로 기호를 쓰면 ㉠, ㉢, ㉡입니다.

10

```
      6
21)1 3 8
   1 2 6
   -----
     1 2
```

138÷21에서 몫이 7이면 138에서 147을 뺄 수 없습니다.
따라서 몫을 1 작게 합니다.

12 모양은 변화가 없고 위치가 오른쪽으로 9cm만큼 바뀌었으므로 ㉯ 도형은 ㉮ 도형을 오른쪽으로 9cm만큼 밀어서 이동한 도형입니다.

13

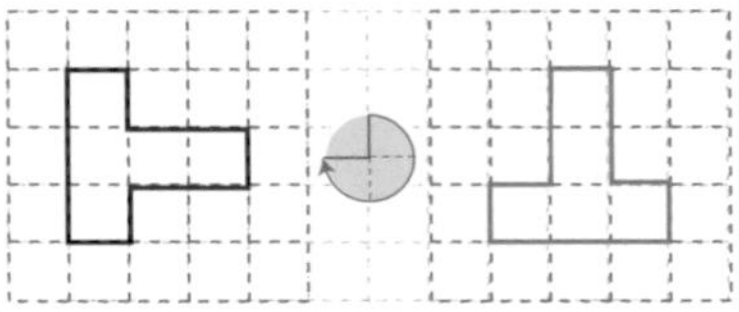

도형을 시계 방향으로 270°만큼 돌렸을 때의 모양은 도형을 시계 반대 방향으로 90°만큼 돌렸을 때의 모양과 같습니다.

14 A → A → ∀
E → Ǝ → E
I → I → I
O → O → O
U → U → ∩

따라서 처음과 같은 글자는 E, I, O로 모두 3개입니다.

15 막대그래프에서 막대의 길이가 가장 긴 동물을 찾습니다.

16 세로 눈금 다섯 칸이 10마리를 나타내므로 세로 눈금 한 칸은 2마리를 나타냅니다.

17 ④ 동물 수가 염소보다 많고 햄스터보다 적은 동물은 양과 돼지입니다.

18 (1) 1+3=4, 4+3=7, 7+3=10, ...이므로 가로(→)로 3씩 커집니다.
(2) 1+2=3, 3+2=5, 5+2=7, …이므로 세로(↓)로 2씩 커집니다.
(3) 1+5=6, 6+5=11, 11+5=16, …이므로 ↘ 방향으로 5씩 커집니다.

19 가로(→)로 3씩 커지므로 16+3=19, 9+3=12입니다.

20 120에서 빼는 수와 계산 결과가 규칙에 따라 달라지고 있습니다.

사회

1회 7~9쪽

1 ① 2 방위표 3 예 지도마다 쓰이는 기호가 다를 수 있고 모든 기호를 외울 수 없기 때문이다. 4 ㉠ 약도 ㉡ 노선도 5 ① 6 ③ 7 ③, ⑤ 8 면담 9 ① 10 ④ 11 문화재 지킴이 12 위인전 13 역할극 14 공공 기관 15 ①, ②, ⑤ 16 구청(군청) 17 ① 18 ㉠ → ㉡ → ㉢ → ㉣ → ㉤ 19 ⑤ 20 ②

1 항공 사진과 지도는 모두 위에서 내려다본 모습을 나타낸 것입니다.

2 제시된 자료는 지도에서 동 서, 남, 북의 방향을 가리키는 방위표입니다. 지도에 방위표가 없으면 위쪽이 북쪽, 아래쪽이 남쪽이라고 약속합니다.

더 알아볼까요!

방위의 개념 알기

- 방향의 위치를 방위라고 합니다.
- 방위에는 동서남북이 있고 방위표로 나타냅니다.
- 방위표에서는 오른쪽이 동쪽, 왼쪽이 서쪽, 아래쪽이 남쪽, 위쪽이 북쪽이 됩니다.
- 지도에 방위표가 없으면 위쪽이 북쪽, 아래쪽이 남쪽, 오른쪽이 동쪽, 왼쪽이 서쪽이라고 약속합니다.

3 범례를 읽으면 지도에서 나타내는 정보를 좀 더 쉽고 정확하게 익힐 수 있기 때문입니다.

4 이밖에도 관광 안내도를 보면 주요 관광지의 위치나 추천 관광 순서 등을 한눈에 확인할 수 있습니다.

5 중심지는 높고 낮은 건물들이 모여 있고, 사람이 많아서 복잡합니다.

6 충청남도 아산시에는 자동차 공장을 비롯한 여러 종류의 공장과 회사가 많이 있어 일하려는 사람들이 모여 듭니다.

7 상업의 중심지에서는 백화점, 시장, 대형 할인점 등이 위치하여 물건을 사기 위해 지역 사람들이 찾아옵니다.

8 면담은 사람을 직접 만나 이야기하며 조사하는 방법입니다.

9 제시된 내용은 답사 보고서의 느낀 점 항목에 들어가야 합니다.

10 우리 지역 문화유산의 특징이 잘 드러나는 방법으로 문화유산을 소개할 수 있습니다. 미래 고장 모습은 지역의 문화유산과는 관련이 없습니다.

11 문화재 지킴이들은 문화유산 주변을 청소하거나 문화유산을 홍보하는 등의 다양한 활동을 합니다.

12 역사적 인물의 일생과 업적을 정리해 놓은 위인전을 보면서 인물에 대해 조사할 수 있습니다.

13 제시된 그림은 역사적 인물과 관련된 역할극을 만들어 소개하는 방법을 나타내고 있습니다.

14 공공 기관은 개인뿐만 아니라 여러 사람에게 도움되는 일을 찾아서 합니다.

15 ③은 경찰서, ④는 행정 복지 센터에서 하는 일입니다.

16 불법으로 주차된 차를 단속하는 공공 기관은 구청(군청)입니다.

더 알아볼까요!

주민들이 요청한 일을 처리하는 공공 기관

- 자동차가 많이 다녀서 위험해요.
  ⇨ 경찰서에서는 자동차가 많이 다니는 도로를 교통정리 하였습니다.
- 자전거 도로가 갈라져 사고의 위험이 있어요.
  ⇨ 구청에서는 자전거 도로를 고쳤습니다.
- 우리 지역에 야생 동물이 나타났어요. 구조해 주세요.
  ⇨ 소방서에서는 야생 동물을 구조하여 안전한 장소로 옮겼습니다.

17 공공 기관은 각각 하는 일이 정해져 있지만 때로는 다른 기관과 협력해 일을 하기도 합니다.

18 지역 문제를 해결하기 위해서는 가장 먼저 지역에서 해결해야 할 문제가 무엇인지 확인해야 합니다.

19 지역 주민들은 시민들이 스스로 모여 만든 시민 단체에서 활동하며 지역의 일에 참여할 수 있습니다.

더 알아볼까요!

시민 단체의 종류

환경 분야	지역의 환경 문제에 관심을 가지고 환경 보호 활동을 함.
경제 분야	지역의 경제 정책을 살피고 문제점이 있으면 해결 방안을 마련함.
교육 분야	지역의 교육 문제에 관심을 가지고 교육 문제를 해결하고자 노력함.
자원봉사 분야	지역의 어려운 사람들을 돕고 봉사 활동을 함.

20 대부분의 지역 문제는 그 지역에 살고 있는 주민들과 직접적으로 관련이 있습니다.

과학

1회 10~12쪽

1 ⑤ 2 ㉣ 3 예 여러 겹의 층이 보인다. 4 ㉣ 5 ② 6 ③ 7 ② 8 ④ 9 ④ 10 (1) × (2) × (3) ○ 11 ② 12 ③, ④ 13 예 희연이가 받침점에 더 가까이 앉는다. 14 (가)<(나) 15 15 16 ㉡ 17 ⑤ 18 예 모래와 철 가루 혼합물에 자석을 가까이 가져가 철 가루를 분리한다. 19 ③ 20 ㉠ 모래, ㉡ 소금

1 변화가 일어나는 현상을 관찰할 때는 변화가 일어나기 전, 변화가 일어나는 중, 변화가 일어난 후의 모습을 모두 관찰하여 비교합니다.

2 탐구한 내용을 다른 사람에게 효과적으로 전달하려면 다른 사람이 이해하기 쉽게 설명하고, 표, 그림, 그래프 등을 활용해 자료를 만들어 설명합니다.

3 지층에는 줄무늬가 보이며, 지층을 이루고 있는 각 층의 두께나 색깔 등이 다릅니다.

▲ 수평인 지층

▲ 휘어진 지층

4 지층에서 아래에 있는 층은 위에 있는 층보다 먼저 쌓인 것이므로 ㉠ → ㉡ → ㉢ → ㉣ 순서로 쌓인 것입니다.

5 튀밥으로 퇴적암 모형을 만들 때 튀밥을 서로 붙게 하기 위해 조청을 넣습니다.

더 알아볼까요!

튀밥으로 퇴적암 모형 만들기
- 종이컵에 튀밥을 절반 정도 넣고, 조청을 한 숟가락 넣습니다.
- 나무 막대로 튀밥과 조청을 잘 섞습니다.
- 다른 종이컵으로 튀밥 반죽을 세게 누릅니다.
- 튀밥 반죽이 굳으면 종이컵을 찢어서 튀밥을 꺼내어 관찰합니다.

6 이암은 주로 진흙과 같이 작은 크기의 알갱이로 이루어진 암석으로 손으로 만졌을 때 부드럽고 매끄럽습니다. 주로 모래 알갱이로 이루어져 있는 것은 사암입니다.

7 고인돌은 옛날에 살았던 생물의 몸체나 흔적이 퇴적암이나 지층 속에 남아 있는 것이 아니기 때문에 화석이 아닙니다. 고인돌은 유물입니다.

8 봉숭아씨는 크기가 매우 작고 둥글며 어두운 갈색입니다.

9 식물의 한살이를 관찰하려면 강낭콩, 나팔꽃과 같이 씨를 구하기 쉽고 한살이 기간이 짧은 식물을 고르는 것이 좋습니다.

10 식물이 자라는 데 온도가 미치는 영향을 알아보는 실험에서 다르게 할 조건은 온도이고, 식물이 자라는 데 빛이 미치는 영향을 알아보는 실험에서 다르게 할 조건은 빛입니다.

11 식물은 씨를 맺어 번식하기 위해서 꽃이 피고 열매를 맺습니다.

12 은행나무, 민들레, 감나무, 사과나무, 무궁화 등이 여러해살이 식물입니다.

13 몸무게가 다를 때는 무거운 사람이 시소의 받침점에서 더 가까운 쪽에 앉거나, 가벼운 사람이 시소의 받침점에서 먼 쪽에 앉으면 시소가 수평이 됩니다.

14 비교하려는 물체를 받침점으로부터 각각 같은 거리의 나무판자 위에 올려놓았을 때 기울어진 쪽에 있는 물체가 더 무겁습니다.

15 추의 무게가 20 g중씩 일정하게 늘어날 때마다 용수철의 길이는 3 cm씩 일정하게 늘어납니다.

더 알아볼까요!

용수철의 성질
- 물체의 무게가 무거울수록 더 많이 늘어납니다.
- 물체의 무게에 따라 일정하게 늘어나거나 줄어드는 용수철의 성질을 이용해 용수철저울을 만듭니다.

16 수평 잡기의 원리를 이용하여 만든 간단한 저울로 수수깡, 종이컵, 실 등이 필요합니다.

17 자동 분리기는 철 캔이 자석에 붙는 성질을 이용하여 혼합물을 분리하는 예입니다.

18 모래와 철 가루 중 철 가루만 자석에 붙기 때문에 자석을 이용하여 혼합물을 분리합니다.

19 ㉡은 거름종이를 빠져나간 소금물을 가열하는 실험입니다. 소금물을 가열하면 물이 증발하여 하얀색 고체인 소금만 남습니다.

20 ㉠ 거름종이에 남아 있는 물질은 모래이고, ㉡ 증발 접시에 남는 물질은 소금입니다.

국어

2회 13~15쪽

1 ① 2 ① 3 (1) 중심 (2) 전개 4 예 잘했다고 칭찬하는 것이다. 5 ① 6 (1) 사실 (2) 의견 7 ① 8 예 수현이와 100미터 이상 떨어진 거리에서 쓰러질 듯 달려오는 한 친구를 격려하기 위해서이다. 9 ④ 10 기록자 11 ㉡ 12 ③ 13 예 옛날에 죄인은 벌로 곤장을 흠씬 두들겨 맞았다. 14 ④ 15 ⑤ 16 ④ 17 훈민정음 28자 18 ② 19 예 고추가 어떤 맛인지 궁금해하는 것 같다. 20 ㉯

1 노마는 구슬을 잃어버리고 기동이가 가져갔다고 의심했습니다.

2 노마는 기동이가 노마의 구슬을 가져가지 않았다고 말했지만 그 말을 믿지 않았습니다.

3 글에서 가장 중요한 문장을 흐름에 맞게 연결하거나 글의 전개에 따라 내용을 정리해 간추립니다.

4 밝은 표정을 지으시면서 엄지손가락을 위로 올리시는 것은 잘했다고 칭찬하는 것입니다.

5 친구를 보며 웃는 표정과 아이스크림을 건네받으려 하는 몸짓을 보면 고마워하고 있다는 것을 알 수 있습니다.

6 사실과 의견의 차이점을 알아봅니다.

7 실제로 있었던 일은 '사실'이고, 그 일에 대한 생각은 '의견'입니다.

더 알아볼까요!

사실과 의견 구별하기 예

문장	사실/의견
책을 많이 읽자.	의견
물을 아껴 쓰자.	의견
호랑이는 동물이다.	사실
여행을 하면 즐겁다.	의견
동생이 자전거를 탄다.	사실
오이김치는 맛있다.	의견
엄마를 도와 설거지를 했다.	사실

8 사람들은 수현이보다 뒤에서 쓰러질 듯 달려오는 한 친구에게 격려의 소리를 보냈습니다.

9 수현이는 너무 힘든 나머지 도중에 포기해야겠다고 생각했습니다. 그러다 뒤에서 달리는 친구를 보고 수현이는 꼴찌가 아니라는 사실에 안도하면서 마지막까지 온 힘을 다해 뛰기로 마음먹었습니다.

10 회의할 때 사회자, 회의 참여자, 기록자가 필요합니다.

더 알아볼까요!

회의를 할 때 지켜야 할 규칙

사회자	• 말할 기회를 골고루 준다. • 회의 절차를 안내한다.
회의 참여자	• 친구가 의견을 말할 때 끼어들지 않는다. • 다른 사람의 의견을 존중한다. • 사회자 허락을 얻고 말한다. • 자신의 의견만 옳다고 주장하지 않는다. • 알맞은 크기의 목소리로 말한다.
기록자	• 중요한 내용을 요약해서 기록한다. • 회의 날짜와 시간, 장소를 기록한다.

11 첫소리는 모두 같으므로 두 번째 글자의 자음자를 살펴보아야 합니다.

12 "붙인다"는 '붙다'의 사동 표현이므로 기본형이 '붙이다'가 됩니다.

13 '흠씬'의 뜻을 잘 되새겨 알맞은 문장이 되도록 짧은 글을 써 봅니다.

14 '우리 모두 + 운동을 합시다.'입니다.

15 글은 말과 같아야 하고 쉽고 단순한 문자여야 한다고 생각했습니다.

16 하늘과 땅, 사람을 본떠서, 사람이 말소리를 내는 기관을 본떠서 문자를 만들었습니다.

◀ 한글의 모음자의 경우, 하늘, 땅, 사람을 본 떠 만들었습니다.

17 세종은 오랜 시간을 묵묵히 연구한 끝에 '훈민정음' 28자를 완성했습니다.

18 입을 한껏 벌려 밥을 먹는 모습에서 행복해하는 표정을 짓고 있다는 것을 알 수 있습니다.

19 할머니께 고추가 매운지 안 매운지 물어보고 안 맵다는 할머니의 말에 고추를 한 입 베어 무는 소년의 표정을 살펴봅니다.

20 고추가 매워서 혀를 내밀면서 콧물을 흘리는 행동과 눈과 눈썹의 모양을 보니 놀라고 당황했을 것이라는 것을 짐작할 수 있습니다.

수학

2회 16~18쪽

1 100 **2** ㉡ **3** 예 510조 1318억 7060만 2237 **4** 7억 8000만 **5** ③, ⑤
6 (1) 예각 (2) 둔각 **7** (1) 35 (2) 100 **8** <
9 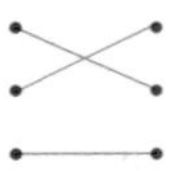 **10** 23, 0 ; 24, 10 **11** ㉡
12 ㉢ (○)
13 예 도형을 시계 반대 방향으로 180°만큼 돌리면 왼쪽에 있던 가장 긴 선분이 오른쪽으로 이동합니다. 이 도형을 위쪽으로 뒤집으면 위쪽과 아래쪽이 서로 바뀝니다. **14** 풀이 참조
15 운동 **16** 배구 **17** 풀이 참조 **18** 예 도형의 개수가 2개씩 늘어나는 규칙입니다. 따라서 넷째 배열에 사용될 사각형의 수는 7+2=9(개)입니다. ; 9개
19 11×1010101=11111111
20 17, 24, 17

1 10000은 9900보다 100만큼 더 큰 수입니다.

2 숫자 5가 나타내는 값이 ㉠은 500000, ㉡은 5000000, ㉢은 50000이므로 ㉡이 가장 큽니다.

3 일의 자리부터 네 자리씩 끊어서 나타냅니다.

4 37억 8000만 → 27억 8000만 → 17억 8000만 → 7억 8000만
따라서 어떤 수는 7억 8000만입니다.

5 각도기를 사용할 때는 각도기의 중심과 각의 꼭짓점을 맞추고, 각도기의 밑금과 각의 한 변을 맞춰야 하므로 각도기를 바르게 사용한 것은 ③, ⑤입니다.

6 0°보다 크고 직각보다 작은 각은 예각이라고 하고 직각보다 크고 180°보다 작은 각은 둔각이라고 합니다.

7 (1) 삼각형의 세 각의 크기의 합은 180°이므로
85°+60°+□=180°,
145°+□=180°, □=35°
(2) 사각형의 네 각의 크기의 합은 360°이므로
110°+□+70°+80°=360°,
260°+□=360°, □=100°

8 367×50=18350,
295×63=18585
→ 18350<18585

9 300÷60=5,
320÷80=4,
540÷90=6

10
```
     2 3          2 4
15)3 4 5     25)6 1 0
   3 0          5 0
   -----        -----
     4 5        1 1 0
     4 5        1 0 0
   -----        -----
       0          1 0
```

11 모양 조각을 오른쪽으로 뒤집으면 모양 조각의 왼쪽과 오른쪽이 서로 바뀝니다.

12 모양 조각을 시계 방향으로 90°만큼 돌리면 위쪽 부분이 오른쪽으로 이동합니다.

13
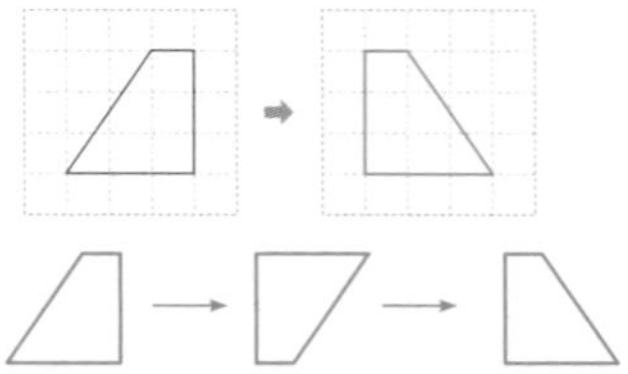

14
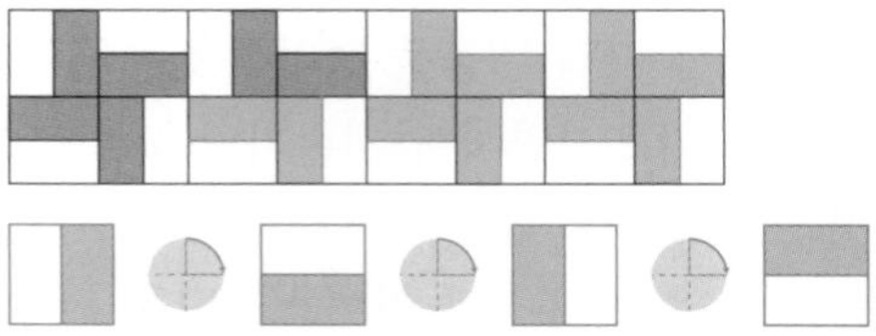

15 막대그래프의 세로에 학생 수를 나타내면 가로에는 운동을 나타내어야 합니다.

16 배구를 좋아하는 학생은 4명이므로 4칸으로 나타내야 합니다.

17
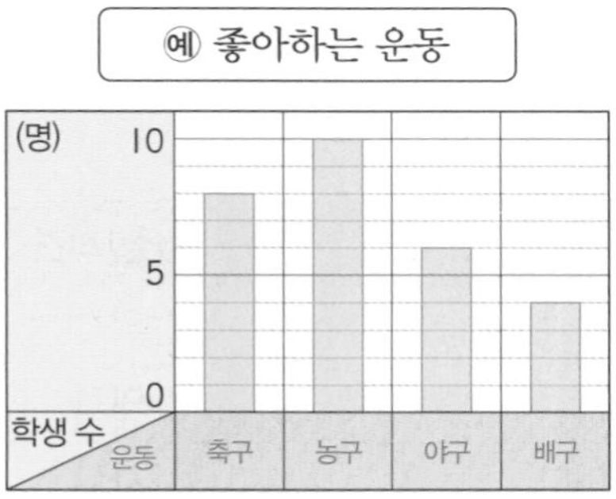

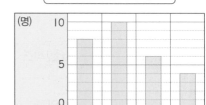

가로에 운동을 나타내고 자료의 수에 맞게 막대를 그려 막대그래프로 나타냅니다.

18 도형의 수가 첫째: 3개, 둘째: 5개, 셋째: 7개로 2개씩 늘어나고 있습니다.

19 곱하는 수의 마지막 자리에 0, 1이 1개씩 늘어나고 계산 결과의 마지막 자리에 1이 2개씩 늘어나는 규칙입니다.

20 세로의 세 수의 합은 가운데 수의 3배와 같습니다.

사회

2회 19~21쪽

1 ③ 2 (가) 3 예 두 지도가 실제 거리를 줄인 정도인 축척이 다르기 때문이다. 4 ③ 5 중심지 6 (가) 7 ② 8 ③ 9 ②, ④, ⑤ 10 ③ 11 예 지역의 문화유산을 좀 더 많은 사람들에게 알리기 위해서이다. 12 (1) ○ (2) ○ 13 역사적 인물 14 ① 15 도서관 16 ④ 17 ② 18 ④ 19 ㉠ 대화와 타협 ㉡ 다수결의 원칙 20 ②

1 지도는 땅의 실제 모습을 일정한 형식으로 줄여서 나타낸 그림입니다.

2 (가) 지역은 좁은 지역을 자세하게 나타내고 있으며 (나) 지도는 넓은 지역을 간략하게 나타내고 있습니다.

3 지도에서 실제 거리를 줄인 정도인 축척이 다르기 때문에 두 지도가 나타내는 지역의 범위가 다릅니다.

4 땅의 높이가 낮은 곳부터 초록색, 노란색, 갈색, 고동색 순서로 나타냅니다.

5 지역에서 생활에 필요한 다양한 시설들이 있어 사람들이 많이 모이는 곳을 중심지라고 합니다.

6 (가)의 중심지에는 군청, 시장, 버스 터미널 등 여러 가지 시설들이 모여 있습니다.

7 (나)는 중심지가 아닌 곳으로, 논밭을 많이 볼 수 있으며 건물이 많지 않고 사람이 적습니다.

8 중심지에 있는 시설을 찾아갈 때에는 답사할 장소에 미리 연락을 해야 합니다.

더 알아볼까요!

고장의 중심지를 답사할 때 주의할 점
- 답사할 장소에 연락합니다.
- 보호자와 함께 답사합니다.
- 사진을 찍을 때에는 먼저 그 사람에게 허락을 받아야 합니다.
- 답사할 때에는 주위를 잘 살피며 안전에 유의합니다.

9 지역의 박물관에서 일하시는 전시 기획자, 문화 관광 해설사, 문화재 관리사 등 우리 지역의 문화유산을 잘 아는 사람과 면담을 합니다.

10 ①은 답사 장소, ②는 답사 방법, ④는 주의할 점, ⑤는 답사할 내용 항목에 들어가야 합니다.

11 문화유산 안내도와 문화유산 신문은 모두 지역의 문화유산을 소개하는 자료입니다.

12 문화유산은 조상들에게 물려받았기 때문에 소중히 관리하여 후손들에게도 전해 주어야 합니다.

13 우리 지역에서 활동하고 좋은 영향을 끼친 역사적 인물은 다양한 방법으로 찾아볼 수 있습니다.

14 물시계로 시각을 알려주는 자격루를 만든 사람은 장영실입니다.

15 도서관에서는 주민들이 책을 빌려 볼 수 있으며, 열람실에서 공부도 할 수 있습니다.

16 제시된 그림은 공공 기관을 직접 방문하여 그곳에서 하는 일을 조사하는 견학의 모습입니다.

17 산불을 진압하고 산에 갇힌 사람들을 구조하는 일은 소방서에서 합니다.

더 알아볼까요!

큰 산불이 났을 때 공공 기관이 주민들에게 주는 도움
- 소방서: 소방 헬리콥터로 물을 뿌려 산불을 진압하고, 산에 갇힌 사람들을 안전한 곳으로 구조합니다.
- 시청: 주민들이 머물 수 있는 임시 대피소를 마련하고 안내합니다.
- 경찰서: 산으로 연결되는 도로를 통제해 주민들이 접근할 수 없게 합니다.
- 보건소: 산불 피해 주민들을 치료하는 진료소를 만듭니다.

18 우리 지역에서 발생하는 지역 문제는 평소 관심 가지기, 시·도청 누리집 방문하기, 지역 신문이나 뉴스 살펴보기, 지역 주민과 면담하기 등의 방법으로 확인할 수 있습니다.

19 다수결의 원칙은 회의에서 많은 사람의 의견에 따라 결정하는 것입니다.

20 제시된 사진은 주민들이 정책을 결정하기 전에 의견을 나누는 공청회에 참여한 모습입니다.

더 알아볼까요!

다양한 주민 참여의 방법

공청회에 참여하기	전문가와 지역 주민들이 모여 지역에 관한 의견을 나눔.
주민 투표 참여하기	지역에 관한 일을 주민이 직접 투표하여 결정함.
주민 회의 참여하기	지역 주민들이 모여서 지역 문제에 관한 의견을 나눔.
서명 운동 참여하기	지역에 관한 어떤 의견에 동의 또는 반대하는 사람들의 서명을 모음.
민원 접수하기	주민들의 의견을 시청·도청 등에 방문하여 전달하거나 누리집에 올림.
시민 단체 활동하기	교육, 환경, 경제 등 여러 분야의 시민 단체에 가입하여 활동함.

과학

2회 22~24쪽

1 ① 2 ② 3 ③, ⑤ 4 ㉢㉣㉡㉠㉤ 5 ② 6 ① 7 ② 8 ④ 9 ④ 10 예 씨가 부풀어 오르고, 뿌리가 나온 후 떡잎싸개가 나오고 떡잎싸개 사이로 본잎이 나온다. 11 수영 12 (1) × (2) ○ (3) × 13 ② 14 ④ 15 ㉣ 16 100 17 ④ 18 ㉠ 설탕, ㉡ 철 19 ㉠ 크기, ㉡ 콩, ㉢ 쌀 20 ⑤

1 측정하려는 양보다 큰 눈금실린더를 사용하며, 액체를 부을 때에는 가운데를 잡고 기울여서 붓습니다. 눈금을 읽을 때에는 액체의 오목한 부분에 눈높이를 맞춰 읽습니다.

2 예상은 관찰하고 측정한 결과에서 규칙성을 찾고, 앞으로 일어날 수 있는 일을 생각하는 것이고, 의사소통은 다른 사람에게 탐구한 내용을 이야기하고 서로의 생각을 주고받는 것입니다.

3 지층은 산기슭 또는 바닷가 절벽 등에서 볼 수 있습니다. 지층의 모양은 다양합니다.

4 퇴적암 모형을 만들 때 물 풀은 모래 알갱이를 서로 붙여 줍니다.

5 알갱이의 크기에 따라 퇴적암을 이암, 사암, 역암으로 나눕니다.

6 화석이 만들어지기 쉬우려면 동물의 경우 단단한 부분이 있어야 하고 식물의 경우 질긴 부분이 있어야 합니다. 또 생물의 몸체나 흔적 위로 퇴적물이 빠르게 쌓여야 합니다.

7 삼엽충은 바닷속에서 살았으므로 삼엽충 화석이 발견된 곳은 옛날에 바닷속이었다는 것을 알 수 있습니다.

8 씨가 싹 트는 데 반드시 필요한 조건은 적당한 온도와 적당한 양의 물입니다.

9 떡잎싸개 사이로 본잎이 나오는 것은 옥수수씨가 싹 트는 과정에서 볼 수 있습니다.

더 알아볼까요!

강낭콩 잎이 나오는 순서

- 싹이 튼 후, 두 장이 떡잎이 나옵니다.
- 떡잎 사이에서 줄기가 나오고, 두 장의 본잎이 마주 보고 나옵니다.
- 두 장의 마주 보는 본잎 사이에서 줄기가 나오고, 그 줄기 끝에서 잎자루가 하나 나와 세 장의 잎이 붙어서 납니다.
- 그 후 세 짝씩 겹잎이 계속 나옵니다.

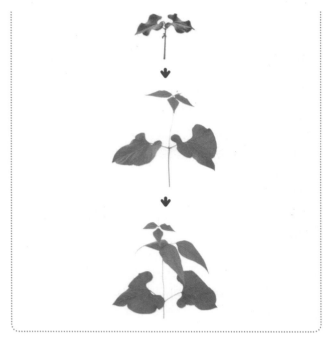

10 단단하던 옥수수씨가 부풀어 오르고 뿌리가 나옵니다. 그 후 떡잎싸개가 나오고 떡잎싸개 사이로 본잎이 나옵니다.

11 햇빛을 받지 않고 자란 식물은 잎이 얇고 노란색입니다.

12 개나리는 여러해살이 식물이고, 한해살이 식물은 한 해 안에 한살이를 마치고 죽는 식물입니다.

13 병원에서 시력 검사를 하는 것은 저울을 사용하여 무게를 측정하는 예가 아닙니다.

14 무거운 물체를 가벼운 물체보다 받침점에 가까이 놓아야 수평을 잡을 수 있습니다.

15 ㉠은 손잡이, ㉡은 영점 조절 나사, ㉢은 용수철, ㉣은 표시 자입니다.

16 용수철저울로 무게를 잴 때 표시 자가 가리키는 눈금의 숫자를 단위와 같이 읽습니다.

17 흙탕물은 물과 흙이 물에 섞여 있는 혼합물입니다. 물, 금, 철, 소금은 두 가지 이상의 물질이 성질이 변하지 않고 서로 섞여 있지 않으므로 혼합물이 아닙니다.

18 사탕수수에서 분리한 설탕은 사탕과 과자 등을 만들 때 사용하고, 철광석에서 분리한 철은 다른 금속과 섞어 철로 된 못, 냄비 등을 만들 때 사용합니다.

19 체의 눈 크기가 콩보다 작고 쌀보다 큰 체 한 개, 쌀보다 작고 좁쌀보다 큰 체 한 개를 사용하여 분리할 수 있습니다.

20 플라스틱 구슬과 철 구슬의 혼합물은 철 구슬이 자석에 붙는 성질을 이용하여 자석으로 분리할 수 있습니다.

전 과 목

단원평가 총정리

전과목 단원평가 총정리

정답과 풀이

4-1

정답과 풀이

단원 평가

[국어]

국어 1회 10~13쪽

1 ③ 2 예 사람마다 생각이 다르기 때문에 재미를 느낀 부분이 서로 달랐기 때문이다. 3 예 농부들에게 논밭을 사용하고 내는 돈을 조금만 받기 때문이다. 4 (2) ○ 5 ② 6 ② 7 ② 8 ① 9 기온 차 10 (1) ㉮ (2) ㉯ 11 ㉯ 12 ④ 13 ③ 14 ③ 15 ②

국어 활동 확인

1 (1) 옛날 사람들은 비가 올 때면 삿갓이나 도롱이를 사용했다. (2) 오늘날 사람들은 천이나 비닐로 만든 가벼운 우산을 쓴다. 2 (1) 문단 (2) 문장 (3) 중심

풀이

1 봄을 기다리는 아이들은 새싹을 빨리 만나고 싶어서 땅 속에 손가락을 집어넣어 봅니다.

2 시에서 일어나는 일을 다르게 생각했고, 사람마다 생각이 다르기 때문에 재미를 느낀 부분이 다릅니다.

3 할아버지는 쌀이 만 석 이상 곳간에 쌓이면 농부들이 최 부잣집의 논밭을 사용하고 내는 돈을 조금만 받기 때문에 마을 사람들은 할아버지가 땅을 사면 오히려 좋아했습니다.

4 준은 할아버지가 무척 자랑스럽고 참 좋았습니다. '할아버지가 무척 자랑스러웠습니다.', '할아버지가 참 좋았습니다.'에 나타나 있습니다.

5 할아버지는 다른 사람을 먼저 생각하고 베풀 줄 압니다.

6 노마는 도랑물 속에서 잃어버린 유리구슬을 발견했습니다.

7 기동이를 의심하는 마음과 함께 기동이가 구슬을 내놓기를 바라는 마음이 담겨져 있습니다.

8 오늘 날씨와 일요일 날씨에 대해 간추려 쓴 내용입니다. 일요일에 나들이가 가능한지, 준비물이 무엇인지 등을 쓴 것으로 보아, 일요일에 춘천으로 나들이 갈 것임을 알 수 있습니다.

9 아침저녁으로 기온 차가 큼.'이라고 쓴 것을 참고합니다. 따뜻한 옷은 나들이 갈 때 필요한 준비물입니다.

10 중심 문장은 다른 내용을 포함하거나 가장 중요한 내용을 담은 문장이고, 뒷받침 문장은 중심 문장을 자세히 나타내는 문장입니다.

11 이 글은 욕심쟁이 영감에게 나무 그늘을 산 내용입니다.

12 총각은 나무의 주인이 그늘의 주인이라고 말하는 욕심쟁이 영감을 혼내 주기 위해서 나무 그늘을 사겠다고 했습니다.

13 가스나 전기를 사용하는 예로 자전거를 타고 다니는 것은 나와 있지 않습니다.

14 이 글 마지막에 '중요한 에너지를 어떻게 절약해야 할까?'라고 했으므로 다음에 이어질 내용은 에너지를 절약하는 방법이 알맞습니다.

15 주장하는 글이므로 글의 내용이 어떻게 전개되는지 살펴봐야 합니다.

국어 활동 확인

1 문단에서 가장 중요한 문장을 찾아야 합니다. 중요한 문장은 문단의 앞이나 뒤에 나오는 경우가 많습니다.

2 글에서 각 문단의 내용을 파악한 다음, 중심 문장을 찾고, 중심 내용을 바탕으로 하여 글 전체의 내용을 간추립니다.

국어 2회 16~19쪽

1 ① 2 ⑤ 3 예 비뚤게 서서 손으로 머리를 긁적인다. 4 ⑤ 5 ① 6 ②, ⑤ 7 ㉰ 8 ④ 9 ㉢ 10 ① 11 예 현재에 있는 일을 담고 있다. 12 (1) 사실 (2) 의견 13 ③, ④ 14 (1) 아이를 많이 낳는 것 (2) 화목과 사랑 15 ④

국어 활동 확인

1 ㉰ 2 (1) – ㉮ (2) – ㉰ (3) – ㉯

1 그림 ㉮에서 여자아이는 기다리던 지현이가 왔다는 어머니의 말씀을 듣고 기쁜 표정을 짓고 있습니다.

2 그림 ㉯에서 여자아이는 나가고 싶지 않지만 준비를 하라는 어머니의 말씀에 기운 없는 표정으로 대답하고 있습니다.

3 친구들 앞에서 발표를 할 때에는 바르게 서서 듣는 사람을 바라보아야 합니다.

다시 한 번 확인해요!

말하는 사람의 바른 몸짓 ㉠예

제가 다녀온 박물관에
대해 말씀드리겠습니다.

• 듣는 사람을 바르게 서서 바라보고 있습니다.

4 짐승을 사냥해서 먹거나 나무 열매와 식물을 채집해서 먹으며 동굴에서 살았기 때문에 돈이 없어도 전혀 불편하지 않았습니다.

5 어른들이나 여러 사람 앞에서 소개할 때에는 높임말을 써야 합니다.

6 주민들은 군대가 철수하고 난 뒤 보봉을 생태 마을로 만들기 위해 여러 가지 실천 조항들을 만들었습니다.

7 이 글은 보봉 마을이 생태 마을로 되기까지 주민들이 어떤 노력을 했는지를 설명한 글이므로 ㉮, ㉯는 관련이 없습니다.

8 글쓴이는 정우와 함께 박물관 현장 체험학습을 다녀왔다고 했습니다.

9 사실은 실제로 있었던 일이고, 의견은 대상이나 일에 대한 생각을 말합니다.

10 나머지는 모두 의견을 나타낸 문장입니다.

11 사실은 현재에 있는 일, 실제로 있었던 일을 담고 있습니다.

12 (1)은 실제로 겪은 일을 나타낸 것입니다.

다시 한 번 확인해요!

「독도를 다녀와서」를 읽고 사실과 의견 구별하기

글	사실/의견	구별 근거
우리는 울릉도에 가서 다시 독도로 가는 배를 탔다.	사실	한 일
배는 항구를 떠나 독도로 향했다.	사실	본 일/한 일
독도에는 괭이갈매기뿐만 아니라 슴새, 바다제비 같은 텃새도 산다고 한다.	사실	들은 일
독도에서 동해를 바라보니 가슴이 탁 트이는 것 같았다.	의견	생각이나 느낌
아름답고 생명력 넘치는 독도가 우리 땅이라는 것이 아주 자랑스러웠다.	의견	생각이나 느낌

13 글쓴이는 독도가 우리 땅이라는 것이 아주 자랑스럽고, 아름답고 생명력 넘치는 독도를 아끼고 독도에 관심을 가져야겠다고 생각했습니다.

14 당시의 사람들은 수박이 아이를 많이 낳는 것을 상징하고 나비는 화목과 사랑을 상징한다고 생각했습니다.

15 이 글을 읽고 조선 시대와 지금의 수박 껍질이 다르다는 것을 알 수 있습니다.

국어 활동 확인

1 바른 표정, 몸짓, 말투로 예의를 지켜 말해야 합니다.

2 "자기 쓰레기는 자기가 치워야 해."는 문제를 해결할 수 있는 방법입니다.

국어 3회

22~25쪽

1 ② 2 ⑤ 3 ①, ⑤ 4 ㉠예 마라톤 대회를 위해 열심히 연습하는 모습이 보기 좋다. 5 ④ 6 ③ 7 ④ 8 ③ 9 ③ 10 학교생활을 안전하게 하자. 11 ③ 12 ③ 13 ② 14 ⑤ 15 사회자

국어 활동 확인

1 표결 2 (1) ㉠예 회의 참여자의 의견을 자신이 판단해 마음대로 무시했다. (2) ㉠예 회의 참여자 4는 회의 절차를 지키지 않았다.

풀이

1 큰 자루에 금을 꾹꾹 채워 넣고, 그것도 모자라 옷 속에도, 입 속에도, 그리고 귓구멍 속에도 가득 채워 넣는 모습을 통해 욕심이 많다는 것을 알 수 있습니다.

2 형은 자루며 옷 속, 입 속까지 금을 넣었고, 까마귀는 무거워진 형을 태우지 못해 혼자 날아갔습니다.

다시 한 번 확인해요!

「까마귀와 감나무」에서 인물에게 일어난 일

인물	장소	일어난 일
형	금으로 가득한 산	욕심을 너무 많이 부려 금도 못 가져오고 집에도 오지 못했다.

3 끝까지 못 뛸 게 뻔해서 친구들에게 놀림을 당할 것 같아 걱정을 하면서도 꼭 완주하고 싶다는 마음이 들었습니다.

4 수현이는 마라톤 대회를 위해서 날마다 공원에 가서 달리기 연습을 했습니다.

5 주제를 찾을 때에는 제목, 인물의 말이나 행동, 일어난 일 따위를 살펴봅니다. 이야기에서 나타내려고 하는 생각을 '주제'라고 합니다.

6 꽃담이는 항아리에서 킁킁 냄새를 맡아 엄마를 찾았습니다.

7 꽃담이가 너무 쉽게 엄마를 찾으니까 초록 고양이는 심통이 났습니다.

8 회의를 한다고 해서 자신의 의견을 빠르게 전달할 수 있는 것은 아닙니다.

9 학급 회의 주제를 무엇으로 정할지에 대하여 이야기하고 있으므로 회의 절차 가운데에서 '주제 선정'에 해당합니다.

다시 한 번 확인해요!

학급 회의 절차

개회 ⇨ 주제 선정 ⇨ 주제 토의 ⇨ 표결 ⇨ 결과 발표 ⇨ 폐회

10 회의 참여자 1은 '깨끗한 교실을 만들자.'라는 주제를 제안하였고, 회의 참여자 2는 '학교생활을 안전하게 하자.'라는 주제를 제안하였습니다.

11 친구들이 공통으로 관심을 보일 만한 것을 찾아야 합니다.

12 학급 문고 정리는 우리가 해결할 수 있는 문제이지만 나머지는 전체가 관심을 보일 만한 좋은 주제가 아닙니다.

다시 한 번 확인해요!

회의 주제를 정하는 방법

- 해결해야 할 문제점을 찾습니다.
- 우리가 해결할 수 있는 문제인지 생각합니다.
- 모두가 관심을 보일 만한 것인지 확인합니다.
- 실천할 수 있는 해결 방법이 있는지 떠올립니다.

13 회의 참여자 1은 사회자의 말이 끝나자마자 허락도 얻지 않고 의견을 말했습니다.

14 친구가 의견을 말할 때 중간에 말을 가로챘습니다.

15 사회자는 회의 절차를 안내하고 회의 참여자에게 말할 기회를 골고루 줍니다.

국어 활동 확인

1 찬성과 반대 의견을 헤아려 다수결로 결정하는 모습입니다.

2 사회자는 회의 참여자가 발표한 의견을 받아들인 뒤에 회의 참여자와 함께 판단해야 합니다. 또 회의 참여자는 회의 절차에 따라 자신의 의견을 발표해야 합니다.

국어 4회

28~31쪽

1 ④ 2 붙여→작은→좋아합니다 3 ㉮ 4 ⑤ 5 민재 6 ②, ③, ④ 7 (1) 침식 (2) 퇴적 8 예 우리 반에서 축구는 엄연히 내가 일 등이다. 9 ③ 10 (1) 문제 상황 (2) 제안하는 내용 (3) 제안하는 까닭 11 (1) 날씨가 (2) 따뜻합니다. 12 ② 13 예 아이들이 축구를 합니다./ 아이들이 공을 찹니다. 14 ㉮ 15 ③

국어 활동 확인

1 (1) 예 가득 (2) 예 곰팡이가 메주를 가득 덮은 것 같아서 2 예 사람들이 지식을 얻고자 할 때 독서를 하지 않고 인터넷을 검색한다는 것이다. 3 예 독서를 많이 하자. / 책을 많이 읽자.

풀이

1 '작은-작다', '붙여-붙이다', '좋아합니다-좋아하다'로 나타내야 합니다.

2 국어사전에는 첫 자음자가 'ㄱ, ㄲ, ㄴ, ㄷ, ㄸ, ㄹ, ㅁ, ㅂ, ㅃ, ㅅ, ㅆ, ㅇ, ㅈ, ㅉ, ㅊ, ㅋ, ㅌ, ㅍ, ㅎ' 차례로 실립니다.

3 '붙이다'의 뜻 을 찾아야 합니다. ㉯는 '보다'의 뜻이며, ㉰는 '좋아하다'의 뜻입니다.

다시 한 번 확인해요!

뜻을 모르는 낱말이 많을 때 해결하는 방법
- 주변 어른들께 여쭈어 봅니다.
- 글을 읽으면서 대강의 뜻을 짐작합니다.
- 국어사전에서 낱말의 뜻을 찾아 이해합니다.

4 종이는 한 번 인쇄가 되면 쉽게 고칠 수 없는 단점이 있습니다.

5 '원격'의 뜻은 '멀리 떨어져 있음.'입니다.

6 1997년에 발견한 화성 표면에는 높이 솟은 고원 지대도 있고, 길게 뻗은 좁은 협곡도 있었습니다. 또 태양계 행성 가운데 가장 거대한 화산 지형도 있었습니다.

7 화성에서 강물의 침식과 퇴적 작용이 있었음 보여 주는 화성 암석은 아주 오래전에 화성 표면에 물이 흘렀다는 증거입니다.

8 '엄연히'는 '어떠한 사실이나 현상이 부인할 수 없을 만큼 뚜렷하게.'라는 뜻입니다.

9 '내'가 지난 주말에 동생과 함께 꽃밭에 꽃을 심었고, 오늘 물을 주려고 보니 쓰레기가 꽃 주위에 흩어져 있어 속이 상했습니다.

10 제안하는 글은 '문제 상황-제안하는 내용-제안하는 까닭'의 짜임으로 이루어집니다.

11 문장은 '누가/무엇이+어찌하다/어떠하다'의 짜임으로 나눌 수 있습니다.

12 '할머니가 아이를 쳐다봅니다.', '아이가 과자를 먹고 있습니다.' 등 다양한 문장을 만들 수 있습니다.

13 문장을 '누가+어찌하다', '누가+어떠하다', '무엇이+어찌하다', '무엇이+어떠하다'와 같은 짜임으로 써 봅니다. 그림에 나타난 대상의 다양한 행동과 모습을 살펴봅니다. 어떠한 대상(무엇 또는 누구)이 있는지 생각해 봅니다. 대상(무엇 또는 누구)이 어찌하고 있는지(동작) 또는 어떠한지(상태) 생각해 봅니다.

다시 한 번 확인해요!

그림을 문장으로 표현하기
- 대상(무엇 또는 누구)를 밝혀 문장으로 표현해 봅니다.
- 대상(무엇 또는 누구)이 어찌하고 있는지(동작) 또는 어떠한지(상태)를 문장으로 표현해 봅니다.
- 가리키는 대상의 이름이나 특징을 문장으로 표현해 봅니다.

14 제안하는 내용은 문제에 대한 해결 방법이 적절한지 생각해야 합니다. ㉯의 아이들을 모두 우리나라로 데리고 오는 것은 적절한 해결 방법이 아닙니다. ㉰는 문제 상황에 맞지 않습니다.

다시 한 번 확인해요!

영상 「1리터의 생명」을 보고 제안하는 글 쓰기

(1) 문제 상황은 무엇인가요?
- 깨끗한 물이 나오는 우물이 없다.
- 어린이가 깨끗한 물을 마실 수 없다.
- 오염된 물을 마시면 질병에 걸릴 수 있다.

(2) 제안하는 내용과 그것을 제안하는 까닭 예

제안하는 내용	제안하는 까닭
이웃 돕기 모금 운동에 참여하자.	깨끗한 우물을 만드는 것을 도울 수 있다.
깨끗한 물을 보내 준다.	깨끗한 물을 마시면 질병에 걸리지 않고 건강해진다.
정수기를 보내 준다.	깨끗한 물로 정수할 수 있다.

15 제안하는 글은 많은 사람에게 제안을 하는 글이므로 반말이 아니라 존댓말을 사용하는 것이 알맞습니다.

국어 활동 확인

1 '소복이'의 뜻은 '쌓이거나 담긴 물건이 볼록하게 많이.'입니다.

◀ 하얀 곰팡이가 메주를 소복이 덮은 모습

2 광고 맨 아래 부분의 글을 보면 문제점이 무엇인지 알 수 있습니다.

3 '내가 지식인이 되는 방법, 인터넷 검색이 아닌 독서입니다.'의 뜻을 떠올려 봅니다.

국어 5회

34~37쪽

1 ① 2 ④, ⑤ 3 ㉰ 4 (1) 자음자 (2) 획 5 ④ 6 대한 국어 문법 7 ④ 8 ② 9 ④ 10 예 학급 임원 선거에서 의견을 발표할 때 긴장해서 목소리가 작아졌다. 11 용궁 12 ① 13 ④ 14 ③ 15 예 엄마가 손을 놓으면 넘어질까 봐 겁이 나기 때문이다.

국어 활동 확인

1 ① 2 ❹ 3 (1) ○ (2) ○ (3) ○

풀이

1 신하들 중에는 중국의 문자인 한자를 쓰는 데 자부심을 느끼는 이가 많아 그들이 새 문자를 만들고 있다는 사실을 알았다가는 벌 떼처럼 들고일어날 게 뻔했기 때문입니다.

2 훈민정음을 익힌 백성들은 글을 읽지 못해 억울한 일을 당하는 사람이 줄었고, 한자를 배울 기회조차 적었던 여자들도 훈민정음을 익혀 책을 읽거나 편지를 썼습니다.

3 '디지털 문자'로서 탁월하다고 하였으므로, 기계화에 적합한 문자라는 특성을 지니고 있음을 짐작할 수 있습니다.

4 휴대 전화의 한글 자판은 한글의 자음자와 모음자의 획을 더하는 원리에 기초하여 설계되었기 때문입니다.

5 'ㅇ'은 목구멍의 둥근 모양을 본떠 만들었습니다.

다시 한 번 확인해요!

문자의 형태와 관계있는 발음 기관의 모양

- ㄱ – 혀뿌리가 목구멍을 막는 모양
- ㄴ – 혀가 윗잇몸에 닿는 모양
- ㅁ – 입 모양
- ㅅ – 이 모양
- ㅇ – 목구멍의 모양

6 1906년 주시경은 한글과 우리말을 바르게 사용하기 위한 규칙인 문법이 실린 『대한 국어 문법』이라는 책을 펴냈습니다.

7 주시경은 어려운 때일수록 우리글이 힘이 될 거라고 생각하며, 우리글을 아끼고 사랑하는 것이 나라를 사랑하는 길이라는 것을 강조했습니다.

8 머리 모양으로 여자아이의 마음을 짐작할 수는 없습니다.

다시 한 번 확인해요!

「수업 시간에」에서 인물의 마음 짐작하기

- 이마에 그려진 땀방울
- "콩닥"이라고 적힌 말풍선
- 물결 모양 그림
- 작게 뜬 눈

부끄러움을 많이 타는 성격, 자신감이 부족한 성격을 짐작할 수 있다.

9 자신감이 부족하고 부끄러움도 많이 타는 성격인 것 같습니다.

10 부끄러움이 많아서 또는 자신감이 부족해서 하고 싶었던 일을 하지 못한 경험을 떠올려 봅니다.

11 장면 ❶에서 "우리 용궁으로 초대하마!"라고 하였습니다.

12 용을 타도 괜찮을지 걱정이 되어 한 말입니다.

다시 한 번 확인해요!

인물의 마음을 실감 나게 표현하는 방법

- 표정이나 행동을 과장해서 흉내 내야 합니다.
- 그 상황에 어울리는 소리를 내면 좋을 것 같습니다.
- 그 상황에 어울리는 말투와 몸짓으로 표현해야 합니다.

13 날아가는 잠자리를 보고 활짝 웃고 있습니다.

14 겁이 나서 벌벌 떠는 상황으로 알맞은 것을 찾아봅니다.

15 아이는 자전거를 탈 때 중심을 못 잡고 넘어질까 봐 겁이 나서 엄마에게 놓지 말라고 했습니다.

국어 활동 확인

1 음식을 먹는 준수의 표정을 보니 맛있어하는 것 같습니다.

2 마지막 그림에서 준수 표정을 보니 문제가 생긴 것 같습니다.

3 인물의 얼굴 표정이나 몸짓, 인물이 하는 말을 살펴봅니다. 기호, 글자 크기, 모양을 보아도 알 수 있습니다.

[수학]

수학 1 회

42~45쪽

1 (1) 10000 (2) 9900, 10000 2 1000원 3 (1) 56469 (2) 10540 4 47390원 5 만 구백이십
6 예 만들 수 있는 가장 작은 다섯 자리 수는 30568이므로 숫자 5가 나타내는 수는 500입니다. ; 500 7 8개 8 ⑤ 9 20790000(또는 2079만) 10 ③
11 오천백사십사만 명 12 1382710000명 13 ㉡ 14 20만씩 15 6 16 3조 210억(또는 3021000000000) ; 삼조 이백십억
17 예 38273054에서 10만씩 거꾸로 3번 뛰어 세면 38273054 − 38173054 − 38073054 − 37973054입니다. 어떤 수는 37973054이므로 37973054에서 100만씩 2번 뛰어 센 수는 37973054−38973054−39973054입니다. ; 39973054 18 (1) > (2) < 19 ㉢, ㉡, ㉠ 20 6

탐구 서술형 평가

1 예 십만의 자리 숫자가 1인 여덟 자리 수를 나타내면 □□1□□□□□이므로 가장 큰 수는 97165420입니다. 따라서 천만의 자리 숫자는 9, 만의 자리 숫자는 6이므로 그 합은 9+6=15입니다. ; 15 2 예 각 나라의 인구를 수로 나타내면 미국은 326630000명, 러시아는 142260000명, 인도는 1281940000명입니다. 1281940000>326630000>142260000이므로 인구가 많은 나라부터 순서대로 이름을 쓰면 인도, 미국, 러시아입니다. ; 인도, 미국, 러시아

풀이

1 (1) 1씩 커지는 규칙입니다.
(2) 100씩 커지는 규칙입니다.

2 두 사람이 가지고 있는 돈은 4000+5000=9000(원)입니다. 10000은 9000보다 1000만큼 더 큰 수이므로 1000원을 더하면 됩니다.

3 수로 나타낼 때 자릿값이 없는 자리에는 0을 씁니다.

5 숫자 9가 900을 나타내는 수는 ㉡10920입니다.
㉠ 90000 ㉡ 900 ㉢ 90 ㉣ 9를 나타냅니다.

7 ㉠ 50030601 ➔ 4개 ㉡ 19500007 ➔ 4개

8 ⑤ 숫자 4가 나타내는 수는 40000입니다.

10 ③ 1억은 9900만보다 100만만큼 더 큰 수입니다.

11 51440000 ➔ 5144만 ➔ 오천백사십사만

12 13억 8271만 ➔ 1382710000

13 일조의 자리 숫자는 ㉠, ㉢, ㉣ 4, ㉡ 7입니다.

14 십만의 자리 숫자가 2씩 커지므로 20만씩 뛰어 센 것입니다.

15 천만의 자리 숫자가 5씩 커지므로 5000만씩 뛰어 센 것입니다.

16 3조 180억 ➔ 3조 190억 ➔ 3조 200억 ➔ 3조 210억

19 ㉠ 280억 4500만 ㉡ 300억 ㉢ 2800억

20 두 수는 십만의 자리, 만의 자리 수가 각각 같고 백의 자리 수를 비교하면 4 < 6이므로 □는 5보다 커야 합니다. 따라서 □ 안에 들어갈 수 있는 수 중 가장 작은 수는 6입니다.

탐구 서술형 평가

1

상	십만의 자리 숫자가 1인 가장 큰 여덟 자리 수를 구하는 것과 천만의 자리 숫자와 만의 자리 숫자의 합을 구하는 것을 바르게 서술하였습니다.
중	십만의 자리 숫자가 1인 가장 큰 여덟 자리 수를 구하는 것을 바르게 서술하였지만, 천만의 자리 숫자와 만의 자리 숫자의 합을 구하는 것을 바르게 서술하지 못했습니다.
하	십만의 자리 숫자가 1인 가장 큰 여덟 자리 수와, 천만의 자리 숫자와 만의 자리 숫자의 합을 구하는 것을 바르게 서술하지 못했습니다.

2

상	각 나라별 인구를 수로 나타내어 크기를 비교하는 것을 바르게 서술하고 인구가 가장 많은 순서대로 나라의 이름을 바르게 서술하였습니다.
중	각 나라별 인구를 수로 나타내어 크기를 비교하는 것을 바르게 서술하였지만 인구가 가장 많은 순서대로 나라의 이름을 바르게 서술하지 못했습니다.
하	각 나라별 인구를 수로 나타내어 크기를 비교하는 것과, 인구가 가장 많은 순서대로 나라의 이름을 바르게 서술하지 못했습니다.

수학 2회

48~51쪽

1 ㉡ 2 105° 3 (위) 150, (아래) 30 4 예 각도기의 중심을 각의 꼭짓점에 맞추지 않았습니다. 5 풀이 참조 6 풀이 참조 7 (1) ㉠ (2) ㉡ (3) ㉡ (4) ㉠ 8 풀이 참조 9 ①, ③ 10 민현 11 170° 12 ③ 13 예 ㉠+105°=180°이므로 ㉠=180°−105°=75°, 75°+35°+㉡=180°이므로 110°+㉡=180°, ㉡=180°−110°=70°입니다. 따라서 ㉠의 각도가 75°−70°=5° 더 큽니다. ; ㉠, 5° 14 ㉠ 150° ㉡ 90° 15 ③, ⑤ 16 35 17 예 110°+20°+㉡+㉢+25°=180°이므로 ㉡+㉢=180°−110°−20°−25°=25°입니다. ㉠+㉡+㉢=180°이므로 ㉠+25°=180°, ㉠=180°−25°=155°입니다. ; 155° 18 140° 19 ㉠ 20 75°

탐구 서술형 평가

1 예 ㉠+35°=110°이므로 ㉠=110°−35°=75°, 40°+㉠=㉡이므로 ㉡=40°+75°, ㉡=115°입니다. ; 115° 2 예 (각 ㄱㄹㅁ)=90°−50°=40°이므로 (각 ㄱㄹㄴ)=(각 ㄴㄹㅁ)=40°÷2=20°입니다. 삼각형 ㄹㄴㄷ에서 (각 ㄴㄹㄷ)=20°+50°=70°이므로 ㉠=180°−70°−90°=20°입니다. ; 20°

풀이

1 두 변이 더 많이 벌어진 각을 찾습니다.

2 각의 한 변이 안쪽 눈금 0에 맞춰져 있으므로 안쪽 눈금을 읽으면 105°입니다.

5

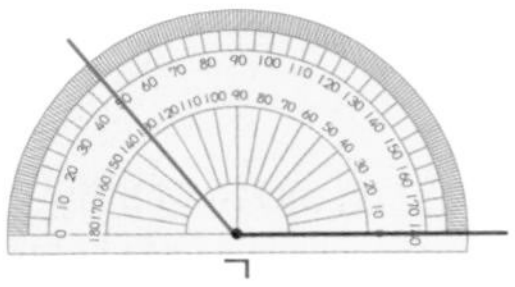

6 예

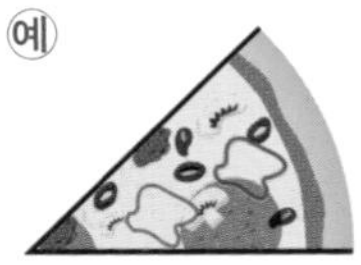

각도가 45°인 각을 그리고, 나머지 그림을 창의적으로 완성합니다.

7 0°보다 크고 직각보다 작은 각을 예각, 직각보다 크고 180°보다 작은 각을 둔각이라고 합니다.

8 예

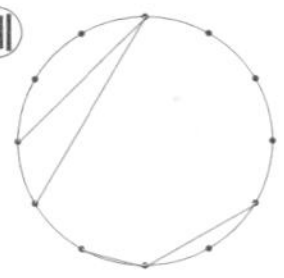

세 점을 이어 예각과 둔각을 그려 봅니다.

9 ① ② ③ ④ ⑤

둔각 직각 둔각 예각 예각

10 잰 각도는 125°입니다. 각도를 가장 잘 어림한 사람은 어림한 각도와 잰 각도의 차가 가장 적은 민현입니다.

11 ㉠의 각도는 65°, ㉡의 각도는 105°입니다.

14 시계에서 연이은 두 숫자 사이의 각도는 30°이므로 11시에 시계의 두 바늘이 이루는 각도는 30°, 4시에 시계의 두 바늘이 이루는 각도는 30°×4=120°입니다.

15 ① 둔각은 90°보다 크고 180°보다 작은 각입니다.
② 예각은 0°보다 크고 90°보다 작은 각입니다.
④ 사각형의 네 각의 크기의 합은 360°입니다.

16 직선에서 180°−85°=95°이므로
□=180°−95°−50°=35°

18 사각형의 네 각의 합은 360°이므로 나머지 한 각의 크기는 360°−65°−35°−120°=140°

19 ㉠=360°−85°−65°−70°=140°
㉡=180°−20°−25°=135°

20 (각 ㄱㄷㄴ)=45°이므로
(각 ㅂㄷㅁ)=180°−45°=135°입니다.
사각형 ㄹㅂㄷㅁ에서
(각 ㄹㅂㄷ)=360°−60°−90°−135°=75°입니다.

탐구 서술형 평가

1

상	㉠의 각도를 구하는 것을 바르게 서술하고, ㉡의 각도는 몇 도인지 바르게 서술하였습니다.
중	㉠의 각도를 구하는 것을 바르게 서술했지만, ㉡의 각도는 몇 도인지 바르게 서술하지 못했습니다.
하	㉠, ㉡의 각도를 구하는 것을 바르게 서술하지 못했습니다.

2

상	각 ㄱㄹㅁ, 각 ㄱㄹㄴ, 각 ㄴㄹㅁ의 각도를 구하는 것을 바르게 서술하고, ㉠의 각도는 몇 도인지 바르게 서술하였습니다.
중	각 ㄱㄹㅁ, 각 ㄱㄹㄴ, 각 ㄴㄹㅁ의 각도를 구하는 것을 바르게 서술하였지만, ㉠의 각도는 몇 도인지 바르게 서술하지 못했습니다.
하	각 ㄱㄹㅁ, 각 ㄱㄹㄴ, 각 ㄴㄹㅁ의 각도를 구하는 것과, ㉠의 각도는 몇 도인지 바르게 서술하지 못했습니다.

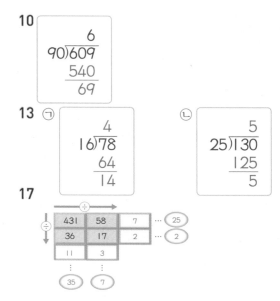

수학 3회 54~57쪽

1 480, 4800 2 22320 3 ⑤ 4 예 (진영이네 가족이 하루에 마시는 우유의 양)=180×4=720 mL이므로 (진영이네 가족이 한 달 동안 마시는 우유의 양)=720×30=21600(mL)입니다. ; 21600 mL 5 (1) 10450 (2) 35322 6 23055, 24350, 23142 ; 3, 1, 2 7 풀이 참조 8 365×25=9125 ; 9125분 9 (위에서부터 순서대로)280, 350 ; 5 10 풀이 참조 ; 예 90×6=540이고 여기에 나머지 69를 더하면 609입니다. 11 225÷30=7…15 ; 7일, 15쪽 12 6 13 ㉠ 14 예 어떤 수를 □라 하면 □÷17=5…12, □=17×5+12, □=97입니다. 97÷23=4…5이므로 몫과 나머지의 합은 4+5=9입니다. ; 9 15 ③, ⑤ 16 14, 커야 17 풀이 참조 18 ㉠ 458 ㉡ 432 19 ㉣ 20 53개

탐구 서술형 평가

1 예 (LED 전구로 교체하기로 하루에 절약되는 전기 요금)=915×72=65880(원), (플러그 뽑기로 하루에 절약되는 전기 요금)=915×68=62220(원)이므로 (사랑 아파트에서 하루 동안 절약한 전기 요금)=65880+62220=128100(원)입니다. ; 128100원

2 예 몫이 가장 큰 경우는 가장 큰 세 자리 수를 가장 작은 두 자리 수로 나누는 경우이므로 764÷20=38…4에서 몫은 38입니다. 몫이 가장 작은 경우는 가장 작은 세 자리 수를 가장 큰 두 자리 수로 나누는 경우이므로 204÷76=2…52이므로 몫은 2입니다. 따라서 몫의 합은 38+2=40입니다. ; 40

풀이

7 예

```
    2 7 3
  ×   4 5
  -------
  1 3 6 5
1 0 9 2
---------
1 2 2 8 5
```

273×40=10920이므로 1092를 왼쪽으로 한 칸 옮겨 쓰거나 10920이라고 씁니다.

10

```
      6
90)609
   540
   ---
    69
```

13 ㉠

```
     4
16)78
   64
   --
   14
```

㉡

```
      5
25)130
   125
   ---
     5
```

17

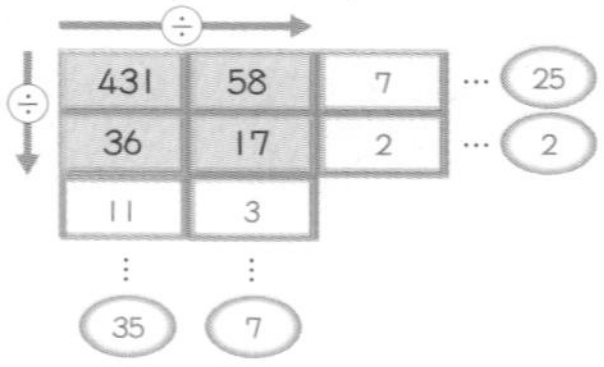

18 나누어지는 수가 가장 큰 수가 되는 경우는 나머지가 26일 때, 가장 작은 수가 되는 경우는 나머지가 0일 때입니다.

19

```
     35
27)947
   81
   ---
   137
   135
   ---
     2
```

7×㉠의 일의 자리 숫자가 1이므로 ㉠=3, ㉣=8입니다. 또 7×㉡의 일의 자리 숫자가 5이므로 ㉡=5, ㉥=3입니다. 따라서 ㉤=3, ㉢=4입니다.

탐구 서술형 평가

1

상	LED 전구로 교체하기와 플러그 뽑기로 하루에 절약되는 전기 요금을 바르게 서술하고, 하루 동안 절약한 전기 요금을 바르게 서술하였습니다.
중	LED 전구로 교체하기와 플러그 뽑기로 하루에 절약되는 전기 요금을 바르게 서술하였지만, 하루 동안 절약한 전기 요금을 바르게 서술하지 못했습니다.
하	LED 전구로 교체하기와 플러그 뽑기로 하루에 절약되는 전기 요금과 하루동안 절약한 전기 요금을 바르게 서술하지 못했습니다.

2

상	몫이 가장 큰 경우와 가장 작은 경우의 몫을 구하는 것을 바르게 서술하고, 그 차를 구하는 것을 바르게 서술하였습니다.
중	몫이 가장 큰 경우와 가장 작은 경우의 몫을 구하는 것을 바르게 서술하였지만, 그 차를 구하는 것을 바르게 서술하지 못했습니다.
하	몫이 가장 큰 경우와 가장 작은 경우의 몫과 그 차를 구하는 것을 바르게 서술하지 못했습니다.

수학 4회

60~63쪽

1 ㉡ **2** 풀이 참조 **3** 오른쪽, 8 **4** ②, ④ **5** 풀이 참조 **6** ㄷ, ㅁ, ㅍ **7** 예 도형을 위(아래)쪽으로 뒤집었습니다. **8** ㉣ **9** ②, ⑤ **10** 풀이 참조 **11** ② **12** 예 125가 적힌 수 카드를 돌리면 521, 802가 적힌 수 카드를 돌렸을 때 만들어지는 수는 208이므로 그 차는 521−208=313입니다. ; 313 **13** ㉡, ㉣ **14** ㉡ **15** 예 도형을 오른쪽으로 9번 뒤집은 도형은 오른쪽으로 한 번 뒤집은 도형과 같고, 시계 방향으로 90°만큼 5번 돌린 도형은 시계 방향으로 90°만큼 한 번 돌린 도형과 같으므로 도형을 오른쪽으로 한 번 뒤집고 시계 방향으로 90°만큼 한 번 돌린 도형을 그립니다. ; 풀이 참조 **16** ㉠ ㉣ ㉡ ㉮ **17** ㉣, 90°, 오른쪽 **18** 풀이 참조 **19** 돌리기 **20** 풀이 참조

탐구 서술형 평가

1 예 거울에 비친 모양은 오른쪽 또는 왼쪽으로 뒤집은 모양과 같습니다. 02:51 → 12:50이므로 시계가 실제로 가리키는 시각은 12시 50분입니다. 따라서 점심 식사를 하기로 한 시각은 12시 50분+30분=1시 20분입니다. ; 1시 20분 **2** 예 오른쪽 도형을 오른쪽으로 뒤집고 시계 방향으로 90°만큼 돌리면 처음 도형이 되므로 처음 도형은  입니다. 따라서 처음 도형을 시계 방향으로 180°만큼 돌리고 위쪽으로 뒤집은 도형은  입니다. ; 

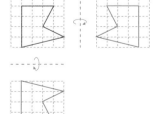

풀이

2

5

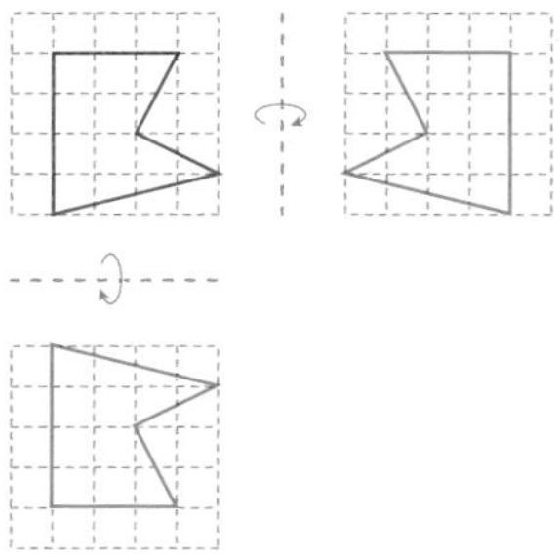

6

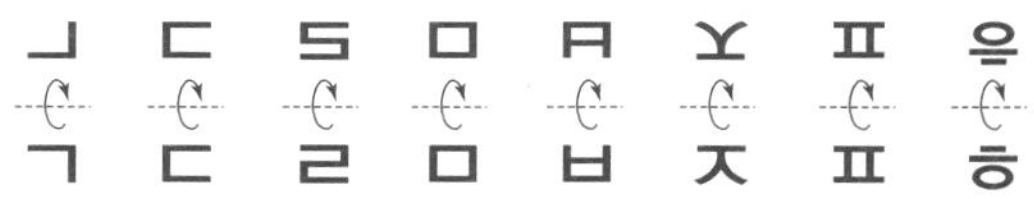

10

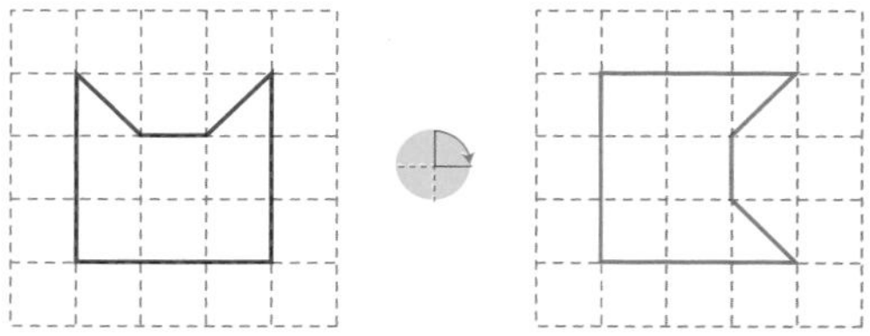

15

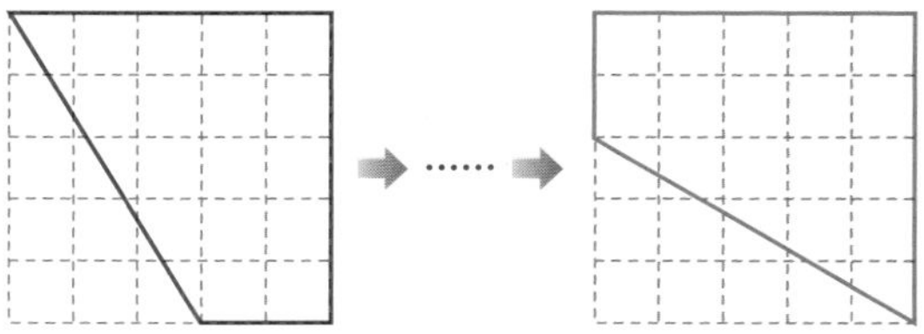

18

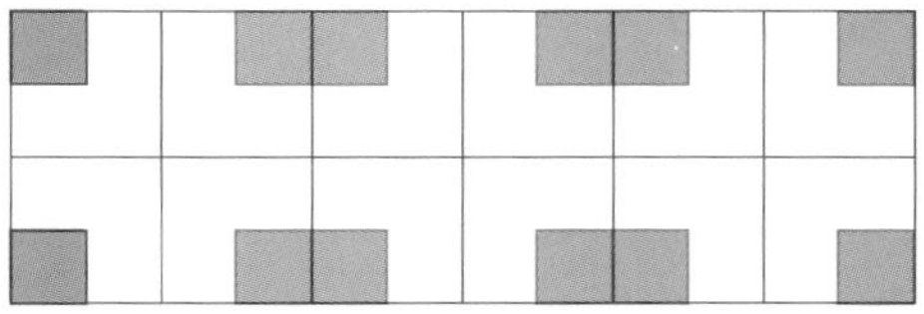

20 ㉮

탐구 서술형 평가

1

상	시계가 실제로 가리키는 시각을 구하는 것을 바르게 서술하고, 점심 식사를 하기로 한 시각을 구하는 것을 바르게 서술하였습니다.
중	시계가 실제로 가리키는 시각을 구하는 것을 바르게 서술하였지만, 점심 식사를 하기로 한 시각을 구하는 것을 바르게 서술하지 못했습니다.
하	시계가 실제로 가리키는 시각과 점심 식사를 하기로 한 시각을 구하는 것을 바르게 서술하지 못했습니다.

2

상	처음 도형을 구하는 것을 바르게 서술하고, 처음 도형을 시계 방향으로 180°만큼 돌리고 위로 뒤집은 도형을 구하는 것을 바르게 서술하였습니다.
중	처음 도형을 구하는 것을 바르게 서술하였지만, 처음 도형을 시계 방향으로 180°만큼 돌리고 위로 뒤집은 도형을 구하는 것을 바르게 서술하지 못했습니다.
하	처음 도형을 구하는 것과, 처음 도형을 시계 방향으로 180°만큼 돌리고 위로 뒤집은 도형을 구하는 것을 바르게 서술하지 못했습니다.

수학 5회

66~69쪽

1 ㉠ 장래 희망 ㉡ 학생 수 2 학생 수 3 1명 4 7명 5 표 6 귤 7 막대그래프 8 (1) ◯ (2) × (3) ◯ 9 ㉔ 놀이 동산과 극장에 가고 싶어 하는 학생은 36−12−5−3=16(명)이므로 놀이 동산과 극장에 가고 싶어 하는 학생은 각각 16÷2=8(명)입니다. ; 풀이 참조 10 수영장 11 ㉠, ㉢, ㉡, ㉣ 12 학생 수 13 풀이 참조 14 풀이 참조 15 2칸 16 풀이 참조 17 풀이 참조 18 풀이 참조 19 ㉔ 다 동의 배출량이 가장 많습니다. 가 동의 배출량은 나 동보다 8 kg 더 많습니다. 20 다 동 ; ㉔ 다 동의 음식물 쓰레기 배출량이 가장 많기 때문입니다.

탐구 서술형 평가

1 ㉔ 세로 눈금 한 칸은 2명을 나타내므로 과학을 좋아하는 학생 수는 14+8=22(명)입니다. 따라서 수학을 좋아하는 학생은 102−14−11−22−34=21(명)입니다. ; 21명 2 ㉔ 진 경기는 승점이 0점이고 10경기 중 3경기를 졌으므로 7경기의 승점이 15점인 경우를 알아봅니다. 15=4×3+3×1이므로 7경기 중 4경기를 이기고 3경기를 비겼습니다. ; 4경기

풀이

9
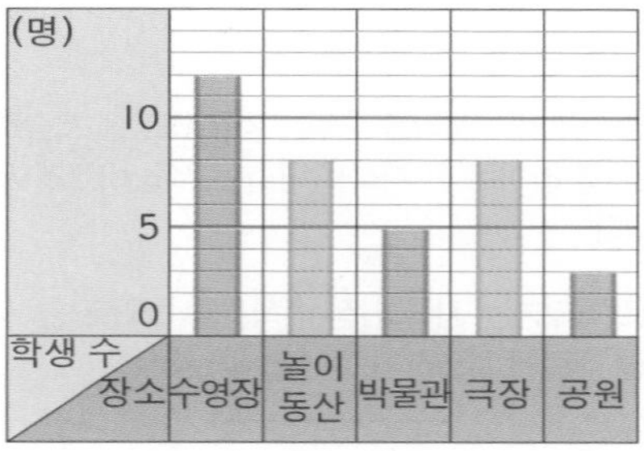

13 ㉔ 학생들이 좋아하는 경기 종목
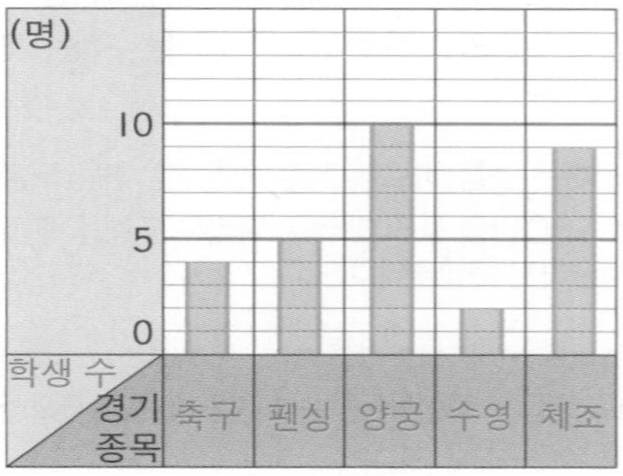

14 ㉔ 학생들이 좋아하는 경기 종목
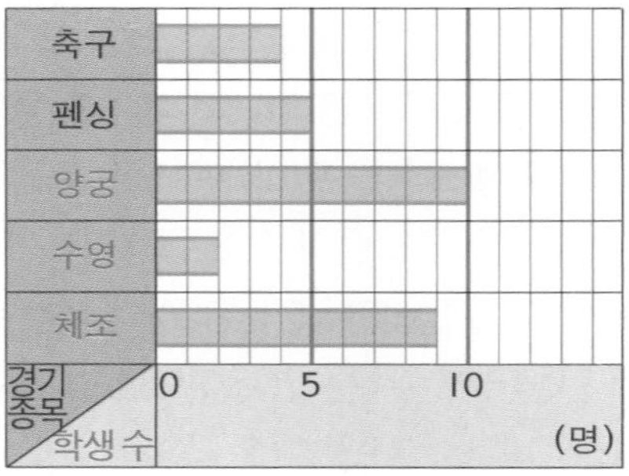

16
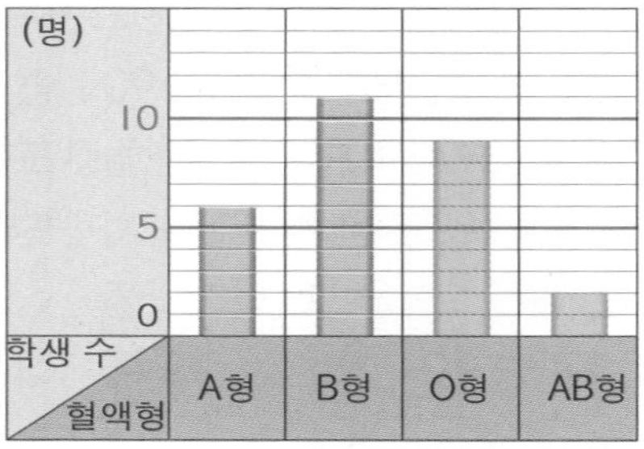

17 ㉔ 혈액형별 학생 수
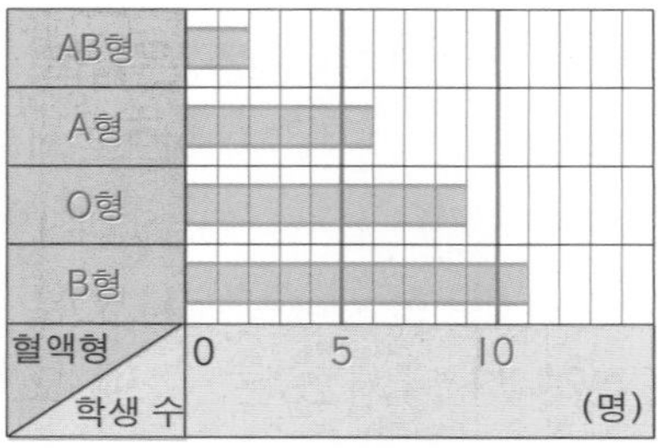

18
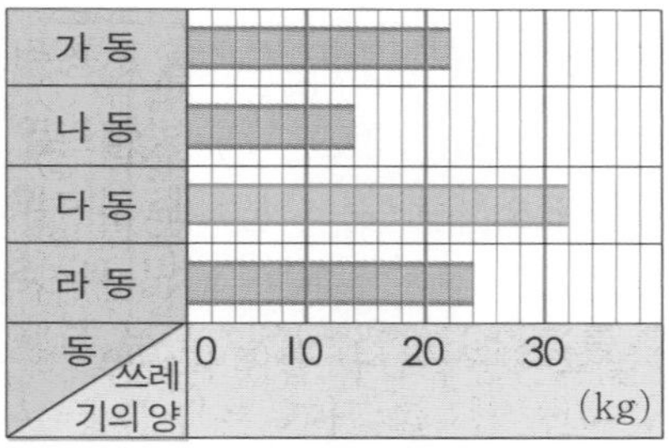

탐구 서술형 평가

1

상	과학을 좋아하는 학생 수를 구하는 것을 바르게 서술하고, 수학을 좋아하는 학생은 몇 명인지 바르게 서술하였습니다.
중	과학을 좋아하는 학생 수를 구하는 것을 바르게 서술하였지만, 수학을 좋아하는 학생은 몇 명인지 바르게 서술하지 못했습니다.
하	과학을 좋아하는 학생 수와 수학을 좋아하는 학생 수를 구하는 것을 바르게 서술하지 못했습니다.

2

상	7경기의 승점이 15점인 것을 바르게 서술하고, 승점 15점을 얻을 수 있는 경우를 바르게 서술하였습니다.
중	7경기의 승점이 15점인 것을 바르게 서술하였지만, 승점 15점을 얻을 수 있는 경우를 바르게 서술하지 못했습니다.
하	7경기의 승점이 15점인 것과 승점 15점을 얻을 수 있는 경우를 바르게 서술하지 못했습니다.

수학 6회

72~75쪽

1 (위에서부터)2901, 3801, 4501, 5701 **2** 4501, 100 **3** ㉠, ㉣ **4** 2118 **5** 6, 0 **6** 예 두 수의 곱셈의 결과에서 일의 자리 숫자를 씁니다. 1부터 시작하는 가로와 세로는 각각 1씩 커집니다. 2부터 시작하는 가로와 세로는 각각 2씩 커집니다. **7** ㉤ **8** 풀이 참조 **9** 5, 7 **10** 예 가로와 세로가 1개씩 늘어나는 정사각형 모양입니다. **11** 36개 **12** 예 쌓기나무는 위층에서부터 1개, 2개, 3개……로 1개씩 늘어납니다. 따라서 10층으로 쌓을 때 필요한 쌓기나무는 모두 $1+2+3+\cdots+9+10=55$(개)입니다. ; 55개 **13** $800+600-700=700$ **14** 예 100씩 커지는 수에 각각 100씩 커지는 수를 더하고 100씩 커지는 수를 빼면 계산 결과도 100씩 커집니다. 따라서 계산 결과가 1000인 식은 여덟째 식인 $1100+900-1000=1000$입니다. ; $1100+900-1000=1000$ **15** $3\times200005=600015$ **16** $9\times123456=1111111-7$ **17** 예 $340+450=440+350$, $350+460=450+360$ **18** 3, 420 **19** 예 $64\div4\div4\div4=1$, $256\div4\div4\div4\div4=1$ **20** 14

탐구 서술형 평가

1 예 오른쪽으로 갈수록 100, 200, 300……씩 커지는 규칙입니다. ㉠에서 100만큼 더 큰 수가 622이므로 ㉠=522입니다. ㉡은 822보다 300만큼 더 큰 수이므로 ㉡=1122입니다. 따라서 ㉡−㉠=1122−522=600입니다. ; 600 2 예 첫째 삼각형을 중심으로 1개부터 시작하여 아래로 3개, 5개, 7개……로 늘어나는 규칙이므로 다섯째에 올 도형에서 삼각형의 개수는 16+9=25(개), 여섯째에 올 도형에서 삼각형의 개수는 25+11=36(개)입니다. ; 36개

풀이

4 2018에서 시작하여 10, 20, 30, 40……씩 커집니다.

7 ↙ 방향에는 모두 같은 숫자가 있으므로 ㉠=㉡=㉢=㉣=9입니다. ㉤은 3입니다.

8

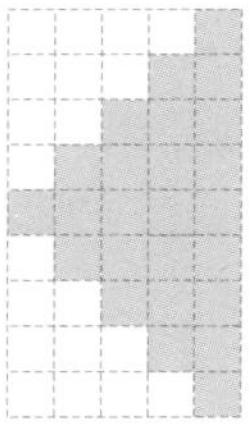

11 $6\times6=36$(개)

13 100씩 커지는 수에 각각 100씩 커지는 수를 더하고 100씩 커지는 수를 빼면 계산 결과도 100씩 커집니다.

15 곱하는 수의 자릿수가 1개씩 늘어나고 계산 결과의 자릿수가 1개씩 늘어납니다.

16 1, 12, 123……과 같이 자릿수가 하나씩 늘어난 수에 각각 9를 곱하면 11−2, 111−3, 1111−4……와 같은 결과가 나오는 규칙입니다.

17

310	320
410	420

에서 ↘ 방향의 두 수의 합과 ↗ 방향의 두 수의 합은 서로 같습니다.

20 조건을 만족하는 수는 가운데에 있는 수인 14입니다.

탐구 서술형 평가

1

상	수 배열의 규칙을 바르게 서술하고, ㉠과 ㉡의 차를 구하는 것을 바르게 서술하였습니다.
중	수 배열의 규칙을 바르게 서술하였지만, ㉠과 ㉡의 차를 구하는 것을 바르게 서술하지 못했습니다.
하	수 배열의 규칙과 ㉠과 ㉡의 차를 구하는 것을 바르게 서술하지 못했습니다.

2

상	도형의 배열 규칙을 바르게 서술하고, 여섯째에 올 도형에서 삼각형의 개수를 구하는 것을 바르게 서술하였습니다.
중	도형의 배열 규칙을 바르게 서술하였지만, 여섯째에 올 도형에서 삼각형의 개수를 구하는 것을 바르게 서술하지 못했습니다.
하	도형의 배열 규칙과 여섯째에 올 도형에서 삼각형의 개수를 구하는 것을 바르게 서술하지 못했습니다.

[사회]

사회 1 회 80~83쪽

1 ⑤ 2 ① 3 예 지도처럼 정해진 약속에 따라서 그린 것이 아니라 그리는 사람의 마음대로 지역을 표현했기 때문이다. 4 상우 5 ③, ⑤ 6 ④ 7 지도 8 ① 9 방위표 10 ③ 11 예 지도에서 나타내는 정보를 좀 더 쉽고 정확하게 파악할 수 있기 때문이다. 12 ④ 13 (가) 14 ③ 15 ⑤ 16 ④ 17 ② 18 ④ 19 ③ 20 예 지역의 문화유산을 직접 보기 위해서이다.

서술형 평가

1 (1) 방향의 위치 (2) 예 사람이나 건물이 향한 방향에 관계없이 위치를 나타낼 수 있기 때문이다. 2 (1) (가) (2) 예 교통이 편리하다. 사람들이 이용할 수 있는 다양한 시설이 모여 있다. 3 예 지역 중심지의 실제 모습을 알아보기 위해서이다. 배웠던 내용을 실제로 확인해 보기 위해서이다.

풀이

1 제시된 자료는 위에서 내려다본 모습을 찍은 항공 사진입니다.

3 지도는 정해진 약속에 따라 지역을 나타낸 것이고, 그림은 그리는 사람의 마음대로 그리기 때문에 그리는 사람에 따라 다를 수 있습니다.

6 지도를 이용하면 지도가 나타낸 지역에 대한 다양한 정보를 얻을 수 있습니다.

7 그림은 지도의 기본 요소 대신에 알아보기 쉽도록 실제 모습과 비슷하게 그린 것입니다.

9 방향의 위치를 방위라고 합니다. 지도에서는 방위표로 방위를 나타냅니다.

10 땅이나 건물의 모습을 지도에 나타낼 때에는 약속된 기호를 사용합니다.

11 지도마다 쓰이는 기호가 다를 수 있고, 모든 기호를 외울 수 없기 때문에 범례가 필요합니다.

12 축척이 다르기 때문에 (나) 지도는 넓은 지역을 간략하게 보여 주고, (가) 지도는 좁은 지역을 자세히 보여 줍니다.

13 (나) 지도는 실제 거리를 많이 줄여서 나타낸 것이기 때문에 다른 지역까지 볼 수 있어서 우리 지역의 위치를 알 수 있습니다.

14 지도에서 땅의 높낮이는 등고선과 색깔로 나타내며, 땅의 높이가 높을수록 색이 진해지며 가장 높은 곳은 고동색으로 나타냅니다.

15 중심지는 고장 사람들이 어떤 일이나 활동을 하기 위해 많이 모이는 곳입니다

18 중심지는 교통이 편리해서 사람들이 오고가기에 편리합니다.

20 관광의 중심지에는 지역의 문화유산을 직접 보려는 사람들이 찾아옵니다.

서술형 평가

1 지도에서 방위표는 동서남북의 방향을 알려 주고, 방위표를 이용하면 사람이나 건물이 향한 방향에 관계없이 위치를 나타낼 수 있습니다.

상	방위표가 알려 주는 것과 방위표가 필요한 까닭을 잘 알고 있습니다.
중	방위표가 알려 주는 것과 방위표가 필요한 까닭 중 하나만 알고 있습니다.
하	방위표가 알려 주는 것과 방위표가 필요한 까닭을 모두 알지 못합니다.

2 군청이나 구청, 시장, 버스 터미널 등과 같이 한 고장에서 사람들이 많이 모이는 곳을 중심지라고 합니다.

상	지역의 중심지가 어디인지 알고, 그곳이 중심지라고 생각한 까닭도 잘 썼습니다.
중	지역의 중심지가 어디인지 알았지만, 그곳이 중심지라고 생각한 까닭은 쓰지 못했습니다.
하	지역의 중심지가 어디인지 알지 못해 중심지라고 생각한 까닭도 쓰지 못했습니다.

3 어떤 곳에 직접 찾아가서 조사하는 것을 답사라고 합니다. 답사를 하면 실제 모습을 확인해 볼 수 있습니다.

상	고장의 중심지를 답사하는 까닭을 잘 썼습니다.
중	고장의 중심지를 답사하는 까닭을 일부만 썼습니다.
하	고장의 중심지를 답사하는 까닭을 쓰지 못했습니다.

사회 2 회

86~89쪽

1 (가) 2 (1) 예 궁금한 점을 즉시 해결할 수 있다. (2) 예 자료를 수집하는 데 많은 시간과 노력이 필요하다. 3 ① 4 ⑤ 5 전라북도 6 ⑤ 7 ① 8 예 새로운 사실들을 발견하고 느낄 수 있기 때문이다. 9 ② 10 문화유산 안내도 11 ① 12 ③ 13 ⑤ 14 주제 15 ⑤ 16 예 역사적 인물과 관련된 문화유산 등을 직접 볼 수 있다. 문화 관광 해설사께 인물의 일생을 직접 자세히 들을 수 있다. 17 ② 18 ㉠ 앙부일구 ㉡ 자격루 19 ③ 20 ⑤

서술형 평가

1 (가)는 일정한 형태가 없는 무형 문화유산이고, (나)는 일정한 형태가 있는 유형 문화유산이다. 2 (1) ㉡ (2) 예 주제, 활동 기간, 활동 내용, 활동 방법, 역할 나누기, 주의할 점 등을 고려한다.

풀이

1 문화유산과 관련된 기관의 누리집에서 문화유산을 검색하여 조사하면 언제든지 필요한 정보를 얻을 수 있지만, 신뢰할 수 없는 정보도 많이 섞여 있습니다.

2 문화유산을 자세히 알고 있는 사람을 면담하여 문화유산에 대해 조사하면 궁금한 점을 즉시 해결할 수 있으나 자료를 수집하는 데 많은 시간과 노력이 필요합니다.

3 석탑, 책, 건축물 등의 문화유산은 일정한 형태가 있는 유형 문화유산입니다.

5 전라북도의 대표적인 문화유산에는 이밖에도 판소리, 남원 실상사 수철화상탑 등이 있습니다.

6 문화유산을 답사할 때는 문화유산을 만지지 않고, 큰 소리로 떠들지 않으며, 음식물을 아무 곳에서나 먹지 않습니다.

8 전체적인 모습을 감상한 뒤 문화유산의 각 부분을 자세히 관찰하면 새로운 사실들을 발견하고 느낄 수 있습니다.

9 문화유산을 답사한 뒤에는 답사를 통해 얻은 정보를 정리해 보고서를 작성합니다.

10 문화유산 안내도를 보면 지역의 문화유산이 어디에 있는지 한눈에 알 수 있습니다.

11 문화유산 안내도를 만들 때에는 가장 먼저 주제를 정하고 문화유산의 사진, 위치, 내용을 조사해야 합니다.

12 문화유산 안내 포스터에는 문화재의 이름, 우수성, 특징, 가치를 잘 나타내는 짧은 글, 문화유산을 체험할 수 있는 장소와 시간, 문화유산의 특징이 잘 드러나는 사진이나 그림이 들어가야 합니다.

14 지역의 역사적 인물을 조사할 때에는 가장 먼저 인물 주제망을 완성합니다. 그 다음에 더 알아보고 싶은 내용을 이야기하고 조사할 주제를 정해야 합니다.

17 장영실은 앙부일구와 자격루, 혼천의 등을 발명했습니다.

18 장영실은 해시계인 앙부일구와 물시계인 자격루를 만들어 많은 사람이 시간을 알 수 있게 했습니다.

19 동요 '퐁당퐁당'의 노랫말을 장영실을 소개하기 위해 장영실의 인생과 업적, 발명품이 들어간 노랫말로 바꾼 것입니다.

20 우리나라의 과학 기술 발전에 큰 업적을 남긴 장영실이 우리 지역의 인물이라는 것에 대해 자랑스러움을 느끼게 될 것입니다.

서술형 평가

1 (가)의 임실 필봉 농악은 형태가 없는 무형 문화유산이지만 (나)의 익산 미륵사지 석탑은 형태가 있는 유형 문화유산입니다.

상	두 문화유산을 비교하고 차이점이 무엇인지 잘 썼습니다.
중	두 문화유산의 차이점을 썼지만 정확하지 않았습니다.
하	두 문화유산의 차이점을 쓰지 못했습니다.

2 (1) 제시된 활동은 지역의 역사적 인물을 알아보고 조사하는 계획을 세우는 과정 중에서 더 알고 싶은 내용을 질문으로 만든 것입니다.

(2) 지역의 역사적 인물을 알아보는 조사 계획서에는 주제, 활동 기간, 활동 내용, 활동 방법, 역할 나누기, 주의할 점이 들어가야 합니다.

상	지역의 역사적 인물을 조사하는 과정과 조사할 때 고려해야 할 점에 대해 잘 알고 있습니다.
중	지역의 역사적 인물을 조사하는 과정과 조사할 때 고려해야 할 점 중에서 일부만 알고 있습니다.
하	지역의 역사적 인물을 조사하는 과정과 조사할 때 고려해야 할 점에 대해 알지 못합니다.

사회 3회 92~95쪽

1 ⑤ 2 ⑤ 3 예 화재가 발생했을 때 많은 사람이 목숨을 잃거나 다칠 수 있다. 4 ① 5 ① 6 ③ 7 경찰서 8 ④ 9 ⑤ 10 예 견학을 하는 중에 큰 소리로 떠들지 않는다. 견학을 하면서 함부로 물건을 만지지 않는다. 11 ③ 12 ④ 13 ② 14 ③ 15 ① 16 (1) 예 이웃 간 다툼이 줄어들 수 있다. (2) 예 담장을 허무는 데 비용이 들고, 담장이나 대문이 없어지면 사생활이 드러날 수 있다. 17 ② 18 ② 19 ② 20 ③

서술형 평가

1

(가)	(나)
보건소	경찰서
예 감염병과 질병을 예방하고 치료하려고 노력한다.	예 지역과 주민의 안전을 책임지고 질서를 유지한다.

2 (1) (가) 공청회에 참여하기 (나) 서명 운동 하기 (다) 시민 단체에서 활동하기 (2) 예 지역 문제는 지역의 모든 주민들에게 영향을 미치기 때문이다. 지역 문제는 그 지역에 사는 주민들이 가장 잘 알기 때문이다.

풀이

1 공공 기관은 여러 사람에게 도움이 되는 일을 합니다.

3 공공 기관은 지역의 여러 사람들을 위해 일을 하는 곳이기 때문에 공공 기관이 없다면 지역에 여러 가지 문제가 생기거나 주민들의 생활이 불편해질 수 있습니다.

6 보건소는 지역 주민들을 위해 감염병과 질병을 예방하고 치료하려고 노력합니다.

7 경찰서에서는 학교에 학교 전담 경찰관을 보내 학교 폭력 예방 교육을 실시하기도 합니다.

8 공공 기관에서 하는 일은 인터넷 검색하기, 어른들께 여쭤보기, 견학하기 등의 방법으로 조사합니다.

9 공공 기관을 견학하기 전에 공공 기관 누리집에서 견학이 가능한지 확인한 후에 견학을 신청해야 합니다.

11 알게 된 점은 견학 보고서에 들어갈 내용입니다

12 공공 기관은 지역 주민들의 요청 중에서 우리 지역에 필요하고 실천 가능한 일을 처리해 줍니다.

13 지역 문제는 '지역 문제 확인 → 문제 발생 원인 파악 → 문제 해결 방안 탐색 → 문제 해결 방안 결정 → 문제 해결 방안 실천'의 순서로 해결됩니다.

14 제시된 그래프를 보면 낮보다는 주로 저녁 시간에 주차 공간이 부족하다는 것을 알 수 있습니다

15 지역 문제 해결을 위한 지역 대표자 회의에는 학교 대표, 시민 대표, 지역 주민 대표, 구청 공무원, 시청 공무원 등이 참석합니다.

16 지역 문제를 해결할 때에는 지역 대표자 회의에서 제시된 다양한 해결 방안의 장단점과 필요한 비용 등을 비교해 가장 적절한 방안을 선택합니다.

17 지역 문제 해결을 위해 다양한 의견을 하나로 모을 때에는 다수결의 원칙을 따르되 소수의 의견도 존중해서 결정해야 합니다.

18 지역 문제는 지역의 모든 주민에게 영향을 미치고, 그 지역에 사는 주민들이 가장 잘 알기 때문에 주민들이 지역 문제 해결 과정에 참여해야 합니다.

서술형 평가

1 (가)의 보건소는 감염병과 질병을 예방하고 치료하려고 노력하는 공공 기관이고, (나)의 경찰서는 주민들의 안전과 관련된 일을 하는 공공 기관입니다.

상	제시된 활동과 관계 깊은 공공 기관이 어디인지 알고 그 공공 기관에서 하는 일도 잘 알고 있습니다.
중	제시된 활동과 관계 깊은 공공 기관이 어디인지 알지만 그 공공 기관에서 하는 일은 알지 못합니다.
하	제시된 활동과 관계 깊은 공공 기관이 어디인지 알지 못합니다.

2. (1) 이밖에도 주민 회의에 참석하기, 시 · 도청 누리집에 의견 올리기 등의 참여 방법이 있습니다.
(2) 시청이나 도청 등에서 일을 제대로 하는지 살펴봐야 하고, 주민들의 의견을 정책에 반영하기 위해서 지역 문제 해결에 주민들이 참여해야 합니다.

상	다양한 주민 참여 방법과 지역 문제 해결 과정에 주민들이 참여해야 하는 까닭을 잘 알고 있습니다.
중	다양한 주민 참여 방법은 알지만 지역 문제 해결 과정에 주민들이 참여해야 하는 까닭은 알지 못합니다.
하	다양한 주민 참여 방법과 지역 문제 해결 과정에 주민들이 참여해야 하는 까닭을 모두 알지 못합니다.

[과학]

과학 1 회 102~103쪽

1 ㉠ ㉣ ㉢ ㉡ 2 ⑤ 3 ③ 4 100 mL 5 ① 6 식용 구연산의 양을 1g씩 늘릴 때마다 발생하는 탄산수 거품의 최고 높이가 1㎝씩 높아진다. 7 ③ 8 ④ 9 깃털의 색깔 10 예 탐구 대상의 공통점과 차이점을 바탕으로 기준을 세워 분류한다. 누가 분류하더라도 같은 분류 결과가 나오는 분류 기준을 세운다. 11 ㉠ 12 추리 13 ⑤ 14 선구 15 ⑤

풀이

1 ㉠, ㉣, ㉢, ㉡ 순서로 탄산수를 만듭니다.
2 오감을 이용해 관찰을 하거나 돋보기, 현미경, 청진기 등을 사용해 관찰합니다.

다시 한 번 확인해요!

관찰 결과가 아닌 것
자신의 생각, 이미 알고 있는 지식, 예상이나 추리 결과는 관찰하여 알아낸 것이 아닙니다.

3 물체의 무게를 잴 때는 전자저울을 사용합니다.
4 눈금실린더의 눈금은 물의 가운데 오목한 부분에 눈높이를 맞춰 읽습니다.
5 전자저울은 편평한 책상에 놓고 사용해야 합니다.
6 식용 구연산의 양이 1g씩 늘어날수록 탄산수 거품의 최고 높이도 1㎝씩 높아지는 규칙이 있습니다.
7 식용 구연산 3g을 넣었을 때, 탄산수 거품의 최고 높이가 9㎝이었으므로, 식용 구연산을 5g 넣으면 탄산수 거품의 최고 높이는 11㎝가 될 것입니다.
8 누가 분류하더라도 같은 분류 결과가 나오는 분류 기준이 여야 합니다.
9 ㉣, ㉤은 깃털의 색깔이 검은색이고, ㉠, ㉡, ㉢, ㉥은 깃털의 색깔이 검은색이 아닙니다.
10 이외에도 한 번 분류한 것을 여러 단계로 계속 분류하는 방법이 있습니다.
11 분류 대상 각각의 성질을 자세히 알 수 있고, 분류 대상 전체와 부분의 관계를 한눈에 알 수 있습니다.
12 관찰한 것을 내가 알고 있는 것이나 과거 경험과 관련지어 추리를 한 것입니다.
13 과학적인 추리는 관찰 결과를 모두 설명할 수 있어야 합니다.
14 정확한 용어를 사용해서 간단하게 설명해 다른 사람이 이해하기 쉽게 말해야 하고, 자신과 생각이 다른 사람은 설득해야 합니다.
15 표, 그림, 몸짓, 그래프 등을 사용하면 자신의 생각을 더 정확하게 전달할 수 있습니다.

과학 2 회 106~109쪽

1 (1) ㉡ (2) ㉠ 2 ㉠ 3 예 줄무늬가 보인다. 여러 개의 층으로 이루어져 있다. 4 ② 5 암석 6 ㉠ 7 ㉢ ㉠ ㉣ ㉡ 8 (1) ㉠ (2) ㉢ (3) ㉡ 9 ⑤ 10 ② 11 사암 12 ③ 13 ① 14 ④ 15 예 모양과 무늬가 같다. 16 화석 17 ③, ⑤ 18 ④ 19 ⑤ 20 ②

탐구 서술형 평가

1 (1) 예 줄무늬가 보인다. 아래에 있는 것이 먼저 쌓인 것이다. 2 이암: 알갱이의 크기가 작다. 사암: 알갱이의 크기가 중간이다. 역암: 알갱이의 크기가 크다.

풀이

1 초콜릿 조각이 박힌 과자는 지층을 나타내고, 초콜릿 조각은 그 속에 묻혀 있는 화석을 나타냅니다.
2 ㉡은 끊어진 지층, ㉢은 휘어진 지층입니다.
3 줄무늬가 보이고, 시루떡이나 샌드위치처럼 여러 겹의 층이 보입니다.
4 갈색, 연갈색, 회색 등 층의 색깔이 서로 다릅니다.
5 크기와 색깔이 다른 알갱이가 쌓여 만들어지지 때문에 지층을 이루는 암석의 알갱이 크기와 색깔이 서로 다릅니다.
6 아래에 있는 층이 먼저 만들어진 것입니다.
7 지층은 땅 위로 솟아오른 뒤 깎이면 볼 수 있습니다.

다시 한 번 확인해요!

지층이 만들어져 발견되는 과정
물이 운반한 자갈, 모래 등이 쌓입니다. → 계속 쌓이면 먼저 쌓인 것들이 눌립니다. → 오랜 시간이 지나면 단단한 지층이 만들어집니다. → 지층은 땅 위로 솟아오른 뒤 깎여서 보입니다.

8 퇴적암은 물이 운반한 자갈, 모래, 진흙 등의 퇴적물이 굳어져 만들어진 암석입니다.

9 퇴적암은 알갱이의 크기에 따라 이암, 사암, 역암으로 나눌 수 있습니다.

10 이암은 알갱이의 크기가 가장 작고, 손으로 만지면 부드럽습니다. 사암은 알갱이의 크기가 중간이고, 손으로 만지면 거칠거칠합니다.

11 사암은 모래로 만들어진 암석입니다.

12 퇴적암 모형을 만들 때 짧은 시간 동안 모래를 굳히기 위해서 물 풀을 넣는 것입니다.

13 삼엽충 화석은 머리, 가슴, 꼬리의 세 부분으로 나눌 수 있습니다.

14 고인돌은 옛날에 살았던 생물의 몸체나 생물이 생활한 흔적이 아니라 사람이 만든 유물입니다.

15 조개 화석 모형을 보면 실제 조개 화석과 같이 조개 모양이고, 줄무늬가 보입니다.

16 호수나 바다 밑에서 생물 위에 퇴적물이 계속해서 쌓이면 단단한 지층이 만들어지고, 그 속에 묻힌 생물이 화석으로 만들어집니다.

17 화석이 잘 만들어지기 위해서는 생물의 몸체 위에 퇴적물이 빠르게 쌓여야 하고, 생물의 몸체에서 단단한 부분이 있어야 합니다.

18 공룡 발자국 화석으로는 공룡의 모습을 알 수는 없습니다.

19 석탄, 석유와 같은 화석 연료는 우리 생활에 유용하게 이용됩니다.

20 고사리 사진과 고사리 화석은 둘 다 잎과 줄기의 생김새는 비슷하지만 색깔이 다릅니다.

탐구 서술형 평가

1 실제 지층은 만들어지는 데 오랜 시간이 걸리고 단단하지만, 지층 모형은 만들어지는 데 걸리는 시간이 짧고 단단하지 않습니다.

상	실제 지층과 지층 모형의 공통점 두 가지를 모두 바르게 서술하였습니다.
중	실제 지층과 지층 모형의 공통점을 한 가지만 바르게 서술하였습니다.
하	실제 지층과 지층 모형의 공통점 두 가지를 모두 서술하지 못하였습니다.

2 알갱이의 크기가 작은 진흙이 굳어진 것이 이암, 알갱이의 크기가 중간인 모래가 굳어진 것이 사암, 알갱이의 크기가 큰 자갈, 모래가 함께 섞여 굳어진 것이 역암입니다.

상	퇴적암을 이암, 사암, 역암으로 분류한 분류 기준을 바르게 알고, 그 특징을 바르게 서술하였습니다.
중	퇴적암을 이암, 사암, 역암으로 분류한 분류 기준은 알지만, 그 특징은 바르게 서술하지 못하였습니다.
하	퇴적암을 이암, 사암, 역암으로 분류한 분류 기준을 바르게 찾아내지 못하였습니다.

과학 3회 112~115쪽

1 ① 2 ③ 3 예 단단하다. 껍질이 있다. 4 ⑤ 5 ③ 6 (1) ㉡ (2) ㉠ 7 ㉡ 8 ㉢ 9 ② 10 ① 11 ③ 12 ⑤ 13 ④ 14 ⑤ 15 꼬투리 16 ①, ⑤ 17 씨를 맺어 번식하기 위해서이다. 18 ① 19 ⑤ 20 ㉠㉣㉢㉡

탐구 서술형 평가

1 (1) 단단하고 껍질이 있다. 대부분 주먹보다 크기가 작다. (2) 색깔, 모양, 크기 등의 생김새가 다르다. 2 (1) 예 강낭콩, 봉숭아 (2) 예 한살이 기간이 짧다. 잎, 줄기, 꽃, 열매의 구분이 명확하다. 크기가 적당하고 쉽게 구할 수 있다. 관리가 편리하다. 3 (1) 물을 준 화분의 강낭콩은 잘 자랐고, 물을 주지 않은 화분의 강낭콩은 시들었다. (2) 식물이 잘 자라려면 물이 필요하다.

풀이

1 ①은 사과씨, ②는 강낭콩, ③은 채송화씨, ④는 호두, ⑤는 참외씨입니다.

2 동전 또는 자를 이용하여 씨의 크기를 비교할 수 있습니다.

3 여러 가지 씨는 대부분 주먹보다 크기가 작습니다.

4 ⑤ → ② → ④ → ① → ③의 순서로 씨를 심습니다.

5 한살이 기간이 짧고, 잎, 줄기, 꽃, 열매 등을 관찰하기 쉬운 식물을 선택하는 것이 좋습니다.

6 씨가 싹 트는 데 물이 미치는 영향을 알아보는 실험에서 다른 조건은 모두 같게 하고 물의 양은 다르게 해야 하며,

온도가 미치는 영향을 알아보는 실험에서는 다른 조건은 모두 같게 하고 온도는 다르게 해야 합니다.

7 물을 주지 않은 강낭콩은 싹이 트지 않고, 물을 준 강낭콩만 싹이 틉니다.

8 강낭콩이 싹 터서 자라는 과정을 살펴보면 가장 먼저 뿌리가 나옵니다.

9 옥수수는 싹이 틀 때 본잎이 떡잎싸개에 둘러싸여 나옵니다.

다시 한 번 확인해요!

옥수수의 싹 트는 과정
딱딱합니다. → 부풉니다. → 뿌리가 나옵니다. → 떡잎싸개가 나옵니다. → 떡잎싸개 사이로 본잎이 나옵니다.

10 물이 미치는 영향을 알아보는 실험에서는 화분에 주는 물의 양을 다르게 해야 합니다.

11 식물이 잘 자라려면 적당한 양의 물이 필요합니다.

12 잎이 자란 정도를 알아보기 위해서는 잎에 모눈종이나 모눈 투명 종이를 대고 그려서 칸을 세어 보거나, 종이에 잎의 본을 떠서 크기를 비교할 수 있습니다.

13 강낭콩이 자랄수록 줄기가 점점 굵어지고 길어집니다.

14 줄기의 끝부분에 새로운 잎이 생기고, 줄기와 잎자루 사이에서 새 줄기가 나옵니다.

15 강낭콩의 꽃이 지고 나면 꼬투리를 볼 수 있습니다.

16 떡잎은 꽃과 열매가 자라는 동안에는 관찰할 수 없습니다.

17 식물은 번식하기 위해서 열매를 맺어 씨를 퍼뜨립니다.

18 한해살이 식물은 한 해 동안 한살이를 거치고 일생을 마칩니다.

19 풀 중에 비비추, 쑥, 국화 등은 여러해살이 식물이고, 나무는 주로 여러해살이 식물입니다.

20 식물의 한살이는 씨에서 싹이 트고 자라 꽃이 피고, 꽃이 진 뒤에 열매를 맺어 다시 씨가 되는 것입니다.

탐구 서술형 평가

1 씨를 심으면 싹이 트는 것도 공통점입니다.

상	여러 가지 씨의 공통점과 차이점을 모두 바르게 서술하였습니다.
중	여러 가지 씨의 공통점과 차이점 중 한 가지만 바르게 서술하였습니다.
하	여러 가지 씨의 공통점과 차이점을 모두 서술하지 못하였습니다.

2 소나무, 향나무, 느티나무 등은 한살이를 관찰하기에 적합하지 않습니다.

상	한살이 관찰에 적합한 식물을 바르게 제시하고, 그 까닭을 바르게 서술하였습니다.
중	한살이 관찰에 적합한 식물과 그 까닭 중 한 가지만 바르게 제시하거나 서술하였습니다.
하	한살이 관찰에 적합한 식물과 그 까닭을 모두 서술하지 못하였습니다.

3 위 실험은 식물이 자라는 데 물이 미치는 영향을 알아보는 것입니다.

상	강낭콩의 변화와 실험 결과 알 수 있는 사실을 모두 바르게 서술하였습니다.
중	강낭콩의 변화와 실험 결과 알 수 있는 사실 중 한 가지만 바르게 서술하였습니다.
하	강낭콩의 변화와 실험 결과 알 수 있는 사실을 모두 서술하지 못하였습니다.

과학 4 회 118~121쪽

1 사람마다 느끼는 무게가 다를 수 있기 때문이다. 2 ④ 3 ㉡ 4 ③ 5 ㉡ 6 2cm 7 12cm 8 무게 9 ③ 10 ㉠: 20g중 ㉡: 100g중 11 ③ 12 ③ 13 예 몸무게가 무거운 지우가 시소의 받침점에서 가까운 쪽으로 옮겨 앉는다. 14 ① 15 ⑤ 16 풀 17 (1) × (2) ○ (3) ○ 18 ㉠, ㉣ 19 전자저울 20 ②

탐구 서술형 평가

1 (1) 지구가 물체를 끌어당기는 힘의 크기이다. (2) g중(그램중), kg중(킬로그램중), N(뉴턴) 2 스탠드에 용수철저울을 걸고 영점 조절 나사를 돌려 표시 자를 눈금 '0'에 맞춘 후, 용수철저울의 고리에 물체를 걸고 표시 자가 가리키는 눈금의 숫자를 단위와 같이 읽는다. 3 (1) 양팔저울의 한쪽 접시에는 물체를, 다른 한쪽 접시에는 무게가 일정한 물체를 올려놓고 그 개수를 세어 비교한다. (2) 양팔저울의 받침점으로부터 같은 거리에 있는 저울접시에 물체를 각각 올려놓고, 저울대가 어느 쪽으로 기울어졌는지 확인한다.

풀이

1 사람마다 느끼는 물체의 무게가 다를 수 있기 때문입니다.

2 문구점에서 지우개와 연필을 살 때, 무게를 재 보고 사지는 않습니다.

다시 한 번 확인해요!

저울을 사용하지 않을 때의 불편한 점
물건의 값을 정할 때, 요리할 때, 몸무게를 알려고 할 때, 실험을 할 때 정확한 물체의 무게를 알 수 없어 혼란스러워 집니다.

3 무거운 추를 걸어 놓았을 때 용수철의 길이가 더 많이 늘어납니다.

4 물체의 무게는 'g중', 'kg중', 'N'을 사용해 나타냅니다.

5 물체의 무게가 무거울수록 지구가 물체를 끌어당기는 힘의 크기가 크기 때문입니다.

6 20g중 추 한 개당 늘어난 용수철의 길이는 2cm입니다.

7 120g중일 때 늘어난 용수철의 길이는 12cm가 됩니다.

8 용수철저울은 물체의 무게에 따라 용수철이 일정하게 늘어나거나 줄어드는 성질을 이용해 만든 것입니다.

9 ㉠ 손잡이, ㉡ 영점 조절 나사, ㉢ 표시 자, ㉣ 눈금, ㉤ 고리입니다.

10 작은 눈금 한 칸은 20g중을 나타냅니다.

11 표시 자가 가리키는 눈금의 숫자를 단위와 같이 읽어야 합니다.

12 각각의 물체를 받침점으로부터 같은 거리에 놓아야 수평을 잡을 수 있습니다.

13 몸무게가 가벼운 지연이가 시소의 받침점에서 먼 쪽에 앉는 것도 방법입니다.

14 시소는 수평 잡기의 원리를 이용한 놀이 기구입니다.

15 양팔저울로 물체의 무게를 측정할 때는 한쪽 저울접시에 무게를 측정하고자 하는 물체를 놓고, 다른 한쪽 저울접시에 무게가 일정한 클립을 올려놓습니다.

16 무게가 일정한 클립의 수가 많은 물체가 가장 무거운 물체입니다.

17 양팔저울은 수평 잡기의 원리를 이용한 저울입니다.

18 ㉡은 전자저울, ㉢은 수평 잡기의 원리를 이용한 양팔저울입니다.

19 그림은 전기적 성질을 이용한 전자저울입니다.

20 용수철은 용수철의 성질을 이용한 저울을 만들 때 필요한 준비물입니다.

탐구 서술형 평가

1 물체의 무게가 무거울수록 지구가 물체를 끌어당기는 힘의 크기도 큽니다.

상	물체의 무게에 대해 바르게 서술하고, 무게의 단위와 읽는 법을 바르게 적었습니다.
중	물체의 무게 또는 무게의 단위와 읽는 법 중 한 가지만 바르게 서술하거나 적었습니다.
하	물체의 무게, 무게의 단위와 읽는 법 모두 서술하지 못하였습니다.

2 영점을 조절하지 않으면 물체의 무게를 정확하게 측정할 수 없습니다.

상	용수철저울을 스탠드에 거는 것부터 눈금을 읽는 것까지의 모든 과정을 바르게 서술하였습니다.
중	용수철저울의 사용 방법 중 일부분의 내용을 빠뜨려 서술하였습니다.
하	용수철저울의 사용 방법을 바르게 서술하지 못하였습니다.

3 장구 핀이나 동전과 같이 무게가 일정한 기준 물체를 사용하면 물체의 무게를 비교할 수 있습니다.

상	양팔저울로 물체의 무게를 비교하는 방법 두 가지를 모두 바르게 서술하였습니다.
중	양팔저울로 물체의 무게를 비교하는 방법 중 한 가지만 바르게 서술하였습니다.
하	양팔저울로 물체의 무게를 비교하는 방법을 모두 바르게 서술하지 못하였습니다.

과학 5회 124~127쪽

1 소금　2 ①　3 ②　4 ②　5 ㉢㉠㉡㉣　6 (1) ㉡ (2) ㉠ (3) ㉢　7 ⑤　8 예 물질을 얻어 우리 생활의 필요한 곳에 이용할 수 있다.　9 팥　10 ②　11 ㉢, ㉣　12 ⑤　13 ③　14 철 캔　15 철이 자석에 붙는 성질을 이용한 것이다.　16 ④　17 ㉠: 모래 ㉡: 소금물　8 ④, ⑤　19 ㉠: 된장 ㉡: 간장　20 ㉡

탐구 서술형 평가

1 (1) 눈의 크기가 쌀보다 크고 플라스틱 구슬과 철 구슬보다 작은 체를 사용한다. / 쌀 (2) 철 구슬

과 플라스틱 구슬을 분리하는 데 자석을 사용한다. / 철 구슬 2 예 흙 속에 섞여 있는 철 가루를 분리한다. 고추가루에 섞여 있는 철 가루를 분리한다. 3 (1) ㉠ (2) 모래와 흙이 섞인 바닷물을 거름 장치로 거르면 거름종이에는 모래와 흙이 남고, 비커에는 깨끗한 바닷물이 걸러진다.

풀이

1 소금물 물감으로 그림을 그리고 머리 말리개로 말리면 물이 증발하여 소금 알갱이를 관찰할 수 있습니다.
2 혼합물은 두 가지 이상의 물질이 성질이 변하지 않은 채 서로 섞여 있는 것입니다.
3 김밥을 만들 때 팥은 넣지 않습니다.
4 혼합물은 여러 가지 물질을 섞어도 각 물질의 성질이 변하지 않습니다.
5 큰 그릇에 담겨 있는 다양한 종류의 구슬을 관찰하고, 자신이 만들고 싶은 팔찌를 디자인하여 구슬을 고르고 꿰어 팔찌를 만듭니다.
6 사탕수수는 다양한 종류의 구슬 혼합물, 사탕수수에서 분리한 설탕은 구멍 뚫린 구슬, 사탕은 팔찌를 나타냅니다.
7 사탕수수에서 설탕을 분리하여 다른 물질과 섞으면 다양한 사탕을 만들 수 있습니다.

다시 한 번 확인해요!

생활 속에서 혼합물을 분리하는 예
광석에서 구리, 철 등을 얻습니다. 구리 광석에서 순수한 구리를 얻고, 철광석에서 순수한 철을 얻습니다.

8 분리한 물질을 다른 물질과 섞어 생활에 필요한 물질(혼합물)을 얻을 수 있습니다.
9 콩과 좁쌀은 노란색이고 둥근 모양입니다. 크기는 콩이 가장 크고 좁쌀이 가장 작습니다.
10 손으로 분리하는 것보다 체로 분리하면 쉽고 빠르게 분리할 수 있습니다.
11 콩, 팥, 좁쌀의 혼합물은 알갱이의 크기 차이를 이용하여 눈의 크기가 다른 체 두 개를 사용하여 분리합니다.
12 해변 쓰레기 수거 장비는 체를 사용해서 쓰레기를 수거할 수 있습니다.
13 철 구슬이 자석에 붙는 성질이 있으므로 플라스틱 구슬과 철 구슬을 자석을 사용하여 분리합니다.
14 자동 분리기는 철이 자석에 붙는 성질을 이용한 것입니다.
15 식품 속에 섞여 있는 철 가루는 철이 자석에 붙는 성질을 이용하여 분리할 수 있습니다.
16 거르고자 하는 액체 혼합물은 깔때기에 용액이 넘치지 않도록 유리 막대를 타고 천천히 흐르도록 해야 합니다.
17 거름종이에 남아 있는 물질은 물에 녹지 않는 모래이고, 거름종이를 빠져나간 물질은 소금물입니다.
18 소금물은 시간이 지남에 따라 물이 점차 끓고 하얀색 알갱이가 생깁니다. 이 알갱이는 소금입니다.
19 전통 장을 만들 때에도 거름과 증발이 이용됩니다.
20 거름과 증발의 원리를 이용하여 원하는 쓰임새의 종이를 만들 수 있습니다.

탐구 서술형 평가

1 체는 알갱이의 크기 차이를 이용한 도구이고, 자석은 철이 자석에 붙는 성질을 이용한 도구입니다.

상	알갱이의 크기와 자석에 붙는 성질을 이용하여 분리되는 물질을 바르게 서술하였습니다.
중	알갱이의 크기와 자석에 붙는 성질을 이용하여 분리되는 물질 중 한 가지만 바르게 서술하였습니다.
하	혼합물을 분리할 수 있는 방법을 바르게 서술하지 못하였습니다.

2 폐건전지를 가루로 만든 뒤 자석을 사용하여 철을 분리하는 예도 있습니다.

상	자석을 사용하여 혼합물을 분리하는 예 두 가지를 모두 바르게 서술하였습니다.
중	자석을 사용하여 혼합물을 분리하는 예 한 가지만 바르게 서술하였습니다.
하	자석을 사용하여 혼합물을 분리하는 예를 서술하지 못하였습니다.

3 거름종이에 남아 있는 물질은 모래와 흙이고, 거름종이를 빠져나간 물질은 바닷물입니다.

상	실험 장치를 바르게 제시하고, 과정을 바르게 서술하였습니다.
중	실험 장치를 바르게 제시하였지만, 과정은 바르게 서술하지 못하였습니다.
하	실험 장치를 바르게 제시하지 못하고, 과정도 서술하지 못하였습니다.

마무리 평가

1회

국어 1회 129~132쪽

1 예 마주 보는 사람으로 보았다. 2 ③ 3 (1) ○ (2) △ 4 ① 5 ② 6 예 자신의 생각을 분명하게 전달할 수 있다. 7 ① 8 (1) 의견 (2) 사실 (3) 의견 (4) 사실 9 ② 10 ③ 11 (1) ○ 12 (1) 말과 글 (2) 춤 13 ㉰ 14 ㉯ 15 ⑤ 16 ㉰ 17 (1) − ㉮ (2) − ㉯ 18 ⑤ 19 ④ 20 ②

풀이

1 남자아이는 청록색 부분을 보았습니다.

2 같은 것을 보고도 상황에 따라 다르게 생각할 수 있고, 느낀 점이 다를 수 있기 때문입니다.

3 '동물들이 소리를 내는 방식은 다양합니다.'는 중심 문장입니다.

4 에너지는 다 쓰고 나면 더는 구할 수 없게 되므로 중요한 에너지를 절약해야 한다는 의견을 내세운 글입니다.

5 쓰지 않는 꽂개는 반드시 뽑아 놓습니다.

다시 한 번 확인해요!

「에너지를 절약하자」를 읽고 중요한 내용 간추리기

문제점	지구의 에너지 자원은 한없이 있는 것이 아니라 다 쓰고 나면 더는 에너지 자원을 구할 수 없게 된다.
해결 방안 1	에너지를 불필요하게 사용하지 않는다.
실천 방법	• 쓰지 않는 꽂개는 반드시 뽑아 놓고, 빈방에 켜 놓은 전깃불은 끈다. • 뜨거운 음식은 식힌 뒤에 냉장고에 넣는다.
해결 방안 2	에너지 사용을 줄인다.
실천 방법	• 가전제품은 에너지 효율이 높은 것을 쓰고, 조명 기구는 전기가 적게 드는 제품을 사용한다. • 한여름에는 냉방기를 적게 쓰고 겨울에도 난방 기구를 덜 쓰도록 노력한다.

6 자신의 생각을 분명하게 전달할 수 있으며, 듣는 사람이 잘 알아들을 수 있습니다.

다시 한 번 확인해요!

말하는 사람의 표정, 몸짓, 말투

(1) 말하는 사람의 표정, 몸짓

제○회 학급 회의를 시작하겠습니다.

• 밝게 웃고 있다.
• 듣는 사람을 바르게 서서 바라보고 있다.

(2) 말하는 사람의 말투

우승하신 소감 좀 말씀해 주세요.
기분이 매우 좋습니다. 운이 좋았던 것 같아요.

공손하게 기쁨을 표현한다.

7 동생에게는 알아듣기 쉬운 낱말을 사용해야 하고, 여러 사람 앞에서 말할 때에는 높임말을 사용해야 합니다.

8 의견은 어떤 사실이나 대상에 대한 생각을 말합니다.

9 수현이는 아빠, 엄마에게 마라톤에서 완주한 일을 몇 번이고 자랑했습니다.

10 아빠(아버지)는 수현이를 위해 꼴찌로 달렸습니다.

11 학교생활을 안전하게 하자는 내용의 의견은 (1)입니다.

12 인간과 꿀벌은 언어가 있다는 공통점이 있지만, 인간은 말과 글을 사용하고, 꿀벌은 춤을 이용합니다.

13 ㉮은 '발전', ㉯은 '발명'의 뜻입니다.

14 '만들고 싶은 사전 정하기→사전에 실을 낱말 정하기→사전에 실을 낱말의 차례 정하기→낱말의 뜻 찾아 쓰기'입니다.

15 '누가/무엇이'에 해당하는 부분은 '우리 반 친구들이'이며, '어찌하다/어떠하다'에 해당하는 부분은 '도서관에서 책을 읽습니다.'입니다.

16 그림은 학교 앞 과속을 하는 모습입니다.

17 모음자는 하늘, 땅, 사람을 본떠서, 자음자는 발음 기관의 모양을 본떠서 만들었습니다.

18 기본 문자에 획을 더하거나 같은 문자를 하나 더 써서 'ㅋ, ㄲ'과 같은 자음자를 만들었습니다.

19 표정이나 행동을 조금 과장해서 표현하고, 어울리는 소리를 내면 실감이 납니다.

20 떠오르는 장면, 인물의 마음, 자신의 경험 등을 떠올려 보고 재미와 감동을 찾아봅니다.

수학 1회

133~135쪽

1 1000, 100, 10, 1　2 27장　3 ③　4 예 50억보다 작은 수 중 가장 큰 수는 4987653210이고 50억보다 큰 수 중 가장 작은 수는 5012346789입니다. 두 수 중 50억에 더 가까운 수는 5012346789입니다. ; 5012346789　5 ㉡　6 65　7 125°　8 ㉠　9 ㉡, ㉠, ㉣, ㉢　10 9개　11 풀이 참조　12 풀이 참조　13 ㉡　14 ㉢　15 3명　16 9명　17 풀이 참조　18 176　19 10개　20 100001×55=5500055

풀이

1 10000은 9000보다 1000만큼 더 큰 수, 9900보다 100만큼 더 큰 수, 9990보다 10만큼 더 큰 수, 9999보다 1만큼 더 큰 수입니다.

2 2700만은 100만이 27개인 수이므로 최대 27장까지 찾을 수 있습니다.

3 ① 500조, ② 500억, ③ 5억, ④ 5만, ⑤ 500을 나타냅니다.

4 5000000000−4987653210=12346790
5012346789−5000000000=12346789

5 두 변이 가장 많이 벌어진 각을 찾습니다.

6 각의 꼭짓점을 각도기의 중심에, 각의 한 변을 각도기의 밑금에 맞춘 후 각의 나머지 변과 만나는 각도기의 눈금을 읽으면 65°입니다.

7 ㉢=180°−125°=55° → ㉠+㉡=180°−55°=125°

8
$$\begin{array}{r} 600 \\ \times\ \ 40 \\ \hline 24000 \end{array}$$

9 ㉠ 240÷40=6　　㉡ 96÷19=5…1
㉢ 360÷19=18…18　　㉣ 294÷21=14

10 (사과 수)=36×24=864(개)입니다. 864÷15=57…9이므로 57개의 봉지에 담고 9개가 남았습니다. 따라서 주스를 만드는 데 사용한 사과는 9개입니다.

11
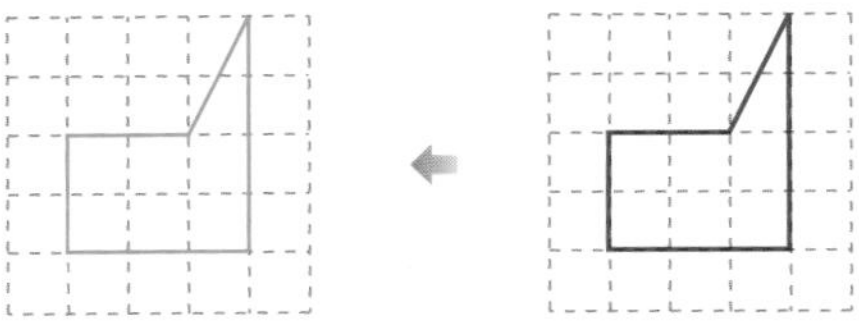

도형을 왼쪽으로 밀어도 모양과 크기는 변하지 않습니다.

12 예 을 왼쪽으로 뒤집으면 처음 모양 조각이 되므로 처음 모양 조각의 모양은 입니다. 따라서 바르게 뒤집었을 때의 모양은 입니다.

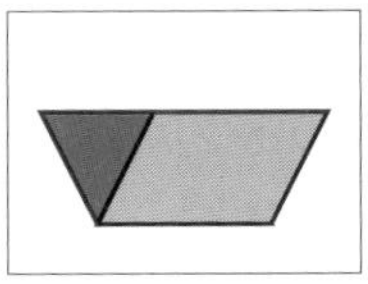

13 시계 방향 또는 시계 반대 방향으로 180°만큼 돌렸습니다.

14 ㉠ 밀기 ㉡ 뒤집기 ㉢ 돌리기를 이용하여 만든 모양입니다.

15 좋아하는 계절

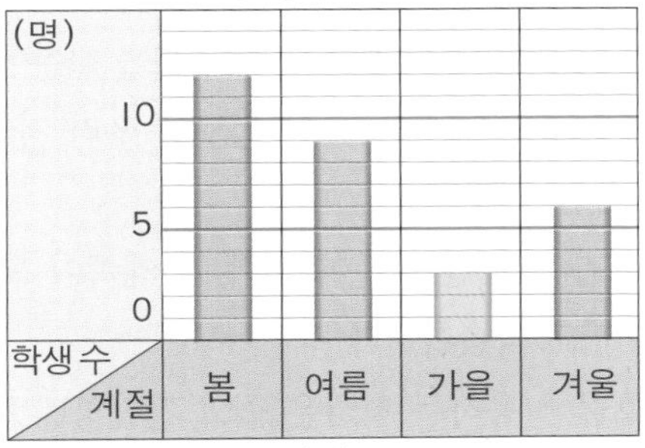

30−12−9−6=3(명)

16 12−3=9(명)

17 예 좋아하는 계절

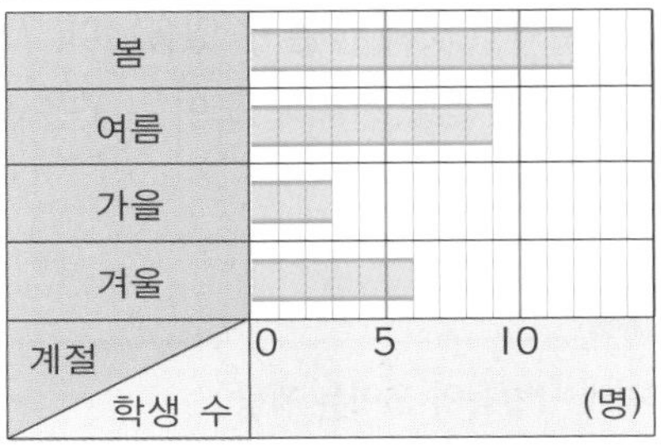

18 11부터 시작하여 2씩 곱한 수가 왼쪽에 있으므로 빈칸에 알맞은 수는 88에 2를 곱한 수인 176입니다.

19 붉은색 동그라미가 있는 모형을 중심으로 1개부터 시작하여 위쪽으로 1개, 오른쪽으로 2개씩 번갈아 가며 늘어납니다.
여섯째: 7+1=8(개)
일곱째: 8+2=10(개)

20 101, 1001, 10001……과 같이 0이 한 개씩 커지는 수에 55를 곱한 수는 5555, 55055, 550055……와 같이 0이 한 개씩 늘어납니다.

사회 1회 136~138쪽

1 지도 2 예 다른 장소나 건물을 쉽게 찾아갈 수 있다. 3 ① 4 기호 5 ④ 6 ② 7 ③ 8 ⑤ 9 예 생생한 정보를 얻을 수 있다. 10 예 조용히 질서를 지키며 관람한다. 답사 장소에서 지켜야 관람 규칙을 확인한다. 11 ① 12 현장 체험으로 알아보기 13 ⑤ 14 보건소 15 소방서 16 ①, ② 17 ① 18 ⑤ 19 주민 참여 20 (1) ○ (2) × (3) ○ (4) ×

풀이

1 지도는 위에서 내려다본 땅의 실제 모습을 일정한 형식으로 줄여서 나타낸 그림입니다.

2 지도를 이용하면 내가 알고 싶은 곳의 위치를 한눈에 쉽게 파악할 수 있고, 지도에 나타난 정보로 우리 지역의 특징을 알 수 있습니다.

3 지도에 방위표가 없으면 왼쪽이 서쪽, 아래쪽이 남쪽, 위쪽이 북쪽이라고 약속합니다.

4 지도에서 기호를 사용하는 까닭은 쉽고 간단하게 정보를 나타낼 수 있기 때문입니다.

5 우체국, 버스 터미널, 군청은 고장 사람들이 어떤 일이나 활동을 하기 위한 고장의 중심지에서 볼 수 있습니다. 비닐하우스는 중심지가 아닌 곳에서 볼 수 있습니다.

6 지역 사람들이 필요한 물건을 사려고 모이는 곳은 상업의 중심지입니다.

다시 한 번 확인해요!

지역의 다양한 중심지에 사람들이 모이는 까닭
- **관광의 중심지:** 지역의 문화유산을 직접 보려는 사람들이 찾아옵니다.
- **산업의 중심지:** 물건을 만드는 회사나 공장에서 일하려는 사람들이 모입니다.
- **상업의 중심지:** 지역의 사람들이 필요한 물건을 사려고 모입니다
- **행정의 중심지:** 지역의 사람들이 행정 업무를 처리하려고 모입니다.

7 중심지 답사는 '중심지 답사 계획 세우기 → 중심지 답사하기 → 답사한 결과 정리하기 → 답사한 내용 발표하기'의 순서로 합니다.

8 문화유산이 있는 곳까지 가는 방법과 문화유산을 볼 수 있는 날짜와 시간 등을 미리 알아봅니다.

9 현장에 가서 직접 보고 조사하는 답사로 문화유산을 조사하면 이해하기 쉽고 기억에 오래 남습니다.

10 이밖에도 사진 촬영을 하면 안 되는 곳에서는 조사할 대상을 그리거나 글로 써야 합니다.

11 문화유산 안내도를 만들 때에는 가장 먼저 주제를 정해야 합니다.

12 제시된 그림은 현장 체험으로 우리 지역의 역사적 인물을 조사하고 있는 모습입니다.

13 장영실 역할극에는 장영실과 장영실과 관계있는 등장인물, 장영실의 일생과 업적이 드러나는 장면, 대화 내용이 들어가야 합니다.

14 보건소가 없거나 해야 할 일을 하지 않으면 도움이 필요한 사람들이 제때 필요한 치료를 받지 못해 위험에 처할 수 있습니다.

15 소방서에서는 화재를 예방하고 응급 환자를 구조하는 일을 합니다.

16 견학의 방법으로 공공 기관에서 하는 일을 조사하면 궁금한 점을 물어볼 수 있고, 알고 싶었던 점을 직접 확인할 수 있습니다.

17 공무원에 대한 느낌은 견학 보고서의 느낀 점에 들어갈 내용입니다.

18 각 가정의 담장이나 대문을 허물어 개인 주차장 마련하기, 저녁 시간에 공공 기관의 주차장을 주민에게 개방하기, 감시 카메라를 설치해 불법 주차 단속하기 등으로 지역의 주차 문제를 해결할 수 있습니다.

19 지역 문제를 해결하는 과정에 지역 주민이 중심이 되어 참여하는 것을 주민 참여라고 합니다.

다시 한 번 확인해요!

주민 참여 방법
- 공청회에 참여합니다.
- 주민 회의에 참여합니다.
- 시 · 도청 누리집에 의견을 올립니다.
- 서명 운동을 합니다.

20 시민 단체는 시민들이 스스로 모여 사회 전체의 이익을 위해 활동하는 단체로, 지역 문제를 지역 주민들에게 알리고 함께 해결하기 위해 노력합니다.

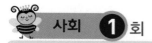

과학 1회

139~141쪽

1 ① 2 사암 3 ② 4 ㉡ 5 ⑤ 6 ② 7 ③ 8 ② 9 ㉡ 10 ③ 11 열매(꼬투리) 12 저울 13 추가 무거울수록 지구가 추를 끌어당기는 힘의 크기가 크기 때문이다. 14 ㉠ 600g중 ㉡ 100g중 15 ② 16 사탕수수 17 ③ 18 ㊞ 납작못은 철로 되어 있어 자석으로 분리한다. 19 ㉡ 20 (1) 거름 (2) 거름 (3) 증발

풀이

1 지층의 각 층의 두께와 색깔이 다르며, 수평인 지층, 끊어진 지층, 휘어진 지층 등 모양도 다릅니다.

2 퇴적암에는 이암, 사암, 역암 등이 있습니다.

3 물 풀은 실제 퇴적암이 만들어질 때 퇴적물이 서로 붙어 단단한 퇴적암이 되도록 하는 물질과 같은 역할을 합니다.

4 화석은 옛날에 살았던 생물의 몸체와 생물이 생활한 흔적이 남아 있는 것입니다.

5 화석을 이용하여 옛날에 살았던 생물의 생김새와 생활 모습, 그 지역의 환경을 짐작할 수 있습니다.

6 사과씨는 갈색이고, 둥글고 길쭉하며 한쪽은 모가 나 있습니다.

다시 한 번 확인해요!

여러 가지 씨의 특징

씨 이름	색깔	모양	크기
호두	연한 갈색이다.	동그랗고 주름이 있다.	가로 3cm 세로 3cm
사과씨	갈색이다.	둥글고 길쭉하며 한쪽은 모가 나 있다.	가로 0.8cm 세로 0.4cm
참외씨	연한 노란색이다.	길쭉하다.	가로 0.5cm 세로 0.2cm
강낭콩	검붉은 색 또는 알록달록한 색이다.	둥글고 길쭉하다.	가로 1.5cm 세로 0.8cm
채송화씨	검은 색이다.	동그랗다.	매우 작아 재기 어렵다.

7 ⑤ → ② → ④ → ① → ③의 순서로 씨를 심고, 화분을 햇빛이 잘 드는 곳에 두고 관찰합니다.

8 씨가 싹 트는 데 온도가 미치는 영향을 알아볼 때 다르게 할 조건은 온도입니다.

9 물을 준 강낭콩은 싹이 텄고, 물을 주지 않은 강낭콩은 싹이 트지 않았습니다.

10 잎과 줄기의 변화를 측정할 때에는 식물이 상하지 않도록 주의합니다.

11 강낭콩의 꽃이 지고 나면 열매가 생기는데 이것을 꼬투리라고 합니다.

12 물체를 손으로 들어서는 정확한 물체의 무게를 알 수 없기 때문에 저울을 사용합니다.

13 지구가 물체를 끌어당기는 힘의 크기가 크면 용수철은 많이 늘어납니다.

14 용수철저울로 물체의 무게를 측정할 때 표시 자가 가리키는 눈금의 숫자를 단위와 같이 읽습니다.

15 무게가 다른 물체로 수평을 잡으려면 무거운 물체를 가벼운 물체보다 받침점에 더 가까이 놓아야 합니다.

16 다양한 종류의 구슬 혼합물은 사탕수수, 구멍 뚫린 플라스틱 구슬은 설탕, 팔찌는 설탕과 다른 물질을 섞어 만든 사탕을 나타냅니다.

17 해변 쓰레기 수거 장비와 공사장에서 모래와 자갈을 분리하는 경우는 모두 체를 이용하여 혼합물을 분리하는 예입니다.

18 자석을 비닐봉지나 지퍼 백에 넣고 납작못에 가까이 가져가면 철이 자석에 붙는 성질 때문에 납작못이 자석에 붙게 됩니다. 그런 뒤 비닐봉지나 지퍼 백에서 자석을 빼면 납작못이 쉽게 분리됩니다.

19 소금과 모래의 혼합물을 물에 녹인 뒤 먼저 거름 장치를 사용하여 모래와 소금물을 분리하고, 걸러진 소금물을 증발 장치를 사용하여 소금을 분리합니다.

20 (1)과 (2)는 거름, (3)은 증발의 원리로 혼합물을 분리하는 방법입니다.

다시 한 번 확인해요!

거름과 증발

- 거름: 물에 녹는 물질과 물에 녹지 않는 물질의 혼합물을 분리하는 방법입니다.
- 증발: 혼합물을 가열하여 물에 녹아 있는 물질을 분리하는 방법입니다.

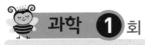

2회

국어 2 회

142~145쪽

1 ② 2 ② 3 ③ 4 ⑤ 5 ① 6 사실 7 ② 8 예 우연히 착륙한 행성에서 외계인을 만나 지구의 과학 지식으로 외계인을 도와줌. 9 ⑤ 10 ③ 11 ③ 12 ③ 13 ② 14 예 꽃밭에 쓰레기가 버려져 있었기 때문이다. 15 ② 16 (1) ○ 17 ④ 18 예 먼저 한글에 관심을 기울여야 한다. 19 ③ 20 ②

풀이

1 봄비가 내리면 꽃씨는 땅속에 살짝 돌아누우며 눈을 뜹니다

2 "파란 손을 내밉니다."는 파란 새싹이 올라오는 모습입니다.

3 문제점이 제시되어 있습니다.

4 장면 ❷를 참고합니다. 멀리 잘 찬 친구를 칭찬하고 있습니다.

5 석우의 눈과 입은 웃는 모습입니다.

6 생각이나 느낌은 의견, 한 일, 본 일, 들은 일은 사실에 해당합니다.

7 실제로 있었던 일을 나타내는 것은 '사실'입니다.

8 이야기의 흐름을 생각하며 일어날 일을 써 봅니다.

다시 한 번 확인해요!

사진을 보고 어떤 일이 일어날지 상상하기

- 이야기 속 주인공은 누구인가요? 누구에게 일어나는 일인가요?
  - 답 예 우주인에게 일어나는 일입니다.
- 어떤 일이 일어날까요?
  - 답 예 우주선에 문제가 생겨 다른 행성에 불시착할 것 같습니다.
- 언제 어디에서 일어나는 일일까요?
  - 답 예 100년쯤 뒤 미래의 어느 날, 우주에서 일어나는 일입니다.

9 이 글은 회의 절차 가운데에서 '표결'에 해당합니다. ①은 폐회, ②는 주제 선정, ③은 결과 발표, ④는 주제 토의에 해당합니다.

10 기록자는 중요한 내용을 요약해서 기록합니다.

11 과일의 신선도는 유지하고 벌레나 세균은 생기지 않도록 하는 포장지가 있습니다.

12 낱말의 뜻을 짐작해 보고, 뜻을 낱말 대신 넣어 문장을 읽어 봅니다.

13 진영이는 지난 주말에 동생과 함께 집 앞 꽃밭에 꽃을 심었습니다.

다시 한 번 확인해요!

「진영이에게 있었던 일」을 읽고 생각하기 예

지난 주말에 진영이는 무엇을 했나요?	꽃을 심었습니다.
진영이와 진영이 동생이 실망한 까닭은 무엇인가요?	꽃밭에 쓰레기가 버려져 있었기 때문입니다.
진영이는 문제를 어떻게 해결하기로 했나요?	자신의 의견을 알리고자 아파트 주민에게 글을 써서 붙이기로 했습니다.

14 쓰레기가 꽃 주위에 흩어져 있는 모습을 보고 실망을 했습니다.

15 깨끗한 꽃밭을 만들기 위해 다 같이 노력하자고 제안하는 글을 썼을 것입니다.

16 한글의 모음자는 소리의 변화가 없이 한 문자가 한 소리만 나타냅니다.

17 한글은 쉽고 빨리 배울 수 있는 문자라는 내용에 대한 설명입니다.

다시 한 번 확인해요!

한글의 특성

- 한글의 자음자는 발음 기관의 모양을 본떠 만들었습니다.
- 한글의 모음자는 하늘, 땅, 사람의 모양을 본떠 만들었습니다.
- 한글의 자음자는 기본 문자에 획을 더하거나 같은 문자를 하나 더 씁니다.
- 한글의 모음자는 기본 문자를 서로 합쳐서 씁니다.

18 한글의 우수한 점을 알리거나, 바르고 정확하게 한글을 사용하려고 노력해야 합니다.

19 소민이가 많이 떨고 부끄러워 하고 있음을 짐작할 수 있습니다.

20 소민이 얼굴에 땀과 선 모양, 얼굴 색, 콩닥이라고 쓴 글씨, 주변의 물결 모양 선을 보고 소민이가 많이 부끄러워하고 있음을 짐작할 수 있습니다.

수학 2회

146~148쪽

1 67409 ; 육만 칠천사백구 2 ④ 3 1340억 원 4 풀이 참조 5 ㉢, ㉡, ㉠, ㉣ 6 ㉠ ㉠=125°−90° =35°입니다. ㉡−145°=35°이므로 ㉡=35°+145° =180°입니다. ; 180° 7 40 8 2688, 7680, 10368 9 8대 10 (1) ㉢ (2) ㉡ (3) ㉠ 11 풀이 참조 12 ㉡, ㉣, ㉤ 13 ④ 14 고양이, 강아지, 토끼, 햄스터 15 풀이 참조 16 ㉡, ㉢ 17 ㉠ 지하철 ; ㉠ 시간이 많이 걸리지 않고 환경오염을 줄일 수 있습니다. 18 60, 1200 19 15개 20 7, 10

풀이

1 10000이 6개면 60000, 1000이 7개이면 7000, 100이 4개이면 400, 1이 9개이면 9이므로 설명하는 수는 67409입니다.

2 백만의 자리 숫자는 ① 6, ② 7, ③ 8, ④ 3, ⑤ 7입니다.

3 1260억에서 20억씩 4번 뛰어 세면 1260억−1280억−1300억−1320억−1340억이므로 1340억 원이 됩니다.

4 ㉠

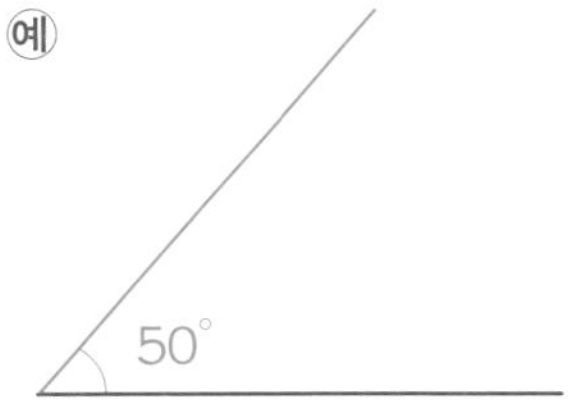

각도기의 중심과 각의 꼭짓점을 맞추고 주어진 변을 각도기의 밑금과 맞춘 후 50°인 각을 그립니다.

5 180°>둔각>직각>예각

6 ㉠ ㉠=125°−90°=35°입니다.

㉡−145°=35°이므로 ㉡=35°+145°=180°입니다.

7

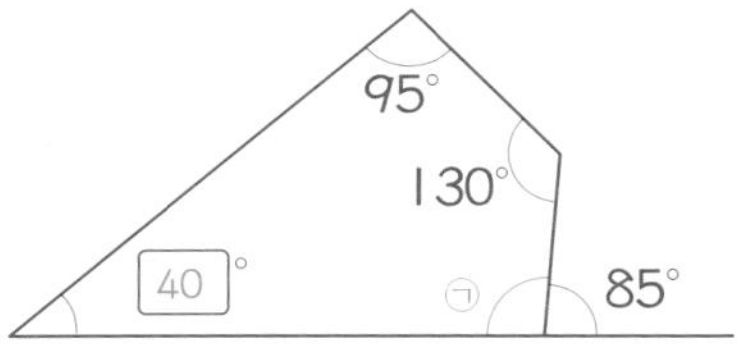

㉠=180°−85°=95°이므로 □=360°−95°−95°−130° =40°

9 281÷36=7…29이므로 버스 7대에 36명씩 타면 29명이 남습니다. 남는 29명도 버스에 타야 하므로 버스는 적어도 7+1=8(대)가 필요합니다.

10

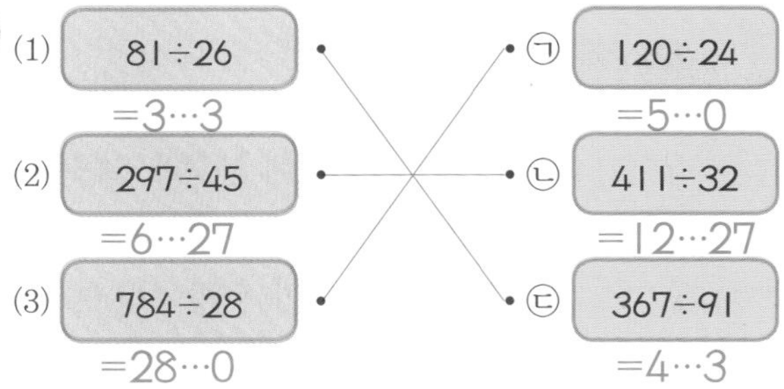

11

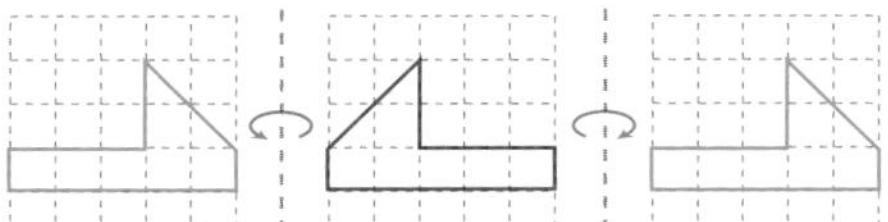

도형을 왼쪽으로 뒤집은 도형과 오른쪽으로 뒤집은 도형은 모양이 같습니다.

12 180° 돌렸을 때의 모양은

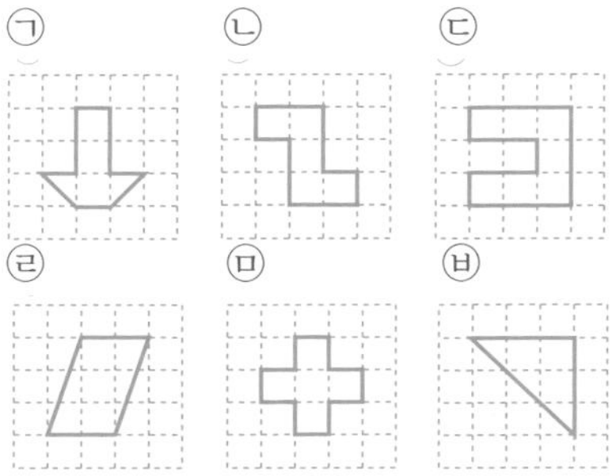

13 도형을 왼쪽으로 2번 뒤집은 도형과 시계 방향으로 90° 만큼 4번 돌린 도형은 처음 도형과 같습니다.

14 막대의 길이가 긴 동물부터 차례대로 씁니다.

15

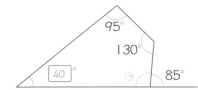

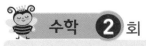

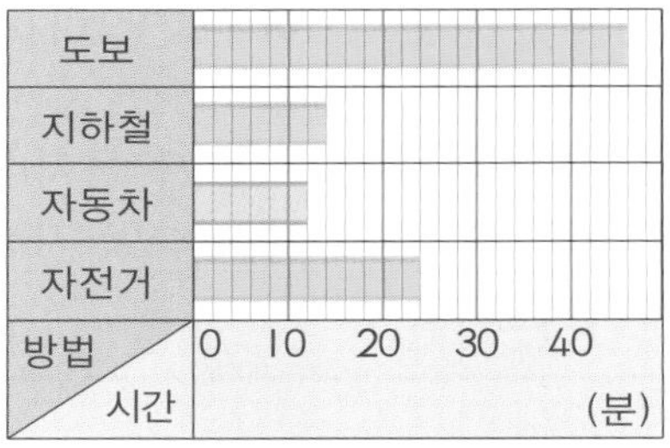

가로 눈금 1칸은 2분을 나타내므로 가로 눈금 6칸이 되도록 막대를 그립니다.

16 ㉠ 자전거를 이용하면 24분 걸립니다.

㉣ 지하철을 이용하면 자전거를 이용할 때보다 10분이 덜 걸립니다.

17 ㉠ 자동차, 시간이 가장 적게 걸립니다.

자전거, 환경오염도 없고 건강에도 좋습니다.

18 오른쪽에서 왼쪽으로 2배가 되고 위쪽에서 아래쪽으로 80배가 됩니다.

19 을 중심으로 1개부터 시작하여 왼쪽과 오른쪽으로 1개씩 늘어납니다.

사회 2회 149~151쪽

1 ① 2 ① 3 (가) 4 약도 5 예 생활에 필요한 것을 구하거나 시설을 이용하기 위해서이다 6 ② 7 ③ 8 ①, ③ 9 ① 10 문화유산 소개 책자 11 ④ 12 ② 13 ④ 14 예 백성들은 앙부일구와 자격루로 시간을 알 수 있었다. 15 공공 기관 16 도서관 17 예 학생들에게 필요한 일이고 공공 기관들이 힘을 합치면 더 큰 효과를 볼 수 있기 때문이다 18 ⑤ 19 ④ 20 ③

풀이

1 지도에는 필요한 정보가 쉽게 나타나 있고, 거리가 너무 멀거나 장소가 넓어서 우리 눈으로 직접 볼 수 없는 곳을 설명해 주거나 보여 줄 수 있습니다.

2 서울특별시의 서쪽에는 인천광역시가 있습니다.

3 (가)는 넓은 지역을 간략하게 보여 주는 지도이고, (나)는 좁은 지역을 자세하게 보여 주는 지도입니다.

다시 한 번 확인해요!

축척이 다른 두 지도 비교하기
- **실제 거리를 많이 줄여서 나타낸 지도**: 넓은 지역을 간략하게 보여 주며, 다른 지역까지 볼 수 있어 우리 지역이 어디에 있는지 위치를 알아보는 데 알맞습니다.
- **실제 거리를 조금 줄여서 나타낸 지도**: 좁은 지역을 자세하게 보여 주며, 우리 지역이 자세하게 표현되어 있어 지역을 자세히 살펴보기에 알맞습니다.

4 실생활에서 활용하는 지도 중 약도는 중요한 것만 간략하게 나타낸 지도를 말합니다.

5 중심지에는 건물이 많아 복잡하고, 사람들이 이용할 수 있는 시설이 많습니다.

6 우리 고장의 중심지는 인터넷에서 지도와 위성 사진 찾아보기, 도서관에서 지도 살펴보기, 사람들이 많이 모이는 곳에 다녀온 경험 떠올려 보기, 어른들께 여쭤보기 등의 방법으로 찾을 수 있습니다.

7 면담을 통해 중심지에서 하는 일을 조사할 수 있고, 중심지의 모습을 관찰하고 사진을 찍을 수도 있습니다.

8 지역의 박물관에서 일하시는 전시 기획자, 문화 관광 해설사, 문화재 관리사 등을 면담하여 문화유산을 조사할 때에는 미리 전화해 면담 약속을 정하고, 무엇을 물어볼지 질문을 미리 준비해야 합니다.

9 판소리는 형태가 없는 무형 문화유산이고 나머지는 형태가 있는 유형 문화유산입니다.

다시 한 번 확인해요!

문화유산의 종류
- **유형 문화유산**: 석탑, 건축물, 책처럼 형태가 있는 것
- **무형 문화유산**: 예술 활동이나 기술처럼 형태가 없는 것

10 지역의 문화유산을 소개하기 위해 문화유산의 이름, 특징, 쓰임새, 만들어진 시기와 계기 등을 넣어 만든 '문화유산 소개 책자'입니다.

11 우리 지역의 문화유산을 보호하기 위해서는 문화유산을 자랑스럽게 생각하고 널리 알려야 합니다.

다시 한 번 확인해요!

문화유산을 보호하기 위해 우리가 할 수 있는 일
- 문화유산을 아끼고 소중히 여겨야 합니다.
- 문화유산을 자랑스럽게 생각하고 널리 알려야 합니다.
- 문화유산을 좀 더 자세히 공부해야 합니다.

12 장영실의 발명품을 주제로 작성한 조사 계획서의 활동 내용 항목에 들어갈 내용입니다.

13 지역의 역사적 인물은 대부분 살아 계시지 않기 때문에 역사적 인물을 직접 만나 궁금한 점을 여쭤보는 것은 불가능합니다.

14 장영실은 백성들의 생활을 편리하게 해 주는 여러 발명품을 만들었습니다.

15 주민 전체의 이익과 편의를 위해 일하는 공공 기관은 국가가 세우거나 관리합니다.

16 도서관에서는 책을 읽는 고장 사람들의 모습을 볼 수 있습니다.

17 공공 기관들은 각각 하는 일이 정해져 있지만 힘을 합치면 더 큰 효과를 얻을 수 있습니다.

18 견학은 누리집을 통해 정보를 얻지 않고 직접 찾아가서 필요한 정보를 얻는 방법입니다

19 저녁 시간에 공공 기관의 주차장을 개방하면 공영 주차장을 새로 건설하지 않아도 되기 때문에 비용이 절감됩니다.

20 시민 단체는 더 나은 사회를 만들기 위해서 뜻이 같은 사람들이 자발적으로 만듭니다.

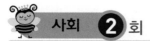

과학 2회

152~154쪽

1 (1) 지층 (2) 화석 2 예 줄무늬가 보인다. 여러 개의 층으로 이루어져 있다. 3 ② 4 크기가 작은 것: ㉠ 크기가 중간인 것: ㉡ 크기가 큰 것: ㉢ 5 ⑤ 6 예 단단하고 껍질이 있다. 대부분 주먹 크기보다 작다. 7 떡잎 8 ㉠ 9 ③ 10 한해살이 식물 11 (1) kg중 (2) g중 (3) N 12 ① 13 ㉠ 14 풀 15 ㉠ 16 혼합물 17 ㉠: 콩 ㉡: 팥 18 ③ 19 (1) ㉡ (2) ㉠ 20 (1) × (2) ◯ (3) ×

풀이

1 초콜릿 조각이 박힌 과자는 지층을 나타내고, 초콜릿 조각은 화석을 나타냅니다.

2 줄무늬가 보이고, 여러 개의 층이 층층이 쌓여 있습니다.

3 지층은 물이 운반한 자갈, 모래, 진흙 등이 쌓인 뒤에 오랜 시간을 거쳐 단단하게 굳어져 만들어진 것입니다.

4 이암, 사암, 역암 순으로 알갱이의 크기가 큽니다.

5 생물의 몸체 위에 퇴적물이 빠르게 쌓이고, 생물의 몸체에서 단단한 부분이 있으면 화석으로 만들어지기 쉽습니다.

다시 한 번 확인해요!

화석의 특징

- 동물의 뼈나 식물의 잎과 같은 생물의 몸체뿐만 아니라 동물의 발자국이나 기어간 흔적이 남아있는 것입니다.
- 거대한 공룡의 뼈에서부터 현미경으로 관찰 할 수 있는 작은 생물까지 그 크기가 다양합니다.
- 오늘날에 살고 있는 생물과 비교하여 화석 속 생물이 동물인지 식물인지 구분할 수 있습니다.

6 여러 가지 씨는 색깔, 모양, 크기 등이 다양합니다.

7 강낭콩이 싹 터서 먼저 뿌리가 나오고, 껍질이 벗겨지고 땅 위로 두 장의 떡잎이 나온 후, 떡잎 사이로 본잎이 나옵니다.

8 물을 준 강낭콩은 싹이 트고, 물을 주지 않은 강낭콩은 싹이 트지 않습니다.

9 식물은 씨를 맺어 번식하기 위해서 열매를 맺어 씨를 퍼뜨립니다.

다시 한 번 확인해요!

식물의 꽃과 열매가 자라는 과정

식물이 자라면서 꽃이 핍니다. → 꽃이 지면 열매가 생깁니다. → 열매 속에 들어 있는 씨를 심으면 다시 싹이 트고 자라 꽃이 피고 열매를 맺습니다.

10 한해살이 식물은 한 해 안에 열매를 맺고 죽는 식물을 말합니다.

11 무게의 단위는 kg중, g중, N 등이 있습니다.

12 20g중 추 한 개당 늘어난 용수철의 길이는 2cm이기 때문에 추의 무게가 100g중일 때 용수철에 매단 추의 개수는 5개이므로, 2cm(추 한 개당 늘어난 용수철의 길이)×5개(추의 갯수)=10cm입니다.

13 ㉠은 영점 조절 나사, ㉡은 용수철, ㉢은 표시 자, ㉣은 눈금입니다. 표시 자는 용수철저울에 물체를 걸었을 때 물체의 무게를 가리키는 부분입니다.

14 양팔저울의 저울대가 기울어진 쪽의 물체의 무게가 무거운 것입니다.

㉠ ㉡

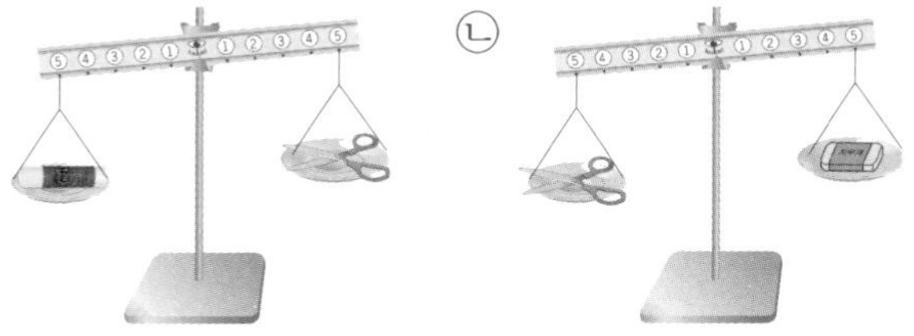

풀 > 가위 가위 > 지우개

15 ㉡은 용수철의 성질을 이용한 가정용 저울, ㉢은 수평잡기의 원리를 이용한 양팔저울입니다.

16 우리 생활 속에서 멸치볶음, 나박김치, 샌드위치, 바닷물 등의 혼합물을 볼 수 있습니다.

17 콩, 팥, 좁쌀의 순서로 혼합물이 분리됩니다.

18 거름종이는 물에 녹는 물질과 물에 녹지 않는 물질을 걸러 주는 중요한 역할을 합니다.

19 증발 장치의 증발 접시에 소금물을 붓고 알코올램프로 가열하면 소금을 얻을 수 있습니다.

20 재생 종이를 만들 때 물과 종이 죽을 분리하기 위해 종이 만들기 틀로 종이뜨기를 하는 것은 거름, 물기 빠진 종이를 틀에서 분리하여 천 위에 놓고 종이를 말리는 것은 증발을 이용한 것입니다.

3회

국어 3회 155~158쪽

1 ② 2 ⑤ 3 ④ 4 ③ 5 예 듣는 사람을 바르게 서서 바라본다. 6 (2) ○ 7 ② 8 ㉮ 9 ①, ②, ③ 10 ㉣ 11 ②, ③, ⑤ 12 친구들과 사이좋게 지냅시다. 13 ① 14 ③ 15 ③ 16 ④ 17 ① 18 ⑤ 19 ③ 20 ②

풀이

1 할아버지는 전쟁터에서 함께 싸우고 주인을 위해 목숨을 바쳤던 하인들의 제사를 지내는 것을 훌륭한 일이라고 생각했습니다.

2 할아버지는 가난한 사람을 돕고, 남을 헤아렸음을 짐작할 수 있습니다.

3 우리는 생활을 편하고 넉넉하게 하려고 많은 에너지 자원을 사용하고 있습니다.

4 중요한 에너지를 어떻게 절약해야 할지를 말하고 있습니다.

5 바르게 서서 듣는 사람을 바라보며 말해야 합니다.

6 기분을 물어보는 사람에게 공손한 말투로 기쁨을 표현해야 합니다.

7 배를 움켜쥐고 찡그리고 있습니다.

8 여러 사람 앞에서 말할 때에는 높임말을 써야 합니다.

9 화면의 중앙에 핵심이 되는 식물을 두고, 그 주변에 각종 벌레와 곤충을 배치했습니다.

다시 한 번 확인해요!

「수박과 들쥐」

- 제작 시기: 16세기
- 작가: 신사임당(1504~1551년)
- 소장한 곳: 국립중앙박물관
- 기법: 종이에 채색
- 오른쪽 패랭이꽃의 꽃말은 '청춘'이다. 나비는 오래 사는 것을 비는 뜻을 담고 있고, 쥐는 재물을 상징한다. 왼쪽 아래에 올라와 중앙을 가로질러 오른쪽으로 휘어져 있는 수박 줄기는 "뜻대로 된다"는 뜻을 표현한다.

10 의견은 실제 일어난 일에 대한 생각이나 느낌입니다.

11 이야기에 나타난 인물, 장소, 일어난 일을 찾아야 사건의 흐름을 파악할 수 있습니다.

12 사회자가 처음에 회의 주제를 안내하고 있습니다.

13 회의 참여자 1은 사회자 허락을 얻지 않고 말했습니다.

14 '뛰다, 헤엄치다, 날다'는 '움직이다'에 포함되는 낱말입니다.

15 큐리오시티는 이 연구 과제의 준비 단계로서 화성에서 사람들이 사는 데 필요한 정보를 모으고 있습니다.

16 낱말의 뜻을 낱말 대신 넣어 글을 읽어 봅니다. ②는 표준, ③은 발전, ⑤는 탐사의 뜻입니다.

17 아이들이 축구를 하고 있습니다. '누가'는 '아이들이' 또는 '아이가', '여자(남자)아이가'입니다.

18 글을 몰라 억울한 일을 당하지 않도록 백성이 배우기 쉬운 문자를 만들어야겠다고 생각했을 것입니다.

다시 한 번 확인해요!

한글을 만드는 세종 대왕의 마음 짐작하기

백성이 알기 쉬운 문자를 만들고 싶었습니다.

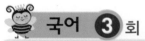

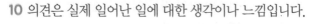

백성의 어려움을 해결해 주고 싶었습니다.

19 여자아이는 자전거를 혼자 타게 되어 신나고, 황홀해하고 있습니다.

20 어떤 상황에서 날아갈 것 같은 마음이 드는지 떠올려 봅니다.

다시 한 번 확인해요!

인물의 마음 짐작하기

- 인물의 표정과 행동을 살펴보고 마음을 짐작해 봅니다.

예 「놓지 마」 문제 19~20에서 인물의 마음 짐작하기

인물의 마음	그렇게 짐작한 까닭
하늘을 나는 듯이 신나고 기쁜 것 같습니다.	하늘에 두둥실 떠 있는 듯이 표현되어 있기 때문입니다. 여자아이의 눈빛이 편안해지고 웃고 있기 때문입니다.
무척 즐겁고 행복한 것 같습니다.	몸이 두둥실 떠오르는 듯이 표현되어 있고 주변에 음표가 그려져 있기 때문입니다. 눈이 커지고 입은 활짝 웃고 있기 때문입니다.

수학 3회 159~161쪽

1 (1) 10000+6000+200+90+5
(2) 60000+300+70+2 2 10달 3 3조 700억
4 ㉠ 5 풀이 참조 6 85° 7 > 8 예 (색 테이프 15장의 길이의 합)=138×15=2070(cm), (이어 붙인 부분의 길이의 합)=5×14=70(cm)이므로 (이어 붙인 색 테이프의 전체 길이)=2070−70=2000(cm)입니다. ; 2000 cm 9 (1) 4 (2) 8⋯32 10 455 11 풀이 참조 12 ㉢ 13 풀이 참조 14 ㉠ 예 마을별 가구 수를 나타냈습니다. ㉡ 예 마을별 가구 수를 그림그래프는 그림으로, 막대그래프는 막대로 나타냈습니다. 15 ③ 16 풀이 참조 17 1435 ; 예 5035에서 시작하여 ↘방향으로 900씩 작아지는 규칙이므로 2335보다 900만큼 더 작은 수를 찾으면 1435입니다. 18 풀이 참조 ; 7 19 예 계산 결과는 덧셈식에서 더하는 수의 개수를 두 번 곱한 것과 같습니다.
20 1+3+5+7+9+11+13+15+17+19=100

풀이

1 (2) 천의 자리 숫자가 0이므로 천의 자리의 숫자가 나타내는 값은 쓰지 않습니다.

2 만 명이 한 달에 모을 수 있는 돈은 10000의 10000배이므로 1억 원입니다. 10억은 1억의 10배인 수이므로 10달 동안 저금해야 합니다.

3 천억의 자리 숫자가 1씩 커지므로 천억씩 뛰어 센 것입니다. ㉠은 2조 7700억에서 3번 뛰어 센 것이므로 2조 7700억−2조 8700억−2조 9700억−3조 700억입니다.

4 각도를 재어 보면 ㉠ 95°, ㉡ 90°이므로 더 큰 각은 ㉠입니다.

5
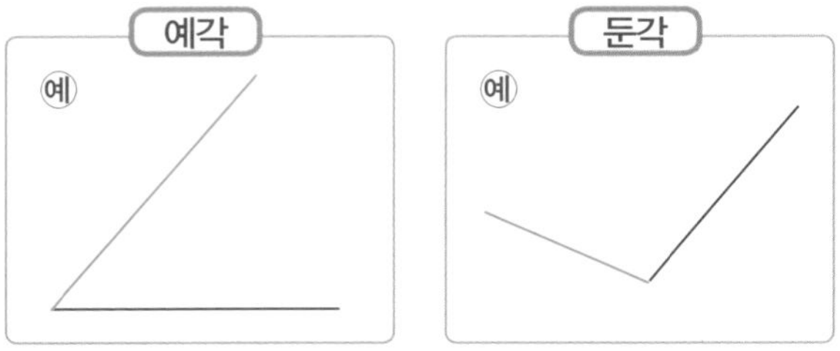

0°보다 크고 90°보다 작은 각을 왼쪽에, 90°보다 크고 180°보다 작은 각을 오른쪽에 그립니다.

6 ㉠+㉡=360°−70°−120°=170° 이므로
㉠=170°÷2=85°입니다.

7 900×40=36000 > 640×50=32000

9
```
      8
80)672
   640
    32
```

10 450보다 큰 수 중에서 15로 나누었을 때 나머지가 5가 되는 가장 작은 수는 450+5=455입니다.

11
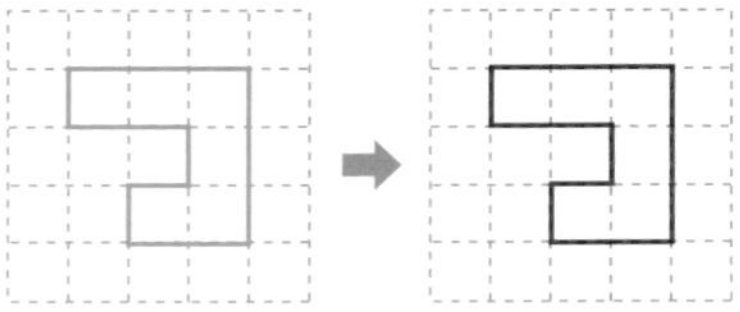
도형을 오른쪽으로 밀면 모양이 변하지 않으므로 밀었을 때 생기는 도형과 밀기 전의 도형은 같습니다.

12

13
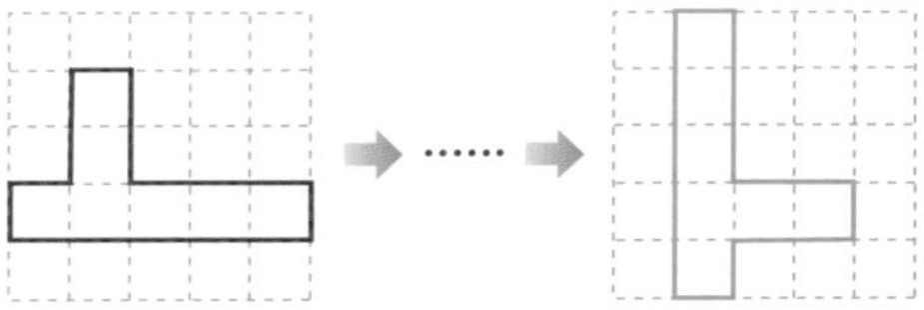

16
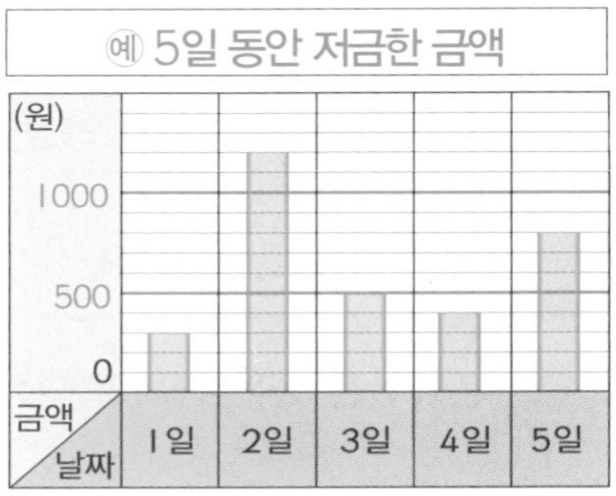

18
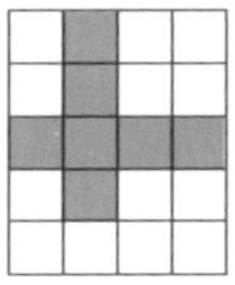
첫째 사각형을 중심으로 1개부터 시작하여 시계 방향으로 2개씩 늘어납니다.

7

19 예 계산 결과는 2×2, 3×3, 4×4, 5×5⋯⋯의 규칙으로 늘어납니다.

20 1에서부터 2씩 커지는 수를 계속 더할 때 더하는 수의 개수가 10개인 덧셈식을 씁니다.

사회 3회 162~164쪽

1 ④ 2 ㉠ 축척 ㉡ 방위표(방위) ㉢ 기호 ㉣ 등고선 3 ㉠ 본떠 ㉡ 약속 4 학교 안내도 5 ① 6 ⑤ 7 ③ 8 (1) 장점: 예 언제든지 필요한 정보를 얻을 수 있다. (2) 단점: 예 정보의 양이 많아 원하는 자료를 찾기 어렵다. 9 유형 문화유산 10 문화재 지킴이 11 ④ 12 현장 체험으로 알아보기 13 예 인물의 일생과 업적이 잘 드러나게 만들어야 한다. 14 보건소 15 교육청 16 ① 17 지역 문제 18 ④ 19 주민 투표 20 ⑤

풀이

1 지금까지 가장 오래된 지도로 알려진 고대 메소포타미아의 점토판 지도는 진흙으로 만든 점토판에 그렸습니다.

2 지도에는 일반적으로 기호와 방위표, 등고선, 축척 등과 같은 지도의 기본 요소가 포함되어 있습니다.

다시 한 번 확인해요!

지도의 기본 요소

- **기호**: 땅이나 건물의 모습을 지도에 나타내기 위해 쉽고 간단하게 줄여서 만든 약속입니다.
- **축척**: 지도에서 실제 거리를 줄인 정도입니다.
- **방위표**: 지도에서 동서남북의 방향을 알려 주는 표시입니다.
- **등고선**: 지도에서 높이가 같은 곳을 연결하여 땅의 높낮이를 나타낸 선입니다.
- **범례**: 지도에 쓰이는 기호와 그 뜻을 알려 줍니다.

3 지도 기호에는 모양을 본떠 만든 것과 약속으로 만든 것이 있습니다.

4 안내도는 알리고자 하는 내용을 자세히 표시한 지도입니다.

5 고장의 중심지는 여러 시설이 모여 있고 교통이 발달하기 때문에 복잡하고 시끄럽습니다.

6 중심지를 답사하면서 사진을 찍을 때에는 먼저 사람들에게 허락을 받고 찍어야 합니다.

7 우리 지역의 문화유산을 조사할 때에는 문화재청 누리집이나 지역 문화원의 누리집 등과 같이 문화유산과 관련된 기관의 누리집을 검색해야 합니다.

8 누리집 검색을 통한 조사 방법은 사진, 영상 자료데 대한 빠른 이해가 가능하지만 신뢰할 수 없는 정보도 많이 섞여 있다는 단점도 있습니다.

9 석탑, 건축물, 책처럼 형태가 있는 문화유산을 유형 문화유산이라고 합니다.

10 문화재 지킴이는 우리 지역의 문화유산을 보호하기 위해 문화재 점검 활동, 문화재 알리기 등의 홍보 활동, 문화재 화재 감시 및 순찰 활동 등을 합니다.

11 장영실은 동래현에 소속된 노비였는데, 물건을 만드는 재주가 뛰어나 이천이 세종 대왕께 장영실을 인재로 추천하였습니다.

12 현장 체험으로 알아볼 때는 박물관과 기념관 등 인물과 관련된 장소에 직접 찾아가 조사할 수 있습니다.

13 이밖에도 우리 지역의 역사적 인물을 소개하는 자료를 만들 때에는 역사적인 사실을 바탕으로 만들어야 합니다.

14 혜민서는 예방 접종을 해 주고 질병을 예방하고 치료해 주는 보건소와 비슷한 역할을 했습니다.

15 학생들의 교육과 관련된 일을 하며, 학교를 도와주는 공공 기관은 교육청입니다.

다시 한 번 확인해요!

공공 기관에서 하는 일

- **소방서**: 화재를 예방하고 응급환자를 구조합니다.
- **보건소**: 감염병과 질병을 예방하고 치료하려고 노력합니다.
- **경찰서**: 지역의 안전을 책임지고 질서를 유지합니다.
- **행정 복지 센터**: 다양한 분야에서 주민들의 생활을 돕습니다.
- **도서관**: 책을 읽고 공부하는 공간을 제공합니다.
- **교육청**: 학생들의 교육과 관련된 일을 합니다.

16 공공 기관을 견학하기 전에 공공 기관 누리집에서 견학이 가능한지 확인한 후에 견학을 신청합니다.

17 지역 주민의 삶을 불편하게 하거나 지역 주민들 사이에 갈등을 일으키는 문제를 지역 문제라고 합니다.

18 지역의 문제를 해결하기 위해 의견을 모을 때에는 대화와 타협으로 의견을 조정해야 합니다.

19 지역 주민들은 주민 투표로 지역의 일을 결정하는 데 참여할 수 있습니다.

20 서명 운동, 불법 주차 차량 단속, 구청과 주민 센터 누리집에 글 올리기, 주차 방지 울타리 설치, 불법 주차 방지 캠페인 등의 방법으로 해결할 수 있습니다.

과학 3회

165~167쪽

1 ③ 2 ②, ⑤ 3 ㉠: 작다 ㉡: 진흙 4 ㉢ 5 ④
6 ③ 7 ⑤ 8 ⑤ 9 예 줄기와 잎의 개수가 점점 많아진다. 줄기가 길어지고, 잎이 넓어진다. 10 ⑤ 11 ① 12 ㉣ 13 ② 14 ㉠ 15 (1) ㉡ (2) ㉠ (3) ㉢
16 ③ 17 예 원하는 물질을 얻을 수 있다. 원하는 물질을 얻어 우리 생활의 필요한 곳에 이용할 수 있다.
18 2 19 (1) 체 (2) 자석 20 ④

풀이

1 사진의 지층은 수평 모양의 지층입니다.

2 실제 지층은 단단하지만 지층 모형은 단단하지 않고, 실제 지층은 만들어지는 데 오랜 시간이 걸립니다.

3 이암은 진흙과 같은 작은 알갱이로 되어 있습니다.

4 퇴적암 모형을 만들 때 다른 종이컵으로 모래 반죽을 누르는 것은 모래와 모래 사이의 공간을 좁게 하기 위해서입니다.

5 석탄과 석유와 같은 화석 연료는 우리 생활에서 유용하게 이용됩니다.

다시 한 번 확인해요!

석탄과 석유

석탄과 석유는 옛날의 생물이 변한 것으로 화석 연료라고 합니다.

- 석탄: 매우 오래 전에 울창한 숲을 이루었던 습지 식물이 땅속에 묻히고 그 위에 퇴적물이 쌓여 만들어집니다.
- 석유: 바다 표면 근처에 살던 동물성 플랑크톤이 땅속에 묻히고 그 위에 퇴적물이 계속 쌓여 만들어집니다.

6 동전을 이용하여 크기를 비교하는 모습입니다. 길이는 자를 이용하여 측정해야 합니다.

7 한살이 기간이 짧고, 잎, 줄기, 꽃, 열매의 구분이 명확하며, 크기가 적당한 식물이 한살이를 관찰하는 데 적합한 식물입니다.

8 옥수수씨는 싹이 틀 때 본잎이 떡잎싸개에 둘러싸서 나옵니다.

9 강낭콩은 자라면서 잎은 점점 넓어지고 개수도 많아집니다. 강낭콩의 줄기도 점점 굵어지고 길어집니다.

10 감나무는 여러해살이 식물입니다. 여러해살이 식물에는 감나무, 개나리, 무궁화, 사과나무 등이 있습니다. ①, ②, ③, ④는 한해살이 식물입니다.

11 우리 주변에서 볼 수 있는 상품들은 상품의 무게에 따라 가격을 정하기도 하고, 정해진 무게의 재료로 음식 등을 만들기도 합니다.

12 가장 무거운 추를 걸었을 때 용수철이 많이 늘어납니다.

13 그림의 용수철저울은 큰 눈금 하나가 100g중 무게를 나타내고 작은 눈금 하나가 20g중 무게를 나타냅니다.

14 저울대가 수평을 잡을 수 있게 조절하는 장치는 수평 조절 장치입니다. ㉡은 저울접시, ㉢은 받침대입니다.

15 양팔저울은 수평 잡기의 원리, 체중계는 용수철의 성질, 전자저울은 전기적 성질을 이용한 저울입니다.

16 혼합물은 두 가지 이상의 물질이 성질이 변하지 않은 채 서로 섞여 있는 것입니다.

17 사탕수수에서 설탕을 얻어 설탕으로 사탕을 만드는 것과 같이 분리한 물질을 다른 물질과 섞어 생활에 필요한 물질을 만들 수 있습니다.

▲ 사탕수수 ▲ 설탕 ▲ 사탕

18 눈의 크기가 팥보다 크고 콩보다 작은 체와 눈의 크기가 좁쌀보다 크고 팥보다 작은 체가 필요합니다.

19 콩, 팥, 좁쌀의 혼합물은 알갱이의 크기 차이를 이용하여 체로 분리하고, 플라스틱 구슬과 철 구슬은 철 구슬이 자석이 붙는 성질을 이용하여 자석으로 분리합니다.

20 거름종이는 거름 장치에서 물에 녹는 물질과 물에 녹지 않는 물질을 걸러 주는 역할을 합니다. 증발 장치에는 삼발이, 증발접시, 알코올램프, 점화기가 필요합니다.

4회

국어 4 회

168~171쪽

1 ③, ⑤ 2 ④ 3 예 쓸모없는 것이라고 무시하는 것 같다. 4 마당 → 안방 5 나무 그늘 6 예 듣는 사람을 바라보며 자신 있게 말한다. 7 ② 8 ① 9 (1) 의견 (2) 의견 10 ③ 11 예 엄마 냄새를 맡고 12 ① 13 ④ 14 (1) – ① (2) – ② 15 ⑤ 16 ④ 17 ② 18 대한 국어 문법 19 ③ 20 (1) – ③ (2) – ① (3) – ②

풀이

1 노마는 잃어버린 구슬을 찾으려고 우물둔덕과 집 뒤 버드나무 밑에도 가 보았습니다.
2 잃어버린 구슬을 찾아다니는 노마의 행동에서 안타깝고 속상한 마음이 담겨 있습니다.
3 쓸모 있는 못들이 쓸모없는 못을 뽑아 버려야 한다고 말한 일입니다.

다시 한 번 확인해요!

「가끔씩 비 오는 날」를 읽고 일어난 일에 대해 자신의 의견 정리하기 예

주인아저씨를 처음 만났을 때	주인아저씨가 어떤 사람인지 궁금해하는 것은 당연한 것 같아. 함께 지낼 사람을 처음 만나면 누구나 궁금해하잖아.
쓸모 있는 못들이 쓸모없는 못을 뽑아 버려야 한다고 말했을 때	쓸모없는 것이라고 무시하는 것 같아. / 자신들이 생각하기에 쓸모없는 친구를 도와주지도 않으면서 너무 심하게 대하는 것 같아.
비 오는 날, '내'가 초록이를 걸고 행복해할 때	'내'가 스스로 쓸모 있는 못이라고 생각하게 되어 기뻐./ 세상에는 쓸모없는 것은 없다는 생각이 들어.

4 총각은 욕심쟁이 부자 영감의 집 마당에서 안방으로 들어갔습니다.
5 총각은 영감에게 나무 그늘을 샀습니다.
6 여자아이는 비뚤게 서서 손으로 머리를 긁적이고 있습니다.
7 보봉 마을에는 개인 주차장이 없습니다.
8 보봉이 어린아이들의 천국이라는 점 때문에 이사를 했다고 하였습니다.
9 '인상적이다', '생동감이 배어 있다' 등은 생각을 나타낸 것입니다.
10 금을 꾹꾹 채워 넣고도 모자라 귓구멍 속에서 넣는 모습으로 욕심이 많다는 것을 알 수 있습니다.
11 어떻게 엄마가 있는 항아리를 찾을지 상상하여 써 봅니다.
12 사회자는 회의에서 회의 절차를 안내하고, 회의 참여자에게 말할 기회를 주는 역할을 합니다.
13 ㉠은 '결과 발표' 단계로 결정한 의견을 발표하고, '폐회'는 회의 마침을 알립니다.
14 '밝다–어둡다'는 뜻이 반대인 낱말이고, '요일–일요일'은 '요일'이 '일요일'을 포함하는 낱말입니다.
15 쓰레기가 꽃 주위에 흩어져 있는 문제 상황에 대한 제안하는 내용이어야 합니다.
16 제안하는 까닭이므로 왜 그런 제안을 했는지, 제안한 내용대로 했을 때 무엇이 더 나아지는지를 써야 합니다.
17 많은 사람이 한문만을 글로 여기고 우리글에는 관심을 가지지 않았기 때문입니다.
18 1906년 주시경은『대한 국어 문법』이라는 책을 펴냈습니다.
19 날아갈 것 같은 마음을 나타내고 있습니다.
20 그림 ㉯의 아이는 한 손으로 입을 가리며 깜짝 놀란 표정을 하고 있고, 그림 ㉰의 아이는 졸린 듯 하품하며 입을 손으로 막고 있습니다.

다시 한 번 확인해요!

표정이나 행동을 보고 인물의 마음을 짐작하기 예

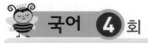

그림	상황	인물의 마음
가	운동 경기에서 이겼을 때	날아갈 것 같은 마음
나	징그러운 벌레를 봤을 때	깜짝 놀라고 무서운 마음
다	밤이 되어 잠잘 시간이 되었을 때	피곤하고 지친 마음

수학 4회

172~174쪽

1 ①, ④ 2 예 ㉠은 백만의 자리 숫자이므로 6000000을 나타내고, ㉡은 만의 자리 숫자이므로 60000을 나타냅니다. 따라서 ㉠이 나타내는 값은 ㉡이 나타내는 값의 100배입니다. ; 100배 3 6억 200만, 6억 2200만 4 ㉠ ○ ㉢ △ 5 풀이 참조 6 ㉠ 55° ㉡ 145° 7 45° 8 3750, 6000 9 예 33×6=198이 되어 182보다 크므로 몫 6을 5로 고쳐야 합니다. ; 풀이 참조 10 50개 11 풀이 참조 12 ㉡ 13 ㉡ 14 풀이 참조 15 리본, 7.5점 16 24개 17 예 딸기 케이크는 69−24−15−12=18(개)입니다. 따라서 세로 눈금 한 칸이 3개를 나타내는 막대그래프로 바꿔 그리려면 막대는 18÷3=6(칸)으로 그려야 합니다. ; 6칸 18 3514
19 555555555÷15=37037037
20 999999999

풀이

3 두 번 뛰어 세어 2000만이 커졌으므로 1000만씩 뛰어 센 것입니다.

4 ㉠ 12억 5000만 ← 가장 큰 수
㉡ 12억 4062만 8735
㉢ 10억 ← 가장 작은 수

5 예

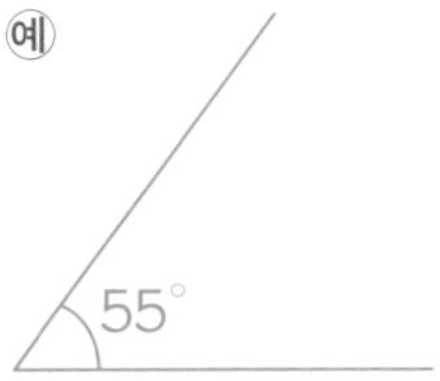

6 ㉠ 80°−25°=55° ㉡ 60°+85°=145°

7 삼각형의 세 각의 크기의 합은 180°이고 주어진 두 각이 각각 60°, 75°이므로 찢어진 부분의 각의 크기는 180°−60°−75°=45°입니다.

8 125×30=3750, 125×48=6000

9

```
      5
33)182
    165
     17
```

10 간격 수는 360÷15=24(개)이고 도로의 시작 부분에도 가로등을 세워야 하므로 도로 한 쪽에 필요한 가로등 수는 24+1=25(개)입니다. 도로의 양쪽에 세워야 하므로 필요한 가로등 수는 25×2=50(개)입니다.

11

도장에 새긴 모양은 종이에 찍었을 때의 모양을 왼쪽이나 오른쪽으로 뒤집었을 때의 모양과 같습니다.

12

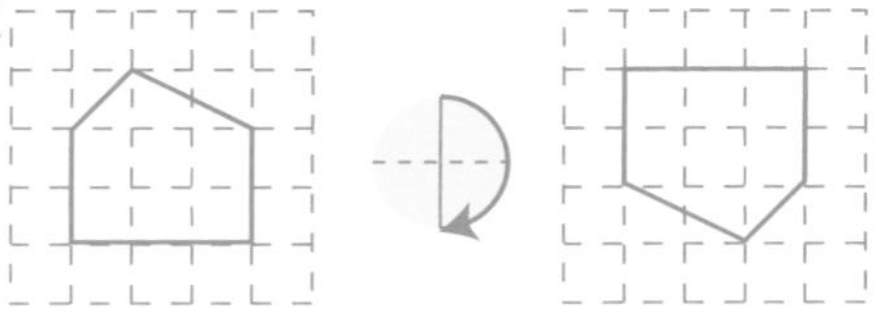

13 ㉠

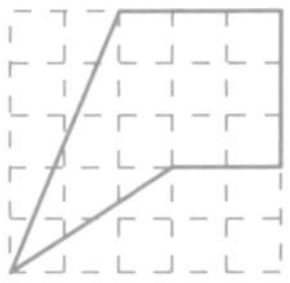

14

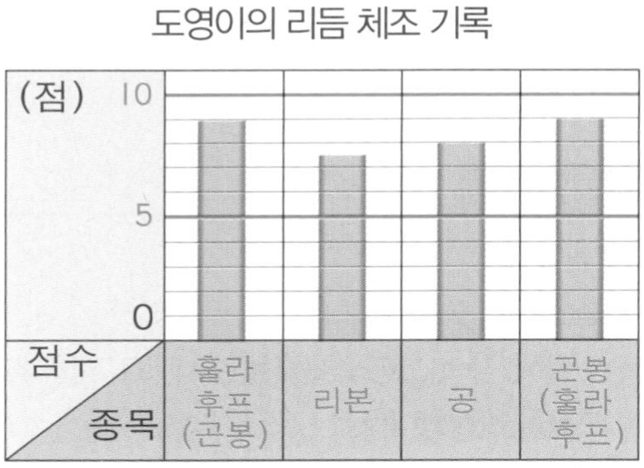

훌라후프와 곤봉 경기의 점수를 나타낸 막대는 첫 번째와 네 번째입니다. 리본 경기 기록은 9−1.5=7.5(점)이므로 두 번째 막대는 리본 경기의 점수를 나타내고 나머지 세 번째 막대는 공 경기 점수를 나타냅니다.

15 막대의 길이가 가장 짧은 종목을 찾습니다.

16 세로 눈금 한 칸이 2개를 나타내므로 24개입니다.

18 100씩 커지는 규칙이므로
㉠=1657, ㉡=1857입니다.
⇒ ㉠+㉡=1657+1857=3514

20 나누어지는 수가 2배, 3배씩 커지고 나누는 수가 2배, 3배씩 각각 같은 배수만큼씩 커지면 그 몫은 모두 똑같습니다. 27로 나누었을 때 몫이 같으려면 아홉째 단계에 해당하는 나눗셈식입니다.
⇒ 999999999÷27= 37037037

사회 4회

175~177쪽

1 ④ 2 2 3 ③ 4 ① 5 (가) 6 예 주변에는 논과 밭이 많고, 사람들이 많지 않아서 조용하고 한적하다. 7 ㉡ 8 ③ 9 문화 유산 안내도 10 ㉠, ㉤, ㉡, ㉢, ㉣ 11 (1) 자격루 (2) 예 많은 사람이 시간을 알 수 있게 해 주었다 12 ③ 13 뉴스 만들기 14 ④ 15 ㉠ 경찰서 ㉡ 소방서 16 ① 17 ④ 18 ① 19 예 지역 문제는 지역의 모든 사람에게 영향을 미치기 때문이다 지역 문제는 그 지역에 사는 주민들이 가장 잘 알기 때문이다. 20 ⑤

풀이

1 지도에서는 동서남북을 이용해 나타내는 방향의 위치를 방위표로 나타냅니다.

2 제시된 축척을 보면 지도의 1cm는 실제 거리 2km를 나타냄을 알 수 있습니다.

3 등고선 모형을 만들 때에는 초록색, 노란색, 갈색, 고동색 블록을 순서대로 끼워 완성합니다.

다시 한 번 확인해요!

등고선 모형 만들기

① 종이 블록의 다리를 접습니다.
② 초록색, 노란색, 갈색, 고동색 블록을 순서대로 끼웁니다.
③ 등고선 모형을 완성합니다.

4 운전을 하면서 목적지까지 가는 길을 찾을 때에는 길도우미나 도로 교통 지도를 이용합니다.

5 여러 시설이 모여 있는 고장의 중심지는 건물이 많아 복잡하고 상점이 많으며, 교통이 발달했습니다.

6 (가)의 고장의 중심지는 복잡해 보이고 사람들이 이용할 수 있는 시설이 많습니다.

7 책, 절, 궁궐, 석탑은 형태가 있는 유형 문화유산이고, 판소리는 형태가 없는 무형 문화유산입니다.

8 문화유산을 답사할 때에는 여러 방향에서 자세하게 살펴봐야 합니다.

9 조사한 자료를 바탕으로 지역의 중요한 문화유산을 소개하는 안내도를 만들 수 있습니다.

10 우리 지역의 역사적 인물을 조사하는 계획을 세울 때에는 ㉠, ㉤, ㉡, ㉢, ㉣의 순서로 합니다.

11 사람들은 하루에 12번씩 울리는 자격루의 소리를 듣고 시간을 짐작할 수 있었습니다.

12 장영실의 일생을 다룬 역할극에는 장영실, 세종 대왕, 이천, 백성 등의 등장인물이 필요합니다.

13 장영실의 발명품을 소개하는 뉴스의 대본입니다.

14 길가의 쓰레기를 치우는 환경미화원 덕분에 깨끗한 환경에서 생활할 수 있습니다.

15 이밖에도 보건소에서는 학생들에게 건강과 관련된 다양한 교육을 합니다.

16 알고 있는 점, 알고 싶은 점, 알고 싶은 내용을 조사하는 방법을 정리하고 역할을 나눕니다.

다시 한 번 확인해요!

공공 기관을 견학하는 과정

① 견학하고 싶은 장소를 정합니다.
② 견학 장소에 관해 알고 있는 점과 알고 싶은 점을 정리합니다.
③ 견학 계획을 세우고 준비물과 역할을 나눕니다.
④ 견학하며 조사한 내용을 친구들과 이야기합니다.
⑤ 견학하며 알게 된 점과 느낀 점을 보고서로 작성합니다.

17 공공 기관에서 일하시는 분을 만날 때에는 허락을 받고 장소에 들어가야 합니다.

18 도로나 길가의 시설물들이 안전하게 정리되어 있지 않아 안전 문제가 발생하고 있습니다.

다시 한 번 확인해요!

지역에서 발생하는 다양한 문제

- **환경 오염 문제:** 주변에 공장이 있어 대기 오염이 심각하고 하천이 오염되어 물고기들이 살기 힘듭니다.
- **시설 부족 문제:** 고속 버스 터미널이나 도서관이 없어서 멀리 나가야 하기 때문에 불편합니다.
- **주택 노후와 문제:** 지어진 지 오래된 주택이 많아 위험하고 주택이 부족합니다.
- **안전 문제:** 도로나 인도 주변의 울타리가 훼손되거나 환풍기 덮개가 열려 있어서 위험한 경우가 있습니다.

19 이밖에도 시청이나 도청 등에서 일을 제대로 하는지 살펴봐야 하고, 주민들의 의견을 정책에 반영하기 위해서 지역 문제 해결 과정에 주민들이 참여해야 합니다.

20 주민 참여 예산제는 지방 자치 단체가 독점적으로 행사해 왔던 예산 편성권을 지역 주민들이 함께 하는 것입니다.

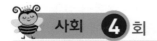

과학 4회

178~180쪽

1 ㉣　2 ④　3 화석　4 예 생물의 몸체 위에 퇴적물이 빠르게 쌓여야 한다. 생물의 몸체에서 단단한 부분이 있어야 한다.　5 ①, ④　6 ③　7 식물의 한살이　8 (1) 물 (2) 온도　9 ①　10 줄기　11 ②　12 <　13 (1) ㉡ (2) 예 무게가 다른 사람이 수평을 잡으려면 무거운 사람이 가벼운 사람보다 받침점에 더 가까이 앉아야 하기 때문이다.　14 ⑤　15 수평 잡기의 원리　16 분리　17 ①　18 ③　19 ㉠　20 ㉠: 된장 ㉡: 간장

풀이

1 가장 아래에 있는 층이 가장 먼저 만들어진 층입니다.

2 모래로 되어 있는 퇴적암은 사암입니다.

3 생물의 몸체나 생활한 흔적 위에 퇴적물이 계속해서 쌓이면 지층이 만들어지고, 그 속에 화석이 만들어집니다.

4 화석이 잘 만들어지려면 생물의 몸체 위에 퇴적물이 빠르게 쌓이고, 몸체에 단단한 부분이 있어야 합니다.

5 삼엽충 화석을 통해 삼엽충의 생김새와 발견된 곳이 당시에 물속이었다는 것을 알 수 있습니다.

6 참외씨는 길쭉하고 연한 노란색입니다. 검은색이고 동그랗고 크기가 매우 작은 씨는 채송화씨입니다.

7 식물의 한살이에 대한 설명입니다.

8 씨가 싹 트는 데 물이 미치는 영향을 알아보려면 물의 양을, 온도가 미치는 영향을 알아보려면 온도를 다르게 합니다.

9 씨가 싹 터서 자랄 때 먼저 뿌리가 나오고 땅 위로 떡잎 두장이 나온 후 떡잎 사이에서 본잎이 나옵니다. 떡잎싸개는 옥수수(외떡잎식물)가 싹 트는 과정에서 볼 수 있는 모습이고, 떡잎은 강낭콩(쌍떡잎식물)이 싹 트는 과정에서 볼 수 있는 모습입니다.

10 줄기에 일정한 간격으로 선을 그어 간격의 변화를 측정하여 줄기가 자란 정도를 측정하는 것입니다.

11 용수철을 이용한 용수철저울은 물체의 무게에 따라 용수철이 일정하게 늘어나거나 줄어드는 성질을 이용한 것입니다.

12 ㉠ 물체의 무게는 200g중이고, ㉡ 물체의 무게는 600g중입니다. 따라서 ㉡의 물체가 ㉠ 물체보다 무겁습니다.

13 받침점으로부터 두 사람의 앉은 위치를 보고 무게를 알 수 있습니다.

14 무게가 일정한 물체를 사용하면 물체의 무게를 비교할 수 있습니다. 여러 가지 모양의 돌멩이는 무게가 일정하지 않습니다.

15 바지걸이를 사용하여 만든 저울은 양 끝에 달린 지퍼 백에 물체를 넣고 물체의 무게를 비교하거나 측정합니다.

다시 한 번 확인해요!

간단한 저울 만들기에 사용된 원리

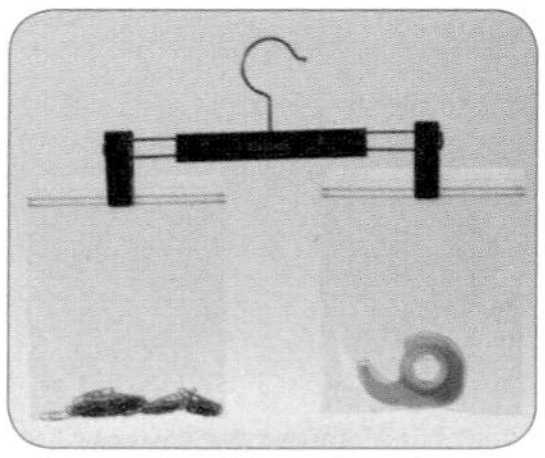
▲ 수평잡기의 원리

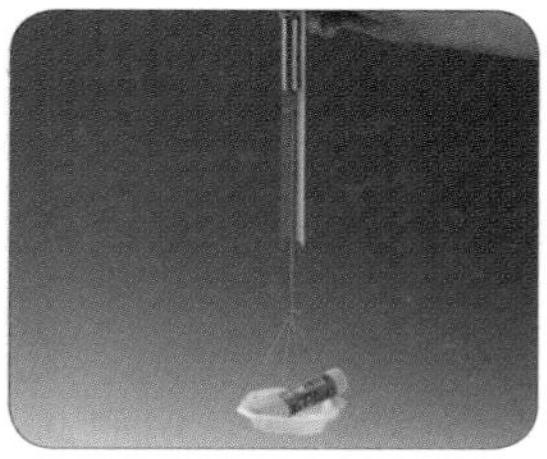
▲ 용수철의 성질

16 혼합물을 분리하면 원하는 물질을 얻어 이를 우리 생활의 필요한 곳에 효과적으로 이용할 수 있습니다.

17 알갱이의 크기가 다른 고체 혼합물을 분리할 때 체를 사용하면 쉽게 분리할 수 있습니다.

18 철 캔은 자석에 붙으므로, 위쪽 이동판에 자석이 있음을 알 수 있습니다.

19 깔때기 끝의 긴 부분을 비커의 옆면에 닿게 설치하여 용액이 비커의 벽을 타고 흐르도록 해야 합니다.

다시 한 번 확인해요!

거름 장치 설치 방법

- 고깔 모양으로 접은 거름종이를 깔때기 안에 넣고 물을 묻힙니다.
- 깔때기 끝의 긴 부분을 비커의 옆면에 닿게 설치합니다.
- 거르고자 하는 액체 혼합물이 유리 막대를 타고 천천히 흐르도록 붓습니다.

20 천에 남아 있는 건더기는 된장을 만들고, 천을 빠져 나간 액체는 끓여서 간장을 만듭니다.

MEMO

전과목 단원평가 총정리

정답과 풀이